# Tutela Específica dos Direitos

**OBRIGAÇÕES DE FAZER, NÃO FAZER E ENTREGAR COISA**

T266t     Teixeira, Guilherme Puchalski.

        Tutela específica dos direitos: obrigações de fazer, não fazer e entregar coisa / Guilherme Puchalski Teixeira. – Porto Alegre: Livraria do Advogado Editora, 2011.

        255 p.; 23 cm.

        Contemplando o Projeto do Novo Código de Processo Civil (PLS nº 166/2010)

        Inclui bibliografia.

        ISBN 978-85-7348-743-5

        1. Processo civil. 2. Tutela específica. 3. Direitos fundamentais. 4. Obrigações (Direito). 5. Brasil. Constituição (1988). I. Título.

|  | CDU | 347.91/.95 |
|---|---|---|
|  | CDD | 347.81077 |

        Índice para catálogo sistemático:

1. Processo civil             347.91/.95

(Bibliotecária responsável: Sabrina Leal Araujo – CRB 10/1507)

Guilherme Puchalski Teixeira

# Tutela Específica dos Direitos

**OBRIGAÇÕES DE FAZER, NÃO FAZER E ENTREGAR COISA**

Contemplando o Projeto do
Novo Código de Processo Civil
(PLS nº 166/2010)

Porto Alegre, 2011

© Guilherme Puchalski Teixeira, 2011

*Capa, projeto gráfico e diagramação*
Livraria do Advogado Editora

*Revisão*
Rosane Marques Borba

*Direitos desta edição reservados por*
**Livraria do Advogado Editora Ltda.**
Rua Riachuelo, 1338
90010-273 Porto Alegre RS
Fone/fax: 0800-51-7522
editora@livrariadoadvogado.com.br
www.doadvogado.com.br

Impresso no Brasil / Printed in Brazil

Dedico esta obra a meus pais, *Jaguarê* e *Nize*, por tudo: presente, passado e futuro...

# Agradecimentos

Aos professores do programa de pós-graduação em Direito da PUCRS, pela contribuição de cada um em meu aprendizado e aprimoramento, em especial ao Prof. Dr. Araken de Assis e ao Prof. Dr. Sérgio Gilberto Porto.

Ao Prof. Dr. José Maria Rosa Tesheiner, pelos inesgotáveis ensinamentos, pela saudável convivência, pela criativa e franca troca de ideias, pela atenção ao meu trabalho, pela compreensão a minha curiosidade e inquietação.

Ao Prof. Dr. Guilherme Rizzo Amaral, pelas críticas fundamentadas, pela lealdade e profundidade da sua arguição, pelos conselhos de quem já trilhou semelhante caminho.

Agradeço também ao Prof. Dr. Daniel Mitidiero, pela sua voluntária e generosa contribuição, de ordem teórica e prática, de grande valia para o desfecho deste trabalho.

Aos colegas Armando José Farah e Milton Terra Machado, pelo saudoso convívio profissional e ensinamentos da boa advocacia forense

Agradeço a minha família, especialmente aos meus pais, Jaguarê e Nize, por tudo o que me ensinaram desta vida.

"O direito existe para se realizar. A realização é a vida e a verdade do direito: é o próprio direito. O que não passa à realidade, o que não existe senão nas leis e no papel, é só um fantasma do direito, são só palavras."

JHERING, Rudolf Von. *L'esprit du droit romain: dans les diverses phases de son développement*. vol. III. Tradução de O. de Meulenaere. Bologna: A. Forni, 2004, p. 16.

# Prefácio

Guilherme Puchalski Teixeira, com especial gentileza, pede-me prefácio para apresentar seu primeiro livro: *Tutela Específica dos Direitos – obrigações de Fazer, não fazer e entregar coisa*, cuja publicação ora se dá pela prestigiosa Editora Livraria do Advogado. É com grande alegria que associo o meu nome ao seu por conta da redação do presente.

Primeiro: o trabalho de Guilherme é de indiscutível qualidade teórica. Trata-se de versão comercial de dissertação com que o Autor logrou, com louvor, o título de Mestre em Direito pela Pontifícia Universidade Católica do Rio Grande do Sul. Nosso Autor soube trabalhar com profundidade os temas que se propôs a enfrentar sem nunca perder de vista o contexto cultural que preside a experiência jurídica.

Segundo: o trabalho de Guilherme é de indiscutível qualidade prática. Nele não se colhe apenas a mão do superlativamente competente, curioso e inquieto estudioso de processo civil, mas também o olhar do brilhante advogado forense, acostumado a ver no Direito um problema concreto que requer respostas igualmente concretas para sua efetiva realização.

Não bastassem essas duas razões, afinidades de ordem teórica e laços fraternais ligam-me ao Guilherme. Embora não tenha trabalhado como seu orientador, nem figurado como arguidor em sua Banca Examinadora, tenho mantido diálogo acadêmico profícuo com nosso Autor – também espelhado, para minha felicidade, nas páginas deste excelente livro. Daí naturalmente nasceu por igual nossa amizade, fincada em nosso interesse comum na análise do processo civil como autêntico produto da cultura e, portanto, na convicção de que o processo civil atual deve ser pensado dentro do quadro do Estado Constitucional. Vale dizer: a partir dos direitos fundamentais que determinam nosso modelo de processo civil.

Mais não é preciso dizer: apenas uma observação final. Se é certo, como dizia Borges lá pelos meados da Década de 80 do século passado, que *"en el jardín las rosas dejan de ser las rosas y quieren ser la Rosa"*, também os livros nas estantes têm o mesmo anseio. Alguns chegarão a ser Livro – e certamente está o leitor a compulsar um deles.

*Prof. Dr. Daniel Mitidiero*

Doutor em Direito (UFRGS). Professor dos Cursos de Graduação,
Especialização e Mestrado da Faculdade de Direito da PUCRS. Advogado.

# Sumário

Introdução . . . . . . . . . . . . . . . . . . . . . . . . . . . . . . . . . . . . . . . . . . . . . . . . . . . . . . . . 17

**Parte I – Influência do estado liberal sobre a jurisdição e sobre o ordenamento jurídico brasileiro** . . . . . . . . . . . . . . . . . . . . . . . . . . . . . . . . . . . . . . . . . . 21

1. Estado liberal e jurisdição . . . . . . . . . . . . . . . . . . . . . . . . . . . . . . . . . . . . . . . 21

   1.1. O primado da lei . . . . . . . . . . . . . . . . . . . . . . . . . . . . . . . . . . . . . . . . . . 21

   1.2. O dogma da intangibilidade da vontade humana . . . . . . . . . . . . . . . . . . 24

   1.3. A tutela ressarcitória como única resposta possível . . . . . . . . . . . . . . . . 29

   1.4. Impessoalidade da prestação jurisdicional . . . . . . . . . . . . . . . . . . . . . . . 30

2. Estado liberal e a crise de eficiência do processo civil clássico . . . . . . . . . . . . . . 32

   2.1. Insuficiência da tutela gerada pela sentença condenatória . . . . . . . . . . . . 32

   2.2. Ausência de tutela preventiva . . . . . . . . . . . . . . . . . . . . . . . . . . . . . . . . 38

   2.3. Impossibilidade de "execução" em meio ao processo de conhecimento . . . . . 40

   2.4. Uniformidade de procedimentos . . . . . . . . . . . . . . . . . . . . . . . . . . . . . . 41

**Parte II – Influência do estado social e da Constituição de 1988 sobre a jurisdição e sobre o ordenamento jurídico brasileiro** . . . . . . . . . . . . . . . . . . . . . . . . . 43

3. Do direito fundamental à prestação jurisdicional efetiva, adequada e tempestiva . 43

   3.1. Estado social e sua influência sobre o ordenamento brasileiro . . . . . . . . . . . 43

   3.2. A teoria dos direitos fundamentais na Constituição Federal de 1988 . . . . . . . 47

      3.2.1. Aspectos gerais . . . . . . . . . . . . . . . . . . . . . . . . . . . . . . . . . . . . . . 47

      3.2.2. Fundamentalidade e conceito dos direitos fundamentais . . . . . . . . . . . 52

      3.2.3. Os direitos fundamentais como princípios . . . . . . . . . . . . . . . . . . . . 53

      3.2.4. Perspectivas objetiva e subjetiva dos direitos fundamentais . . . . . . . . 55

      3.2.5. Uma classificação dos direitos fundamentais . . . . . . . . . . . . . . . . . . 57

   3.3. Por um conceito contemporâneo de jurisdição . . . . . . . . . . . . . . . . . . . . . 61

   3.4. Eficácia do direito fundamental em análise e sua diferenciação em relação ao direito do do caso concreto . . . . . . . . . . . . . . . . . . . . . . . . . . . . . . . . . 67

   3.5. Limites à criação do procedimento pelo juiz . . . . . . . . . . . . . . . . . . . . . . 69

   3.6. Jurisdição adequada e sua relação com a tutela específica dos direitos . . . . . 80

4. A tutela específica dos direitos não pecuniários como instrumento de concretização do direito fundamental à prestação jurisdicional efetiva, adequada e tempestiva . . . . . . . . . . . . . . . . . . . . . . . . . . . . . . . . . . . . . . . . . . 87

4.1. Efetividade, acesso à justiça e tutelas diferenciadas . . . . . . . . . . . . . . . . . . . . . 87

4.2. Perfil do processo civil contemporâneo . . . . . . . . . . . . . . . . . . . . . . . . . . . . . . . 97

    4.2.1. Expansão do uso da cautelar inominada . . . . . . . . . . . . . . . . . . . . . . . . . . 97

    4.2.2. A tutela fundada na verossimilhança . . . . . . . . . . . . . . . . . . . . . . . . . . . . . 99

    4.2.3. Reconhecimento e autonomia das eficácias mandamental e executiva *lato sensu* . . . . . . . . . . . . . . . . . . . . . . . . . . . . . . . . . . . . . . . . . . . . . . . . . 100

    4.2.4. Satisfação do direito material em meio ao processo de conhecimento . . 111

    4.2.5. Prioridade da tutela específica . . . . . . . . . . . . . . . . . . . . . . . . . . . . . . . . . 112

    4.2.6. Atipicidade das medidas sub-rogatórias (de execução direta). Direito à medida executiva adequada . . . . . . . . . . . . . . . . . . . . . . . . . . . . 114

    4.2.7. Tutela preventiva para impedir a prática do ilícito . . . . . . . . . . . . . . . . . 116

**Parte III – Tutela específica dos direitos não pecuniários conforme Código de Processo Civil brasileiro** . . . . . . . . . . . . . . . . . . . . . . . . . . . . . . . . . . . . . . . 121

5. Evolução legislativa e abrangência da tutela específica . . . . . . . . . . . . . . . . . . . . . 121

5.1. Evolução legislativa . . . . . . . . . . . . . . . . . . . . . . . . . . . . . . . . . . . . . . . . . . . . . . 121

5.2. Extensão da tutela . . . . . . . . . . . . . . . . . . . . . . . . . . . . . . . . . . . . . . . . . . . . . . . 131

    5.2.1. Obrigação de fazer . . . . . . . . . . . . . . . . . . . . . . . . . . . . . . . . . . . . . . . . . . 133

    5.2.2. Obrigação de não fazer . . . . . . . . . . . . . . . . . . . . . . . . . . . . . . . . . . . . . . 133

    5.2.3. Obrigação de entregar coisa . . . . . . . . . . . . . . . . . . . . . . . . . . . . . . . . . . 134

5.3. Fungibilidade e infungibilidade dos deveres e obrigações . . . . . . . . . . . . . . . 135

5.4. Limites físicos, éticos e legais . . . . . . . . . . . . . . . . . . . . . . . . . . . . . . . . . . . . . 137

6. Técnica e utilidade da tutela específica . . . . . . . . . . . . . . . . . . . . . . . . . . . . . . . . . 138

6.1. Emprego da melhor técnica possível . . . . . . . . . . . . . . . . . . . . . . . . . . . . . . . . 138

6.2. Forma de atuação das medidas de coerção e sub-rogação . . . . . . . . . . . . . . . 140

6.3. Classificação das tutelas quanto ao momento de incidência e forma de atuação . . . . . . . . . . . . . . . . . . . . . . . . . . . . . . . . . . . . . . . . . . . . . . . . . . . . 143

6.4. Utilidade da tutela específica . . . . . . . . . . . . . . . . . . . . . . . . . . . . . . . . . . . . . . 147

6.5. Tutela específica e resultado prático equivalente . . . . . . . . . . . . . . . . . . . . . . 152

7. Medidas de coerção (de execução indireta) . . . . . . . . . . . . . . . . . . . . . . . . . . . . . . 155

7.1. A multa coercitiva . . . . . . . . . . . . . . . . . . . . . . . . . . . . . . . . . . . . . . . . . . . . . . . 155

    7.1.1. Origem, natureza e hipótese de incidência . . . . . . . . . . . . . . . . . . . . . . 155

    7.1.2. Aplicabilidade e eficácia (momento a partir do qual passa a incidir) . . . 160

    7.1.3. Valor, periodicidade e modificabilidade . . . . . . . . . . . . . . . . . . . . . . . . . 166

    7.1.4. Exigibilidade (momento a partir do qual pode ser executada) . . . . . . . . 171

    7.1.5. Beneficiário da multa . . . . . . . . . . . . . . . . . . . . . . . . . . . . . . . . . . . . . . . 177

    7.1.6. Hipótese de improcedência do pedido . . . . . . . . . . . . . . . . . . . . . . . . . . 181

7.2. Problemática da resistência ao cumprimento das decisões judiciais . . . . . . . . 187

7.3. Impossibilidade de prisão civil. Configuração do crime de desobediência . . . . 192

8. Medidas de sub-rogação (de execução direta) .............................. 199

   8.1. Aspectos gerais ..................................................... 199

   8.2. Modo e momento de execução ...................................... 200

   8.3. Nomenclatura e não exaustividade ................................. 201

   8.4. Adequação e critérios de escolha .................................... 204

   8.5. Utilidade das medidas típicas ....................................... 207

   8.6. Ausência de hierarquia e atuação simultânea das medidas coercitivas e sub-rogatórias ..................................................... 209

   8.7. Repercussões em relação à coisa julgada ........................... 210

9. Tutela ressarcitória pelo equivalente pecuniário ........................... 214

   9.1. Conversão da tutela específica em perdas e danos .................. 214

   9.2. Reflexos processuais ................................................ 221

10. Projeto de um Novo Código de Processo Civil ............................. 224

   10.1. Projeto de Lei do Senado nº 166/2010: dispositivos legais relativos à tutela dos direitos não pecuniários ....................................... 224

   10.2. Quadro comparativo dos dispositivos legais referentes à tutela dos direitos não pecuniários: CPC de 1973 x PL nº 166/2010 ........................ 230

   10.3. Preservação das principais normas relativas à tutela dos direitos não pecuniários ..................................................... 234

   10.4. Apontamentos acerca das inovações relativas à tutela dos direitos não pecuniários ..................................................... 235

Síntese conclusiva ......................................................... 239

Referências bibliográficas .................................................. 247

# Introdução

A tutela dos direitos de natureza não pecuniária (direito de exigir uma prestação de *fazer*, *não fazer* ou à *entrega de coisa*), disciplinada pelos artigos 461 e 461-A do Código de Processo Civil, representa uma das inovações mais ousadas e controvertidas advindas das recorrentes reformas do Código de Processo Civil.

A eficiência da tutela disponibilizada pelo Código de 1973 e legislação reformadora em relação aos direitos não pecuniários foi amplamente reconhecida no projeto do Novo Código de Processo Civil (Projeto de Lei do Senado nº 166/2010), que preservou a imensa maioria dos dispositivos legais atinentes à matéria.

Mais do que isso, o referido projeto do Novo Código de Processo Civil mantém a essência e a sistematicidade das normas destinadas à tutela desses direitos, o que projeta a validade e a atualidade do presente trabalho para além da eventual aprovação e promulgação do novo diploma. Daí porque, muitos dos dispositivos legais referidos ao longo do texto seguirão acompanhados, em nota de rodapé, do dispositivo correspondente, consoante o projeto do Novo Código.

Como se verá, o aprimoramento da tutela dos direitos não pecuniários em nosso ordenamento deu-se como um dos reflexos da inadequação das posições jurídico-dogmáticas do século XIX – ambas impregnadas por valores de raízes liberais – para tratar dos problemas atuais.

De um modo geral, o destaque conferido ao princípio da *intangibilidade da vontade humana* afastou do Poder Judiciário a possibilidade de penetrar na autonomia da vontade dos jurisdicionados. O dogma da intangibilidade, traduzido pela máxima *nemo ad factum praecise cogi potest*, relegava ao jurisdicionado uma única forma de tutela possível – até aquele momento: a tutela ressarcitória pelo equivalente pecuniário (indenização por perdas e danos).

A ausência de mecanismos processuais aptos a conferir efetividade à sentença condenatória, aliada à complexidade, morosidade e falta de imperatividade do processo autônomo de execução, evidenciavam a necessidade de criar-se um procedimento apto a conferir uma resposta judicial satisfatória, além da mera indenização.

O afastamento de uma visão excessivamente dogmática do processo, aproximando-o de uma funcionalidade essencialmente instrumental, desencadeou a busca por maior *efetividade* do processo. A inutilidade de uma resposta jurisdicional inefetiva e tardia passou a ser vista como fator decisivo para o descrédito do Poder Judiciário. Ao demandante era reservado o ressarcimento pelo equivalente pecuniário, em detrimento da obtenção do resultado específico (*in natura*) previsto pelo direito material, imposto em sentença ou decisão interlocutória.

À vista desses fatores, percebeu-se que a resposta gerada pelo binômio conhecimento-execução já não mais atendia aos anseios da coletividade. Conforme se demonstrará, uma das tônicas do processo civil contemporâneo reside em romper com a ideia – já ultrapassada – da separação estanque e absoluta entre condenação (processo de conhecimento) e execução em processo autônomo subsequente (processo de execução), evoluindo para um modelo *sincrético* de processo, a cumular tais atividades em meio a um único expediente.

Nessa esteira, a tutela gerada pelo procedimento disciplinado pelos artigos 461 e 461-A do Código de Processo Civil surgiu como inovação positiva no ordenamento pátrio, como meio de concretização do *direito fundamental à prestação jurisdicional efetiva e adequada*, de que trata a Parte II.

Para perceber-se a exata dimensão dos avanços obtidos com a disciplina da tutela específica no Código de Processo Civil (CPC), realizar-se-á sumária análise da evolução legislativa, até o advento da nova redação do art. 461, conferida pela Lei 8.952/94.

A par da sua relativa amplitude, este estudo não tem a pretensão de realizar uma abordagem exauriente de todas as regras e institutos relacionadas aos extensos artigos 461 e 461-A.

Diante dessa realidade, a eleição de determinados assuntos em detrimento de outros fez com que se deixassem à margem deste estudo questões não menos relevantes, tais como: a antecipação de tutela *ex* art. 461; a audiência de justificação prévia prevista no § 3º do art. 461; a correlação dos arts. 461 e 461-A (via geral de tutela específica) com procedimentos especiais que também primam pela obtenção da tutela específica, a exemplo do Código de Processo Civil, da Lei da Ação Civil Pública, dentre outros aspectos.

Em seu último capítulo, o trabalho enfoca o projeto do Novo Código de Processo Civil (Projeto de Lei do Senado nº 166/2010) apresentando um 'quadro comparativo' dos dispositivos legais pertinentes, para posteriormente comentar a preservação, pelo projeto, da essência, da sistematicidade e de grande parte das normas atinentes à tutela dos direitos não pecuniários, tal como previstas pelo Código de Processo de 1973 (Lei 5.869/73) e legislação reformadora.

Este trabalho visa a levar aos operadores do Direito estudo completo a respeito da *tutela dos direitos não pecuniários (direito de exigir um fazer, um não fazer ou a entrega de coisa)*, expondo o posicionamento da jurisprudência e da doutrina dominante a respeito das questões de maior controvérsia, sem eximirmo-nos de externar nosso entendimento, sempre que necessário.

Tentar-se-á conduzir o leitor à ideia de que a *efetividade*, pela qual tanto se clama, se encontra intimamente atrelada à capacidade dos operadores de compreender o sistema e melhor interpretar e aplicar o direito. O legislador cumpriu, em parte, o seu papel. Caberá agora empregar a melhor técnica possível, visando à reprodução específica e mais próxima da realidade possível do direito porventura reconhecido em sentença ou decisão interlocutória.

*Parte I*

# Influência do estado liberal sobre a jurisdição e sobre o ordenamento jurídico brasileiro

## 1. Estado liberal e jurisdição

### 1.1. O primado da lei

Como destaca Arruda Alvim,[1] o movimento que resultou na Revolução Francesa foi, sem dúvida, um dos mais bem sucedidos e mais bem implantados da História. Pode-se afirmar que grande parte dos ideais ali difundidos está, ainda hoje, profundamente enraizada na civilização ocidental.

Como ciência intimamente ligada à realidade cultural, política e social – e mais que isso, produto dela[2] –, o Direito não deixaria de refletir os ideais desse importante movimento, que serviu de alicerce ao Estado Liberal francês, em meio ao século XIX.[3] Sentiram-se desdobramentos claros de tal movimento nos ordenamentos jurídicos da Europa Ocidental, assim como no Brasil. Pelos propósitos limitados deste trabalho, dá-se ênfase à repercussão desses ideais no ordenamento jurídico-positivo pátrio.

O valor da *liberdade do homem* acobertava a desejada preservação do *individualismo* do ser humano e trouxe, em seu espírito, o propósito de romper com o velho regime aristocrático em prol do desenvolvimento da burguesia francesa, fato que se consumou com a derrubada da monarquia e o progressivo enriquecimento da classe insurgente (burguesia).

---

[1] ALVIM, Arruda. *Direito processual civil*. São Paulo: Revista dos Tribunais, 2002. Coleção Estudos e Pareceres, v.II, p. 170.

[2] Oportuna a observação de Mitidiero: "É fora de dúvida que o Direito pertence aos domínios da cultura, sofre os seus influxos e caminha pelos corredores da história. Esta contingência aponta para a necessidade de compreendê-lo a partir do contexto social em que se insere". MITIDIERO, Daniel. O processualismo e a formação do Código Buzaid. *Revista de Processo*, São Paulo, n. 183, p. 165, mai. 2010.

[3] Em relação às regras sobre processo, que também são produto do homem, acontecimento social e cultural, também não é diferente. A esse respeito, ver: LACERDA, Galeno. Processo e cultura. *Revista de direito processual civil*. São Paulo, v. 2, n. 3, p. 74-86, jan./jul. 1961, p. 74-86.

No intuito de obstar os desmandos do deposto regime absolutista que o precedeu, o Estado Liberal de Direito elegeu o princípio de legalidade como seu principal fundamento. Nesse propósito, aos juízes e à administração não seria dado suscitar motivação que se confrontasse com a literalidade da lei. O Direito, que antes decorria da jurisprudência e do parecer dos doutores, ficou adstrito aos rigores da lei.

Desse modo, de maneira diversa do que ocorria com as ordens do rei – características do regime absolutista anterior –, qualquer intromissão do Estado na esfera particular só seria permitida mediante a aprovação de uma lei, processo no qual necessariamente seria assegurada a participação popular. Passou-se a viver sob o império da lei. Ou melhor, o Direito estava contido apenas na lei.[4]

Na Europa continental, os parlamentos avocaram para si o poder exclusivo de criar o Direito, com os Poderes Executivo e Judiciário subordinadas à lei: o primeiro agindo cegamente segundo os ditames da lei, e o segundo restringindo-se a declarar o direito.

Na famosa obra de Montesquieu, *Do espírito da lei* – um dos idealizadores de teoria da separação dos Poderes[5] – tão bem acatada pelo Estado Liberal, consta que o poder de julgar se restringia a declarar aquilo que já havia sido dito pela lei, ou seja, pretendido pelo legislador, de modo que os julgamentos deveriam representar o "texto exato da lei", e o Judiciário, significar um "poder nulo".[6]

Ao legislativo coube a missão de conter os abusos praticados pelos juízes do regime anterior, comprometidos com os interesses do poder feudal. Segundo ilustra Capelletti,[7] os cargos do Poder Judiciário eram

---

[4] MARINONI, Luiz Guilherme. *Teoria geral do processo*. 2. ed. São Paulo: Editora Revista dos Tribunais, 2007. v.1: Curso de processo civil, p. 24-25.

[5] A doutrina da separação dos Poderes tem em Locke e Montesquieu seus grandes sistematizadores. O inglês, contudo, foi seu pioneiro, através da obra *Segundo tratado sobre o governo civil*. Na obra citada, Locke desenvolveu o que muitos consideram a mais completa formulação do Estado Liberal. Concluiu que para que a lei seja imparcialmente cumprida é necessário que a sua aplicação não se dê pelos mesmos homens que a fizeram. Em decorrência disso, seria imprescindível a separação entre Legislativo e Executivo. Para Locke, o poder supremo é o Legislativo. O Executivo dele deriva e a ele está subordinado, competindo-lhe apenas aplicar as leis. Locke, portanto, não alcançou a tripartição dos Poderes, mérito atribuído a Montesquieu. A respeito, conferir: LOCKE, John. *Segundo tratado sobre o governo civil e outros escritos*. Petrópolis: Vozes, 1994; BONAVIDES, Paulo. *Ciência Política*. São Paulo : Malheiros, 1996. COSTA, Paula Bajer Fernandes Martins da. Sobre a importância do Poder Judiciário na configuração do sistema de separação de poderes instaurado no Brasil após a Constituição de 1988. *Revista de Direito Constitucional e Internacional*, v.8, n.30, p.240-258, jan./mar., 2000.

[6] MONTESQUIEU, Barão de Charles-Louis de Secondat. *Do espírito das leis*. Tradução de Fernando Henrique Cardoso e Leôncio Martins Rodrigues. São Paulo: Abril Cultural, 1974, p. 160.

[7] Mauro Capelletti. Repudiando Montesquieu? A expansão e a legitimidade da "justiça constitucional". Tradução de Fernando de Sá. *Revista do Tribunal Federal da 4ª Região*. Porto Alegre, n. 40, p. 15/49.

hereditários, assim como poderiam ser negociados como se mercadorias fossem, retirando credibilidade e legitimidade às decisões judiciais.[8]

O princípio da legalidade assumiu estreita ligação com os ideais de liberdade formal, segundo a qual o cidadão poderia fazer ou deixar de fazer tudo aquilo que não fosse proibido por lei. De outro lado, ao Estado caberia intervir somente naquilo que a legislação autorizasse.

Sob outro aspecto, o ideal de igualdade formal estaria assegurado pela *generalidade* e *abstração* da lei. Nas palavras de Marinoni, "a 'generalidade' era pensada como garantia de imparcialidade do poder frente aos cidadãos – que, por serem 'iguais', deveriam ser tratados sem discriminação, e a 'abstração' como garantia da estabilidade – de longa vida – do ordenamento jurídico".[9]

O conceito *formal* de igualdade era aplicado no sentido de não discriminar posições sociais e econômicas, conferindo-se tratamento igualitário às pessoas, sem considerar as distorções existentes na vida real. Em suma, para preservar a liberdade, era preciso não intervir. Para preservar a igualdade, não discriminar.

Daí decorre a impossibilidade de o processo – e também de o juiz – levar em consideração as particularidades das pessoas e da natureza do direito do caso concreto. Por lógica, de nada adiantaria a *abstração* e *generalidade* da lei se fosse permitido ao juiz quebrar a isonomia, concedendo tratamento e formas de tutela diferenciadas às partes.

Os valores da matriz liberal-burguesa bem se ajustavam ao conceito de jurisdição desenvolvido por Chiovenda.[10] Segundo a sua concepção, a jurisdição exerce a função primordial de fazer atuar a *vontade concreta da lei*. Nas palavras do citado processualista, jurisdição "consiste na substituição definitiva e obrigatória da atividade intelectual não só das partes, mas de todos os cidadãos, pela atividade intelectual do juiz, ao afirmar existente ou não existente uma vontade concreta da lei em relação às partes".[11] Diferentemente de Kelsen, entendia que o juiz não poderia criar a

---

[8] Referindo a condição privilegiada de Montesquieu, por ter nascido e se criado em família de magistrados, Marinoni destaca que "ele não se deixou seduzir pelas facilidades dessa posição social, como ainda teve a coragem de denunciar as relações espúrias dos juízes com o poder, nessa dimensão idealizando a teoria da separação dos poderes, e assim propondo que os magistrados deveriam se limitar a dizer as palavras da lei". MARINONI, Luiz Guilherme. *Teoria geral do processo.* 2. ed. São Paulo: Revista dos Tribunais, 2007. v.1: Curso de processo civil, p. 26.

[9] MARINONI, Luiz Guilherme. *Teoria geral do processo.* 2. ed. São Paulo: Revista dos Tribunais, 2007. v.1: Curso de processo civil, p. 27.

[10] Notável processualista italiano, um dos responsáveis por demonstrar a autonomia da ação em relação ao direito material.

[11] Giuseppe Chiovenda. *Princípios de derecho procesal civil.* Tradução de Jose Casais y Santalo. Madrid : Réus, 1925, v. 2. p. 365.

norma do caso concreto ou a norma individual, representada pela sentença.[12]

Adepto do Iluminismo, Chiovenda bem distinguia as funções do juiz e do legislador. A este era reservada a função de criar o direito, enquanto àquele cabia a sua aplicação – o que bem se encaixava nos ideais do Estado Liberal.

### 1.2. O dogma da intangibilidade da vontade humana

No seio do pensamento liberal estava o ideal de *liberdade do indivíduo*, fruto da concepção de um Estado diminuto, dotado de mínima intervenção social, econômica e, consequentemente, jurídica.[13]

A máxima da *liberdade do indivíduo* passou, progressivamente, a dominar a teoria dos negócios jurídicos. A lei passou a conferir tratamentos opostos aos *direitos obrigacionais* em comparação com os *direitos reais*. No campo *obrigacional*, com a finalidade de estimular o enriquecimento daqueles que detinham o capital, tratou de conferir absoluta autonomia aos jurisdicionados, especialmente na celebração de contratos.

Em contrapartida, a rigidez conferida aos direitos *reais* buscava assegurar conferir proteção patrimonial máxima à burguesia endinheirada, em prol da preservação do seu patrimônio.[14] Aqui também vigia o *princípio da legalidade*, no sentido de que a existência dos direitos reais estava limitada, unicamente, às hipóteses taxativas previstas em lei.

A *tipicidade* dos direitos reais, dessa forma, deve ser entendida como efeito do princípio da legalidade. Nesse sentido, o Código Civil de 2002 (CC/02), em seu art. 1.225,[15] nada mais fez do que repetir o modelo Libe-

---

[12] Hans Kelsen. *Teoria geral do direito e do Estado*. Tradução de Luis Carlos Borges. São Paulo: Martins Fontes, 1990, p. 165.

[13] Arruda Alvim refere que um dos pensamentos centrais da obra de Rousseau assenta na perspectiva de que os homens encontrariam a felicidade diante da diminuição dos poderes do Estado. ALVIM, Arruda. *Direito processual civil*. São Paulo: Revista dos Tribunais, 2002. Coleção Estudos e Pareceres, v. II, p. 170.

[14] Arruda Alvim Netto aduz que "[...] não poucos *juristas* observaram a diferença, sensível, entre a disciplina dos direitos obrigacionais, exercidos no campo social em que o direito conferia aos partícipes quase uma liberdade absoluta, ao que se contrapunha a disciplina dos direitos reais, sempre só existentes e formados a partir da lei, em face do princípio da legalidade, e, ainda só existentes em face de tipos rígidos e com elementos normativos exaurientes; o direito real haveria somente quando a situação concreta se enquadrasse nesse tipo, com o que se proporcionava à burguesia segurança máxima, na guarda dos seus valores" ALVIM, Arruda. Anotações sobre alguns aspectos das modificações sofridas pelo processo hodierno entre nós. ALVIM, Arruda. *Revista de Processo*. São Paulo: Revista dos Tribunais, n.º 97, p. 51-106, jan./mar. 2000.

[15] Lei 10.406/02. Art. 1.225. São direitos reais: I – a propriedade; II – a superfície; III – as servidões; IV – o usufruto; V – o uso; VI – a habitação; VII – o direto do promitente comprador do imóvel; VIII – o penhor; IX – a hipoteca; X – a anticrese; XI – a concessão de uso especial para fins de moradia; XII – a concessão de direito real de uso.

ral adotado pelo Código de 1916. A previsão desses direitos em rol exaustivo inibe a criação de novos direitos por convenção privada.

Essa dualidade de tratamento se fez sentir no ordenamento da imensa maioria dos países da Europa Central, que, ideologicamente, espelhavam a síntese das preocupações da classe burguesa: o direito obrigacional *livre* se prestaria à expansão do poder da burguesia, e o direito real *rígido* serviria para assegurar o patrimônio da classe enriquecida. Sobre tais premissas, sedimentou-se o direito da época.

Nesse panorama, o processo civil desenvolveu-se voltado a conferir *certeza* e *segurança* à classe burguesa, pautado no dogma da *intangibilidade da vontade humana*, como decorrência do princípio da liberdade e da consequente prevalência da vontade.

Percebe-se, também, que os ideais de *liberdade* e *autonomia da vontade*[16] se refletiram na inexistência de mecanismos de coerção aptos a influir sobre a vontade do réu, com vistas a forçá-lo ao cumprimento judicial da obrigação descumprido, fosse ela decorrente de lei ou de contrato.

Assim, o processo civil da época – sabidamente voltado aos ideais destacados – não previa instrumentos judiciais voltados a compelir o demandado ao cumprimento dos seus deveres ou, nas palavras de Arruda Alvim,[17] "a fazer vergar essa vontade contrária ao cumprimento da obrigação", restando ao demandante contentar-se com a injusta solução indenizatória via perdas e danos. Tal característica é bem apanhada por Mitidiero:

> A liberdade envolve o espírito da época e a sua melhor expressão corporifica-se no livre exercício da vontade. Converte-se em dogma a autonomia individual, "fetiche" da época, donde sua incolumidade passa a comparecer ao cenário jurídico como algo juridicamente relevante. O tráfego comercial alimenta-se desta liberdade, instrumentalizado por vezes para melhor circulação de riquezas inclusive por títulos de créditos. Um dos efeitos da sacralização da vontade é a impossibilidade de sua coação, dominando o cenário obrigacional a regra da equivalência das prestações.[18]

---

[16] A análise do direito comparado bem evidencia a ausência de *mecanismos de influência*. Objetivamente, os efeitos jurídicos decorrentes do pensamento liberal se fizeram sentir profundamente no direito francês, no direito brasileiro, e em todos os países adeptos ao sistema romano-germânico, porém não influíram sobre o ordenamento jurídico alemão, que se manteve alheio aos reflexos normativos do movimento. Lá se mantiveram presentes, até os dias atuais, mecanismos *coercitivos de conduta* – v.g. multa e prisão civil – intimamente ligados a uma noção *publicista* do processo, que punia todo aquele que violasse a autoridade do Estado.

[17] ALVIM, Arruda. *Direito processual civil.* São Paulo: Revista dos Tribunais, 2002. Coleção Estudos e Pareceres, v. II, p. 172.

[18] MITIDIERO, Daniel. O processualismo e a formação do Código Buzaid. *Revista de Processo*, São Paulo, n. 183, p. 165, mai. 2010.

Tutela Específica dos Direitos

Discorrendo sobre esse "obstáculo" à efetividade da prestação jurisdicional, gerado pela máxima liberal da *intangibilidade da vontade humana*, Frederico Campos ressalta que:

[...] a regra da limitação da sanção executiva recaindo exclusivamente sobre o patrimônio do devedor impunha barreira intransponível quanto às obrigações de fazer, vista que, dependendo diretamente de um ato pessoal do devedor, este não poderia ser compelido ao seu cumprimento.[19]

Traçando um paralelo com o direito brasileiro, diz Lima Guerra:

As mesmas idéias que na França negaram preferência à *tutela específica*, especialmente das obrigações de fazer e de não fazer, em proteção da liberdade individual, exerceram grande influência no direito brasileiro. Segundo essa mentalidade, sendo a liberdade um valor absoluto, negava-se que a vontade do devedor fosse constrangida, de qualquer maneira, a fazer ou não fazer algo, mesmo que a tanto estivesse obrigado por contrato ou lei.[20]

Tão diminuta deveria ser a intervenção estatal sobre a esfera jurídica dos particulares, que seria impensável atribuir ao juiz poderes para a imposição de *ordens* aos jurisdicionados. Esse aspecto também não foge à percepção de Marinoni:

Frise-se que a preocupação com o arbítrio do juiz não fez sentir apenas a idéia de que a sentença deveria se limitar a lei, mas também retirou do juiz o poder de exercer *imperium*, ou de dar força executiva às suas decisões. Aliás, diante de desconfiança do direito liberal em relação ao juiz posterior à Revolução Francesa, era natural a preocupação com a execução das decisões, pois esta poderia gerar maiores riscos do que a sentença "declaratória *lato sensu*".[21]

A execução das decisões deveria ser reservada ao Poder Executivo, sob pena de o juiz tornar-se um *ofensor*.[22] Como refere Vieira de Andrade, naquela época, por ainda manter ligações com o antigo regime absolutista, o Estado era visto como *inimigo*.[23]

A consagração da *intangibilidade da vontade humana* como verdadeiro dogma processual refletia a inexistência de qualquer instrumento proces-

---

[19] CAMPOS, Frederico. Tutela específica das obrigações de fazer ou não fazer. *Revista síntese de direito civil e processual civil*, n. 20, p. 153-159, nov./dez. 2002.

[20] GUERRA, Marcelo Lima. *Execução indireta*. São Paulo : RT, 1998, p. 149.

[21] MARINONI, Luis Guilherme. *Técnica processual e tutela dos direitos*. 2. ed. São Paulo: Revista dos Tribunais, 2008, p. 31.

[22] Marinoni assevera que "a separação entre conhecimento e execução teve o propósito de evitar que o juiz concentrasse, no processo de conhecimento, os poderes de julgar e de executar" MARINONI, Luiz Guilherme. *Técnica processual e tutela dos direitos*. 2. ed. São Paulo: Revista dos Tribunais, 2008, p. 31.

[23] ANDRADE, José Carlos Vieira de. *Os direitos fundamentais na constituição portuguesa de 1976*. 3. ed. Coimbra: Almedina, 1987, p. 274.

sual de coerção sobre a conduta desrespeitosa adotada pelo demandado. Tal impossibilidade foi consagrada pela máxima *nemo ad factum paecise cogi potest* (ninguém pode ser constrangido a fazer alguma coisa).[24]

Daí por que a atividade executiva era patrimonial, recaindo sempre e necessariamente sobre o patrimônio do réu para fins de ressarcimento do autor, em relação a todo e qualquer descumprimento de dever ou obrigação. Como bem observa Mitidiero, "o que determina a patrimonialidade executiva, no fundo, é a sacralização da autonomia individual e de sua incoercibilidade *(nemo ad factum praecise cogi potest)*. Por debaixo da patrimonialidade pulsa, na verdade, a proteção ao valor liberdade individual".[25]

Como era negado ao Direito invadir a autonomia da vontade do réu para fazê-lo cumprir determinada obrigação judicialmente reconhecida e imposta, restava ao Estado invadir a sua esfera patrimonial em busca de bens para indenizar o prejuízo suportado pelo autor.

Aprofundando a análise do fenômeno, logo se percebe que o *dogma da intangibilidade* acabou por comprometer a *validade* do consagrado princípio *pacta sunt servanda*.[26] Isso por que a incoercibilidade da vontade humana e a decorrente impossibilidade da reprodução do resultado prático *in natura* pretendido pelo autor, prejudicava em muito a tutela dos direitos, na medida em que ao devedor, em termos práticos, permitia-se optar pelo cumprimento espontâneo da obrigação ou responder judicialmente por perdas e danos (tutela pelo equivalente pecuniário).

Pode-se afirmar que, àquele momento, a *tutela ressarcitória pelo equivalente pecuniário* era a *via geral* de tutela oferecida em proteção aos direitos lesados. Melhor dizendo, os direitos eram previstos para serem descumpridos e posteriormente indenizados. Em elogiável raciocínio, Ovídio A. Baptista da Silva traz a lume essa grave contradição:

---

[24] Tradução livre. Como se verá adiante, tal princípio foi abolido em relação ao cumprimento das obrigações de fazer, não fazer e dar, por ocasião das inovações trazidas pela nova redação do art. 461 e da inclusão do artigo 461-A no CPC, Leis 8.952/94 e 10.444/02, respectivamente.

[25] MITIDIERO, Daniel. O processualismo e a formação do Código Buzaid. *Revista de Processo*, São Paulo, n. 183, p. 165, mai. 2010.

[26] Com perspicácia, Arruda Alvim aponta para tal contradição: "[...] poder-se-á, mesmo, vislumbrar certa incompreensão em relação a um ângulo do princípio 'pacta sunt servanda', pois que, em termos práticos, admitia-se o descumprimento do contrato ou da obrigação, ainda que coubessem perdas e danos. Por outras palavras, o 'pacta sunt servanda' encontrava limite nesse entendimento da ideia e da práxis da liberdade, [...] pois, se esse princípio era tão importante, constituindo mesmo o referencial inafastável de todo o raciocínio, haver-se-ia, congruentemente, de ter dotado as ordens jurídicas de instrumentos aptos e eficientes para coarctar o inadimplemento dessas modalidades de obrigação, o que de modo geral não ocorreu". ALVIM, Arruda. *Direito processual civil*. São Paulo: Revista dos Tribunais, 2002. Coleção Estudos e Pareceres, v. II, p. 172.

A impossibilidade de execução específica das obrigações de fazer, envolvendo originariamente tanto as prestações infungíveis quanto as fungíveis, oculta uma grave contradição, relativamente a outro princípio fundamental e dominante nos sistemas jurídicos ocidentais, qual seja o da força obrigatória dos contratos, representada pela fórmula "pacta sunt servanda". Quer dizer, a liberdade humana é intangível, mas o indivíduo poderá livremente perdê-la ao obrigar-se, firmando contrato, de modo que ficará irremediavelmente vinculado ao seu cumprimento. Todavia, se a obrigação constituir-se num "facere" infungível, ele somente o cumprirá "in natura" se quiser. Ao devedor – e não ao credor – caberá a escolha entre cumprir a obrigação ou indenizar perdas e danos.[27]

Nessa mesma linha, o jurista português Calvão da Silva afirma que "sem a tutela específica cairíamos na situação de que bastaria ao devedor pagar para escapar aos seus compromissos". Resultado de todo injusto e inaceitável, pois, como bem arremata o referido jurista: "as perdas e danos não são mais do que a reparação do incumprimento e não valem, por conseguinte, como cumprimento da prestação devida".[28]

Como já afirmado, os valores liberais foram sendo gradativamente transplantados para o direito positivo dos países ocidentais. Como genuíno precursor da positivação dos ideais liberais, veio à tona o Código francês napoleônico (*Code Napoléon*), cujo artigo 1.142 bem retratava o pensamento da época: "Toda obrigação de fazer ou não fazer se resolve em perdas e danos, no caso de inexecução por parte do devedor".[29] [30]

No direito brasileiro, tais reflexos foram sentidos na redação do art. 880 do Código Civil de 1916, textualmente repetido no Código Civil de 2003, em seu art. 247: "Incorre em perdas e danos o devedor que recusar a prestação a ele só imposta, ou só por ele exequível".

Conforme expresso no referido artigo, em detrimento da efetividade da prestação jurisdicional, o direito material pátrio privilegiou claramente a indenização do dano (tutela ressarcitória) – em consonância com os

---

[27] BAPTISTA DA SILVA, Ovídio A. Ação para o cumprimento das obrigações de fazer e não fazer. In: *Da sentença liminar à nulidade da sentença*. Rio de Janeiro: Forense, 2002.

[28] CALVÃO DA SILVA, João. *Cumprimento e sanção pecuniária compulsória*. 2. ed. Coimbra : Coimbra, 1997, p. 165.

[29] Diferentemente do que ocorreu na Alemanha, onde os meios de coerção, inclusive a possibilidade de prisão civil, jamais deixaram de ser aplicados como instrumento de afirmação da autoridade do Estado.

[30] Com precisão, Araken de Assis aborda o fenômeno da incolumidade física no campo dos deveres: "Rompendo com as tradições do direito comum, o Código Civil de Napoleão adotou, como princípio ideológico fundamental, a incolumidade física no terreno das obrigações. Por consequência, obrigando-se a pessoa a prestar obrigação somente por ela exequível, o art. 1.142 proibiu seu constrangimento físico. É o velho adágio *nemo potest cogi ad factum*. Por conseguinte, semelhante classe de prestações não comportava execução específica, transformando-se, na hipótese de inadimplemento, na prestação substitutiva de perdas e danos. Neste mesmo sentido, o art. 880 do CC de 1916, o devedor que descumprir "obrigação a ele só imposta, ou só por ele exequível", incorre no dever de indenizar perdas e danos" ASSIS, Araken de. O *contempt of court* no direito brasileiro. *Revista Jurídica*, Porto Alegre – RS, v. 318, p. 07-23, 2004.

valores pregados pelo Liberalismo – em detrimento de um esforço normativo pela tutela específica dos direitos,[31] no que foi acompanhado pelas normas processuais, inaptas a forçar o devedor, réu no processo, ao cumprimento judicial específico da obrigação, tal como imposta em título judicial ou extrajudicial.

### 1.3. A tutela ressarcitória como única resposta possível

Repousa aqui um dos importantes reflexos dos valores do Estado Liberal sobre a prestação jurisdicional da época – reflexo que se fez sentir até há bem pouco tempo.

Se o conceito de liberdade residia na ideia de que o Estado não deveria intervir nas relações privadas, não se poderia atribuir ao juiz a possibilidade de fazer atuar o processo anteriormente à prática da conduta contrária ao Direito, de modo a evitar a prática do ilícito, fosse ele proveniente do descumprimento da lei (dever) ou de obrigação contratual. Isso representava um empecilho à tutela preventiva de direitos – assegurada, excepcionalmente, através de medidas cautelares ou da via estreita do mandado de segurança. Reserva-se ao Estado, e mais especificamente à jurisdição, a missão de apenas atuar para *reparar* os danos provocados pela atitude contrária ao Direito (tutela ressarcitória).

Nesse sentido, qualquer ingerência do juiz sem que tivesse havido uma violação à lei ou à determinada obrigação contratual, "seria vista como um atentado à liberdade individual".[32]

Resultado dos princípios da *liberdade plena do indivíduo* e do *respeito à autonomia da vontade,* nasceu incólume o entendimento de que, diante do descumprimento de um dever legal ou de uma obrigação contratual, não seria concedido ao Direito o *poder* de influir sobre a vontade do infrator demandado judicialmente (réu), visando a obter o cumprimento específico (*in natura*) daquela obrigação ou dever, tal como previsto no direito material e reconhecido judicialmente.[33]

---

[31] Como se verá adiante, a evolução metodológica do processo trouxe a afirmação de que o Direito deve preferencialmente entregar ao autor exatamente o bem de vida por ele perseguido. Carlyle Pop salienta: "Entregar-lhe menos é favorecer o inadimplente, é conceder-lhe uma decisão inútil", ideologia bem estampada na redação dos arts. 461 e 461-A POP, Carlyle. *Execução de obrigação de fazer.* Curitiba: Juruá, 1995, p.35.

[32] MARINONI, Luiz Guilherme. *Teoria geral do processo*. 2. ed. São Paulo: Revista dos Tribunais, 2007. v.1: Curso de processo civil, p. 31.

[33] Liebman – jurista italiano, que veio ao Brasil em 1946 para afastar-se das barbáries da II Guerra Mundial, deixando provisoriamente a docência de lado na cidade de Milão – conceituava que a execução, em alinho ao dogma da incoercibilidade do réu, "tem por finalidade conseguir por meio do processo, e sem o concurso da vontade do obrigado, o resultado prático a que tendia a regra jurídica que não foi obedecida". LIEBMAN, Enrico Tullio. *Processo de Execução*. São Paulo, Editora Saraiva, 1946, p. 4.

Em meio a esse contexto, o único caminho indicado para a solução do litígio era a via indenizatória (tutela ressarcitória pelo equivalente pecuniário). Consequentemente, a *tutela* proporcionada à época – aqui entendida como a proteção conferida pela atividade jurisdicional através do processo e do exercício do direito de ação – jamais resultaria no cumprimento específico da obrigação pelo inadimplente (*tutela específica*), com a reprodução do resultado *in natura* do direito, tal como previsto no plano material.

Como *tutela específica*, entenda-se aquela que visa a propiciar ao titular do direito exatamente o bem da vida por ele buscado e a ele prometido no plano material. Como afirma Pop, "entregar-lhe menos é favorecer o inadimplente, é conceder-lhe uma decisão inútil".[34]

Com igual percepção, afirma Arruda Alvim:[35] "[...] em termos práticos, o inadimplemento de tais obrigações era, sempre 'na ordem prática', redutível a perdas e danos, cuja sentença condenatória era a base da tutela ressarcitória".[36]

Daí por que, até pouco tempo, vigia a herança liberal no sentido de que à jurisdição era reservada a tutela ressarcitória, não lhe sendo possível atuar *preventivamente*, de modo a evitar a conduta contrária ao Direito, tampouco *coercitivamente*, a ponto de fazer dobrar a recalcitrância do devedor quanto ao cumprimento do dever ou obrigação.

### 1.4. Impessoalidade da prestação jurisdicional

Como visto, o Direito de matriz liberal-burguesa pregava a intervenção mínima do Estado na esfera particular, como forma de assegurar a liberdade dos cidadãos. Partia-se de um conceito de liberdade formal perante a lei, proibia-se, consequentemente, o legislador de prever procedimentos diferenciados em atenção às posições socioeconômicas das partes.

A bem dizer, vendavam-se os olhos do legislador à realidade, proibindo-lhe o estabelecimento de tratamento diversificado em lei, por mais

---

[34] POP, Carlyle. *Execução da obrigação de fazer*. Curitiba: Juruá, 1995, p.35.

[35] ALVIM, Arruda. *Direito processual civil*. São Paulo: Revista dos Tribunais, 2002. Coleção Estudos e Pareceres, v.II, p. 171.

[36] Como anota Theodoro Júnior: "Na plenitude do liberalismo, então, não havia lugar para a execução específica das prestações de fazer e não fazer. Por ser intocável em sua liberdade pessoal, uma vez recalcitrante em não cumprir esse tipo de obrigação, outro caminho não restava ao autor, credor da obrigação, senão conformar-se com as perdas e danos". THEODORO JR., Humberto. Tutela específica das obrigações de fazer e não fazer. *GENESIS – Revista de Direito Processual Civil*, Curitiba, nº 22, p. 741-763, out./dez. de 2001.

evidentes que fossem as desigualdades materiais das partes ou por mais diferenciada que fosse a natureza do direito posto em causa.

O papel da jurisdição restringia-se a assegurar ao cidadão o simples *acesso ao judiciário*. Ao processo pouco importavam as diferenças materiais existentes entre as partes litigantes, bem como – e especialmente – a natureza do direito posto em causa.

Daí concluir-se que "o procedimento ordinário traduz a ideia contida no mito da igualdade formal, conservando em si os fundamentos da ideologia liberal". À lei não era dado tomar em consideração os diferentes interesses e direitos das camadas sociais, tampouco de determinados grupos sociais diferenciados.[37]

Exemplo disso é a norma art. 1.142 do Código Napoleônico, para a qual todo e qualquer descumprimento de obrigação se resolve em perdas e danos, ou seja, pela via indenizatória/ressarcitória. Já se viu em linhas atrás, que o direito brasileiro positivou norma idêntica, no Código Civil de 1916 (art. 880), textualmente repetida no Código Civil de 2003.[38] Como anota Marinoni,

> [...] se o juiz não pode dar tratamento distinto às necessidades sociais, nada mais natural do que unificar tal forma de tratamento, dando ao lesado valor em dinheiro.
>
> Se todos são iguais – e essa igualdade deve ser preservada no plano do contrato –, não há razão para admitir uma intervenção mais incisiva do juiz diante do inadimplemento, para que seja assegurada a tutela específica (ou o adimplemento *in natura*).[39]

Partindo da premissa liberal de que o princípio da igualdade formal era essencial para a liberdade e o desenvolvimento da sociedade, realmente não haveria como se criarem formas de *tutela diferenciada* em razão das características diversificadas das pessoas e da natureza da obrigação *sub judice*.

Logo, se as pessoas são iguais e a obrigação ou o bem sob disputa não merecem tratamento diferenciado conforme a sua natureza, não havia razão para pensar na criação de procedimentos distintos e de mecanismos de tutela diferenciados, que melhor se ajustassem às particularidades do direito material posto em causa. Naturalmente, o processo de conheci-

---

[37] MARINONI, Luiz Guilherme. *Técnica processual e tutela dos direitos*. 2. ed. São Paulo: Revista dos Tribunais, 2008, p. 46.

[38] Art. 247: "Incorre em perdas e danos o devedor que recusar a prestação a ele só imposta, ou só por ele exequível".

[39] MARINONI, Luiz Guilherme. *Técnica processual e tutela dos direitos*. 2. ed. São Paulo: Revista dos Tribunais, 2008, p. 46.

mento, como procedimento geral e abstrato, servia de solução para *quase* tudo,[40] característica que se estendeu até bem pouco tempo.

Ao Direito, portanto, não caberia individualizar a forma de tutela segundo as necessidades diferenciadas dos cidadãos, tampouco em razão da natureza do direito posto em causa.

Como se verá adiante, a impessoalidade da prestação jurisdicional – marca registrada dos ideais oitocentistas – fez-se refletir na (i) uniformidade de procedimentos e no (ii) distanciamento entre processo e direito processual, característicos do Código de Processo Civil Brasileiro de 1973 (Lei nº 5.869/73).

## 2. Estado liberal e a crise de eficiência do processo civil clássico

### 2.1. Insuficiência da tutela gerada pela sentença condenatória

A dinâmica do processo civil clássico – construído com base nos valores da sociedade burguesa revolucionária e que perdurou até duas ou três décadas atrás – apresentava, em sua essência, um modelo processual rígido e desdobrado, compreendido pela fase de conhecimento e subsequente processo de execução (binômio conhecimento-execução).[41]

Dentro da sua lógica estrutural, no processo de conhecimento exerce-se atividade cognitiva exauriente, conferindo às partes direito ao contraditório e aprofundada dilação probatória. Ao juiz caberá puramente *declarar* o titular do direito reclamado. Esgotados os recursos cabíveis, com o *trânsito em julgado* da sentença, a decisão tornar-se-á definitiva – ressalvada a via rescisória, é claro.

Os efeitos concretos da sentença condenatória – excluídas, portanto, as sentenças dotadas de eficácia *declaratória* ou *constitutiva*, as quais se

---

[40] Não se deve olvidar da utilidade, mesmo que diminuta, dos procedimentos especiais regulados no Livro IV do CPC, tampouco dos procedimentos previstos em legislação extravagante.

[41] Conforme contextualiza Mitidiero, "o critério que fundamenta a separação entre processo de conhecimento e processo de execução é o critério da atividade do juiz. Com a legitimação histórica do direito romano clássico e com observações conceitualistas, pontua a doutrina que cognição e execução não são fases distintas de um mesmo processo, mas representam atividades que devem ser realizadas, de maneira naturalmente autônoma, em dois processos distintos. Naquele o juiz apenas conhece com o fim de decidir a causa; neste, apenas promove a adequação do mundo àquilo que se encontra estampado no título executivo". MITIDIERO, Daniel. O processualismo e a formação do Código Buzaid. *Revista de Processo*, São Paulo, n. 183, p. 165, mai. 2010.

esgotam em si mesmas[42] – far-se-ão sentir somente no subsequente processo de execução. Até esse momento, decorridos longos anos de espera, o privilegiado réu/devedor mantinha-se inerte, alheio à necessidade de dar cumprimento ao provimento de repercussão física que, contratual ou legalmente, estava obrigado a realizar, também beneficiado pela impossibilidade de antecipação da tutela. Esse, em essência, o retrato da *insuficiência da tutela condenatória*.

Esse modelo, em regra, não disponibilizava ao julgador qualquer mecanismo ou instrumento processual apto a *satisfazer/efetivar* o direito material reconhecido ao autor em meio à própria fase de conhecimento, tenha sido ele reconhecido em sentença ou em decisão interlocutória. Ressentia-se de *mecanismos coercitivos e sub-rogatórios* de conduta em meio ao próprio processo de conhecimento.

Os aspectos abordados anteriormente assumem enorme influência na notável crise de eficiência em que se encontrava o processo civil brasileiro até a reforma processual sentida em 1994.

A impossibilidade de influir sobre a vontade do demandado – herança do *dogma de intangibilidade da vontade humana* – retirava qualquer margem de *executoriedade* às decisões proferidas no processo de conhecimento, bem como relegava a *tutela ressarcitória* (pelo equivalente pecuniário) à condição de única resposta possível, visto que ao Direito não seria dado prevenir a prática do ilícito (tutela preventiva), atuando diretamente sobre a conduta das pessoas.

Como o Estado era considerado um inimigo público, herança do direito liberal-clássico, qualquer intervenção era vista como intromissão indesejada, daí por que, desde o *Code Napoléon*,[43] se vivia a ideia de incoercibilidade das obrigações.

Como observa Rodrigues Netto, resgatando resquícios do direito romano, um dos motivos para essa *crise de eficiência* residia no não reconhe-

---

[42] A sentença de natureza preponderantemente *declaratória* define quem é o titular do direito controvertido, declarando a existência ou inexistência de uma relação jurídica. Observa Rodrigues Netto que "toda decisão judicial está impregnada de uma declaração que determina quem efetivamente possui um direito subjetivo a ser amparado, [...] emprestando certeza à relação" RODRIGUES NETTO, Nelson. *Tutela jurisdicional específica: mandamental e executiva lato sensu*. Rio de Janeiro: Forense, 2002, p. 27. As sentenças de natureza preponderantemente *constitutiva* são aquelas que, além de certa dose de declaração, constituem, modificam ou extinguem determinada relação jurídica. Cabe referir que ambas as eficácias, a constitutiva e a declaratória, satisfazem a pretensão do autor independentemente de processo de execução posterior, ou seja, a mera prolação dessas sentenças já esgota a prestação jurisdicional, diferentemente do que ocorre com as sentenças condenatórias, mandamentais e executivas.

[43] Em seu art. 1.142, está a máxima de que "toda obrigação de fazer ou não fazer resolve-se em perdas e danos e juros, em caso de descumprimento pelo devedor".

Tutela Específica dos Direitos

cimento de força de *imperium* nos atos proferidos pelo juiz.[44] Cabia ao juiz, portanto, somente *declarar* aquilo que estava positivado na lei (*jurisdictio*). Como refere Marinoni,

> [...] a preocupação com o arbítrio do juiz não fez surgir apenas a idéia de que a sentença deveria se limitar a declarar a lei, mas também retirou do juiz o poder de exercer *imperium*, ou de dar força executiva às suas decisões. Aliás, diante da desconfiança do direito liberal em relação ao juiz posterior à Revolução Francesa, era natural a preocupação com a execução das decisões, pois esta poderia gerar maiores riscos do que a sentença "*declaratória lato sensu*".[45]

Em igual sentido, José Manuel Arruda Alvim Neto[46] realça que a realização do direito "era sempre e necessariamente sucessiva ao término da cognição, o que, como regra geral, pressupunha a ocorrência de coisa julgada". Eis a coisa julgada funcionando como um verdadeiro "divisor de águas" (expressão do citado *jurista*), a separar as já distantes atividades de *cognição* e execução.

Evidentes, pois, a insuficiência e a falta de dinâmica da tutela gerada pelo binômio conhecimento-execução.[47] A via única de solução apresentada pelo modelo (perdas e danos) traduzia-se, ao fim, na injusta *substituição* do resultado prático pretendido pelo autor – e desejado pelo direito material – pelo *equivalente pecuniário*, relegando ao total desamparo situações externas ao âmbito pecuniário (obrigações e deveres de fazer, não fazer e entregar coisa), que não se satisfazem mediante o pagamento de quantia em dinheiro.[48]

Aliada à *incapacidade* e à *inadequação* da tutela gerada por esse modelo, saltava aos olhos a inaptidão das modalidades de eficácia, reconhecidas até aquele momento, a saber: a declaratória, a constitutiva e a condenatória (tem-se aí a *classificação trinária* das ações). A falta de *executoriedade* das sentenças condenatórias, aliada à impossibilidade de antecipação da tutela, bem como à inexistência de sentenças dotadas de eficácia

---

[44] *Tutela jurisdicional específica*: mandamental e executiva *lato sensu*. Rio de Janeiro: Forense, 2002, p. 93.

[45] MARINONI, Luiz Guilherme. *Técnica processual e tutela dos direitos*. São Paulo: Revista dos Tribunais, 2008, p. 31.

[46] ALVIM, Arruda. Anotações sobre alguns aspectos das modificações sofridas pelo processo hodierno entre nós. *Revista de Processo*. São Paulo: Revista dos Tribunais, n.º 97, p. 51-106, jan./mar. 2000.

[47] Barbosa Moreira entende que "sobremaneira insatisfatório mostra-se o mecanismo que se pode representar por meio do esquema processo de condenação + execução forçada, máxime quando se reserva, conforme sucede as mais das vezes, para o tratamento exclusivo de situações que se caracterizam pela existência de lesão já consumada". MOREIRA, José Carlos Barbosa. Tutela sancionatória e tutela preventiva. In: *Temas de direito processual*. 2. ed. São Paulo : Saraiva, 1988, p. 22.

[48] MOREIRA, José Carlos Barbosa. Notas sobre o problema da "efetividade" do processo. In *Temas de direito processual*. São Paulo: Saraiva, 1984, p. 27-42.

capaz de conferir *satisfatividade* ao direito do autor em meio ao processo de conhecimento, comprometiam a prestação da tutela jurisdicional, que só se esgota com a realização concreta do direito material reconhecido em sentença. Diante dessa realidade, a entrega do bem da vida pretendido pelo autor postergava-se à distante fase de execução da sentença.

Essa dura realidade estava na contramão de uma prestação jurisdicional *adequada, efetiva* e *tempestiva,* buscada pelos processualistas modernos a partir da evolução metodológica da ciência processual (passagem da fase *instrumental* do processo para o formalismo-valorativo[49] [50]), bem como do reconhecimento, na ordem constitucional, do direito fundamental à prestação jurisdicional efetiva e adequada.

A inaptidão da sentença condenatória em relação às demandas que exigem um *provimento de repercussão física* (fazer, não fazer e entregar coisa) foi um dos principais aspectos responsáveis pela falência do mode-

---

[49] Para estes, o escopo da ciência converge, finalisticamente em conferir *instrumentalidade* ao processo. O sentido dessa *instrumentalidade* reside na compreensão do processo não como um fim em si mesmo, mas como meio de alcançar um fim. A esse respeito, ver: DINAMARCO, Cândido Rangel. *A instrumentalidade do processo.* 13. ed. São Paulo: Malheiros, 2008; ALVIM, José Eduardo Carreira. Tutela específica das obrigações de fazer, não fazer e entregar coisa. 3. ed. Rio de Janeiro: Forense, 2003.

[50] Registre-se a doutrina de Carlos Alberto Alvaro de Oliveira, que encontra eco nos processualistas Daniel Mitidiero, Guilherme Rizzo Amaral e Fredie Didier Jr., dentre outros, a defender a consolidação de uma nova fase metodológica do processo civil: o formalismo-valorativo. Segundo Mitidiero, "a expressão foi cunhada por Carlos Alberto Alvaro de Oliveira, no ano de 2004, em seminários realizados no âmbito do Programa de Pós-Graduação em Direito (mestrado e doutorado) da Universidade Federal do Rio Grande do Sul [...]". (MITIDIERO, Daniel. *Colaboração no Processo Civil Brasileiro: pressupostos sociais, lógicos e éticos.* São Paulo : Editora Revista dos Tribunais, 2009 – Coleção temas atuais de direito processual civil; v. 14 – p. 17) A crítica à instrumentalidade do processo como fase científico-dogmática – que, no Brasil, tem em Cândido Rangel Dinamarco sua principal referência – é bem sintetizada por Rizzo Amaral, ao defender que a visão instrumentalista "leva a ciência processual diretamente para a neutralidade que se buscava combater. Colocando-se as expectativas de apreensão dos valores a serem ponderados exclusivamente sobre o juiz, o intérprete, enfim, o homem (no sentido do ser humano), a própria validade do processo como ciência passa a depender, caso a caso, do seu operador. Não se trata de exagero, pois a validade da ciência processual é profundamente questionada na visão instrumentalista, na medida em que se afirma de nada valer uma boa ciência se não houver homens capazes de fazer justiça". De sua parte, o chamado formalismo-valorativo está "fundado em valores reconhecidos pela sociedade, e estes estão predispostos na Constituição e nas leis, mas não só aí, senão que também nos costumes, na cultura, na tradição, de um povo. A substância do formalismo são esses valores. Sem eles teríamos o formalismo oco, vazio". (AMARAL, Guilherme Rizzo. *Cumprimento e execução de sentença sob a ótica do formalismo-valorativo.* Porto Alegre: Livraria do advogado, 2008, p. 33 e 40). Nas palavras de Mitidiero, "o processo vai hoje informado pelo formalismo-valorativo porque, antes de tudo, encerra um formalismo cuja estruturação responde a valores, notadamente aos valores encartados em nossa Constituição. Com efeito, o processo vai dominado pelos valores justiça, participação leal, segurança e efetividade, base axiológica da qual ressaem princípios, regras e postulados para sua elaboração dogmática, organização, interpretação e aplicação". (MITIDIERO, Daniel. *Colaboração no Processo Civil Brasileiro: pressupostos sociais, lógicos e éticos.* São Paulo : Editora Revista dos Tribunais, 2009 – Coleção temas atuais de direito processual civil; v. 14 – p. 47) Sobre o formalismo-valorativo, como a quarta e mais nova fase científica do processo consulte-se, ainda: ALVARO DE OLIVEIRA, Carlos Alberto. *Do formalismo no processo civil: proposta de um formalismo-valorativo.* São Paulo: Saraiva, 2010. MITIDIERO, Daniel. *Elementos para uma teoria contemporânea do processo civil brasileiro.* Porto Alegre: Livraria do Advogado, 2005.

lo processual clássico, espelhado no Código Buzaid.[51] Insuficiência que motivou crescente descrença da população no Poder Judiciário, prejudicando a própria legitimidade desse Poder, na medida em que a tutela jurisdicional não mais correspondia aos anseios da coletividade.

A sentença condenatória entregava mera *condenação*, sem cogitar dos meios para a execução do bem pretendido pelo autor, uma vez reconhecido em sentença. Nas palavras de Marinoni, "uma sentença que tenha que interferir sobre a realidade, mas que é destituída de meios de execução, não serve para a prestação da tutela do direito, e assim constitui 'um nada'".[52]

Arruda Alvim trata de sintetizar os motivos – já referidos – para a crise do modelo processual civil, marcado pelo binômio conhecimento-execução, vigente até a chegada da *tutela específica* dos direitos:

a) havia separação e alheamento do processo em relação a situações específicas de direito material, o que vale dizer que o grande número de conflitos de interesses haveria de ser necessariamente acomodado dentro do processo tradicional ou clássico, independentemente das peculiaridades de alguns desses conflitos, que poderiam justificadamente exigir uma proteção processual maior;

b) disso decorria a marginalização absoluta das chamadas *tutelas diferenciadas*;

c) à classificação trinária das ações/sentenças, obstáculo à tutela diferenciada, atribuía-se a tarefa exauriente de resolver a contento todos os conflitos de interesse;

d) à tutela condenatória não se reconhecia aptidão para ordenar *eficazmente* um fazer ou um não fazer, e a tutela mandamental era praticamente desconhecida;

e) a matriz da tutela ressarcitória é expressada pelo art. 1.142 do Código Civil francês, em que está disposto que "toda obrigação de fazer ou não fazer resolve-se em perdas e danos e juros, em caso de descumprimento pelo devedor", claramente inspirado na máxima *nemo ad factum potest cogi*;

f) com a tutela ressarcitória está implicado um pensamento distanciado do direito material.[53]

---

[51] A expressão *Código Buzaid* deve ser aqui entendida como o Código de Processual Civil tal como originalmente idealizado e sistematizado por Alfredo Buzaid – ministro da Justiça à época da promulgação do referido diploma, em 11.01.1973 – em oposição à nomenclatura *Código Reformado*, a representar a transformação textual, conceitual e sistemática deste mesmo código, após inúmeras e sucessivas alterações e minirreformas. De modo a simplificar a contextualização pelo leitor, tal nomenclatura vem sendo empregada de forma recorrente por Daniel Mitidiero e Carlos Alberto Alvaro de Oliveira, a saber: "A passagem do Código Buzaid (1973-1994) ao Código Reformado, marca, assim, a reformulação estrutural do processo civil brasileiro: de um direito mais preocupado com a perfeição conceitual para um direito mais empenhado na efetiva tutela dos direitos. [...] Pode-se afirmar que o direito processual civil do Código Reformado adota uma solução unitária no que concerne ao processo e múltipla no que se refere às funções: mediante um único processo é possível obter uma tutela jurisdicional de conhecimento, de execução e de natureza cautelar". ALVARO DE OLIVEIRA, Carlos Alberto; MITIDIERO, Daniel. *Curso de processo civil: teoria geral do processo civil e parte geral do direito processual civil*: volume 1. São Paulo: Atlas, 2010, p. 107-109.

[52] MARINONI, Luiz Guilherme. *Técnica processual e efetividade dos direitos*. São Paulo: Revista dos Tribunais, 2008, p. 34.

[53] ALVIM, Arruda. *Direito processual civil*. São Paulo: Revista dos Tribunais, 2002. Coleção Estudos e Pareceres, v. II, p. 165.

O Código Buzaid – como não poderia ser diferente, pois o Direito é produto da cultura e da realidade polítio-social de dado momento histórico – refletiu os ideais liberais oitocentistas presentes no Código Civil Brasileiro (Código Beviláqua), promulgado em 1916, a saber: liberdade, individualidade, intangibilidade da vontade, segurança jurídica, dentre outros. Conforme Mitidiero:

> O Código Buzaid, dado o neutralismo científico que pressupunha, acabou disciplinando o processo civil tendo presente dados sociais da Europa do final do século XIX. As relações sociais e as situações jurídico-materiais que tinha em conta eram as relações do homem do Código Civil de 1916, de Clóvis Bevilaqua, não por acaso, ele mesmo considerado um Código Civil tipicamente oitocentista. Não pode causar espanto, pois, o fato de o Código Buzaid ser considerado, em suas linhas gerais, um Código individualista, patrimonialista, dominado pela ideologia da liberdade e da segurança jurídica, pensado a partir da ideia de dano e preordenado a prestar tão somente uma tutela jurisdicional repressiva.[54]

Dentre outras carências, formava-se a convicção de que as eficácias declaratória, constitutiva e condenatória não estavam aptas a gerar a desejada tutela específica dos direitos não pecuniários (direito de exigir um fazer, um não fazer ou a entrega de coisa). As sentenças condenatórias viabilizavam, tão somente, subsequente processo de execução forçada,[55] desenvolvendo, pois, função processual de mera *preparação* à instauração de outro processo (de execução), por iniciativa da parte.[56]

Conforme explica Talamini, "[...] a incompleteza da proteção gerada pela sentença condenatória reside na exigência de que aqueles atos materiais (de concreção da tutela) ocorram em outro processo".[57]

Por essas coordenadas, conclui-se que a *insuficiência* da tutela gerada pela sentença condenatória residia justamente no fato de que, diferentemente do que ocorre com as modalidades autossuficientes de eficácia (declaratória e constitutiva), esgota-se sem a *efetivação* do *resultado prático* pretendido pelo autor e reconhecido em sentença, remetendo o demandante a processo subsequente, de igual ou maior complexidade.

---

[54] MITIDIERO, Daniel. O processualismo e a formação do Código Buzaid. *Revista de Processo*, São Paulo, n. 183, p. 165, mai. 2010.

[55] Entenda-se como *forçada* a execução voltada a obter o resultado pretendido através de mecanismos *sub-rogatórios*, que independem da vontade do demandado para a sua realização, a exemplo da expropriação, do desfazimento de obra, da busca e apreensão, da remoção de pessoas, dentre outros.

[56] TALAMINI, Eduardo. *Tutela relativa aos deveres de fazer e de não fazer : e a sua extensão aos deveres de entregar coisa (CPC arts. 461 e 461-A, CDC, art. 84)*. 2. ed. São Paulo: Revista dos Tribunais, 2003, p. 189.

[57] Ibidem.

## 2.2. Ausência de tutela preventiva

O processo civil clássico, fortemente identificado pelo binômio conhecimento-execução, elegia a tutela ressarcitória, ou seja, a tutela pelo equivalente pecuniário, como única forma de tutela possível diante da ameaça ou da efetiva realização de uma conduta contrária ao Direito (ato ilícito), fosse ela decorrente de contrato ou de lei. A prática do ilícito estava, portanto, automaticamente associada ao ressarcimento em dinheiro pelo valor equivalente.

Sob influência do Estado-Liberal, os bens eram vistos como mercadorias, facilmente conversíveis, sem exceção, por valor equivalente em dinheiro. A partir dessa premissa difundiu-se a crença ilusória de que os direitos, independentemente do bem da vida a eles relacionados, poderiam ser satisfatoriamente tutelados mediante o pagamento de valor equivalente em dinheiro pelo responsável do ilícito praticado.

O *dever* de reparar estava, portanto, associado a uma única *forma* de indenizar: através do pagamento de soma em dinheiro. Sabe-se, contudo, que a tutela em relação ao dano poderá ocorrer mediante o seu ressarcimento em dinheiro (tutela ressarcitória pelo equivalente) ou na forma específica (tutela específica), forçando-se o responsável pelo ilícito, mediante mecanismos coercitivos (execução indireta) ou sub-rogatórios (execução direta) de modo a obter do demandado precisamente a conduta desejada pelo Direito, seja ela decorrente de lei (dever legal) ou de contrato (obrigação convencional).

Aqui vale uma ressalva relevante para o presente estudo: nem todos os atos praticados em desconformidade com o Direito – *ilícitos*, portanto, – provocarão necessariamente a ocorrência de um dano efetivo. O *dano* pode ter já ocorrido ou mesmo nunca vir a ocorrer, mas a conduta desconforme ao Direito merecerá tutela e deverá ser rechaçada da mesma forma. Uma vez ocorrido o dano, terá aplicação a *tutela específica* ou *ressarcitória de forma específica*. Se já houve a prática do ilícito, mas ainda não se configurou o dano, terá aplicação a *tutela de remoção de ilícito*. Caso o ato ilícito sequer tenha sido praticado, terá aplicação a *tutela preventiva*.[58]

Com propriedade, Mitidiero justifica a confusão, à época, entre dano e ilícito no direito brasileiro e destaca a incapacidade do Código Buzaid para prestar tutela jurisdicional preventiva, a saber:

> Enfeixando as características gerais do Código Buzaid, pode-se afirmá-lo como um sistema processual civil totalmente dominado pela ideia de dano e ordenado à prestação de uma tutela jurisdicional tão somente repressiva. O conceito de ato ilícito pressuposto no Código Beviláqua obviamente concorreu em enorme medida para este caráter puramente sancio-

---

[58] Sobre o tema, conferir: MARINONI, Luiz Guilherme. *Tutela inibitória: individual e coletiva*. 3. ed. São Paulo: RT, 2003.

natório da atividade jurisdicional na legislação de 1973. Para o legislador civil de 1916, ato ilícito constituía o ato contrário a direito, praticado com dolo ou culpa, por ação ou omissão, de que decorria dano a alguém (art. 159). Fica patente a confusão entre ato ilícito, fato danoso e responsabilidade civil. A confusão entre estes conceitos, dentre outras contingências, impediu o legislador de identificar e disciplinar uma tutela jurisdicional preventiva voltada à inibição, reiteração ou continuação de um ato ilícito ou de seus efeitos. Impediu, da mesma forma, de identificar e viabilizar uma tutela jurisdicional repressiva voltada tão somente à remoção do ilícito ou de seus efeitos.[59]

A dissociação do dano em relação ao ilícito fica bem evidente na prática de atos que estejam em desconformidade com as leis ambientais, que configurem concorrência desleal ou violação ao Código de Defesa do Consumidor. Em todos esses casos ilustrados, respectiva e exemplificativamente, (i) pelo transporte de substâncias tóxicas por empresa não autorizada pelo órgão responsável; (ii) pela fabricação de produtos exibindo marca registrada em favor de concorrente; e (iii) pela divulgação de cartazes com informações não verídicas a respeito de determinado produto, a tutela pelo equivalente em dinheiro não terá a mínima eficácia, tendo em vista que o dano poderá ainda nem ter ocorrido. Para a intervenção do Estado, portanto, será suficiente a prática da conduta desconforme ao Direito, independentemente do ilícito ter gerado danos objetivos, na esfera individual ou coletiva. Em todos esses exemplos, o interesse público envolvido justifica a configuração do ilícito e autoriza a imposição de multa, independentemente da configuração concreta do dano, pela simples adoção da conduta causadora de risco à sociedade.

A tutela, em todos esses casos, deverá fazer *secar a fonte* do ilícito, inibindo ou removendo a conduta contrária ao Direito, mesmo que, (i) a substância química não seja depositada em local impróprio; (ii) ainda não tenha sido comercializado o produto contendo marca de titularidade do concorrente; (iii) as pessoas não tenham adquirido aquele determinado produto influenciadas pelas informações inverídicas estampadas no informe publicitário.

Assim como no direito penal, que dá especial atenção aos *crimes de mera conduta*, ou seja, que prescindem do resultado danoso ao criminalizar a conduta, trata-se de combater o ilícito, independentemente da ocorrência do dano, antecipando-se à realização da conduta contrária ao Direito (tutela preventiva), ou removendo o ilícito depois que iniciada a ação (tutela de remoção de ilícito). Como observa Marinoni:

Atualmente, diante da transformação do Estado, a tipificação de condutas contrárias ao direito também constitui decorrência do dever de proteção do Estado em relação a deter-

---

[59] MITIDIERO, Daniel. O processualismo e a formação do Código Buzaid. *Revista de Processo*, São Paulo, n. 183, p. 165, mai. 2010.

Tutela Específica dos Direitos

minados bens e situações imprescindíveis para a justa organização social. É o caso, por exemplo, das normas de proteção à saúde, de proteção ao consumidor e de proteção ao meio ambiente.[60]

Até o surgimento das eficácias mandamental e executiva, extrai-se a certeza de que nenhuma das modalidades de sentença reconhecidas até então (declaratória, constitutiva e condenatória) estava apta a forçar o demandado à pratica da conduta desejada pelo Direito. Isso porque as sentenças declaratórias e constitutivas independem do cumprimento voluntário pelo demandado (autoexecutividade), e a sentença condenatória não dispunha de qualquer mecanismo sancionatório capaz de fazer dobrar a recalcitrância do demandado, limitando-se a formar um título executivo passível de execução posterior.

Inexistentes meios processuais adequados à *prevenção* do ilícito, ao que se soma a impossibilidade de antecipação da tutela, também inexistiam meios executórios aptos à *remoção do ilícito*, uma vez praticado. Exemplificativamente, tratando-se de obrigação infungível, tal como a pintura de um quadro, uma vez descumprida a obrigação, não havia a previsão de multa como meio coercitivo de execução indireta, a fim de influir sobre a vontade do réu, visando forçá-lo a realizar a conduta conforme o Direito (pintar o quadro).

De outro lado, tratando-se de obrigação fungível, não havia mecanismos sub-rogatórios de execução direta para, em meio ao processo de conhecimento, afastar o ilícito, independentemente da vontade do réu, a exemplo da busca e apreensão de mercadoria, da interdição de atividade nociva, da remoção de pessoas e coisas etc. A prestação, nesses casos, deveria ser realizada por um terceiro, custeado pelo autor, em processo de execução subsequente ao processo de conhecimento. Nesse sentido, regem os artigos 632 e seguintes do Código de Processo Civil (CPC), hoje restritos ao processo de execução de título extrajudicial.

### 2.3. Impossibilidade de "execução" em meio ao processo de conhecimento

De acordo com a concepção liberal segundo a qual o Estado é visto como inimigo público, devendo ser restringidas ao máximo as possibilidades da sua ingerência sobre o particular, seria natural que ao Poder Judiciário não fosse permitido prestar tutela jurisdicional com base na verossimilhança, em juízo de cognição sumária, diante da *parcela* de prova até então produzida.

---

[60] MARINONI, Luiz Guilherme. *Técnica processual e tutela dos direitos*. 2. ed. São Paulo: Revista dos Tribunais, 2008, p. 54.

Assim, a impossibilidade de antecipação da totalidade ou de parte dos efeitos pretendidos na sentença tem origem no Estado Liberal e decorre da vontade de limitar-se a possibilidade do arbítrio estatal, proibindo-se a emissão de provimentos ainda sem a certeza da própria existência do direito. A possibilidade de um julgamento sumário, ainda sem a elucidação sobre os fatos que deram suporte ao processo, contribuiria para uma indesejada sensação de insegurança jurídica. O juízo com base na verossimilhança poderia comprometer a liberdade dos cidadãos.[61] A proibição da tutela antecipada revela, também, certa desconfiança com relação ao juiz.

De outro lado, a proibição de juízos com base na verossimilhança revelava o interesse fundamental do Estado em garantir o exercício do contraditório e da ampla defesa, que não poderiam jamais ser excepcionados ou postecipados à concessão da tutela. A execução deveria ser obrigatoriamente antecedida pelo processo de conhecimento. Essa era a fórmula rígida trazida pelo processo de conhecimento até 1994, com o advento da Lei 8.952/94, que se encarregou de instituir a viabilidade da antecipação da tutela em relação aos deveres e obrigações de fazer, não fazer e de entregar coisa.

### 2.4. Uniformidade de procedimentos

A análise do uso indiscriminado do processo de conhecimento como procedimento geral aplicável aos deveres e obrigações não pecuniárias (fazer, não fazer e entregar coisa) – ou seja, que não se satisfazem mediante pagamento de quantia em dinheiro – revela a total indiferença do processo à natureza do direito posto em causa.

Ao lado de alguns poucos procedimentos especiais (CPC, Livro IV), de reservada utilidade, tais como a ação de interdito proibitório, de nunciação de obra nova, bem como de alguns outros procedimentos especiais espalhados pela legislação extravagante (a exemplo da ação de despejo – Lei 8.245/91, arts. 59 e ss.), toda e qualquer situação material carente de tutela estava relegada ao processo de conhecimento, independentemente da natureza da obrigação.

Conforme Mitidiero, mediante "a coordenação do processo de conhecimento, de execução e cautelar, o Código Buzaid propiciou às partes um

---

[61] Consoante Marinoni: "Importa deixar claro, assim, que o procedimento ordinário clássico (destituído de tutela antecipatória) tem íntima relação com a segurança jurídica, ainda que esse procedimento tenha sempre se baseado na pseudossuposição de que o juiz encontraria a verdade ao final do processo ou, pior, que jamais seriam necessários dois juízos a respeito da tutela pretendida pelo autor, ainda que o primeiro – derivado de uma situação de urgência – fosse fundado em parcela das provas e o segundo na sua integralidade". MARINONI, Luiz Guilherme. *Técnica processual e tutela dos direitos*. São Paulo: Revista dos Tribunais, 2008, p. 38.

procedimento padrão para tutela dos direitos, independentemente da natureza do direito material posto em juízo". Por certo, partia-se da premissa – atualmente distante da realidade – de que "qualquer causa poderia ser tratada mediante a coordenação destas atividades e provimentos".[62]

O uso indiscriminado do processo de conhecimento como via geral de tutela teve sempre como objetivo garantir que a todo direito material correspondesse um procedimento aplicável, capaz de submeter a pretensão à apreciação do Judiciário. Contudo, a exemplo do que ocorre com os direitos decorrentes de deveres não pecuniários (fazer, não fazer e entregar coisa), determinadas situações exigem procedimentos específicos, ou seja, mecanismos de tutela diferenciados em razão da natureza do direito posto em causa.

Marinoni chega a afirmar que o CPC brasileiro, até o advento da 1ª Reforma em 1994 – que instituiu a tutela específica, bem como a possibilidade de antecipação da tutela no direito brasileiro – "desconsiderava totalmente os valores da Constituição Federal", que consagrava, desde sua promulgação em 1988, o direito fundamental à prestação jurisdicional adequada e efetiva.[63]

Como destaca Arruda Alvim, até o advento da Lei 8.952/94, que deu nova redação ao artigo 461 do CPC:

a) havia separação e alheamento do processo em relação a situações específicas de direito material, o que vale dizer que o grande número de conflitos de interesses haveria de ser necessariamente acomodado dentro do processo tradicional ou clássico, independentemente das peculiaridades de alguns desses conflitos, que poderiam justificadamente exigir uma proteção processual maior.[64]

Daí concluir que o reconhecimento do direito fundamental à prestação jurisdicional efetiva e adequada impunha o reconhecimento de uma tutela jurisdicional diferenciada em relação aos direitos de natureza não pecuniária, relacionados a deveres e obrigações de fazer, não fazer e entregar coisa, que não se satisfazem com a mera substituição da prestação desejada (bem da vida) pelo seu equivalente em dinheiro.[65]

---

[62] MITIDIERO, Daniel. O processualismo e a formação do Código Buzaid. *Revista de Processo*, São Paulo, n. 183, p. 165, mai. 2010.

[63] MARINONI, Luiz Guilherme. *Técnica processual e tutela dos direitos*. São Paulo: Revista dos Tribunais, 2008, p. 47.

[64] ALVIM, Arruda. *Direito processual civil*. São Paulo: Revista dos Tribunais, 2002. Coleção Estudos e Pareceres, v. II, p. 165.

[65] Marinoni refere que, "junto com a evolução da sociedade e o surgimento de novas situações de direito substancial – derivadas frequentemente de regras infraconstitucionais de proteção de direitos fundamentais destinadas a impedir ou impor condutas, tornou-se a cada dia mais importante a efetividade das denominadas "obrigações de não fazer e de fazer". MARINONI, Luiz Guilherme. *Técnica processual e tutela dos direitos*. São Paulo: Revista dos Tribunais, 2008, p. 74.

*Parte II*

# Influência do estado social e da Constituição de 1988 sobre a jurisdição e sobre o ordenamento jurídico brasileiro

## 3. Do direito fundamental à prestação jurisdicional efetiva, adequada e tempestiva

### 3.1. Estado social e sua influência sobre o ordenamento brasileiro

Os critérios de *generalidade* e *abstração* transmitidos ao legislador do período liberal-burguês baseavam-se em uma sociedade relativamente homogênea, formada por homens livres, dotados de idênticas necessidades. A partir dessas premissas, não era dado ao Direito tutelar de forma diferente e particularizada, pessoas equivalentes, com necessidades equivalentes.

Do mesmo modo, sob os critérios da *generalidade* e *abstração*, o juiz estava impedido de interpretar a lei segundo as particularidades das pessoas, das obrigações e do bem envolvido.

Sob o ponto vista histórico, o tratamento igualitário conferido pelo Direito foi bem simbolizado pela via geral de tutela dos direitos, consagrada até aquele momento: o ressarcimento pelo equivalente pecuniário. Essa utopia rompeu-se gradativamente pelas realidades do mundo concreto, pela transformação da sociedade, formada por pessoas de classes sociais e interesses cada vez mais diversificados. Passou-se a admitir, de uma forma ou de outra, que leis e procedimentos universais só seriam possíveis em uma sociedade formada por iguais.

Em meio a esse despertar, surge o modelo do Estado Social de Direito, preocupado em atender às necessidades de grupos sociais até então carentes de tutela, que passaram a pressionar o legislativo a fim de garantir maior proteção, através das leis próprias, diversificadas em razão das necessidades de cada grupo. A característica adotada pelo Estado Liberal da *impessoalidade da lei* e da *unidade do procedimento,* indiferentes à natureza do direito posto em causa, deixa de existir.[66]

---

[66] MARINONI, Luiz Guilherme. *Técnica processual e tutela dos direitos.* 2. ed. São Paulo: Revista dos Tribunais, 2008, p. 48.

O surgimento de leis voltadas à melhor proteção dos grupos sociais ou de determinada categoria de direitos foi também acompanhada de procedimentos adaptados às particularidades do direito material posto em causa – o que explica o surgimento do modo diferenciado de tutela dos direitos *não pecuniários* (direito de exigir um fazer, um não fazer ou a entrega de coisa), conforme artigos 461 e 461-A do CPC. Como afirma Dinamarco, "compreende-se, pois, que o processo do Estado liberal não possa sobreviver nos regimes socialistas, nem esteja mais presente no Estado ocidental contemporâneo, de cunho social". [67]

É natural que o processo dos tempos atuais deva dar guarida aos valores consagrados pela ordem constitucional vigente, dentre eles, (i) a proteção dos direitos coletivos, de que servem de exemplo o meio ambiente, o patrimônio histórico, cultural e paisagístico, conferindo-se legitimidade a órgãos e associações, (ii) a existência de procedimentos ágeis, simplificados, informais, para as causas de menor expressão econômica, (iii) a tutela dos direitos dos consumidores, dentre outros.

Em atenção aos referidos valores constitucionais, surgiram procedimentos voltados especificamente à defesa do consumidor em juízo (Lei 8.078/90), às causas consideradas de pequeno valor, através da Lei dos Juizados Especial (Lei n° 9.099/95); bem como à defesa dos direitos de natureza coletiva em geral, por meio da Ação Civil Pública (Lei 7.347/85).

Esses são exemplos de inovações processuais voltadas à tutela e preservação dos valores socioculturais expressos na ordem constitucional vigente. Uma rápida olhada sobre a Constituição de 1988 é suficiente para evidenciar a sua preocupação com o meio ambiente (CF, art. 225), com a defesa do consumidor (CF, arts. 5°, XXXII, e 170, V), assim como em relação às demandas cíveis de menor complexidade (CF, art. 98, I). Nas palavras de Dinamarco, são exemplos "da sensibilidade do sistema processual aos influxos e mutações da ordem constitucional".[68]

Isso explica, em parte, a tendência metodológica atual pautada no reconhecimento e na aceitação dos influxos constitucionais sobre o processo, no sentido de enxergar o processo como instrumento a serviço dos valores expressos na ordem constitucional.

Como forma de tutela adequada à natureza do direito posto em causa – direito a uma prestação de fazer, não fazer e dar –, assume elevada importância o surgimento da *tutela específica das direitos*, como forma de entregar ao cidadão tudo aquilo e exatamente aquilo que lhe é assegurado pela norma de direito material – ponto central do presente estudo.

---

[67] DINAMARCO, Cândido Rangel. *A instrumentalidade do processo*. 13. ed. São Paulo: Malheiros, 2008, p. 33.

[68] Idem, p. 37.

Nota-se uma transformação do próprio conceito de *jurisdição*, que não mais deveria contentar-se em "fazer atuar a vontade da lei" – como entendia Chiovenda – mediante a simples garantia de *acesso* do cidadão ao Poder Judiciário. Percebeu-se a necessidade de aparelhar o processo com procedimentos e mecanismos de tutela capazes de conceder ao cidadão uma resposta (prestação jurisdicional) efetiva e adequada à natureza e especificidade do direito material posto em causa.[69]

Exemplo recente desse fenômeno está na proteção concedida pelos artigos 18 e 20 do Código de Defesa do Consumidor, que tratam da hipótese de vício do produto e do serviço e, respectivamente, asseguram ao consumidor (categoria ou grupo diferenciado): (i) a faculdade de exigir a substituição da mercadoria ou somente das partes danificadas; (ii) o abatimento proporcional do preço; (iii) ou a reexecução do serviço, como forma de assegurar-lhe a chamada *tutela específica* do direito. Trata-se, em realidade, de nítido rompimento com a forma geral de tutela anterior, pelo equivalente pecuniário.

Pode-se afirmar que o primado pela *tutela específica* revela a intenção de coibir a seguinte problemática: se o Poder Judiciário, através do processo, não dispuser de mecanismos aptos a forçar o réu ao cumprimento específico *in natura* da obrigação a que está sujeito por lei ou contrato, seja através de medidas coercitivas (execução indireta) ou sub-rogatórias (execução direta), ao mesmo será facultada a cômoda possibilidade de optar pelo pagamento do equivalente pecuniário ao invés de cumprir com a obrigação prevista pelo direito material e imposta em decisão judicial.

No universo dos deveres legais, no qual prevalece o interesse público e de que serve de exemplo o meio ambiente, em oposição ao que ocorre com as obrigações privadas convencionais, não se pode tão facilmente admitir o seu descumprimento, isso porque, muitas vezes, se torna impossível o retorno ao *status quo ante*, em razão da irreversibilidade dos danos provocados pela conduta contrária ao direito. Conquanto se saiba que o ato ilícito não necessariamente provocará dano, deve-se buscar coibir preventivamente a mera *possibilidade* do ilícito, fazendo cumprir a determinação legal anteriormente à prática da conduta contrária ao direito.

De outro lado, fica evidente que o princípio da legalidade não poderia mais ser entendido exatamente como o era no Estado Liberal. Como

---

[69] Conforme referido linhas atrás, a ineficiência da prestação jurisdicional em muito se deu pela separação estanque das atividades – e dos processos – de conhecimento, execução e cautelar pelo Código Buzaid, relegando aos jurisdicionados um procedimento padrão de tutela, independentemente da natureza do direito material posto em juízo. Tinha-se a ilusão de que todo e qualquer direito material poderia ser eficientemente protegido mediante esta separação estanque destas atividades e uniformização do procedimento. A esse respeito, ler: MITIDIERO, Daniel. O processualismo e a formação do Código Buzaid. *Revista de Processo*, São Paulo, n. 183, p. 165, mai. 2010.

se sabe, segundo a ideologia Liberal, o Direito foi basicamente reduzido à autoridade da lei, cuja legitimidade e autoridade decorriam unicamente da obediência ao processo legislativo. Ao juiz não caberia nada mais do que ser a "boca da lei", na concepção clássica de Montesquieu, e a jurisdição nada mais seria do que a atuação da vontade concreta da Lei, conforme lição de Chiovenda.[70]

Sentiu-se a necessidade de se exercer certo controle sobre essa autoridade absoluta da lei, pois até então estava acima do bem e do mal, segundo critérios que bem expressassem os ideais de justiça de determinada sociedade. Prova disso é que a maioria das Constituições posteriores à segunda guerra consagrou um sistema próprio de controle da constitucionalidade das leis.[71]

Aos princípios, valores e direitos fundamentais, expressos na Constituição, atribuiu-se eficácia direta, a exemplo do que ocorreu com a Constituição Brasileira de 1988 (CF, art. 5º, § 1º).

O reconhecimento da supremacia da Constituição sobre todo o ordenamento, além de impor ao Estado-legislador a elaboração de normas comprometidas com os princípios e regras nela previstos, impôs aos operadores da ciência jurídica o dever de raciocinar o Direito para além do âmbito da legislação ordinária, isto é, *a partir* da Constituição. Essa é justamente a premissa que norteia o presente estudo.

Cabe ainda constatar que o primado da Constituição em relação à lei impôs, também, uma ruptura radical com o mundo das regras, próprio do positivismo liberal, uma vez que as Constituições estão impregnadas de princípios. Não se quer, entretanto, ignorar a existência de regras na Constituição, tampouco a continuidade da sua presença majoritária na legislação infraconstitucional. Destaca-se apenas a necessidade de conformação das regras e da legislação infraconstitucional aos princípios e valores expressos na Constituição, especialmente em relação aos referidos *direitos fundamentais*.

Como sabido, os princípios expressam um pluralismo marcado por seu caráter de norma aberta. Daí extrai-se a certeza de que não prevalecem e não se excluem, em abstrato e de forma hierarquizada, uns em relação aos outros, como num sistema rígido de regras. Do contrário, devem conviver em harmonia, recorrendo-se à técnica da aplicação de *postulados*

---

[70] *Princípios de derecho procesal civil*. Tradução de José Casais y Santalo. Madrid: Réus, 1925, v. 2.

[71] Segundo refere Marinoni, "[...] se essa nova concepção de direito ainda exige que se fale de princípio da legalidade, restou necessário dar-lhe uma nova configuração, compreendendo-se que, se antes esse princípio era visto em uma dimensão formal, agora ele tem conteúdo substancial, pois requer a conformação da lei com a Constituição e, especialmente, com os direitos fundamentais". MARINONI, Luiz Guilherme. *Teoria geral do processo*. 2. ed. São Paulo: Revista dos Tribunais, 2007. v.1: Curso de processo civil, p. 44.

*normativos aplicativos* em caso de conflito. Tal técnica viabiliza, no caso concreto, a coexistência dos princípios sem que nenhum deles tenha que ser sacrificado por completo e eliminado em abstrato.[72]

Os princípios, em essência, são a marca do pluralismo da sociedade complexa do mundo contemporâneo.

### 3.2. A teoria dos direitos fundamentais na Constituição Federal de 1988

Entendemos não ser apropriado afirmar a suposta existência, ou não, de um pretenso *direito constitucional fundamental*, sem antes adentrar no exame – mesmo que superficial – da *teoria dos direitos fundamentais*, sob o enfoque da Constituição de 1988.

Com isso, evita-se o equívoco – recorrente dentre os processualistas – de discorrer sobre princípios constitucionais do direito processual civil, partindo-se da análise da lei até a Constituição ou – o que é pior – com os olhos unicamente voltados à legislação infraconstitucional.

#### 3.2.1. Aspectos gerais

Sem medo de errar, pode-se afirmar que os direitos fundamentais desfrutam o seu melhor momento no direito constitucional brasileiro.

A adoção, em doutrina, da nomenclatura *direitos fundamentais* revela-se adequada ao direito constitucional positivo brasileiro. Isso porque a Constituição Federal de 1988, de forma inovadora, na epígrafe do Título II, utiliza a expressão *Direitos e Garantias Fundamentais*, rubrica genérica que abrange todas as espécies de direitos fundamentais reconhecidas no texto constitucional, a saber: *dos direitos e deveres individuais e coletivos* (capítulo I), *dos direitos sociais* (capítulo II), *da nacionalidade* (capítulo III), *dos direitos políticos* (capítulo IV), *dos partidos políticos* (capítulo V).

Diferenciando-se da expressão *direitos humanos*, é quase consenso a explicação de que a expressão *direitos fundamentais* se restringe àqueles direitos reconhecidos pelo direito constitucional positivo de determinado País.[73] A expressão *direitos humanos* estaria reservada a posições jurídicas de caráter internacional ou supranacional reconhecidas ao ser humano,

---

[72] A respeito, consultar a obra de Humberto Ávila, *Teoria dos princípios: da definição à aplicação dos princípios jurídicos.* 7 ed. São Paulo : Malheiros, 2008, p. 78-84 e 121-123.

[73] Canotilho afirma: "Segundo a sua origem e significado poderíamos distingui-los da seguinte maneira: 'direitos do homem' são direitos válidos para todos os povos e em todos os tempos (dimensão jusnaturalista-universalista); 'direitos fundamentais' são os direitos do homem, jurídico-institucionalmente garantidos e limitados espacio-temporalmente". CANOTILHO, J. J. Gomes. *Direito constitucional e teoria da Constituição.* 7. ed. Coimbra: Almedina, 2006, p. 393.

"independentemente da sua vinculação com determinada ordem constitucional e que, portanto, aspiram à validade universal".[74]

A diferenciação dos conceitos não significa negar a desejada, e cada vez mais sentida, aproximação dos *direitos fundamentais* aos *direitos humanos*. Essa íntima relação dá-se especialmente pelo fato de que as Constituições ulteriores ao segundo pós-guerra receberam forte influência da Declaração Universal de Direitos do Homem, de 1948, e de outros importantes documentos internacionais. Essa crescente harmonização indica o que hoje vem sendo denominado de *direito constitucional internacional*.[75]

Desse modo, como primeira constatação, fica a certeza de que os *direitos fundamentais* nascem e se desenvolvem no âmbito da Constituição de cada país e da realidade política, social e histórica de cada Estado e é nesse âmbito que devem ser analisados.

Historicamente, pode-se afirmar que o reconhecimento dos direitos fundamentais ocorre em paralelo ao surgimento do moderno *Estado Constitucional*, cuja essência é o reconhecimento à proteção da *dignidade da pessoa humana*.[76] Vale lembrar que a dignidade da pessoa humana é *fundamento* do Estado Democrático de Direito da República Federativa do Brasil e está consagrada, já no artigo 1º da Carta de 1988, como *princípio fundamental*.[77]

Perez Luño[78] entende que a positivação dos direitos fundamentais é resultado, também, da afirmação dos ideais de liberdade. Há que se concordar, a história dos direitos fundamentais se confunde com a história da limitação do poder.[79]

Desde o seu reconhecimento, os direitos fundamentais passaram por diversas transformações, seja quanto à definição do seu conteúdo, da sua titularidade, ou mesmo em relação ao seu grau de eficácia. Daí por que

---

[74] SARLET, Ingo Wolfgang. *A eficácia dos direitos fundamentais*. 9. ed. Porto Alegre : Livraria do Advogado, 2008, p. 35.

[75] Sobre o tema, vale conferir a obra de Flávia Piovesan: *Direitos humanos e o direito constitucional internacional*. Rio de Janeiro: Max Limonad, 1996.

[76] Parece não haver mais divergência em relação a tal aspecto. Esse, por exemplo, é o entendimento de Vieira de Andrade: "Como vimos, toda a matéria dos direitos fundamentais visa, por definição substancial, à persecução dos valores ligados à dignidade humana dos indivíduos" ANDRADE, José Carlos Vieira de. *Os direitos fundamentais na constituição portuguesa de 1976*. 3. ed. Coimbra: Almedina, 1987, p. 171.

[77] Aos princípios fundamentais, referidos nos arts. 1º a 4º da CF/88, cabe a especial função de servirem de normas informativas de toda a ordem constitucional, inclusive em relação aos direitos fundamentais.

[78] PEREZ LUÑO, Antonio-Enrique. *Derechos humanos, estado de derecho y constituición*. 5. ed. Madrid: Tecnos, 1995, p. 109.

[79] SARLET, Ingo Wolfgang. *A eficácia dos direitos fundamentais*. 9. ed. Porto Alegre: Livraria do Advogado, 2008, p. 42.

falar em mais de uma *geração* ou *dimensão* desses direitos.[80] A utilização do termo *geração*, contudo, pode levar à falsa ideia de que os direitos fundamentais tenham passado por um processo de reconhecimento linear, ou mesmo à equivocada premissa de que existiria uma relação de *complementariedade* entre as diferentes dimensões que lhes são reconhecidas.

De maneira extremamente abreviada – a fim de que não haja desvio dos reais propósitos deste singelo ensaio –, refere-se às principais características das três dimensões usualmente reconhecidas aos direitos fundamentais.[81]

Os *direitos fundamentais de primeira dimensão* resultam do ideal liberal-burguês do século XVIII, enraizado na doutrina iluminista e jusnaturalista de nomes como Thomas Hobbes e Immanuel Kant, que entendem que a tarefa primordial do Estado consiste em garantir a liberdade dos indivíduos. O espírito individualista dominante gerou o reconhecimento de *direitos de abstenção* do Estado em favor dos particulares, demarcando verdadeira *zona de não intervenção* do Estado sobre a esfera particular dos cidadãos. Extraíram-se daí, dentre outros, o direito fundamental à vida, à liberdade, à propriedade, à igualdade, à liberdade de expressão. Esse modelo de Estado está bem retratado na Constituição francesa de 1793. Ainda que hoje possam assumir significados diferenciados, tais direitos persistem nos catálogos de direitos fundamentais da maior parte das constituições dos países do mundo ocidental.

Os *direitos fundamentais de segunda dimensão* nasceram do impacto da industrialização e da ulterior constatação de que a simples garantia formal de liberdade e igualdade não assegurava a efetiva *fruição* desses mesmos direitos. Os problemas sociais sentidos no decorrer do século XIX motivaram o surgimento de movimentos reivindicatórios de uma proteção maior do Estado, em prol do que se convencionou chamar de *justiça social*. A principal característica desses direitos é a de impor um *comportamento ativo* do Estado e, assegurar a liberdade e igualdade dos cidadãos. Nas palavras de Sarlet,[82] "não se cuida mais, portanto, de liberdade do indivíduo perante o Estado, e sim de liberdade por intermédio do Estado". Cogita-se, portanto, de assegurar ao indivíduo *direitos a prestações*, tais como saúde, educação, trabalho, moradia, dentre outros. Tais direitos ganharam maior destaque nas Constituições ocidentais do segundo pós-guerra. Em síntese, por atenderem aos anseios das classes menos favo-

---

[80] Opta-se pelo termo *dimensão*, segundo reconhecida doutrina, dentre outros: BONAVIDES, Paulo. *Curso de direito constitucional*. 22. ed. São Paulo: Malheiros, 2008; SARLET, Ingo. *A eficácia dos direitos fundamentais*. 9. ed. Porto Alegre: Livraria do Advogado, 2008.

[81] SARLET, Ingo Wolfgang. *A eficácia dos direitos fundamentais*. 9. ed. Porto Alegre: Livraria do Advogado, 2008, p. 55.

[82] Ibidem, p. 55.

recidas, podem ser considerados uma concretização do chamado Estado Social.

Por fim, os *direitos fundamentais de terceira dimensão* são, essencialmente, direitos de titularidade coletiva, com a marca da solidariedade e da fraternidade. Dentre os mais referidos, estão o direito à paz, a autodeterminação dos povos, ao meio ambiente equilibrado, à conservação do patrimônio histórico e cultural, dentre outros.

As *dimensões* referidas registram o processo de contínua evolução e afirmação dos direitos fundamentais, fruto de reivindicações sociais concretas, revelando tratar-se de categoria materialmente *aberta* e *mutável*[83] – mutação esta também sentida em relação ao direito fundamental à prestação jurisdicional, conforme adiante se verá.

Ao que mais interessa, cumpre registrar que determinados direitos fundamentais de 1ª dimensão estão sendo, hoje, remodelados diante dos novos valores integrados à realidade sociocultural, o que vem a ser o caso do *princípio da inafastabilidade do Poder Judiciário*, também entendido como *acesso à justiça*, (CF, art. 5º, XXXV), hoje entendido como *direito fundamental de todo cidadão a uma prestação jurisdicional adequada, efetiva e tempestiva*, que surge como um dos tantos efeitos sentidos na ordem jurídica, decorrente da passagem do Estado Liberal para o Estado Social. Como refere Sarlet,

> [...] esta evolução se processa habitualmente não tanto por meio da positivação destes "novos" direitos fundamentais no texto das Constituições, mas principalmente em nível de uma transformação hermenêutica e da criação jurisprudencial, no sentido do reconhecimento de novos conteúdos e funções de alguns direitos já tradicionais.[84]

Sob pena de comprometer a *fundamentalidade* dessa espécie qualificada de direito, deve-se ter extrema cautela no reconhecimento de novos direitos fundamentais, cuidando para que os valores desses "novos direitos" ou desses "direitos remodelados" correspondam a um "quase" consenso no âmbito de determinada sociedade.

Fica também evidente a íntima relação entre os *direitos fundamentais* e as noções de Estado de Direito e Constituição. É que a proteção de todo e qualquer direito fundamental pressupõe a existência de uma Constituição, que se encarrega de regular a atuação juridicamente programada dos Poderes do Estado (Legislativo, Executivo e Judiciário), aos quais compete promover os direitos fundamentais reconhecidos pelo Estado Constitucional.

---

[83] BONAVIDES, Paulo. *Curso de direito constitucional*. 22. ed. São Paulo: Malheiros, 2008, p. 517.

[84] SARLET, Ingo Wolfgang. *A eficácia dos direitos fundamentais*. 9. ed. Porto Alegre: Livraria do Advogado, 2008, p. 61.

Para muito além de *limitarem* a atuação do Estado, os direitos fundamentais devem ser encarados como instrumento de legitimação de toda e qualquer ação estatal. Ao lado dos *princípios fundamentais* (CF, arts. 1º a 4º), os *direitos fundamentais* representam a positivação dos valores que integram o núcleo substancial da Constituição, revelando o seu conteúdo axiológico.

Há também, inegavelmente, forte ligação entre os direitos fundamentais reconhecidos pela Constituição Brasileira de 1988 e o chamado *Estado Social*. É consenso em doutrina a constatação de que, apesar de não haver referência expressa no texto constitucional nesse sentido, a nossa República qualifica-se como um autêntico Estado Social e Democrático de Direito.

Para se chegar a tal conclusão, basta constatar a infinidade de direitos a prestações de cunho social espalhados pela Constituição, de que servem de exemplo o direito dos trabalhadores (CF, arts. 7º a 11), os direitos às prestações sociais (educação, saúde, moradia, lazer, segurança, previdência social – CF, art. 6º), os objetivos fundamentais de erradicar a pobreza, a marginalização e reduzir as desigualdades sociais e regionais (CF, art. 3º, III), a função social de propriedade (CF, art. 5º, XXIII), dentre outros tantos exemplos.

Em um Estado Social de Direito, os direitos fundamentais exercem o importante papel de assegurar uma igualdade de chances e oportunidades aos cidadãos, através de uma série de *prestações sociais*, como decorrência direta do princípio da dignidade da pessoa humana, tal como consagrado no direito constitucional brasileiro (CF, art. 1º, III).

Em relação à Constituição de 1988, seu caráter *analítico* – bem evidenciado pela sua grande quantidade de artigos – refletiu-se também sobre os direitos fundamentais. A esse respeito, note-se que o artigo 5º, que trata dos *direitos e deveres individuais e coletivos,* possui, ao todo, 78 incisos. Isso sem mencionar os inúmeros direitos fundamentais espalhados pelo restante da Constituição, e outros tantos decorrentes do regime e dos princípios por ela adotados, ou decorrentes dos tratados internacionais dos quais a República seja parte (CF, art. 5º, § 2º).[85]

Talvez a inovação mais relevante da Constituição de 1988, em matéria de direitos fundamentais, seja a norma prevista no § 1º do art. 5º, segundo a qual "as normas definidoras de direitos fundamentais têm aplicação imediata". O *status* jurídico diferenciado concedido aos direitos

---

[85] Sarlet anota que o aspecto 'analítico' da Constituição "revela certa desconfiança em relação ao legislador infraconstitucional, além de demonstrar a intenção de salvaguardar uma série de reivindicações e conquistas contra uma eventual erosão ou supressão pelos Poderes constituídos" SARLET, Ingo. *A eficácia dos direitos fundamentais*. 9. ed. Porto Alegre: Livraria do Advogado, 2008, p. 75.

Tutela Específica dos Direitos

fundamentais vem ainda complementado pela sua inclusão expressa no rol das chamadas cláusulas pétreas de que trata o art. 60, § 4º, a impedir deliberação sobre emenda constitucional tendente a abolir *os direitos e garantias individuais*.

### 3.2.2. Fundamentalidade e conceito dos direitos fundamentais

Segundo abalizada doutrina,[86] os direitos fundamentais exigem o requisito intrínseco da *fundamentalidade*, que pode ser entendida sob a perspectiva *formal* ou *material*.

Segundo Canotilho, notável jurista lusitano, em raciocínio que pode ser adaptado ao constitucionalismo brasileiro, a *fundamentalidade formal*, assinala diferentes dimensões: (1) são normas colocadas no grau superior da ordem jurídica; (2) encontram-se submetidas a limites materiais de reforma, representando direitos pétreos; (3) são normas diretamente aplicáveis e vinculam de forma direta e imediata as entidades públicas (CF, art. 5º, § 1º).[87]

A *fundamentalidade material* indica conteúdo de direito constitutivo das estruturas básicas do Estado de determinada sociedade. Traduz o conteúdo do direito que se propõe ou se afirma como *fundamental*. A essa noção de *fundamentalidade material* deve-se o reconhecimento de direitos fundamentais não expressos no texto constitucional ou mesmo a revitalização daqueles já previstos no texto constitucional. Pelo que se vê do art. 5, § 2º, da CF/88, a Carta vigente instituiu um sistema aberto à fundamentalidade material, não impedindo, portanto, o reconhecimento de novos direitos, quanto mais o reconhecimento de novas perspectivas em relação aos direitos já reconhecidos.

Conjugando os elementos indicados, já se pode bem apreender a definição de direitos fundamentais, segundo a lição de Sarlet:

> Direitos fundamentais são, portanto, todas aquelas posições jurídicas concernentes às pessoas que, do ponto de vista do direito constitucional positivo, foram, por seu conteúdo e importância (fundamentalidade em sentido material), integradas ao texto da Constituição e, portanto, retiradas das esfera de disponibilidade dos poderes constituídos (fundamentalidade formal), bem como as que, por seu conteúdo e significado, possam lhes ser equipara-

---

[86] Dentre outros: ALEXY, Robert. *Teoria dos Direitos Fundamentais*. Tradução de: Virgílio Afonso da Silva. São Paulo: Malheiros, 2002; CANOTILHO, *José Joaquim Gomes Canotilho* (Direito constitucional e teoria da Constituição. 7. ed. Coimbra: Almedina, 2006.

[87] CANOTILHO, José Joaquim Gomes. *Direito constitucional e teoria da Constituição*. 7. ed. Coimbra: Almedina, 2006, p. 379.

dos, agregando-se à Constituição material, tendo, ou não, assento na Constituição formal (aqui considerada a abertura material do Catálogo).[88]

### 3.2.3. Os direitos fundamentais como princípios

Parte-se da aceitação de que as normas de direito fundamental, assim como todas as demais, se estruturam sob a forma de princípios e regras.

Embora não se trate de assunto que possibilite um maior aprofundamento em razão dos propósitos específicos deste trabalho, impõe-se apenas referir que os princípios se apresentam, na definição de Freitas, como "critério ou diretriz basilar de um sistema jurídico, que se traduz numa disposição hierarquicamente superior". E complementa: "[...] sendo linhas mestras de acordo com as quais se deverá guiar o intérprete quando se defrontar com antinomias jurídicas".[89]

Já, na definição de Bandeira de Mello, o princípio apresenta-se como "o mandamento nuclear de um sistema, verdadeiro alicerce dele, disposição fundamental que se irradia sobre diferentes normas compondo-lhes o espírito e servindo de critério para a sua exata compreensão [...]".[90]

Ao destacar o conteúdo finalístico dos princípios, Humberto Ávila trata de distingui-los em relação às regras:

> Enquanto as regras são normas imediatamente descritivas, na medida em que estabelecem obrigações, permissões e proibições mediante a descrição da conduta a ser adotada, os princípios são normas imediatamente finalísticas, já que estabelecem um estado de coisas para cuja realização é necessária a adoção de determinados comportamentos (normas-do--que-fazer). Os princípios são normas cuja finalidade frontal é, justamente, a determinação da realização de um fim juridicamente relevante (normas-do-que-deve-ser), ao passo que a característica dianteira das regras é a previsão do comportamento.[91]

De maneira breve, o que se pode sintetizar a respeito das renomadas obras de Dworkin[92] e Alexy[93] é que, enquanto as *regras* se esgotam em si mesmas, por descreverem objetivamente e de forma exauriente o que se deve ou não se deve fazer, sob a lógica do tudo ou nada, os *princípios*, de

---

[88] SARLET, Ingo. *A eficácia dos direitos fundamentais.* 9. ed. Porto Alegre: Livraria do Advogado, 2008, p. 89.

[89] FREITAS, Juarez. *A interpretação sistemática do direito.* 4. ed. São Paulo: Malheiros, 2004, p. 56.

[90] MELLO, Celso Antônio Bandeira de. *Curso de direito administrativo.* 16. ed. São Paulo: Malheiros Editores, 2004, p. 128.

[91] ÁVILA, Humberto. *Teoria dos princípios: da definição à aplicação dos princípios jurídicos.* 7 ed. São Paulo: Malheiros, 2008, p. 62.

[92] DWORKIN, Ronald. *Taking rights seriously.* Cambridge: Harvard University Press, 1978, p. 77 e ss.

[93] ALEXY, Robert. *Teoria dos direitos fundamentais.* Tradução de: Virgílio Afonso da Silva. São Paulo: Malheiros, 2002.

Tutela Específica dos Direitos

sua parte, revelam diretrizes e valores constitutivos da ordem jurídica, com a especial função de servir de orientação à aplicação e à interpretação das regras e do Direito de uma forma geral.

Didática, também, a definição de *princípio* e *regra* de Alvaro de Oliveira e Mitidiero, em recente obra conjunta:

> Os princípios constituem diretivas de caráter geral com alto grau de generalidade e de indeterminação e com força vinculativa. Apresentam-se, pois, como normas abertas, a estabelecer um programa e afirmar certa direção finalística para a indispensável concretização jurisdicional. Consistem em normas que visam a promover um determinado estado de coisas.
>
> Exemplos: o direito fundamental a um processo justo; o direito fundamental a uma tutela judicial efetiva. Nessas hipóteses, não há uma estrita regulação legal, mas apenas um ideal a ser atingido. Vale dizer: a norma não impõe um fazer ou um não fazer imediato, postando imediatamente apenas uma finalidade a ser alcançada.
>
> As regras são normas de conduta – impõem comportamentos, seja ao órgão judicial, seja às partes ou aos demais participantes do processo.
>
> Exemplos: o preparo do recurso deve ser comprovado no ato de interposição da conformidade (art. 511); o juiz deve motivar, ainda que concisamente, a decisão interlocutória (art. 165, segunda parte); a testemunha não deve ocultar a verdade nem falseá-la (art. 415, parágrafo único); o perito deve cumprir escrupulosamente o encargo que lhe foi cometido (art. 422).[94]

No que se refere aos direitos fundamentais, a sua qualificação como regra ou princípio assume elevada importância, isso porque a possibilidade de virem a ser objeto de restrições está necessariamente atrelada à adoção da teoria dos princípios. Nesse contexto, há quem sustente que os direitos fundamentais são formados por normas que ostentam a natureza de princípios. Outros defendem a ideia oposta, no sentido de que os direitos fundamentais são formados apenas por regras.

Cabe ressaltar que um sistema puro de regras parte do pressuposto de que as normas de direitos fundamentais exprimem comandos absolutos, segundo a já referida lógica do tudo ou nada, razão pela qual a técnica da *ponderação*[95] e da aplicação de *postulados normativos*[96] jamais poderiam ser aplicadas.

De outro lado, um modelo puro de princípios tenderia a enxergar as normas de direito fundamental como comandos meramente programá-

---

[94] ALVARO DE OLIVEIRA, Carlos Alberto; MITIDIERO, Daniel. *Curso de processo civil: teoria geral do processo civil e parte geral do direito processual civil*: volume 1. São Paulo : Atlas, 2010, p. 59-60.

[95] Consultar ALEXY, Robert. *Teoria dos direitos fundamentais*. Tradução de: Virgílio Afonso da Silva. São Paulo: Malheiros, 2002.

[96] Consultar ÁVILA, Humberto. *Teoria dos princípios: da definição à aplicação dos princípios jurídicos* . 7 ed. São Paulo : Malheiros, 2008, p. 78-84 e 121-123.

ticos. Outra dificuldade daí inerente seria certa "flexibilidade excessiva" no que se refere a sua aplicação.[97]

Parece mais acertado aderir à doutrina de Humberto Ávila, no sentido de que as normas podem ser agrupadas em princípios e regras (normas de primeiro grau) e postulados (normas de segundo grau), estes últimos voltados para orientar a solução de antinomias advindas com a aplicação do direito – problemas concretos, portanto, e não abstratos.[98] [99]

Segundo Ávila, os problemas advindos com a *aplicação* do direito, especialmente no caso de antinomias, devem ser orientados pelos chamados *postulados normativos aplicativos*, de que servem de exemplo os postulados da proporcionalidade, da razoabilidade e da igualdade. Nas suas palavras:

> A compreensão concreta do Direito pressupõe também a implementação de algumas condições. Essas condições são definidas como postulados normativos aplicativos, na medida em que se aplicam para solucionar questões que surgem com a aplicação do Direito, especialmente para solucionar antinomias contingentes, concretas e externas: contingentes, em vez de necessárias, porque surgem ocasionalmente diante de cada caso; concretas, em vez de abstratas, porque surgem diante de um problema concreto; e externas, em vez de internas, porque não surgem em razão de conflitos internos ao ordenamento jurídico, mas decorrem de circunstâncias externas a ele.[100]

Vale aqui referir, exemplificativamente, a possível antinomia concreta, contingente e externa, que poderá existir entre o direito fundamental à prestação jurisdicional efetiva (CF, art. 5°, XXXV), de um lado, e o princípio da legalidade (CF, art. 5°, II) do lado oposto, a ser resolvido diante das peculiaridades do caso concreto, segundo o emprego de postulados normativos aplicativos.

### 3.2.4. Perspectivas objetiva e subjetiva dos direitos fundamentais

Conforme admitido – porém pouco tratado pela doutrina brasileira –, os direitos fundamentais desdobram-se em duas perspectivas: a *jurídico-objetiva* e a *jurídico-subjetiva*.

---

[97] PEREIRA, Jane Reis Gonçalves. *Interpretação constitucional e direitos fundamentais: uma contribuição ao estudo das restrições aos direitos fundamentais na perspectiva da teoria dos princípios*. Rio de Janeiro : Renovar, 2006, p. 124.

[98] ÁVILA, Humberto. *Teoria dos princípios: da definição à aplicação dos princípios jurídicos*. 7. ed. São Paulo : Malheiros, 2008.

[99] Referida doutrina de Humberto Ávila conta com o respaldo, dentre outros, de Alvaro de Oliveira e Mitidiero. Conferir: ALVARO DE OLIVEIRA, Carlos Alberto. MITIDIERO, Daniel. *Curso de processo civil: teoria geral do processo civil e parte geral do direito processual civil*: volume 1. São Paulo: Atlas, 2010, p. 59-60.

[100] ÁVILA, Humberto. *Teoria dos princípios: da definição à aplicação dos princípios jurídicos*. 7. ed. São Paulo : Malheiros, 2008, p. 133-134.

A *perspectiva jurídico-objetiva* expressa diretrizes de natureza objetiva, que servem para iluminar e guiar a atuação de todos os órgãos dos Poderes Executivo, Legislativo e Judiciário. Trata-se, portanto, de reconhecer e atribuir *eficácia dirigente* aos direitos fundamentais, função autônoma para além de representar direitos subjetivos exigíveis por seus titulares.

Nessa perspectiva, os direitos fundamentais emitem normas dirigidas ao Estado e a todos os seus órgãos, que ficam incumbidos da obrigação permanente de concretizá-los. É nesse sentido que,

> [...] na condição de normas que incorporam determinados valores e decisões essenciais que caracterizam sua fundamentalidade, servem, na sua qualidade de normas de direito objetivo e independentemente de sua perspectiva subjetiva, como parâmetro para o controle de constitucionalidade das leis e demais atos normativos.[101]

É também da perspectiva-objetiva que se extrai a chamada *eficácia irradiante* dos direitos fundamentais, no sentido de que fornecem critérios voltados para a aplicação e interpretação de todo o direito infraconstitucional o que, de certo modo, impõe ao intérprete a necessidade de realizar uma *interpretação conforme os direitos fundamentais*.[102]

Como um último aspecto, que apresenta particular valia ao presente trabalho, à perspectiva jurídico-objetiva atribui-se também a função de servir como parâmetro à *criação* de todo e qualquer procedimento pelo legislador, especialmente o judicial. Além de servir de critério à interpretação das regras processuais, a perspectiva objetiva deverá influir, também e essencialmente, na criação dos procedimentos pelo legislador, de modo a possibilitar, na medida do possível, o maior grau de proteção ao direito material posto em causa, seja ele de natureza fundamental ou não.

Nesse ínterim, vale ressaltar a desejada vinculação dos direitos fundamentais com o processo judicial. Assim como qualquer outro direito, são dependentes, para a sua implementação, de um adequado e efetivo processo judicial. Mais que isso, atuam simultaneamente na criação das normas sobre procedimento, função mais relacionada aos chamados *direitos fundamentais processuais*, tal como a garantia do contraditório, da ampla defesa, do devido processo legal e, especialmente, da inafastabilidade do Poder Judiciário – também referido como acesso à justiça – hoje entendido como direito fundamental à prestação jurisdicional efetiva e adequada.

No que se refere à *perspectiva jurídico-subjetiva*, tem-se presente a possibilidade que se apresenta ao titular de determinado direito funda-

---

[101] SARLET, Ingo. *A eficácia dos direitos fundamentais*. 9. ed. Porto Alegre: Livraria do Advogado, 2008, p. 89.

[102] A esse respeito: ANDRADE, José Carlos Vieira de. *Os direitos fundamentais na constituição portuguesa de 1976*. 3. ed. Coimbra: Almedina, 1987, p. 168-169.

mental de exigi-lo ou impô-lo judicialmente. Ou seja, cogita-se da possibilidade de o titular "fazer valer" judicialmente o seu *direito fundamental material* em questão.

### 3.2.5. Uma classificação dos direitos fundamentais

Talvez a reconhecida *multifuncionalidade* dos direitos fundamentais determine seja tão importante – e ao mesmo tempo tão polêmica – a sua tentativa de classificação. Isso porque, um mesmo direito fundamental pode ensejar, ao seu titular, o poder de exigir um comportamento negativo do Estado e, simultaneamente, de exigir uma prestação positiva deste. Daí por que, "quando se fala de um direito subjectivo fundamental, não se pode, pois, pensar 'num singular poder ou pretensão jurídica unidimensional ou unidirecional', antes a representação mais adequada é a de um feixe de faculdades ou poderes de tipo diferente e de diverso alcance, apontados em direcções distintas".[103] [104]

De um modo geral, tomando como critério o *conteúdo* dos direitos fundamentais,[105] constata-se certa convergência na doutrina em separar os direitos fundamentais em dois grandes grupos: os *direitos de defesa* e os *direitos a prestações*. Segundo Canotilho, essa última categoria desdobra-se em direitos a prestações (derivados e originários) e direitos à participação na organização e no procedimento.[106]

Aos chamados *direitos de defesa* costuma-se atribuir eficácia plena, ao passo que, em relação aos *direitos a prestações*, se apresentam certas dificuldades em razão das quais a doutrina lhes costuma atribuir eficácia limitada.

Em meio a tantas outras, a classificação por nós adotada é a de Sarlet, que segue, em linhas gerais a proposta de Alexy, por sua vez recepcionada, com pequenas ressalvas, por Canotilho. Expondo-a de forma sumária, conforme a predominância do elemento defensivo ou prestacional, a divisão é a seguinte: (a) *direitos fundamentais de defesa* e (b) *direitos fundamentais a prestações*, subdividindo-se este segundo grupo em: (b1) *direitos à prote-*

---

[103] ANDRADE, José Carlos Vieira de. *Os direitos fundamentais na constituição portuguesa de 1976.* 3. ed. Coimbra: Almedina, 1987, p. 172.

[104] Tomando-se como exemplo o direito fundamental à integridade física, pode-se identificar o dever de abstenção do Estado a fim de que não pratique atos que provoquem ofensa à integridade física dos cidadãos, bem como o direito subjetivo dos cidadãos de exigirem a ação do Estado (comportamento ativo), no sentido de protegê-los contra violações por parte de terceiros, de forma preventiva e/ou repressiva.

[105] ANDRADE, José Carlos Vieira de. *Os direitos fundamentais na constituição portuguesa de 1976.* 3. ed. Coimbra: Almedina, 1987, p. 178.

[106] CANOTILHO, J. J. Gomes. *Direito constitucional e teoria da Constituição.* 7. ed. Coimbra: Almedina. 2006, p. 477.

---

Tutela Específica dos Direitos

ção, (b2) *direitos à participação na organização e no procedimento* e (b3) *direitos a prestações em sentido estrito.*

Os *direitos de defesa* têm origem no Estado Liberal e estão representados pelos direitos de defesa do indivíduo em limite à intervenção do Estado. Objetivam, em apertada síntese, assegurar ao indivíduo uma esfera de liberdade de ação, outorgando-lhe o direito subjetivo de coibir interferências indesejadas do Estado. Geram deveres de *abstenção* por parte do Estado. Há aqui uma completa identificação com os direitos de primeira dimensão, dentre eles, o direito à liberdade e à igualdade formal, bem como o direito à propriedade.[107]

Sabe-se, contudo, que ao Estado Social não se podem imputar apenas deveres de abstenção, ou seja, de não intervenção na esfera pessoal dos indivíduos. Espera-se dele (Estado) uma postura ativa, voltada também a implementar condições jurídicas e/ou materiais que possibilitem ao cidadão o efetivo gozo da liberdade e da igualdade (em sentido material) e de condições de vida digna. Para esse objetivo, servem os chamados *direitos a prestações,* que se encaixam na referida *segunda dimensão* dos direitos fundamentais, e muito ou tudo têm a ver com a passagem do Estado Liberal, de matriz liberal-burguesa, para o Estado Social de Direito. Segundo a definição de Vieira de Andrade:

> Os *direitos a prestações,* ao contrário, imporiam ao Estado *o dever de agir,* quer seja para protecção dos bens jurídicos protegidos pelos direitos fundamentais contra a actividade (excepcionalmente, a omissão) de terceiros, quer seja para promover ou garantir as condições materiais ou jurídicas de gozo efectivo desses bens jurídicos fundamentais. Em qualquer dos casos, o direito pode ser a prestações materiais (intervenção policial ou prestação de ensino ou cuidados médicos) ou jurídicas (emissão de normas penais ou regulamentação das relações de trabalho ou do arrendamento para habitação).[108]

Por sua vez, ainda segundo a classificação de Sarlet, *os direitos a prestações em sentido amplo* podem ser definidos "como posições jurídicas fundamentais que outorgam ao indivíduo o poder de exigir do Estado que este o proteja contra a ingerência de terceiros", no sentido de que, ao Estado, "em decorrência do dever geral de efetivação dos direitos fundamentais, incumbe zelar – inclusive em caráter preventivo – [...] não só contra

---

[107] Segundo Canotilho, a primeira função dos direitos fundamentais "é a defesa da pessoa humana e da sua dignidade perante os poderes do Estado (e de outros esquemas políticos e coactivos)". CANOTILHO, José Joaquim Gomes. *Direito constitucional e teoria da Constituição.* 7. ed. Coimbra: Almedina. 2006, p. 407.

[108] ANDRADE, José Carlos Vieira de. *Os direitos fundamentais na constituição portuguesa de 1976.* 3. ed. Coimbra: Almedina, 1987, p. 179.

ingerências indevidas por parte do poderes públicos, mas também contra agressões provindas de particulares".[109]

Como subespécie de direito prestacional, estão os chamados *direitos à participação na organização e no procedimento* ou simplesmente *direto à organização e ao procedimento*, que merecem especial atenção por guardar estreita relação com os propósitos deste trabalho.

Se a diferença entre *direitos a prestações* e *direitos de defesa* é tão nítida – visto que aqueles são exatamente a contrapartida destes, na medida em que representam o direito a uma ação e, portanto, a uma *prestação* do Estado, e estes últimos a uma *omissão* do Estado –, parte-se para a separação entre prestações de natureza social e prestações normativas, a abranger normas de caráter organizacional e procedimental. Segundo Canotilho: "Os cidadãos permanecem afastados das organizações e dos processos de decisão, dos quais depende afinal a realização dos seus direitos [...]".[110]

O surgimento dos chamados *direitos de participação na organização e no procedimento* está intimamente ligado aos influxos da perspectiva jurídico-objetiva dos direitos fundamentais, já que se parte da constatação de que a satisfação dos direitos fundamentais – assim como todo e qualquer direito – depende da eficácia da organização e do procedimento, pois é especialmente através da estruturação do procedimento que os direitos materiais serão assegurados.

Nesse sentido, aprimora-se o pensamento da doutrina, destacando o dever do legislador de criar procedimentos e mecanismos processuais – e do juiz de dar-lhes correta aplicação – de modo a assegurar a melhor tutela possível ao direito posto em causa, sob a diretriz da *efetividade* (obtenção do resultado prático pretendido pelo autor), da *adequação* (procedimento adequado ao direito material) e da tempestividade (razoável duração do processo), como direito fundamental cujo conteúdo em muito extrapola a antiga concepção de simples "acesso" ao Judiciário (CF, art. 5º, XXXV).[111]

---

[109] SARLET, Ingo. *A eficácia dos direitos fundamentais*. 9. ed. Porto Alegre: Livraria do Advogado, 2008, p. 210.

[110] CANOTILHO. José Joaquim Gomes. *Direito constitucional e teoria da Constituição*. 7. ed. Coimbra: Almedina, 2006, p. 547.

[111] Nesse sentido, no âmbito do processo civil: BEDAQUE, José Roberto dos Santos. *Tutela cautelar e tutela antecipada*. São Paulo: Malheiros, 1998; WATANABE, Kazuo. *Tutela antecipatória e tutela específica das obrigações de fazer e não fazer*. In: Reforma do código de processo civil. Sálvio de Figueiredo Teixeira (coord.). São Paulo : Saraiva, 1996; DINAMARCO, Cândido Rangel. *A instrumentalidade do processo*. 13. ed. São Paulo : Malheiros, 2008; MARINONI, Luiz Guilherme. *Teoria geral do processo*. 2. ed. São Paulo: Revista dos Tribunais, 2007 – v.1: Curso de processo civil; ZANETI Jr., Hermes. Processo constitucional: relações entre Processo e Constituição. In: *Introdução do estudo do processo civil: primeiras linhas de um paradigma emergente*. Daniel Francisco Mitidiero, Hermes Zaneti Júnior (coords.). Porto Alegre: Fabris, 2004; MITIDIERO, Daniel. *Processo civil e estado constitucional*. Porto Alegre: Livraria do Advogado, 2007; ALVARO DE OLIVEIRA, Carlos Alberto. O processo civil na

Ainda especificamente sobre o *direito ao procedimento*, este tanto pode ser entendido como (i) direito à emissão de normas procedimentais e, nesse particular, a normas que assegurem a aptidão do processo em conferir a melhor tutela possível ao direito posto em causa; (ii) como direito à interpretação das normas procedimentais que melhor se conforme aos direitos fundamentais, dentre estes, o direito fundamental à prestação jurisdicional efetiva e adequada – de que se cuidará a seguir.[112]

Nas palavras de Sarlet, o direito à participação e ao procedimento traduz-se no direito "à emissão de atos legislativos e administrativos destinados a criar órgãos e estabelecer procedimentos, ou mesmo de medidas que objetivem garantir aos indivíduos a participação efetiva na organização e no procedimento".[113]

Especificamente sobre o direito ao procedimento – no que mais interessa – Canotilho tem a dizer que implicam, fundamentalmente: "(1) direito à prestação, pelo legislador, de determinadas normas procedimentais ou processuais; (2) direito à interpretação e à aplicação concreta, pelo juiz, das normas e princípios procedimentais ou processuais".[114]

Nesse particular, sobressai-se o aspecto *prestacional* da garantia da inafastabilidade do Poder Judiciário (CF, art. 5º, XXXV), no sentido de assegurar aos jurisdicionados não apenas um acesso às "portas" do Judiciário, e sim, uma prestação jurisdicional que assegure, através do procedimento, a forma de tutela mais efetiva e adequada possível, levando em consideração a natureza e as particularidades do direito material posto em causa. Segundo Canotilho, "a garantia de acesso aos tribunais pressupõe dimensões de natureza prestacional na medida em que o Estado deve criar órgãos judiciários e processos adequados (direitos fundamentais dependentes da organização e procedimento)".[115]

---

perspectiva dos direitos fundamentais. In: C.A. Alvaro de Oliveira (org.). *Processo e constituição*. Rio de Janeiro: Forense, 2004.

[112] Não por outra razão, Sarlet assegura que "é com base nestas constatações que se verifica a necessidade dos assim denominados direitos de participação na organização e procedimento (ou direitos à organização e ao procedimento), na qualidade de posições jurídico-prestacionais fundamentais. Retoma-se aqui a idéia já referida de que a organização e o procedimento de um modo geral (e não apenas no aspecto prestacional) se encontram a serviço dos direitos fundamentais e, neste sentido, pode ser considerada até mesmo uma das condições de sua efetivação". SARLET, Ingo. *A eficácia dos direitos fundamentais*. 9. ed. Porto Alegre: Livraria do Advogado, 2008, p. 214.

[113] SARLET, Ingo Wolfgang. *A eficácia dos direitos fundamentais*. 9. ed. Porto Alegre: Livraria do Advogado, 2008, p. 215.

[114] CANOTILHO, José Joaquim Gomes. *Estudos sobre direitos fundamentais*. Coimbra: Coimbra Editora, 2004, p. 76.

[115] CANOTILHO, José Joaquim Gomes. *Direito constitucional e teoria da Constituição*. 7. ed. Coimbra: Almedina, 2006, p. 501.

Naturalmente, trata-se de dotar o procedimento da *aptidão*, da potencialidade de ser efetivo e adequado, isto porque não se pode ignorar a hipótese de improcedência do pedido ou do não preenchimento dos pressupostos de constituição e de desenvolvimento válido e regular do processo, exemplificativamente. Contudo, ao Estado cabe predispor o processo de procedimentos e mecanismos aptos a assegurar essa eficiência, constitucionalmente desejada.

Em síntese, a jurisdição deve estar a serviço da efetivação dos direitos materiais, revelando o caráter preponderantemente prestacional do direito fundamental à prestação jurisdicional efetiva e adequada.

### 3.3. Por um conceito contemporâneo de jurisdição

Sabe-se que não basta ser abstratamente titular de um direito material segundo as normas estabelecidas pela legislação. Caso, por qualquer motivo, os direitos previstos pela legislação não se realizem espontaneamente, será indispensável ao seu titular buscar a sua proteção através de Estado, visto que a atuação coercitiva das regras de direito material é monopólio do Estado, salvo raras exceções.

A essa atividade desenvolvida pelo Estado, na busca pela atuação da regra de direito material e consequente solução das controvérsias surgidas a partir da vida em sociedade, pondo um fim à crise verificada no plano material, é que se dá o nome de *atividade jurisdicional* ou simplesmente *jurisdição*. Conforme Mitidiero, "a Jurisdição é antes de tudo poder, uma das manifestações da *potestas* estatal (indivisível), cujo exercício se leva a cabo através da função judiciária [...], impondo-se coativamente, autoritativamente".[116]

A noção *contemporânea* de jurisdição está diretamente ligada à ideia de que o Poder Judiciário deve estar suficientemente aparelhado, através do processo, de instrumento e mecanismos de tutela aptos a assegurarem uma resposta efetiva e adequada a quem lhe bate às portas, levando em consideração as particularidades das pessoas envolvidas, do bem litigioso e da natureza do direito material posto em causa.

E esse mister somente será atingido se o Estado-legislativo criar procedimentos e mecanismos de tutela ajustados às particularidades do direito material sub *judice*, bem como se o Estado-juiz empregar a melhor técnica possível no manuseio das "ferramentas" processuais que lhe foram colocadas à disposição pelo legislador, sempre olhando para as necessidades e à natureza do direito material.

---

[116] MITIDIERO, Daniel. *Comentários ao código de processo civil: arts. 154 a 269.* Tomo II. São Paulo : Memória Jurídica, 2004, p. 51-53.

Daí entender-se que "qualquer direito material postula uma dimensão procedimental/processual, e, por isso, reconhecer um direito material constitucional implica necessariamente reconhecer um direito subjectivo do procedimento indispensável para garantir esse direito". [117]

Nesse sentido, prestar jurisdição passou a exigir do Estado procedimentos diferenciados e instrumentos processuais idôneos, capazes de conferir uma proteção (tutela) efetiva, adequada e tempestiva a todo e qualquer direito. [118]

No campo dos direitos não pecuniários (direito de exigir um fazer, um não fazer ou a entrega de coisa), o novo conceito de tutela jurisdicional impôs ao Estado a obrigação de impedir a violação do direito. Daí por que, como bem afirma Marinoni, a tutela preventiva é "indispensável em um ordenamento que se funda na 'dignidade da pessoa humana' e que se empenha em realmente garantir – e não apenas em proclamar – a inviolabilidade dos direitos da personalidade". [119]

Pela afinidade de pensamento, refere-se a doutrina de Mitidiero no que tange ao novo perfil da tutela jurisdicional, conforme a Constituição e alinhadas com as exigências do mundo contemporâneo:

> Não basta, para o pleno atendimento ao comando constitucional, prestar-se qualquer tutela jurídica: é de rigor que esta tenha o condão de curar as enfermidades de forma adequada, em tempo hábil, tornando-se efetivo o desiderato de pacificação social e aplicação do ordenamento jurídico, concretizando-se caso-a-caso a justiça estatal. Em realidade, o art. 5º, XXXV da Constituição deve ser compreendido como o título que possibilita o acesso não à qualquer ordem jurídica, mas a uma ordem jurídica justa, tempestiva e efetiva: o alcance desta meta reclama a adoção de diversos expedientes, entre eles a especificação procedimental em atenção às diversas situações existentes na órbita material (construindo-se procedimentos com níveis de cognição compatíveis com as situações passíveis de tutela, meios executórios adequados, sendo que a inexistência dos mesmos significa verdadeira afronta ao princípio da inafastabilidade da tutela) e uma maior preocupação com o acesso dos menos favorecidos. [120]

A partir desse novo conceito de jurisdição é que se extrai o direito fundamental à prestação jurisdicional efetiva e adequada (do direito material *sub judice)*, sem, contudo, incorrer no equívoco de pressupor a procedência da ação em favor de quem acessa o Judiciário, herança inde-

---

[117] CANOTILHO, José Joaquim Gomes. *Estudos sobre direitos fundamentais*. Coimbra: Coimbra Editora, 2004, p. 78.

[118] Sobre o novo conceito de jurisdição, conferir: MARINONI, Luiz Guilherme. *Técnica processual e tutela dos direitos*. 2. ed. São Paulo: Revista dos Tribunais, 2008, p. 146.

[119] MARINONI, Luiz Guilherme. *Técnica processual e tutela dos direitos*. 2. ed. São Paulo: Revista dos Tribunais, 2008, p. 64.

[120] MITIDIERO, Daniel. *Comentários ao código de processo civil*: arts. 154 a 269. Tomo II. São Paulo: Memória Jurídica, 2004, p. 60-61.

sejável da visão privatista do processo, supostamente a serviço do autor/demandante.

Não se trata de pensar o processo à luz do autor. Trata-se, em realidade, de dotar o processo de procedimentos e mecanismos com *aptidão* para proteger, da forma mais efetiva e adequada possível, o direito daquele que bate às partes do Judiciário, desde que devidamente preenchidas as condições da ação, bem como demonstrada a verossimilhança da alegação (tutela provisória) ou reconhecido o direito material posto em causa (tutela definitiva). Contudo, não se pode negar que a tutela jurisdicional deva estar necessariamente voltada a servir de instrumento adequado de proteção, conformado à natureza do alegado direito material.

A partir daí, a garantia do *acesso à justiça* ou da *inafastabilidade do Poder Judiciário*, expressa na norma aparentemente restrita ao legislador, segundo a qual "a lei não excluirá da apreciação do Poder Judiciário lesão ou ameaça de direito", passa a ser interpretada como garantia – ou, melhor, direito fundamental – a uma prestação jurisdicional efetiva e adequada, através de procedimentos e mecanismos processuais aptos para tanto, uma vez demonstrada a verossimilhança da alegação ou reconhecida a existência do direito posto em causa.

Daí por que Canotilho[121] entende que, "do princípio do Estado de direito deduz-se, sem dúvida, a exigência de um "procedimento justo e adequado de acesso" ao direito e de "realização do direito".

A noção de prestação jurisdicional, nesse conceito, vai além de apenas *declarar* o direito, mediante a outorga de uma sentença judicial.[122]

De outro lado, em relação às sentenças classificadas como *condenatórias*, *mandamentais* e *executivas*, estas deixam claro que a jurisdição não se esgota com a declaração do direito ou com emissão da sentença. Nesses casos, a prestação jurisdicional vai além, até a *satisfação* material do direito reconhecido em juízo (efetividade), concretizando-o no mundo real, de forma necessariamente compatível com a natureza da obrigação (adequação), seja ela, por exemplo, uma obrigação de pagar, de fazer, de não fazer ou de entregar coisa. Só então, uma vez satisfeito o direito posto em causa mediante a sua implementação no mundo dos fatos, é que estará esgotada a prestação jurisdicional, que deverá, portanto, ser *efetiva* e *adequada*.

Prestar jurisdição é, portanto, muito mais do que entregar uma sentença ou declarar um direito. É dotar o processo de procedimentos e me-

---

[121] CANOTILHO, José Joaquim Gomes. *Direito constitucional e teoria da Constituição*. 7. ed. Coimbra: Almedina, 2006, p. 274.

[122] Inegavelmente, no caso das ações declaratórias e constitutivas, é somente isso que acontece, sendo desnecessária qualquer atividade executiva posterior à sentença, uma vez que o provimento requerido se esgota na sentença.

canismos capazes de satisfazer o direito no mundo real (efetividade), entregando ao titular do direito reconhecido em sentença tudo e exatamente aquilo que lhe fora prometido pelo direito material (adequação). É, portanto, uma *aptidão* à tutela, pois não se pode desconsiderar a hipótese de improcedência do pedido, do não preenchimento das suas condições ou de pedidos que, excepcionalmente, se esgotem mediante sentença.

Partindo de premissas semelhantes, Marinoni conclui:

> Diante disso, não há dúvida de que a tutela jurisdicional só se aperfeiçoa, nesses casos, com a atividade executiva. Portanto, a jurisdição não pode significar mais apenas *iuris dictio* ou "dizer o direito", como desejavam os juristas que enxergavam na atividade de execução uma mera função administrativa ou uma "função menor". Na verdade, mais do que direito à sentença, o direito de ação, hoje, tem como corolário o direito ao meio executivo adequado.[123]

Em tópico específico, intitulado *direito à execução das decisões judiciais*, parte de sua extensa e internacionalmente reconhecida obra intitulada *Direito Constitucional e Teoria da Constituição*, Canotilho defende a ideia de que "a existência de uma protecção jurídica eficaz pressupõe o direito à execução das sentenças (fazer cumprir as sentenças), devendo o Estado fornecer todos os meios jurídicos e materiais necessários e adequados para dar cumprimento às sentenças do juiz".[124]

Sob o ponto de vista da teoria dos direitos fundamentais, surge um novo direito subjetivo ao cidadão brasileiro, qual seja, o direito de exigir do Estado um procedimento e um meio executivo adequados à efetivação (execução) do direito material, segundo as suas particularidades. Trata-se de *direito à prestação, conforme* a classificação de Alexy – adotada, nesse particular, por Sarlet –, visto que, segundo ambos, todo direito a um ato positivo do Estado é um direito à prestação, em contrapartida aos chamados direitos de defesa.[125]

O enquadramento do direito fundamental à prestação jurisdicional efetiva e adequada como integrante dos chamados *direito a prestações* está bem demonstrado por Canotilho:

> [...] significa direito à existência de tribunais, direito à jurisdição, direito à decisão judicial, direito à execução de sentenças judiciais. Estes direitos não podem, porém, ser realizados eficazmente sem a intervenção do Estado (que cria tribunais, estabelece processos e procedimentos, organiza as magistraturas, impõe o cumprimento de decisões judiciais).

---

[123] MARINONI, Luiz Guilherme. *Teoria geral do processo*. 2. ed. São Paulo: Revista dos Tribunais, 2007. v.1: Curso de processo civil, p. 117.

[124] CANOTILHO, José Joaquim Gomes. *Direito constitucional e teoria da Constituição*. 7. ed. Coimbra: Almedina, 2006, p. 279.

[125] Idem, p. 209.

Conseqüentemente, a sua estrutura básica não se diferencia dos vulgarmente chamados direitos a prestações.

Acontece ainda que, neste caso, as prestações fácticas só podem ser fornecidas pelo Estado, pois só ele pode criar tribunais, nomear juízes, definir processos, fazer executar decisões (monopólio de jurisdição e da coacção legítima).[126]

Ainda, segundo a referida classificação, percebe-se não se estar diante de um direito à *prestação fática de natureza social* – tal como o direito à educação, à saúde, à moradia, dentre outros –, e sim, de um *direito à prestação* que dá ensejo a um procedimento efetivo e adequado, incluído, portanto, na subcategoria, também antes referida, de *direito ao procedimento*.[127]

Assim, o próprio direito de ação, antes reconhecido como direito a um simples provimento judicial (sentença), na medida em que o Estado assumiu o monopólio da jurisdição, passa a ser entendido como direito à efetivação judicial do direito reconhecido na sentença ou decisão interlocutória, através de meios executivos próprios e adequados.[128]

Sob outro enfoque, a inclusão da expressão "ameaça a direito" no inciso XXXV do art. 5º, no qual está insculpida a garantia de acesso ao Judiciário, tornou incontroversa a necessidade, já antes reclamada pela doutrina, de prestar-se jurisdição preventiva, capaz de impedir a violação do direito (ilícito). É a consagração da *tutela preventiva* – já antes referida e que, mais adiante, merecerá maior aprofundamento.

Desse modo, a jurisdição, através do processo, também deverá estar capacitada para *prevenir* a prática do ato contrário ao direito (ilícito), através de um processo aparelhado de mecanismos eficientes para tanto. Parte-se da premissa universal de que os direitos não foram criados para serem violados.

O que o direito à prestação jurisdicional assegura é o poder de o titular do direito material exigir do Estado a proteção do seu direito em relação aos atos de violação por parte de terceiros e do próprio Estado. O exercício da jurisdição pelo Estado, a partir daí, deverá se dar de acordo com as necessidades do direito material posto em causa, que deverão ser pensadas pelo legislador, através da criação de *procedimentos diferenciados*,

---

[126] CANOTILHO, José Joaquim Gomes. *Estudos sobre direitos fundamentais*. Coimbra: Coimbra Editora, 2004, p. 77.

[127] Como afirma Sarlet, o direito de participação na organização e no procedimento – subespécie de direito à prestação – cuida da possibilidade de se exigir do Estado "a emissão de atos legislativos e administrativos destinados a criar órgãos e estabelecer procedimentos". SARLET, INGO. *A eficácia dos direitos fundamentais*. 9. ed. Porto Alegre: Livraria do Advogado, 2008, p. 214.

[128] Ver: MARINONI, Luiz Guilherme. *Teoria geral do processo*. 2. ed. São Paulo: Revista dos Tribunais, 2007. v.1: Curso de processo civil, p. 161-307.

dotados de mecanismos aptos a conferir-lhe efetividade, a merecer o emprego da melhor técnica possível pelo juiz.

Nas palavras de Tesheiner, em raciocínio também aplicável à remodelação do conceito de jurisdição:

> O direito fundamental de ação obriga o Estado a prestar tutela jurisdicional efetiva a todo e qualquer direito que possa ter sido violado ou ameaçado. Ele não é um direito que exige que o Estado atue para protegê-lo, mas sim um direito que requer que o Estado exerça a função jurisdicional de maneira adequada ou de forma a permitir a proteção efetiva de todos os direitos levados ao seu conhecimento.[129]

Esse conceito contemporâneo de jurisdição emerge do reconhecimento do *direito fundamental à prestação jurisdicional efetiva e adequada*, que deve ser entendido como o direito de todo e qualquer cidadão que vai a juízo ao preestabelecimento de um procedimento capaz de tutelar, de forma efetiva e adequada, o direito material posto em causa. É dever que vincula o legislador no sentido de preestabelecer normas processuais adequadas, vincula o juiz a fim de que empregue a melhor técnica possível no manuseio dos mecanismos inerentes àquele determinado procedimento, que lhe foram colocados à disposição pelo legislador.

E esse direito fundamental de natureza eminentemente prestacional gera direito subjetivo no sentido de que, para cada direito material atribuído pelo Estado-Legislador, decorre o direito de seu titular de vê-lo eficazmente protegido pelo Poder Judiciário de forma efetiva e adequada.

Trata-se, por outro lado, de mais um desdobramento da proibição da autotutela. O raciocínio é simples. Uma vez que o Estado chamou para si a exclusividade na distribuição da justiça, deverá assegurar aos jurisdicionados, impedidos de fazer justiça "com as próprias mãos", uma proteção eficaz dos seus direitos.

Não se pode olvidar que a tutela jurisdicional, além de *efetiva* e *adequada*, deverá ser também *tempestiva*. Daí cogitar-se, também, do direito fundamental à duração razoável do processo, hoje consagrado no art. 5º, LXXVIII, da Constituição Federal Brasileira, por força da Emenda Constitucional nº 45, a saber: "A todos, no âmbito judicial e administrativo, são assegurados a razoável duração do processo e os meios que garantam a celeridade de sua tramitação".

A nosso ver, não há que se confundir *tempestividade* da prestação jurisdicional (razoável duração do processo), com a noção de *adequação* (compatibilidade entre o procedimento e o direito material posto em

---

[129] TESHEINER, José Maria Rosa. Processo e constituição – Algumas reflexões. In: *Constituição, jurisdição e processo: estudos em homenagem aos 55 anos da Revista Jurídica*. Carlos Alberto Molinaro, Mariângela Guerreiro Milhoranza e Sérgio Gilberto Porto (coords). Porto Alegre: Notadez, 2007.

causa) e *efetividade* da tutela (obtenção do resultado prático pretendido pelo autor).

### 3.4. Eficácia do direito fundamental em análise e sua diferenciação em relação ao direito do caso concreto

Segundo o art. 5°, § 1°, da Constituição Federal de 1988, "as normas definidoras dos direitos e garantias fundamentais têm aplicação imediata".[130] Por *aplicação imediata* entenda-se a dispensa de mediação através da edição de lei para que o direito fundamental em questão adquira eficácia plena. Ou melhor, significa a desnecessidade de legislação complementar ou ordinária a fim de assegurar ao titular do direito fundamental o efetivo gozo da proteção ou da prestação que a norma fundamental lhe assegura.

Entretanto, apesar de *diretamente aplicáveis*, é certo que as normas de direito fundamental geralmente se valem de *cláusulas gerais* e de conceitos vagos, abertos ou indeterminados, poucas vezes, dispensando a mediação da lei para a concretização do seu sentido e garantia da sua constitucionalmente desejada *aplicação direta*.

Tem-se a convicção de que o verdadeiro conteúdo da expressão "aplicação imediata", diversamente de significar a dispensa de mediação legislativa – que, muitas vezes, se mostra inevitável por limitações de fato (a exemplo das prestações sociais, como moradia, assistência social, dentre outras) ou por exigências da própria Constituição (criação do procedimento pela lei em razão do *devido processo legal*) – é o de afirmar o caráter *positivo*, e não meramente *programático*, das normas referentes a direitos fundamentais, institucionalizando o *princípio da constitucionalidade*, a servir como critério de validade das leis e dos atos de qualquer órgão do Estado, que deverão conformar-se à Constituição.

Quando se cogita da sua *eficácia horizontal*, cuida-se da incidência dos direitos fundamentais sobre o Estado, que deverá ocorrer de forma direta e imediata, conforme determina a norma constitucional acima referida (CF, art. 5°, § 1°), a vincular tanto o legislador (Estado-Legislador) como o juiz (Estado-Juiz), no que se refere ao direito fundamental à prestação jurisdicional efetiva e adequada.

Assim, tanto o juiz como o legislador tem o dever de dar eficácia, cada um do seu modo e com as suas limitações, ao ideal de efetividade e adequação da prestação jurisdicional.

---

[130] A Constituição Portuguesa de 1976 possui dispositivo semelhante (art. 18°, n° 1) ao prever que as normas relativas aos direitos, liberdades e garantias "são directamente aplicáveis e vinculam as entidades públicas e privadas".

De sua parte, o legislador tem a obrigação de criar procedimentos e mecanismos processuais aptos a assegurar tutela efetiva e adequada à natureza do direito posto em causa.[131]

Complementarmente, por força do mesmo direito fundamental, caberá ao juiz extrair dos procedimentos e mecanismos criados pelo legislador a melhor técnica possível, com vistas à tutela efetiva e adequada do direito *sub judice*, desde que preenchidas as condições da ação (CPC, art. 267, VI), assim como satisfeitos os pressupostos de constituição e desenvolvimento válidos do processo (CPC, art. 267, IV). Ao juiz, portanto, é dado o dever constitucional de, diante dos procedimentos e mecanismos processuais criados pelo legislador, utilizá-los da forma eficaz, de modo a assegurar a melhor prestação jurisdicional possível ao caso concreto.

Nota-se que o direito à prestação jurisdicional efetiva e adequada é direito fundamental de natureza processual, cujo dever de cumprimento atinge tão somente o Estado (eficácia horizontal), especialmente o Estado-Legislador e o Estado-Juiz. É direito que tem como objeto, unicamente, a forma de atuar da jurisdição a qual, necessariamente, deverá levar em conta a natureza do direito material posto em causa (adequação), seja ele fundamental ou não. Mais uma vez, oportunas as palavras de Marinoni:[132]

> Note-se, aliás, que o direito fundamental à tutela jurisdicional efetiva não requer apenas a proteção dos direitos fundamentais, mas a tutela de quaisquer direitos. Tratando-se de tutela a direitos não fundamentais, o único direito fundamental em jogo é o próprio direito à efetividade da tutela, que obviamente não se confunde com o direito objeto da decisão.

Deve-se, com isso, ter presente a distinção entre o direito fundamental à prestação jurisdicional, de natureza eminentemente processual, e o direito material a reclamar proteção no caso concreto, quer se trate de direito fundamental ou não.[133]

---

[131] CANOTILHO, referindo-se a direitos fundamentais em geral, diferencia a dimensão positiva da dimensão negativa em relação à eficácia dos direitos fundamentais sobre o legislador: "A cláusula de vinculação tem uma dimensão proibitiva: veda às entidades legiferantes a possibilidade de criarem actos legislativos contrários às normas e princípios constitucionais, isto é, proíbe a emanação de leis inconstitucionais lesiva de direitos, liberdade e garantias. [...] A vinculação dos órgãos legislativos significa também o dever de estes conformarem as relações da vida, as relações entre o Estado e os cidadãos e as relações entre os indivíduos, segundo as medidas directivas materiais consubstanciadas nas normas garantidoras de direitos, liberdades e garantias". Canotilho, José Joaquim Gomes. *Direito constitucional e teoria da Constituição*. 7. ed. Coimbra: Almedina, 2006, p. 440.

[132] MARINONI, Luiz Guilherme. *Técnica processual e tutela dos direitos*. 2. ed. São Paulo: Revista dos Tribunais, 2008, 172.

[133] Nas palavras de Marinoni: "A jurisdição toma em conta o direito fundamental material para que ele incida sobre os particulares, mas considera o direito fundamental à tutela efetiva para que a sua atividade seja cumprida de modo a efetivamente tutelar os direitos, sejam eles fundamentais ou não". MARINONI, Luiz Guilherme. *Técnica processual e tutela dos direitos*. 2. ed. São Paulo: Revista dos Tribunais, 2008, p. 85.

Assim, o direito fundamental à prestação jurisdicional efetiva e adequada é norma instrumental de eficácia direta sobre o Estado Legislador e sobre o Estado Juiz, que vincula a *criação* e a *aplicação* dos procedimentos. Regula-se o modo de proceder da jurisdição e, por isso, sua eficácia recai, de forma direta e imediata, unicamente sobre o Estado, não sobre os particulares.

Não se pode, então, confundir o direito instrumental em questão, que vincula diretamente o legislador e o juiz, com o direito material posto em causa, que, conforme o caso, poderá também ser classificado como *fundamental*, como na hipótese da discussão judicial a respeito do direito à moradia, direito ao meio ambiente equilibrado, dentre outros.

Assim, enquanto o direito fundamental à moradia ou ao meio ambiente equilibrado incide sobre os particulares (eficácia vertical), o direito instrumental à prestação jurisdicional efetiva e adequada incide unicamente sobre o Estado (eficácia horizontal), pautando a criação das leis e o exercício da jurisdição.

Em outras palavras, cogita-se do *direito* de fazer valer judicialmente *o direito*. O "primeiro" direito refere-se à garantia fundamental de prestar jurisdição efetiva e adequada, de natureza processual/instrumental, e o "segundo" refere-se ao direito outorgado ao seu titular no plano material, ou seja, pela ordem jurídica vigente. Daí por que *"direito" fundamental à prestação jurisdicional efetiva e adequada dos "direitos"*.

### 3.5. Limites à criação do procedimento pelo juiz

O reconhecimento do *direito fundamental à prestação jurisdicional efetiva e adequada* na Constituição Federal de 1988, especificamente no art. 5º, XXXV, não autoriza concluir que o juiz estará livre para *criar* o procedimento para o caso concreto, sempre que lhe parecer insuficiente a proteção normativa conferida pelo legislador.[134]

Nosso entendimento explica-se pela ideia de que, em Direito, nenhum princípio é absoluto ou ilimitado. Parte-se, na realidade, de um conceito mais restrito do *direito fundamental à prestação jurisdicional efetiva e adequada*, não lhe estendendo alcance e eficácia, em regra, para a *criação* de procedimento pelo juiz.

E essa "limitação", a nosso ver, pode ser extraída da própria concepção do Estado Democrático de Direito (CF, art. 1º, *caput*), que pressupõe

---

[134] Entre nós, a defender o poder do juiz de criar o procedimento para o caso concreto, sempre que se mostra insuficiente a tutela conferida pelas normas processuais aplicáveis, destaca-se Luiz Guilherme Marinoni. Ver, por exemplo, *Técnica processual e tutela dos direitos*. São Paulo: Malheiros, 2006, p. 171 e ss.

Tutela Específica dos Direitos

a aplicação dos princípios, também fundamentais, da segurança jurídica, da legalidade (CF, art. 5º, II) e do devido processo legal (CF, art. 5º, LIV).

Muito embora em desuso, nunca é demais lembrar que perante o Estado Democrático de Direito, sob o qual se constitui a República Federativa do Brasil, ainda vige o princípio fundamental de que ninguém é obrigado a fazer ou deixar de fazer alguma coisa se não em virtude de lei (CF. art. 5º, II), especialmente em matéria de processo, na qual também se exige que os participantes conheçam, antecipadamente, as "regras do jogo" (C, art. 5º, LIV).[135]

De outro modo, conforme lição de Canotilho, "processo devido em direito significa a obrigatoriedade da observância de um tipo de processo legalmente previsto antes de alguém ser privado da vida, da liberdade e da propriedade".[136] Nesses termos, o devido processo legal impõe respeito ao processo previsto em lei.

Com o devido respeito às opiniões contrárias, parece evidente que a lei é que institui, em definitivo, a sequência dos atos processuais, disciplinando o exercício do poder através do procedimento e, assim, "oferecendo a todos a garantia de que cada procedimento a ser realizado em concreto terá conformidade com o modelo preestabelecido". Nesse sentido, permanece válido o entendimento de que qualquer desvio nesse encadeamento de atos constitui violação direta à garantia constitucional da legalidade e do devido processo legal.[137]

Como bem afirma Sérgio Gilberto Porto,

> [...] é direito constitucional do cidadão o cumprimento pelo Estado-Judiciário do procedimento legal previsto na ordem jurídica processual.
>
> Isto representa que deve ser respeitado o procedimento imposto pela lei processual como forma legítima de outorgar a jurisdição justa propugnada pela Constituição, pena de violação do princípio da legalidade e bem assim a garantia do devido processo legal.

A despeito do alcance *substancial* que muitos atribuem ao princípio do devido processo legal,[138] parece inegável que, sob o único ponto de

---

[135] Em raciocínio também aplicável ao fenômeno da criação judicial do procedimento, Tesheiner realiza crítica interessante, no sentido de que "o constitucionalismo contemporâneo aumentou enormemente os poderes do juiz, desligando-o das amarras de lei, submetendo-o a princípios que, além de extremamente flexíveis, opõem-se uns aos outros, de sorte que, em última análise, o juiz pode decidir como quer". TESHEINER, José Maria Rosa. Processo e constituição – Algumas reflexões. In: *Constituição, jurisdição e processo: estudos em homenagem aos 55 anos da Revista Jurídica.* Carlos Alberto Molinaro, Mariângela Guerreiro Milhoranza e Sérgio Gilberto Porto (coords.). Porto Alegre: Notadez, 2007.

[136] CANOTILHO, José Joaquim Gomes. *Direito constitucional e teoria da Constituição.* 7. ed. Coimbra: Almedina, 2006, p. 493.

[137] DINAMARCO, Cândido Rangel. *A instrumentalidade do processo.* 13. ed. São Paulo: Malheiros, 2008, p. 150.

[138] Refira-se a crítica de Ávila – em relação a qual concordamos plenamente – quanto a adjetivação *substancial* que parte da doutrina empresta ao princípio do devido processo, supostamente denotiva

vista em que tal princípio deva ser analisado – qual seja: o procedimental – ele confere uma *estrutura* de atuação do juiz e, muito embora possa lhe reservar certa liberdade de formatação, através de normas processuais abertas, por exemplo, em regra não lhe dá o direito de extrapolar o devido processo contido nessa estrutura.[139]

Isso não significa pregar uma obediência *cega* do juiz ao procedimento,[140] através de culto exacerbado à forma (formalismo), inegável fator de empobrecimento do processo.[141] Contudo, uma análise mais detida do Código de Processo Civil, mesmo após as sucessivas reformas sentidas após 1994, não deixa escapar a minúcia e o alto grau de detalhamento da forma e do encadeamento dos atos processuais. A partir dessa premissa, Dinamarco chega à constatação de que, "com segurança, se pode afirmar ser o princípio da legalidade formal o que realmente prepondera".[142]

A obediência ao procedimento constitui o caminho seguro para o exercício da jurisdição, assim como, e especialmente, legitima o resultado da ação estatal.[143] [144]

---

das exigências da proporcionalidade e da razoabilidade. Conforme o citado *jurista*, "sendo os princípios de liberdade e da igualdade os fundamentos dos deveres da proporcionalidade e da razoabilidade, o recurso ao dispositivo (substancial) relativo ao 'devido processo legal' como seu fundamento normativo, quando a Constituição já prevê os princípios de liberdade e igualdade, é desnecessário e redundante. O que se busca no dispositivo referente ao 'devido processo legal já é dado pelos princípios de liberdade e de igualdade. Utilizá-lo como fundamento desses deveres é como querer com uma mão o que já é dado por outra." (parênteses nosso). ÁVILA, Humberto. O que é devido processo legal. *Revista de Processo*. São Paulo : Revista dos Tribunais, nº 163, 2008.

[139] DINAMARCO, Cândido Rangel. *A instrumentalidade do processo*. 13. ed. São Paulo: Malheiros, 2008, p. 151.

[140] Conforme Rizzo Amaral, que partilha de semelhante entendimento: "Nem se trata, também, de uma pregação do positivismo. O que se pretende, com a ideia de respeito ao direito positivo, é garantir o mínimo de surpresas possíveis às partes quando da aplicação das normas processuais [...]" AMARAL, Guilherme Rizzo. *Cumprimento e execução de sentença sob a ótica do formalismo-valorativo*. Porto Alegre: Livraria do Advogado, 2008, p. 63.

[141] Discorrendo a respeito da necessidade de evitar-se o chamado *formalismo oco*, em favor de um desejado *formalismo-valorativo*, adaptável aos valores, costumes e as necessidades sociais, conforme o tempo e a ordem constitucional em que está inserido, ver: ALVARO DE OLIVEIRA, Carlos Alberto. *Do formalismo no processo civil*. 2. ed. São Paulo: Saraiva, 2003; AMARAL, Guilherme Rizzo. *Cumprimento e execução de sentença sob a ótica do formalismo-valorativo*. Porto Alegre: Livraria do Advogado, 2008, p. 36-46, MITIDIERO, Daniel. *Colaboração no processo civil: pressupostos sociais, lógicos e éticos*. São Paulo : Revista dos Tribunais, 2009 – (Coleção temas atuais de direito processual civil; v. 14), p. 105 a 150.

[142] DINAMARCO, Cândido Rangel. *A instrumentalidade do processo*. 13. ed. São Paulo: Malheiros, 2008, p. 152.

[143] Nesse sentido, ver a obra de Luman e a apresentação de Tércio Sampaio Ferraz ao afirmar, em síntese, que o procedimento legitima o resultado do exercício do poder. LUMAN, Niklas. *Legitimação pelo procedimento*. Tradução de: Maria da Conceição Corte-Real. Brasília: Universidade de Brasília, 1980.

[144] Complementarmente, sabe-se, porém, que a legitimidade da ação estatal apenas se dará por completo se a prestação jurisdicional tutelar concretamente o direito material posto em causa, exigindo que o legislador estruture os procedimentos *segundo* as necessidades do direito material. Nesse sen-

Nesse sentido, Sérgio Gilberto Porto destaca que "o Estado oferece ao cidadão a segurança da existência de disciplina prévia para a distribuição da jurisdição, onde se pode também inserir a ideia de que o cidadão tem direito a que o Estado adote um procedimento previamente estabelecido".[145]

Em relação ao *princípio da legalidade*, que inegavelmente ganha contornos mais rígidos no que se refere ao poder de *criar* procedimentos, de competência privativa do Poder Legislativo federal (CF, art. 22, inc.I), parece ter aplicação a lição de Canotilho:

> O princípio da legalidade postula dois princípios fundamentais: o princípio da *supremacia* ou *prevalência da lei* (*Vorrang dês Gesetzes*) e o *princípio da reserva da lei* (*Vorbehalt des Gesetzes*). Estes princípios permanecem válidos, pois num Estado democrático-constitucional a lei parlamentar é, ainda, a expressão privilegiada do princípio democrático (daí a sua supremacia) e o instrumento mais apropriado e seguro para definir regimes de certas matérias [...].[146]

Sob esse aspecto, é de se concordar com o raciocínio de Tesheiner:

> Em sua forma mais extremada, a tese da eficácia direta da Constituição e dos direitos fundamentais sobre o direito privado e sobre o direito processual, nega o princípio da legalidade, como se não fosse, também ele, um princípio constitucional.[147]

No que se refere à compreensão do *Estado de Direito*, "há de oferecer também em si mesmo a garantia da legalidade processual (seria estranho ao juiz, órgão estatal, agir com arbítrio no exercício da sua função de controlador da legalidade)".[148] A saber, é com base na separação dos poderes que Dinamarco entende – acertadamente – não competir "ao juiz legislar, ou mesmo complementar o sentido da lei e da constituição".[149]

Segundo a teoria dos direitos fundamentais, o *direito fundamental à prestação jurisdicional efetiva e adequada* possui seu *suporte fático* restringido no que se refere a sua eficácia em relação ao juiz, impedido que está de

---

tido, ver novo conceito de jurisdição por Marinoni: *Teoria geral do processo*. 2. ed. São Paulo: Revista dos Tribunais, 2007. v.1: Curso de processo civil, p. 135-142.

[145] PORTO, Sérgio Gilberto. A crise de eficiência do processo – A necessária adequação processual à natureza do direito posto em causa, como pressuposto da efetividade. In: *Processo e Constituição: estudos em homenagem ao professor José Carlos Barbosa Moreira*. Luiz Fux, Nelson Nery Jr. e Teresa Arruda Alvim Wambier (coords.). São Paulo: Revista dos Tribunais, 2006.

[146] CANOTILHO, José Joaquim Gomes. *Direito constitucional e teoria da Constituição*. 7. ed. Coimbra: Almedina. 2006, p. 499.

[147] TESHEINER, José Maria Rosa. Processo e constituição – Algumas reflexões. In: *Constituição, jurisdição e processo: estudos em homenagem aos 55 anos da Revista Jurídica*. Carlos Alberto Molinaro, Mariângela Guerreiro Milhoranza e Sérgio Gilberto Porto (coords.). Porto Alegre: Notadez, 2007.

[148] DINAMARCO, Cândido Rangel. *A instrumentalidade do processo*. 13. ed. São Paulo: Malheiros, 2008, p. 36.

[149] Idem, p. 44.

criar procedimentos, à exceção de hipótese de inexistência de lei (omissão legislativa), quando terá aplicação o art. 4º da Lei de Introdução ao Código Civil. Trata-se, portanto, de limite ou *restrição imanente* ao direito fundamental em questão. Por considerá-lo constitucionalmente inadmissível, exclui-se, de plano, determinado conteúdo do *direito fundamental à prestação jurisdicional efetiva e adequada* – qual seja, a criação ou modificação do procedimento pelo juiz.[150]

À luz do princípio democrático, que serve de sustentáculo ao Estado de Direito disciplinado pela Constituição de 1988, parece insustentável que a criatividade do juiz se sobreponha à lei.[151] Daí decorre o entendimento de que o princípio de efetividade da jurisdição "nasça" limitado (restrição imanente) pela impossibilidade de o juiz *criar* o procedimento que julgue mais adequado ao caso concreto. Trata-se, aqui, de recortar o *conteúdo juridicamente garantido* – na linguagem de Canotilho – do direito fundamental à jurisdição efetiva, excluindo-se, *prima facie*, do seu *âmbito de proteção* a hipótese da criação do procedimento pelo juiz. Está-se a delimitar, com isso, o *âmbito de proteção* de um direito fundamental, a saber:

> Só se deve falar de restrição de direitos, liberdades, garantias, depois de conhecermos o *âmbito de protecção* das normas constitucionais consagradoras desses direitos. A primeira tarefa metódica deve consistir, por conseguinte, na análise da estrutura de uma norma constitucional concretamente garantidora de direitos. Pretende-se determinar quais os bens jurídicos protegidos e a extensão dessa protecção – âmbito de protecção da norma.[152]

Nesse caso, portanto, não se está diante do conhecido *conflito entre princípios* – que poderia, em tese, configurar-se, diante do aparente confronto da efetividade da jurisdição com os princípios da legalidade e do devido processo legal (efetividade *versus* segurança) –, e sim, do reconhecimento de uma *limitação* ao âmbito de proteção, conferido pela norma de direito fundamental. Trata-se, em realidade, de *restringir* a eficácia do direito fundamental à efetividade da jurisdição em relação aos juízes, de modo a impedir a criação de procedimentais pelo juiz no caso concreto, mesmo quando entender que o procedimento colocado à disposição pelo

---

[150] Segundo Vieira de Andrade, essa interpretação restritiva em abstrato da norma de direito fundamental "justifica-se, desde logo, pela vantagem prática de evitar que venha a considerar-se como uma situação de conflito de direitos aquela em que o conflito é apenas aparente". ANDRADE, José Carlos Vieira de. Os direitos fundamentais na constituição portuguesa de 1976. 3. ed. Coimbra: Almedina, 1987, p. 288.

[151] Nesse sentido, ver: TESHEINER, José Maria Rosa. Processo e constituição – Algumas reflexões. In: *Constituição, jurisdição e processo:* estudos em homenagem aos 55 anos da Revista Jurídica. Carlos Alberto Molinaro, Mariângela Guerreiro Milhoranza e Sérgio Gilberto Porto (coords.). Porto Alegre: Notadez, 2007.

[152] CANOTILHO, José Joaquim Gomes. *Direito constitucional e teoria da Constituição*. 7. ed. Coimbra: Almedina, 2006, p. 501.

legislador não satisfaça, de forma suficiente, o direito à efetividade e à adequação da jurisdição.

Sob o enfoque da restrição aos direitos fundamentais, os adeptos da *teoria externa* entendem que todo direito dispõe de um determinado conteúdo próprio, intrínseco, não restringido, que não se confunde com as possíveis restrições que este possa vir a sofrer, sejam elas advindas da própria constituição (restrições diretamente constitucionais) ou da legislação infraconstitucional (restrições indiretamente constitucionais).[153] Reconhecem, portanto, o direito fundamental em si, não restringido, e as *restrições externas* a esse direito, que com ele não se confundem, das quais resultará o *direito restringido*.[154]

Daí concluir-se que a adesão à *teoria externa*, defendida, dentre outros, por Alexy,[155] não retira a possibilidade de delimitar-se o âmbito de proteção dos direitos fundamentais no caso concreto, pois nenhum direito fundamental é garantido de forma ilimitada, e o direito à efetividade da jurisdição esbarra em possíveis *restrições diretamente constitucionais*[156] no que se refere à possibilidade de o juiz criar procedimento, advindas do princípio democrático, (CF, art. 1º, *caput*), do princípio da legalidade (CF, art. 5º, II) e do devido processo legal (CF, art. 5º, LIV).

Desse modo, mesmo que se negue a existência de uma *restrição imanente* ao princípio da efetividade da jurisdição, no sentido de impedir a *criação judicial do procedimento* – o que, parece, seria o mais indicado – deve-se reconhecer a possibilidade de conflito concreto com os princípios constitucionais da democracia, da legalidade e do devido processo legal.

De modo que, em regra, à exceção da inexistência de norma processual aplicável, não parece aceitável, à luz do ordenamento constitucional vigente, reconhecer ao juiz o poder de criar procedimentos. A nosso ver, com razão Rizzo Amaral, ao afirmar que:

---

[153] ALEXY, Robert. *Teoria dos direitos fundamentais*. Tradução de: Virgílio Afonso da Silva. São Paulo: Malheiros, 2002, p. 277.

[154] Nas palavras de Alexy: "Saber se a correta é a teoria externa ou interna é algo que depende essencialmente da concepção de normas de direitos fundamentais como regras ou como princípios, ou seja, da concepção das posições de direitos fundamentais como posições definitivas ou *prima facie*. Se se parte de posições definitivas, então, a teoria externa pode ser refutada, se se parte de posições *prima facie*, então, é a teoria interna que o pode ser. [...] Se se parte exclusivamente de posições definitivas chega-se à conclusão de que posições de direitos fundamentais nunca podem ser restringidas, mas que os bens constitucionalmente protegidos podem. [...] A uma conclusão completamente diferente se chega, no entanto, se se pressupõe, nos termos da teoria dos princípios, que aquilo que é restringido não são posições definitivas, mas posições *prima facie*". ALEXY, Robert. *Teoria dos direitos fundamentais*. Tradução de: Virgílio Afonso da Silva. São Paulo: Malheiros, 2002, p. 280.

[155] Ver: ALEXY, Robert. *Teoria dos Direitos Fundamentais*. Tradução de: Virgílio Afonso da Silva. São Paulo: Malheiros, 2002, p. 277-340.

[156] Idem, p. 286.

Muitas vezes, por entender possuir uma solução mais efetiva, ou mesmo mais justa, alguns se esquecem de avaliar se a situação promovida pelo direito positivo era realmente *injusta* ou apenas, na particular visão deles, *menos justa*. Simplesmente pregam que o direito positivo abre passagem para suas propostas mais efetivas, mais adequadas, ou mais *justas*. Esquece-se, com isso, o dano que é causado à segurança jurídica. Por isso, mesmo quando se sustenta o afastamento do direito positivo para evitar a injustiça, deve-se proceder à comparação entre a medida de injustiça de que está a falar e a medida de prejuízo ao valor *segurança*.[157]

Assim, sob o ponto de vista dogmático, o direito fundamental à efetividade e adequação da prestação jurisdicional já "nasce" limitado (restrição imanente) pela impossibilidade de o juiz criar procedimento. Além disso, mesmo que admitida a possibilidade *prima facie* da criação judicial do procedimento, haverá inegável conflito com os princípios, também fundamentais, da democracia, da legalidade e do devido processo legal, os quais, não obstante o necessário exame do caso concreto, restringem a criação judicial do procedimento à hipótese única: a omissão legislativa.

Sob o ponto de vista pragmático, correr-se-á o risco de, em um futuro não muito distante, cada juiz ter o seu próprio Código.[158] Naturalmente, o procedimento individual de cada juiz não terá qualquer publicidade, causando surpresas indesejáveis às partes da relação processual, que viam, no princípio do devido processo legal, a garantia de conhecer previamente o procedimento que lhes seria aplicado. Mesmo que os tempos sejam outros, "a natureza humana permanece a mesma, continuando a ser verdadeira a afirmação de que quem tem o poder tende a abusar do poder".[159]

A garantia do devido processo legal, nesse sentido, é garantia de natureza liberal, a demarcar uma zona de não intervenção desmedida do Estado na esfera particular.[160] Mais que isso, o devido processo legal revela um direito fundamental ao *processo justo*[161] – cuja disciplina mínima deve ser buscada na própria Constituição – tarefa que cabe ao legislador

---

[157] AMARAL, Guilherme Rizzo. *Cumprimento e execução de sentença sob a ótica do formalismo-valorativo.* Porto Alegre: Livraria do Advogado, 2008, p. 68.

[158] Nessa hipótese – de admitir-se a criação do procedimento pelo juiz, diante das particularidades do caso concreto – indicado seria reforçar a criação e a aplicação de precedentes vinculativos, mediante a edição de súmulas vinculantes pelo Supremo Tribunal Federal (CF, art. 103-A, *caput*), bem como a extensão deste mecanismo ao Superior Tribunal de Justiça, de modo a conferir algum grau de segurança dos jurisdicionados em matéria processual (não surpresa).

[159] TESHEINER, José Maria Rosa. Processo eg constituição – Algumas reflexões. In: *Constituição, jurisdição e processo: estudos em homenagem aos 55 anos da Revista Jurídica.* Carlos Alberto Molinaro, Mariângela Guerreiro Milhoranza e Sérgio Gilberto Porto (coords.). Porto Alegre: Notadez, 2007.

[160] SARLET, Ingo Wolfgang. *A eficácia dos direitos fundamentais.* 9. ed. Porto Alegre: Livraria do Advogado, 2008, p. 54.

[161] Sobre o direito ao processo justo conferir: DINAMARCO, Cândido Rangel. *Instituições de direito processual civil.* 5. ed. São Paulo: Malheiros, 2005, v.1. ALVARO DE OLIVEIRA, Carlos Alberto; MITI-

infraconstitucional, mediante a edição de normas, assim como ao administrador da justiça (juiz), mediante a sua correta aplicação.

Valendo-se dos mesmos argumentos utilizados por aqueles que criticam a subordinação do juiz à lei, pode-se argumentar que negar a criação do procedimento pelo juiz é orientação que também está *conforme* a Constituição, isto porque lá estão expressamente previstos os princípios da democracia, da legalidade e do devido processo legal.

Assim, se, por um lado, a supremacia de lei – que realmente não mais pode ser vista como um produto perfeito e acabado – deve-se *conformar* aos direitos fundamentais,[162] por outro, essa mesma *conformação* à Constituição serve de fundamento para justificar a obediência aos princípios fundamentais da legalidade e do devido processo legal. Não se pode confundir *criação do direito* com *criação do processo*, pois só este último está vinculado ao princípio de devido processo legal.

Se o renovado princípio de legalidade pressupõe a aplicação de lei *conforme* a Constituição, parece que deverá haver uma menor flexibilização do princípio da legalidade no que se refere às normas sobre procedimento, reservando-se a possibilidade da criação judicial do procedimento apenas na hipótese de omissão legislativa – a fim de evitar o caos.

Com efeito, se o juiz moderno deve compreender o Direito e aplicar a lei *a partir* da Constituição, é preciso que se atenha às normas processuais estabelecidas pela própria Constituição, sob pena de causar ofensa a princípios expressos da legalidade e do devido processo. Nessa aparente antinomia, tem-se que o *direito fundamental à efetividade da jurisdição* impõe ao juiz, isso sim, o melhor manuseio possível do procedimento previsto em lei.

Desse modo, sob o ponto de vista dogmático e pragmático, não há como admitir sem reservas, o entendimento segundo o qual: "Quando o juiz não encontra uma técnica processual adequada à tutela do direito, e assim se pode falar em omissão de regra processual, ele deverá suprir

---

DIERO, Daniel. *Curso de processo civil: teoria geral do processo civil e parte geral do direito processual civil*: volume 1. São Paulo : Atlas, 2010.

[162] No que se pode chamar de *jurisdição a partir dos princípios constitucionais e dos direitos fundamentais*, assim definida por Marinoni: "Compreender a lei a partir dos direitos fundamentais significa inverter a lógica da ideia de que esses direitos dependem de lei, pois hoje são as leis que têm a sua validade circunscrita aos direitos fundamentais, além de só admitirem interpretações que a eles estejam adequadas. Isso representa obviamente uma reação contra o princípio da supremacia da lei, e contra o absolutismo do legislador. [...] Nenhuma lei pode contrariar os princípios constitucionais e os direitos fundamentais e, por isso mesmo, quando as normas ordinárias não podem ser interpretadas "de acordo", têm a sua constitucionalidade controlada a partir deles". MARINONI, Luiz Guilherme. *Teoria geral do processo*. 2. ed. São Paulo: Revista dos Tribunais, 2007. v.1 Curso de processo civil, p. 98.

esta insuficiência da regra processual, tendo os olhos nas exigências do direito material que reclama proteção".[163]

É que, ao "suprir a insuficiência" da regra processual, o juiz estará criando a norma procedimental que julgar adequada ao caso concreto, eficácia, não compreendida, em regra, no direito fundamental à efetividade e à adequação da prestação jurisdicional.

Daí por que, apenas e tão somente no caso da omissão legislativa – também em material processual – é que a Lei de Introdução ao Código Civil determina que, "quando a lei for omissa, o juiz decidirá o caso de acordo com a analogia, os costumes e os princípios gerais do direito", facultando-se, então, nesses casos, que o juiz crie ou "pegue emprestado" (analogia) a norma processual que confira a maior efetividade possível ao direito posto em causa.[164] Isso se deve ao fato de que os direitos fundamentais – e, com o direito fundamental à jurisdição efetiva, não é diferente – são diretamente aplicáveis, não havendo como negar prestação jurisdicional efetiva e adequada por questão de *ausência* de norma processual aplicável, ou seja, por ausência de intervenção legislativa concretizadora do direito fundamental.

Não se pode, contudo, repetir a mesma crença do passado,[165] no sentido de que o juiz poderá solucionar todo e qualquer litígio mediante a simples aplicação da lei, uma vez que o ordenamento jurídico seria um todo completo.

Também não se pretende retirar do juiz a sua margem de interpretação do texto legal, seja ela regra ou princípio. É sabido que toda e qualquer interpretação tem um caráter constitutivo e não meramente declaratório, visto que interpretar opera a inserção do texto normativo (dever-ser) na realidade, o mundo do ser, enfim, "opera a sua inserção na vida",[166] diante da concretude do caso particular.[167]

---

[163] MARINONI, Luiz Guilherme. *Teoria geral do processo*. 2. ed. São Paulo: Revista dos Tribunais, 2007. v.1: Curso de processo civil, p. 87.

[164] Nesse sentido: "A falta de lei, para a proteção de um direito fundamental, configura lacuna legal, que o juiz pode e deve suprir, no caso concreto, na forma da Lei de Introdução ao Código Civil" TESHEINER, José Maria Rosa. Processo e constituição – Algumas reflexões. In: *Constituição, jurisdição e processo: estudos em homenagem aos 55 anos da Revista Jurídica*. Carlos Alberto Molinaro, Mariângela Guerrero Milhoranza e Sérgio Gilberto Porto (coords.). Porto Alegre: Notadez, 2007.

[165] Faz-se referência à concepção de Jurisdição de Chiovenda, segundo a qual o juiz apenas atua a "vontade concreta da lei".

[166] GRAU, Eros. *A ordem econômica na constituição de 1988: interpretação e crítica*. 10 ed. São Paulo: Malheiros, 2005, p. 163.

[167] A respeito da interpretação/aplicação do direito conferir: GRAU, Eros. *Ensaio e discurso sobre a interpretação/aplicação do direito*. 2. ed. São Paulo: Malheiros, 2003.

Contudo, como se viu em linhas atrás, a criação do procedimento pelo juiz, mediane aplicação imediata dos direitos fundamentais, deverá ocorrer apenas nos casos em que inexista lei sobre a matéria. O princípio da aplicabilidade imediata, consagrado na Carta de 1988, implica, sobretudo, que os Poderes – nesse caso, o Poder Judiciário – não possam invocar a falta de regulamentação legal para escusar-se de concretizar determinado direito fundamental.[168]

Aliás, não é de hoje que a ausência de lei não justificará a omissão do juiz. Nas palavras de Tesheiner:

> Até porque a omissão do legislador, nesse caso, também estaria negando ao juiz o poder necessário para exercer a sua função. Na verdade, a ausência de técnica processual para a tutela dos direitos constitui, a um só tempo, violação do direito fundamental de ação e obstáculo à atuação da jurisdição. Portanto, para que o cidadão possa efetivamente exercer o direito de ação e para que a jurisdição não se apresente destituída dos meios necessários para atuar, não há como negar ao juiz a possibilidade de suprir a ausência da lei [...].[169]

Daí entender-se que a criação do direito pelo juiz está – aliás, sempre esteve – unicamente legitimada na hipótese de omissão legislativa, especialmente em matéria de processo, em razão dos efeitos irradiantes dos princípios da legalidade e do devido processo legal. Sob tal aspecto, o direito fundamental em questão vincula diretamente o juiz, que não poderá deixar de prestar jurisdição pelo fato de que o legislador deixou de criar uma norma processual para o caso.

Desse modo e com a devida cautela, apenas quando a omissão legislativa resultar em negação ao direito fundamental à prestação jurisdicional efetiva e adequada, verificável caso a caso, é que se poderá admitir a criação de procedimento pelo juiz, a fim de suprir a omissão do legislador e, assim, proteger o dever fundamental imposto ao Estado de prestar jurisdição efetiva e adequada a todos.

Em assim sendo, o direito fundamental à prestação jurisdicional efetiva e adequada impõe ao juiz (eficácia horizontal) o dever de: (a) utilizar a melhor técnica processual possível, dentre os mecanismos e procedimentos pré-estabelecidos pelo legislador, de modo a prestar jurisdição efetiva e adequada; (b) interpretar as normas processuais segundo[170] a Constituição, extraindo-lhe o máximo de efetividade e adequação, conforme a na-

---

[168] ANDRADE, José Carlos Vieira de. *Os direitos fundamentais na constituição portuguesa de 1976*. 3. ed. Coimbra: Almedina, 1987, p. 209.

[169] TESHEINER, José Maria Rosa. Processo e constituição – Algumas reflexões. In: *Constituição, jurisdição e processo: estudos em homenagem aos 55 anos da Revista Jurídica*. Carlos Alberto Molinaro, Mariângela Guerreiro Milhoranza e Sérgio Gilberto Porto (coords.). Porto Alegre: Notadez, 2007.

[170] Esclareça-se que a interpretação conforme a Constituição não representa instrumento de controle de constitucionalidade, e sim, um método de interpretação, no sentido de que toda e qualquer norma

tureza do direito posto em causa; (c) preferir sempre a interpretação mais compatível com a Constituição dentre as possíveis, de modo a garantir a máxima efetividade à prestação jurisdicional, jamais optando, porém, por alternativa que se revelar *contra legem;*[171] (d) criar a norma adequada ao caso concreto na excepcional hipótese de omissão legislativa.

Pela identidade de entendimento, cabe referir, em síntese, a opinião de Dinamarco sobre a vinculação do juiz ao processo:

> Em suma: o juízo do bem e do mal das disposições com que a nação pretende ditar critérios para a vida em comum não pertence ao juiz. Este pensa o caso concreto e cabe-lhe apenas, com sua sensibilidade, buscar no sistema de direito positivo e nas razões que estão à base, a justiça do caso. Tem liberdade para a opção entre duas soluções igualmente aceitáveis ante o texto legal, cumprindo-lhe encaminhar-se pela que melhor satisfaça seu sentimento de justiça. Não tem, contudo, salvo em situações teratológicas, o poder de alterar os desígnios positivados pelo Estado através da via adequada, ainda que para corrigir situações que lhe pareçam desequilibradas.
> [...]
> E a manutenção do clima de segurança exige também o respeito à legalidade no trato do processo pelo juiz.
> [...]
> Por isso é que, se de um lado no Estado moderno não mais se tolera o juiz passivo e espectador, de outro sua participação ativa encontra limites ditados pelo mesmo sistema da legalidade.[172] [173]

De mais a mais, a eficácia do direito fundamental à prestação jurisdicional efetiva e adequada sobre a atividade do juiz já o submete ao relevantíssimo dever de fazer uso da melhor técnica possível no manuseio dos mecanismos processuais que lhe foram colocados à disposição pelo

---

não pode ser entendida, no contexto e sistematicamente, apenas em relação às normas do mesmo conjunto legislativo. Deve, isto sim, ser compreendida a partir da ordem constitucional positiva.

[171] Conforme salienta Rizzo Amaral: "Mais ou menos simpático à causa do autor ou do réu, do credor ou do devedor, o fato é que o juiz deverá estar voltado para o *norte* legal quando for proferir a sua decisão. Não poderá, sob pena de incorrer em arbítrio, julgar *contra legem".* AMARAL, Guilherme Rizzo. *Cumprimento e execução de sentença sob a ótica do formalismo-valorativo.* Porto Alegre: Livraria do Advogado, 2008, p. 67.

[172] DINAMARCO, Cândido Rangel. *A instrumentalidade do processo.* 13. ed. São Paulo: Malheiros, 2008, p. 235.

[173] Como sabido, a vinculação do juiz ao princípio da legalidade estrita, de modo a impedi-lo de criar o procedimento para o caso concreto, é opinião combatida por muitos, dentre outros, por Mitidiero, a saber: "[...] não se pode mais afirmar que o juiz, diante do direito material e do direito processual, encontra-se atada a uma pauta de legalidade. A pauta do direito contemporâneo é a juridicidade, que aponta automaticamente à idéia de justiça, a qual forma o substrato material, ao lado da constitucionalidade e dos direitos fundamentais, do Estado Constitucional. Ao juiz não é dado conformar-se com eventuais soluções injustas ditadas pela legislação infraconstitucional, a pretexto de estar simplesmente a cumprir a lei, circunstância que diz respeito tanto ao direito material como ao direito processual". MITIDIERO, Daniel. *Colaboração no processo civil: pressupostos sociais, lógicos e éticos.* São Paulo : Revista dos Tribunais, 2009 – (Coleção temas atuais de direito processual civil; v. 14), p. 40.

legislador, optando sempre pela técnica mais condizente à desejada *efetividade* e *adequação* da prestação jurisdicional.

Desse modo, se o direito material, objeto de tutela, já foi definido previamente pela parte interessada ao propor a ação, caberá ao julgador empregar o técnica processual mais adequada possível a fim de assegurar proteção àquele direito, na hipótese de procedência da ação. Não se pode olvidar, contudo, que o juiz estará restrito às "criações" do legislador. Do contrário, estar-se-ia legitimando que cada magistrado promulgasse o seu próprio Código de Processo, em ofensa direta aos princípios da legalidade, do devido processo legal e também da publicidade.

Em último caso, se o magistrado se convencer da insuficiência da lei, deverá concluir pela sua inconstitucionalidade e, assim, declará-la no caso concreto, via controle difuso. Mesmo nessa hipótese não poderá legislar sobre processo, criando o procedimento que entender adequado ao caso concreto.

Como destaca Vieira de Andrade, não se deve confundir *aplicabilidade direta*, com *exequibilidade direta*. Em relação "àqueles direitos cujo exercício efectivo está necessariamente dependente de uma regulação complementar, de uma organização ou de um procedimento" – como seria o caso dos direitos fundamentais processuais –, "não são de facto imediatamente exeqüíveis, pois dependem da intervenção do Estado, designadamente de uma atuação legislativa que regule o domínio da vida em questão ou organize os procedimentos e os meios da acção pública".[174]

Desse modo, a *aplicação imediata* do direito fundamental à prestação jurisdicional efetiva e adequada não dispensa a intervenção legislativa do Estado de modo a disciplinar o procedimento.

### 3.6. Jurisdição adequada e sua relação com a tutela específica dos direitos

Por tudo o que se disse, conclui-se que o juiz deverá regular o processo segundo as necessidades do direito material. A esse dever o induz o direito fundamental à prestação jurisdicional efetiva e adequada.

Destacando a desejável inter-relação entre a prestação jurisdicional e direito material posto em causa, Canotilho anota que "(1) os direitos e interesses do particular determinam o próprio fim do direito de acesso aos tribunais, mas este, por sua vez, garante a realização daqueles direitos e interesses; (2) os direitos e interesses são efectivados através dos tri-

---

[174] ANDRADE, José Carlos Vieira de. *Os direitos fundamentais na constituição portuguesa de 1976*. 3. ed. Coimbra: Almedina, 1987, p. 210.

bunais, mas são eles que fornecem as medidas materiais de proteção por esses mesmos tribunais".[175]

Ainda, segundo o mesmo direito fundamental, o legislador deverá criar a lei com a necessária adequação à natureza do direito material posto em causa, através da previsão de procedimentos e mecanismos processuais diferenciados, fazendo uso das chamadas *tutelas jurisdicionais diferenciadas*, de modo que o processo assegure ao titular do direito, da forma mais efetiva possível, exatamente aquilo que lhe foi prometido pelo direito material.

Dito isso, conclui-se que a jurisdição assume óbvia natureza instrumental em relação ao direito material e, por isso, deve ser construída e aplicada em função dele, obrigando o legislador a criar procedimentos, mecanismos e, inclusive, meios executivos diretos e indiretos, capazes de satisfazer e realizar o direito prometido no plano material (efetividade). Assim, "a jurisdição tem por objetivo editar a norma jurídica capaz de dar conta das necessidades do direito material e, apenas por consequência desta sua missão, é que pode gerar o efeito da pacificação social".[176]

Uma vez mais, repita-se que "estar apto" a atender as *necessidades do direito material* não significa pressupor a sua existência.[177] Trata-se de mera aptidão, potencialidade. Daí se dizer que "o direito à tutela jurisdicional não se identifica com o direito a uma decisão favorável".[178]

Sob outro enfoque, deve-se também ter em mente que "prestar jurisdição" não significa apenas *declarar* a quem pertence o direito material, exceto nos casos em que o autor pretende uma sentença declaratória ou constitutiva/desconstitutiva de determinada relação jurídica, quando não se faz necessária qualquer atividade executiva ulterior à prolação da sentença.

É que, em regra, a sentença que *declara* a existência e a titularidade de um direito não tem *aptidão* para sozinha concretizá-lo no mundo dos fatos – fenômeno sentido nas ações condenatórias, mandamentais e executivas *lato sensu*. Nesses casos, a prestação jurisdicional estará incomple-

---

[175] CANOTILHO, José Joaquim Gomes. *Direito constitucional e teoria da Constituição*. 7. ed. Coimbra: Almedina, 2006, p. 497.

[176] MARINONI, Luiz Guilherme. *Teoria geral do processo*. 2. ed. São Paulo: Revista dos Tribunais, 2007. v.1: Curso de processo civil, p. 114.

[177] A visão do processo 'a serviço do autor', como se toda ação estivesse fadada à procedência, é herança não mais desejável de uma concepção privatista do sistema processual e do Direito como um todo, que enxerga o *direito de ação* como pórtico de todo o sistema. Nesse sentido: DINAMARCO, Cândido Rangel. *A instrumentalidade do processo*. 13. ed. São Paulo: Malheiros, 2008, p. 52.

[178] CANOTILHO, José Joaquim Gomes. *Direito constitucional e teoria da Constituição*. 7. ed. Coimbra: Almedina, 2006, p. 498.

ta até a satisfação real do direito no mundo dos fatos, através dos meios executórios previstos para tanto.

Nesses casos, a prestação jurisdicional só se aperfeiçoa com a efetiva entrega do bem da vida, conforme assegurado pela ordem jurídica.[179] Daí a razão do fim da velha máxima que equipara a jurisdição à atividade simplória de "dizer o direito", ligada ao significado etimológico da expressão *iuris dictio*, de origem latina. Mais do que "dizer o direito", o conceito de jurisdição abrange a satisfação efetiva do direito reconhecido em sentença no mundo dos fatos, através do meio executivo adequado.

O direito fundamental, consagrado no inciso XXXV da CF/88, antes entendido como simples garantia de acesso à justiça, passa a ser compreendido como direito a uma prestação jurisdicional efetiva e adequada.[180] O conceito de *tutela formal* de direitos transmuda-se para a necessidade de tornar realidade o comando da sentença:

> Já tivemos oportunidade de afirmar que a garantia fundamental do acesso à jurisdição quer dizer direito de acesso à efetiva tutela jurisdicional, isto é, direito à obtenção de provimentos que sejam capazes de promover alterações nos planos jurídicos e empírico. Não basta mais a mera tutela formal dos direitos. O resultado obtido com o processo deve ser efetivo no sentido de realizar, no mundo real, exatamente aquilo que o provimento jurisdicional determinou.[181]

Daí entender-se que o princípio da inafastabilidade do controle jurisdicional (CF/88, art. 5º, XXXV) "não assegura apenas o acesso formal aos órgãos judiciários, mas sim o acesso à Justiça que propicie a efetiva e tempestiva proteção contra qualquer forma de denegação da justiça [...]".[182]

Ao retirar do cidadão a possibilidade de fazer justiça com as próprias mãos, o Estado avocou o dever de possibilitar a quem lhe bate às portas (acesso à justiça) a concretização fática do direito, caso procedente a ação. Apropriadas as palavras de Zavascki:

---

[179] Nesse sentido: MARINONI, Luiz Guilherme. *Teoria geral do processo*. 2. ed. São Paulo: Revista dos Tribunais, 2007. v.1: Curso de processo civil, p. 117.

[180] "O princípio constitucional da inafastabilidade do controle jurisdicional – hoje inserido, com fórmulas próprias, em todos os ordenamentos – não somente possibilita o acesso à justiça, mas também assegura a garantia efetiva contra qualquer forma de denegação de tutela" GRINOVER, Ada Pellegrini. Paixão e morte do *contempt of court* brasileiro (art. 14 do Código de processo civil). In: *O processo: estudos e pareceres*. São Paulo: Perfil, 2005.

[181] WAMBIER, Teresa Arruda Alvim. Impossibilidade de decretação de pena de prisão como medida de apoio, com base no art. 461, para ensejar o cumprimento da obrigação *in natura*. *Revista de Processo*, São Paulo, nº 112, ano 28, p. 196-212, out./dez 2003.

[182] WATANABE, Kazuo. Tutela antecipatória e tutela específica das obrigações de fazer e não fazer. In: *Reforma do código de processo civil*. Sálvio de Figueiredo Teixeira (coord.). São Paulo: Saraiva, 1996, p. 20.

Sob a denominação de *direito à efetividade da jurisdição* queremos aqui designar o conjunto de direitos e garantias que a Constituição atribui ao indivíduo que, impedido de fazer justiça por mão própria, provoca a atividade jurisdicional para vindicar o bem da vida de que se considera titular. A este indivíduo devem ser, e são, assegurados meios expeditos e, ademais, eficazes, de exame da demanda trazida à apreciação do Estado. Eficazes, no sentido de que devem ter aptidão de propiciar ao litigante vitorioso a concretização fática da sua vitória. O Estado, monopolizador do poder jurisdicional, deve impulsionar sua atividade com mecanismos processuais adequados a impedir – tanto quanto seja possível – a ocorrência de vitórias de Pirro.[183]

Nas palavras de Canotilho, "a existência de uma proteção jurídica eficaz pressupõe o direito à execução das sentenças (fazer cumprir as sentenças) dos tribunais através dos tribunais (ou de outras autoridades públicas), devendo o Estado fornecer todos os meios jurídicos e materiais necessários e adequados para dar cumprimento às sentenças do juiz". Como ele próprio afirma, o direito ao meio executivo adequado constitui um *direito subjetivo público* do particular.[184]

O direito fundamental à efetividade do processo – que também se denomina *direito de acesso à justiça* – "compreende, em suma, não apenas o direito de provocar a atuação do Estado, mas também e principalmente o de obter, em prazo adequado, uma decisão justa e com potencial de atuar eficazmente no plano dos fatos".[185]

Como se referiu linhas atrás, esse novo conceito de jurisdição, a partir do direito fundamental à prestação jurisdicional efetiva a adequada, pressupõe que o juiz, ao deparar-se com as alternativas interpretativas possíveis de determinada regra processual, opte, no caso concreto, por aquela que confira a proteção mais efetiva e adequada possível à natureza do direito material posto em causa.

Nesse cenário, recomenda-se ao legislador prever em favor do juiz o maior número de "ferramentas" processuais possíveis, mediante a utilização de normas abertas – a exemplo da expressão "tais como" no § 5º do art. 461 do CPC – a permitir maior flexibilização diante das exigências do caso concreto. Deverá o juiz, portanto, optar pela melhor técnica processual possível à luz das particularidades do direito material objeto de tutela, valendo-se dos postulados da razoabilidade e da proporcionalidade para escolher a medida executiva mais adequada ao cumprimento ao direito reconhecido na sentença (título judicial) ou no título extrajudicial.

---

[183] ZAVASCKI, Teori Albino. *Antecipação de tutela*. 5. ed. São Paulo: Saraiva, 2007, p. 66.

[184] CANOTILHO, José Joaquim Gomes. *Direito constitucional e teoria da Constituição*. 7. ed. Coimbra: Almedina, 2006, p. 500.

[185] ZAVASCKI, Teori Albino. *Antecipação de tutela*. 5. ed. São Paulo: Saraiva, 2007, p. 66.

Talvez o melhor exemplo disso no direito processual brasileiro seja o procedimento previsto no artigo 461 do Código de Processo Civil (CPC) e seus seis parágrafos, voltado ao cumprimento das sentenças que impõem obrigação fazer, não fazer ou de entregar coisa. O manancial e a flexibilidade dos mecanismos processuais ali previstos, contendo mecanismos de natureza coercitiva (execução indireta) e sub-rogatória (execução direta), conferem ao juiz ampla liberdade para a adoção da técnica processual mais adequada ao caso concreto, podendo, inclusive, readequá-la diante da alteração dos pressupostos de fato ou a partir da constatação da ineficácia da técnica inicialmente adotada, somada à possibilidade de antecipação da tutela quando preenchidos os pressupostos autorizadores.

Como refere Rizzo Amaral:

> Combinando-se a celeridade inerente às tutelas de urgência, com mecanismos de coerção ou sub-rogação, busca-se reaproximar o direito processual do direito material. Realizando-se este de forma efetiva e concreta, o processo terá atingido seu fim constitucional, prestigiando a tutela específica.[186]

Assim que, "visando a aparelhar o sistema processual civil com mecanismos capazes de dar cumprimento à norma constitucional que garante o acesso à justiça, o legislador criou a regra do art. 461 do CPC e, mais recentemente, a regra do art. 461-A [...]".[187]

O juiz realiza verdadeiro trabalho de concretização da norma processual, partindo da constatação de que é impossível ao legislador antever, por estruturas rígidas e estanques, as necessidades mutáveis do direto material. Como referiu o Ministro Luiz Fux, em decisão monocrática, "é lícito ao julgador, à vista das circunstâncias do caso concreto, aferir o modo mais adequado para tornar efetiva a tutela, tendo em vista o fim da norma e a impossibilidade de previsão legal de todas as hipóteses fáticas".[188]

Dessa forma, exemplificativamente, segundo a dinâmica do citado artigo 461, poderá o juiz, independentemente de pedido da parte, optar pela fixação de multa a fim de evitar a prática da conduta contrária ao direito ou no intuito de fazer cessar a prática de determinado ilícito reiterado/continuado (tutela preventiva). Se assim o fizer, terá relativa liberdade para fixar o *valor*, a *periodicidade* e o *prazo* que entender razoável,

---

[186] AMARAL, Guilherme Rizzo. *As astreintes e o processo civil brasileiro: multa do art. 461 do CPC e outras*. Porto Alegre: Livraria do Advogado, 2004, p. 23.

[187] WAMBIER, Teresa Arruda Alvim. Impossibilidade de decretação de pena de prisão como medida de apoio, com base no art. 461, para ensejar o cumprimento da obrigação *in natura*. *Revista de Processo*, São Paulo, nº 112, ano 28, p. 196-212, out./dez 2003.

[188] STJ, REsp 1002335, Min. Luiz Fux, j. em 03.06.2008.

segundo as particularidades do caso concreto. Ressalte-se que no caso de uma obrigação de não fazer instantânea (ou seja, de incidência única, que não se reitera no tempo) – como seria o caso da transmissão televisiva ou da implosão de uma construção – a multa deverá incidir uma única vez e em valor significativo de modo a impedir eficazmente a transgressão irreversível daquele direito.

Se julgar mais conveniente, entretanto, poderá optar por qualquer das medidas sub-rogatórias (execução direta) elencadas no § 5º do mesmo artigo. Mais do que isso, segundo o mesmo parágrafo – que simboliza o fim da tipicidade dos meios executivos no processo civil brasileiro[189] em relação aos deveres e obrigações de fazer, não fazer e de entregar coisa –, poderá optar, sempre de modo fundamentado, pela adoção de qualquer outra medida de execução direta que se apresente como a mais adequada à satisfação do direito prometido no plano material.

Em concretização ao direito fundamental à efetividade e adequação da prestação jurisdicional, busca-se, através do processo e mais especificamente da *tutela específica* regrada pelos arts. 461 e 461-A do CPC, a reprodução *in natura* do resultado material pretendido pelo autor, idêntico ao que se chegaria caso espontaneamente cumprido aquele dever, aspecto destacado por Zavascki:

> O processo, instrumento que é para a realização e direitos, somente obtém êxito integral em sua finalidade quando for capaz de gerar, pragmaticamente, resultados idênticos aos que decorreriam do cumprimento natural e espontâneo das normas jurídicas. Daí dizer-se que o processo ideal é o que dispõe de mecanismos aptos a produzir ou a induzir a concretização do direito mediante a entrega da prestação efetivamente devida, da prestação *in natura*. E quando isso é obtido – ou seja, quando se propicia, judicialmente, ao titular do direito, a obtenção de tudo aquilo e exatamente daquilo a que fazia jus –, há a prestação da tutela específica.[190]

Marinoni exalta o fim da tipicidade dos meios de execução em relação às obrigações de fazer e não fazer – posteriormente estendida às obrigações de entregar coisa por força de Lei nº 10.444/02:

> A plasticidade desses provimentos, bem como a possibilidade da concessão de provimento (ou meio executivo) diverso do solicitado e da imposição de meio executivo diferente daquele que não conduziu ao resultado objetivado, deve ser compreendida a partir da necessidade de se conferir ao juiz poder suficiente à efetivação da tutela jurisdicional.

---

[189] Vale lembrar que até o advento da tutela ex artigo 461 do CPC, direcionada aos direitos de natureza não pecuniária (direito de exigir um *fazer*, um *não fazer* ou a *entrega de coisa*), vigorava o princípio da tipicidade dos meios executórios. De origem liberal-burguesa, referida tipicidade assegurava aos litigantes a garantia de que o juiz não poderia adotar meios executório diversos daqueles expressamente previstos no ordenamento.

[190] ZAVASCKI, Teori Albino. *Antecipação de tutela*. 5. ed. São Paulo: Saraiva, 2007, p. 166.

A sentença condenatória, por natureza atrelada aos meios de execução por expropriação previstos na lei, é ligada ao chamado princípio da tipicidade dos meios de execução. [...] No entanto, se a tipicidade dos meios de execução como garantia contra o arbítrio do Estado Juiz, era justificável há cem anos atrás, isso não tem razoabilidade nos dias de hoje. O problema da sociedade contemporânea não é mais apenas garantir a liberdade do indivíduo contra a ameaça de opressão estatal, porém viabilizar a tutela efetiva dos direitos, muitos deles essenciais para a sobrevivência digna do homem.[191]

Cabe referir que o projeto do Novo Código de Processo Civil,[192] declaradamente,[193] mantém tudo que o "de bom" considerou existir no sistema anterior. Conforme exposto no capitulo 10 do presente trabalho, foram preservadas – a exceção de pequenas inovações – as normas atinentes à tutela dos direitos não pecuniários, tal como previstas pelo CPC de 1973 e legislação reformadora.

Em síntese, o legislador concedeu ao juiz o poder de impor o meio executivo adequado, segundo as particularidades e necessidades do direito material. Contudo, o juiz está sujeito ao dever, também constitucional, de fundamentar a sua escolha, segundo os critérios da proporcionalidade (entenda-se: adequação, necessidade e proporcionalidade em sentido estrito) e, por isto, também sujeito a controle, através de recurso. Assim, por certo não escapará o juiz do dever de motivar a decisão por determinado meio executivo, expondo as razões pelas quais preferiu determinada medida em detrimento de outra, determinada periodicidade em detrimento de outra e daí por diante.

Fica nítido o dever de o juiz escolher o meio executivo mais idôneo possível para melhor assegurar a tutela no caso concreto.

Tendo vedado a tutela privada dos direitos, o Estado avocou o dever de tutelar, da forma mais efetiva e adequada toda e qualquer posição assegurada pelo direito material. Mesmo na hipótese de improcedência do pedido, deve o Estado estar devidamente munido de um "aparato" processual eficiente a *potencialmente* dar proteção àquela determinada situação carente de tutela. Dessa maneira, a jurisdição deve cumprir o seu papel, mesmo que o direito material não venha a confirmar-se em juízo. O *direito fundamental à prestação jurisdicional efetiva e adequada* confere ao cidadão o poder de, livremente, fazer uso dessa proteção, acessando o Judiciário.

---

[191] MARINONI, Luiz Guilherme. *Técnica processual e tutela dos direitos*. 2. ed. São Paulo: Revista dos Tribunais, 2008, p. 164.

[192] Projeto de Lei do Senado n° 166/2010.

[193] Ver *exposição de motivos* redigida pela comissão de juristas composta para a elaboração do anteprojeto (PLS n.° 166/2010): "Razão alguma há para que não se conserve ou aproveite o que há de bom no sistema que se pretende reformar." Disponível em: <http://www.senado.gov.br/atividade/materia/detalhes.asp?p_cod_mate=97249>.

# 4. A tutela específica dos direitos não pecuniários como instrumento de concretização do direito fundamental à prestação jurisdicional efetiva, adequada e tempestiva

### 4.1. Efetividade, acesso à justiça e tutelas diferenciadas

Desde muito, os processualistas se preocupam com o problema da *efetividade do processo*.

Ainda na metade do Séc. XIX, quando do surgimento do Código italiano de 1865, com base na constatação de elementos comuns às cautelares típicas então reconhecidas, Chiovenda – revelando o avanço do seu pensamento em relação aos parâmetros da época – já pugnava, ou melhor, profetizava o reconhecimento de um *poder geral de cautela*. Atento estava, pois, à necessidade de conferir-se maior efetividade ao processo.

Para Chiovenda, estando suficientemente demonstrada, em juízo de aparência, a existência do *fumus boni iuris* e do *periculum in mora*, seria viável a concessão da tutela cautelar àquela determinada situação carente de tutela, mesmo que essa situação processualmente não se adequasse a qualquer das modalidades típicas previstas pelo legislador.

Em última análise, o pensamento chiovendiano – apenas exemplificado na forma acima – primava por conferir maior *efetividade* ao processo, de maneira a que o sistema processual concedesse àquele que tem razão e na medida máxima possível uma situação equivalente àquela que adviria do cumprimento normal e tempestivo da obrigação. Ao sentir de Chiovenda, "il processo deve dare per quanto possibile praticamente a chi ha un diritto tutto quello e proprio quello ch'egli ha diritto di conseguire".[194]

Aproximadamente a partir da metade do Séc. XX – mais precisamente a partir da década de 60 – percebeu-se que o processo não poderia desenvolver-se através de mecanismos estanques de tutela, alheios à complexidade do mundo moderno e principalmente às normas previstas pelo direito material.

Notou-se que, muito embora representem disciplinas autônomas do ponto de vista estrutural, *direito* e *processo* devem estar intimamente ligados a fim de conferir efetividade à prestação da tutela, "de maneira que nenhum dos dois segmentos possa ser visualizado isoladamente, se não

---

[194] CHIOVENDA, Giuseppe. *Dell'azione nascente dal contrato preliminare*. In *Saggi di diritto processuale civile*. Roma : Societá Editrice Foro Italiano, 1930. Tradução livre: "O processo deve dar no que é possível, a quem tem direito, tudo aquilo e exatamente aquilo que ele tem direito de obter".

como aspectos indissociáveis de uma única realidade normativa".[195] Nas sábias palavras de Dinamarco: "O processo e o direito complementam-se e a boa compreensão de um exige o suficiente conhecimento do outro".[196]

A *instrumentalidade* como fase científico-dogmática do processo ganha peso e força como diretriz delineadora de toda a atividade processual.[197] Percebeu-se que o processo jamais poderá ser entendido como *um fim em si mesmo*, mas um meio de alcançar-se um fim desejado, qual seja, a pacificação dos conflitos sociais através de uma solução mais justa, útil, eficiente, célere e econômica possível.[198] Parece evidente que não há como

---

[195] THEODORO JR., Humberto. Tutela específica das obrigações de fazer e não fazer. *Genesis – Revista de Direito Processual Civil*, Curitiba, n° 22, p. 741-763, out./dez. de 2001.

[196] DINAMARCO, Cândido Rangel. *A instrumentalidade do processo*. 13. ed. São Paulo: Malheiros, 2008, p. 321.

[197] Não se pode deixar de rapidamente mencionar as fases científico-dogmáticas da ciência processual. O processo viveu a sua primeira fase, chamada *sincrética*, na qual era tratado como mero apêndice do direito material. A sua separação e autonomia em relação ao direito material (fase autonomista) deu-se a partir da polêmica entre Windscheid e Muther a respeito do direito de ação, iniciada em 1856, e da obra de Bülow (1868), na qual foram traçados os fundamentos e princípios da ciência processual. Mais adiante, veio a fase *instrumental* da ciência processual, na qual se tomou consciência de que muito embora autônomo em relação ao direito material, o processo é simples meio/instrumento para a efetivação das regras existentes nos diversos ramos do direito material. Conforme antes referido, Carlos Alberto Alvaro de Oliveira, Daniel Mitidiero, Guilherme Rizzo Amaral e Fredie Didier Jr., dentre outros, registram a consolidação da quarta e mais nova fase metodológica do processo civil: o formalismo-valorativo. A crítica à instrumentalidade do processo, como fase científico-dogmática é bem sintetizada por Rizzo Amaral, ao defender que a visão instrumentalista "leva a ciência processual diretamente para a neutralidade que se buscava combater. Colocando-se as expectativas de apreensão dos valores a serem ponderados exclusivamente sobre o juiz, o intérprete, enfim, o homem (no sentido do ser humano), a própria validade do processo como ciência passa a depender, caso a caso, do seu operador". (AMARAL, Guilherme Rizzo. *Cumprimento e execução de sentença sob a ótica do formalismo-valorativo*. Porto Alegre: Livraria do advogado, 2008, p. 33 e 40). O reconhecimento desta nova fase metodológica parte do pressuposto que "o processo vai hoje informado pelo formalismo--valorativo porque, antes de tudo, encerra um formalismo cuja estruturação responde a valores, notadamente aos valores encartados em nossa Constituição. Com efeito, o processo vai dominado pelos valores justiça, participação leal, segurança e efetividade, base axiológica da qual ressaem princípios, regras e postulados para sua elaboração dogmática, organização, interpretação e aplicação". (MITIDIERO, Daniel. *Colaboração no Processo Civil Brasileiro: pressupostos sociais, lógicos e éticos*. São Paulo : Editora Revista dos Tribunais, 2009 – Coleção temas atuais de direito processual civil; v. 14 – p. 47). Sobre o formalismo-valorativo, como a quarta e mais nova fase científica do processo consulte-se, ainda: ALVARO DE OLIVEIRA, Carlos Alberto. *Do formalismo no processo civil : proposta de um formalismo-valorativo*. São Paulo : Saraiva, 2010 e MITIDIERO, Daniel. *Elementos para uma teoria contemporânea do processo civil brasileiro*. Porto Alegre: Livraria do Advogado, 2005.

[198] Vale fazer algumas observações em relação ao direito norte-americano. A dualidade de regimes jurídicos, própria do direito inglês (*courts of common law* e *courts of* equity), não vinha refletida no direito processual norte-americano, que possuía um único conjunto normativo, o *Federal Rules of Civil Procedure* ("FRCP"). A concepção instrumentalista do processo consta bem-retratada desde o artigo 1° da referida lei, que representava o código processual civil federal norte-americano: "As normas devem ser interpretadas e aplicadas para assegurar a justa, rápida e barata resolução de qualquer ação". Como bem salienta Nelson Rodrigues Netto, "é extremado o relevo em que é colocada a função instrumental do processo no âmbito do direito norte-americano, cujos procedimentos bastante aderentes ao direito substancial, procuram obter o máximo rendimento do processo para a consecução de um resultado útil e prático". RODRIGUES NETTO, Nelson. *Tutela jurisdicional específica: mandamental e executiva lato sensu*. Rio de Janeiro: Forense, 2002, p. 63.

se pensar em processo de forma desvinculada do direito material se o direito material é justamente a razão de ser do processo.

Referindo-se ao terceiro momento metodológico do processo, caracterizado pela consciência da sua *instrumentalidade*, Dinamarco contextualiza a realidade atual do processualista:

O processualista sensível aos grandes problemas jurídicos sociais e políticos do seu tempo e interessado em obter soluções adequadas sabe que agora os *conceitos* inerentes à sua ciência já chegaram a níveis mais do que satisfatórios e não se justifica mais a clássica postura metafísica consistente nas investigações conceituais destituídas de endereçamento teleológico. Insistir na autonomia do direito processual consiste, hoje, como que preocupar-se o físico como a demonstração da divisibilidade do átomo.[199]

Mais adiante, situa a *instrumentalidade* como *valor-síntese* dos movimentos reformistas:

É a instrumentalidade o núcleo e a síntese dos movimentos pelo aprimoramento do sistema processual, sendo consciente ou inconsciente tomada como premissa pelos que defendem o alargamento da via de acesso ao Judiciário e eliminação das diferenças de oportunidades em função da situação econômica dos sujeitos, nos estudos e propostas pela inafastabilidade do controle jurisdicional e efetividade do processo [...].[200]

O processo é mecanismo de solução de controvérsias criado pelo Estado com a finalidade de resolver a crise de direito material. Ao ignorar-se a natureza instrumental do processo, está-se favorecendo o formalismo, pela consequência quase certa de estar-se concedendo demasiado apreço à forma[201], em prejuízo dos seus reais objetivos: servir de instrumento para a realização da norma de direito material.[202]

Como afirmam Luiz Rodrigues Wambier e Teresa Arruda Alvim Wambier:

A instrumentalidade, como "marca" do processo, leva a que dele se espere resultado absolutamente compatível com o objetivo perseguido pela parte que vai a juízo. Resultado diverso, isto é, que não respeite a máxima (Chiovendiana) de que o processo deve proporcionar

---

[199] DINAMARCO, Cândido Rangel. *A instrumentalidade do processo*. 13. ed. São Paulo: Malheiros, 2008, p. 22

[200] Idem, p. 24.

[201] Não se pretende, com isso, 'desformalizar' o processo. A forma é guardiã da segurança e está contemplada no direito fundamental ao devido processo legal e constitucional. A forma, contudo, como bem anota Carlos Alberto Alvaro de Oliveira, em reconhecida obra a respeito do formalismo no processo civil –, deverá servir "aos fins últimos do processo, limitando-se o mínimo possível o desempenho dos sujeitos processuais, de modo que a regulação contenha apenas o indispensável para uma condução bem organizada e proporcionada do feito". ALVARO DE OLIVEIRA, Carlos Alberto. *Do formalismo no processo civil*. 2. ed. São Paulo: Saraiva, 2003, 125-126. Como refere o *jurista*, trata-se de encontrar uma equação proporcional entre a forma, os instrumentos empregados e o fim visado pelo sistema.

[202] Uma das melhores obras brasileiras a respeito da instrumentalidade do processo foi escrita por Cândido Rangel Dinamarco: *A instrumentalidade do processo*. 13. ed. São Paulo: Malheiros Editores, 2008.

---

Tutela Específica dos Direitos

**89**

à parte exatamente aquilo que ela obteria se do processo não necessitasse, determinaria a frustração do sistema.[203] (parênteses nosso)

Foi em meio à fase instrumentalista da ciência processual, especialmente nos últimos anos, que a principal preocupação dos processualistas passou a ser busca de mecanismos aptos a conferir ou incrementar efetividade ao processo.[204] Tem-se aí significativa mudança de perspectiva nas preocupações dos processualistas, que deixaram de ater-se exclusivamente a conceitos e formas.[205]

---

[203] WAMBIER, Luiz Rodrigues. WAMBIER, Teresa Arruda Alvim. *Anotações sobre a efetividade do processo. Revista dos Tribunais*. São Paulo, ano. 92, v. 814, p. 63-70, ago. 2003.

[204] Sérgio Gilberto Porto destaca que o "processo no Estado contemporâneo é, sem dúvida alguma, como amplamente difundido em doutrina, instrumento de realização do direito". A crise de eficiência do processo – A necessária adequação processual à natureza do direito posto em causa, como pressuposto da efetividade. In: *Processo e Constituição: estudos em homenagem ao professor José Carlos Barbosa Moreira*. Luiz Fux, Nelson Nery Jr. e Teresa Arruda Alvim Wambier (coords.). São Paulo: Revista dos Tribunais, 2006.

[205] Vale uma vez mais referir importante contraponto à ideia de *instrumentalidade* do processo – tal como concebida no Brasil, mais recentemente, por Cândido Dinamarco e Ada Pellegrini Grinover – desenvolvido por Carlos Alberto de Oliveira, o chamado *formalismo-valorativo*. Na essência, a crítica à visão instrumentalista vem assim sintetizada por Guilherme Rizzo Amaral (*Cumprimento e execução de sentença sob a ótica do formalismo-valorativo*. Porto Alegre: Livraria do Advogado, 2008, p. 28-35) – declaradamente adepto ao *formalismo-valorativo*: "Na visão instrumentalista do processo, o juiz deve estar conectado com os valores vigentes na sociedade em que vive, permitindo que esta carga axiológica influencie as suas decisões na condução do feito. Para a sua concretização, depende o princípio da sensibilidade do magistrado, que deve apreender não apenas a norma jurídica, mas a realidade social e política em que se encontra". Em assim sendo, "a ciência processual em si, dentro dessa ótica, nada tem a oferecer em termos axiológicos. Não é ela, a ciência, que traz em si mesmas premissas para a aplicação da norma processual. Toda a carga axiológica está adstrita ao campo social, e a ciência processual, não obstante o argumento contrário, continua restrita a mera técnica [...]". E conclui: "É fácil perceber que o raciocínio dorme com o inimigo, pois leva a ciência processual diretamente para a neutralidade que se buscava combater. Colocando-se as expectativas de apreensão dos valores a serem ponderados exclusivamente pelo juiz, o intérprete, enfim, o homem (no sentido do ser humano), a própria validade do processo como ciência passa a depender, caso a caso, do seu operador". O *formalismo-valorativo*, por sua vez, reconhece a presença de valores intrínsecos à *forma*, "especialmente a delimitação dos poderes, faculdades e deveres dos sujeitos processuais, coordenação de sua atividade, ordenação do procedimento e organização do processo, com vistas a que sejam atingidas suas finalidades primordiais". (ALVARO DE OLIVEIRA, Carlos Alberto. *Do formalismo no processo civil*. 2. ed. São Paulo: Saraiva, 2003, p. 6-7). Daí a razão pela qual – passagem conhecida da obra de Carlos Alberto Alvaro de Oliveira: "Qualquer reflexão moderna sobre o formalismo processual há de levar em conta suas conexões internas e externas. Nessa perspectiva, mostra-se preciso repensar o problema como um todo, verificar as vertentes políticas, culturais e axiológicas dos fatores condicionantes e determinantes da estruturação e organização do processo, estabelecer enfim os fundamentos do formalismo-valorativo. E isso porque seu poder ordenador, organizador, não é oco, vazio ou cego, pois não há formalismo por formalimo. Só é lícito pensar no conceito na medida em que se prestar para a organização de um processo justo e servir para alcançar as finalidades últimas do processo em tempo razoável e, principalmente, colaborar para a justiça material da decisão" (*Do formalismo no processo civil*. 2. ed. São Paulo: Saraiva, 2003, p. 6-7). Comparando as diferentes óticas do *instrumentalismo* e *formalismo-valorativo*, Rizzo Amaral afirma: "Fundamentalmente, reconhece-se no formalimo-valorativo a presença dos valores a serem concretizados, enquanto na visão instrumentalista tais valores encontram-se somente no campo social, para serem apreendidos pelo intérprete, que usa o processo apenas como instrumento de concretização" (*Cumprimento e execução de sentença sob a ótica do formalismo-valorativo*. Porto Alegre: Livraria do Advogado, 2008, p. 46). O reconhecimento desta nova fase metodológica parte do pressuposto que "o processo vai hoje informado pelo formalismo-valorativo

Não por outra razão, a grande maioria dos estudos científicos e trabalhos acadêmicos – dentre os quais o presente – centra-se em linha de pesquisa voltada à efetividade da tutela jurisdicional. Pensa-se no *processo de resultados*[206] de que fala Bedaque.

Com efeito, nos últimos 20 anos, avolumaram-se modificações e reformas no Código de Processo Civil, na legislação processual extravagante e inclusive na Constituição, no intuito de conferir maior efetividade à prestação da tutela jurisdicional, de modo a aprimorar o acesso à justiça.[207]

Mas, afinal de contas, a que se está referindo quando se fala em efetividade do processo? Está-se medindo ou avaliando a capacidade deste de produzir os resultados práticos concretos que dele são esperados.[208] Daí a razão pela qual analisar cientificamente o processo "não pode significar apenas estabelecer as bases de sua autonomia. É preciso encontrar a técnica mais adequada para que o instrumento produza o resultado desejado".[209]

---

porque, antes de tudo, encerra um formalismo cuja estruturação responde a valores, notadamente aos valores encartados em nossa Constituição. Com efeito, o processo vai dominado pelos valores justiça, participação leal, segurança e efetividade, base axiológica da qual ressaem princípios, regras e postulados para sua elaboração dogmática, organização, interpretação e aplicação". (MITIDIERO, Daniel. *Colaboração no Processo Civil Brasileiro: pressupostos sociais, lógicos e éticos*. São Paulo: Editora Revista dos Tribunais, 2009 – Coleção temas atuais de direito processual civil; v. 14 – p. 47).

[206] BEDAQUE, José Roberto dos Santos. *Efetividade do processo e técnica processual*. São Paulo: Malheiros, 2006, p. 17.

[207] Não se pode, com isso, cometer o recorrente equívoco de acreditar que a morosidade da justiça e a inefetividade do processo se devem, exclusivamente, a deficiências na legislação. É mais que sabido que a estrutura do Poder Judiciário permanece a mesma nos últimos anos, e os métodos de trabalho aplicados revelam-se ultrapassados. Em relação à legislação, é flagrante a dificuldade de o processo acompanhar, com a necessária agilidade, as constantes modificações e transformações havidas nas normas de direito material. Para ilustrar esse último aspecto, há muitos anos, vem sendo editadas leis voltadas à proteção de direitos e interesses de natureza coletiva, de que servem de exemplo a vasta legislação ambiental, de defesa do consumidor etc. Como não poderia ser diferente, essa evolução deveria ser acompanhada de modificações correspondentes nas normas de direito processual, uma vez que o "Código Buzaid" foi criado e pensado para a solução de controvérsias de natureza individual. Incrivelmente, apesar dos inúmeros projetos existentes, ainda não houve a aprovação de um código de processo coletivo, causando incontáveis dúvidas e controvérsias e contribuindo decisivamente para tornar o processo um fenômeno moroso e imprevisível. Tratando dos vários aspectos responsáveis pela inefetividade do processo, ver: MOREIRA, José Carlos Barbosa. O futuro da justiça: alguns mitos. In *Temas de direito processual civil*: Oitava série, São Paulo: Saraiva, 2004, p. 4-5. Vale também referir relevante obra de Bedaque, na qual defende a posição de que a má aplicação da técnica processual "contribui decisivamente para a situação caótica em que se encontra o processo civil brasileiro". BEDAQUE, José Roberto dos Santos. *Efetividade do processo e técnica processual*. São Paulo: Malheiros, 2006, p. 24.

[208] Em célebre estudo, Barbosa Moreira indica os pontos que, ao seu ver, são os responsáveis pela problemática da efetividade. Dentre esses, confere especial ênfase à (in)capacidade do processo para assegurar "o gozo pleno da específica utilidade a que faz jus (o vencedor) segundo o ordenamento". MOREIRA, José Carlos Barbosa. Notas sobre o problema da "efetividade" do processo. In: *Temas de direito processual*. São Paulo: Saraiva, 1984.

[209] BEDAQUE José Roberto dos Santos. *Efetividade do processo e técnica processual*. São Paulo: Malheiros, 2006, p. 20.

---

Tutela Específica dos Direitos

O ideal de conferir efetividade ao processo está, portanto, mais relacionado à segunda etapa da atividade jurisdicional, adotando-se a divisão clássica entre *cognição* e *execução*.[210] Desse modo, ao se defender o direito fundamental à efetividade da prestação jurisdicional – tópico desenvolvido na primeira parte deste estudo –, está-se cogitando, em termos práticos, do direito de o jurisdicionado obter do Estado, através do processo, "meios executivos de dar efetividade ao direito substancial, o que significa direito à efetividade em sentido estrito".[211]

Sob essa nova ótica processual, a garantia do *acesso à justiça,* conforme anotam Luiz Rodrigues Wambier e Teresa Arruda Alvim Wambier, passou a ser compreendida como "direito de acesso à efetiva tutela jurisdicional, ou seja, direito à obtenção de provimentos que sejam realmente capazes de promover, nos planos jurídico e empírico, as alterações requeridas pelas partes e garantidas pelo sistema".[212]

Não é demais lembrar que o ideal de efetividade do processo guarda estreita ligação com o tão falado *acesso à justiça,* expressão associada à garantia da inafastabilidade do controle judiciário, expressa no inciso art. 5º, XXXX, da CF/88, norma hoje defendida como direito fundamental dos cidadãos à efetividade e adequação da prestação jurisdicional.

Para compreender-se a exata dimensão em que deve ser entendido o *princípio universal do acesso à justiça,* tal como retratado nas lições de Cappelletti e Garth,[213] nunca é demais referir as sábias palavras de Dinamarco: "Acesso à justiça equivale à obtenção de resultados justos. [...] Não têm acesso à justiça aqueles que, pelas mazelas do processo, recebem uma justiça tardia ou alguma injustiça de qualquer ordem".[214]

Por tal prisma, não proporcionar um provimento antecipado à parte que aparentemente apresenta melhor direito (não concessão da tutela

---

[210] Não obstante hoje se verifique a reunião, em um mesmo processo, da atividade de conhecimento e execução – fenômeno que se denominou chamar de *sincretismo* –, tratam-se de planos inegavelmente distintos, ou seja, primeiro, há que se prestar a tutela do conhecimento, declarando-se que tem razão no processo e consequentemente a quem pertence o alegado direito, para, só então, realizá-lo em termos práticos, do modo mais adequado e eficaz possível.

[211] MARINONI, Luiz Guilherme. O direito à efetividade da tutela jurisdicional na perspectiva da teoria dos direitos fundamentais. *Revista de direito processual civil*. Curitiba: Gênesis, n. 28, abril-junho/2003.

[212] WAMBIER, Luiz Rodrigues e WAMBIER, Teresa Arruda Alvim. *Anotações sobre a efetividade do processo*. São Paulo: Revista dos Tribunais. ano. 92, v. 814, ago. 2003, p. 63-70.

[213] O conceito de *acesso à justiça* sob o ponto de vista processual e não meramente material (de ajuizar uma ação), como geralmente divulgado, deve-se a dois pensadores italianos, Mauro Cappelletti e Bryant Garth. Ao sentir dos renomados doutrinadores, o sistema processual deveria, além de ser acessível a todos (sentido material), produzir resultados socialmente justos (sentido processual). CAPELLETTI, Mauro. GARTH, Bryant. *Acesso à justiça*. Tradução de: Ellen Gracie Northfleet. Porto Alegre: Fabris, 1988.

[214] DINAMARCO, Cândido Rangel. *A reforma da reforma*. 3. ed. São Paulo: Malheiros, 2002, p. 37.

antecipada), ou conferir a esta resultado diferente daquele que realmente pretendia (tutela ressarcitória pelo equivalente pecuniário) representam "negar acesso, ou não proporcionar o adequado acesso à justiça".[215]

Como definem Luiz Rodrigues Wambier e Teresa Arruda Alvim Wambier:

> Os anseios universais por sistemas processuais que garantam o efetivo acesso à justiça são hoje as grandes diretrizes da conduta legislativa e dos esforços da doutrina e da jurisprudência. Está superada e completamente afastada a noção de que a antiga tutela formal dos direitos seria resultado satisfatório da atividade da jurisdição. Para que essa atividade estatal se realize em plenitude (vale dizer, para o Estado-Juiz cumpra seu papel na sociedade), é necessário que ao seu resultado formal se acrescente a aptidão para produzirem-se efeitos práticos, em tempo hábil. Ao contrário, isto é, sem que possa promover um processo efetivo, haverá o rompimento da garantia constitucional do acesso à justiça, pois o direito ao processo quer dizer, nada mais, nada menos, que direito a um processo cujo resultado seja útil em relação à realidade dos fatos.[216]

À luz desses novos valores, aos quais se soma a crescente demora na prestação da tutela jurisdicional, com a consequente *inutilidade* gerada por um provimento tardio, impôs-se aos operadores do direito em geral o desafio de munir o processo de técnicas que erradicassem ou atenuassem a *crise de eficiência* do sistema processual.[217]

Por outro prisma, acreditam alguns[218] que a possível solução para a problemática da ineficácia do processo judicial não escapa de um esforço crescente pela criação legislativa de *tutelas jurisdicionais diferenciadas.*

Segundo doutrina José Manuel Arruda Alvim,[219] a *tutela jurisdicional diferenciada* deverá ser buscada toda vez em que se estiver diante de determinada situação de direito material *valorizada* pela sociedade que, por não possuir proteção suficiente dentro do modelo tradicional do processo, deverá ser *privilegiada* pelo legislador, seja no âmbito material – como ocorreu com o surgimento do Código de Defesa do Consumidor –, seja através de técnica processual inovadora, a exemplo do artigo 461

---

[215] CARREIRA ALVIM, José Eduardo. *Tutela específica das obrigações de fazer, não fazer e entregar coisa.* 3. ed. Rio de Janeiro: Forense, 2003. p.5.

[216] WAMBIER, Luiz Rodrigues e WAMBIER, Teresa Arruda Alvim. *Anotações sobre a efetividade do processo.* São Paulo: Revista dos Tribunais, ano. 92, v. 814, p. 63-70, ago. 2003.

[217] Nesse sentido: ARMELIN, Donaldo. *Tutela jurisdicional diferenciada: O processo civil contemporâneo.* Curitiba: Juruá, 1994, p. 45.

[218] Ver: ARMELIN, Donaldo. *Tutela jurisdicional diferenciada: O processo civil contemporâneo.* Curitiba: Juruá, 1994; BEDAQUE, José Roberto dos Santos. *Direito e processo.* 4. ed. São Paulo: Malheiros, 2006; RODRIGUES NETTO, Nelson. *Tutela jurisdicional específica:* mandamental e executiva *lato sensu.* Rio de Janeiro: Forense, 2002.

[219] ALVIM, Arruda. Obrigações de fazer e não fazer – Direito Material e Processo. *Revista de Processo.* São Paulo: RT, n° 99, p. 27-39, jul./set., 2000, p. 33.

do CPC,[220] referente à tutela dispensada aos direitos não pecuniários (direito de exigir um fazer, não fazer ou a entrega coisa).

As *tutelas jurisdicionais diferenciadas* passaram a bem ilustrar uma moderna visão do processo como *instrumento de resultados*, no qual o dever maior da jurisdição reside na obtenção de resultados práticos que correspondam à solução mais justa do conflito, em total alinho ao conceito contemporâneo de jurisdição, a partir do reconhecimento do direito fundamental à prestação jurisdicional efetiva e adequada, de que se tratou anteriormente.

O surgimento das *tutelas jurisdicionais diferenciadas* decorre, ainda, da preocupação do Direito com novos bens jurídicos, a maior parte deles de natureza coletiva, os quais ganharam relevância no contexto social: o meio ambiente, o consumidor, a ordem econômica, a cultura. Tais bens passaram a ser entendidos como de interesse social, na medida em que transcendem àqueles outros bens que justificariam uma proteção apenas individual. Tais bens estavam desprotegidos, ou mesmo fora do alcance da ordem jurídica.

A ciência jurídica viu-se, então, forçada a disciplinar novos mecanismos processuais e novos procedimentos, voltados a conferir maior proteção a esses "novos direitos" surgidos no seio social. Como retrata Arruda Alvim: "Uma renovada valoração do direito material exigiu um aparato processual diferenciado, preordenado a proteger mais eficientemente tais bens".[221]

Nesse particular, dois procedimentos específicos recentes "nasceram", desde o início, privilegiados por uma tutela que primava pelo cumprimento específico dos deveres e obrigações: a Lei da Ação Pública – LACP (Lei n° 7.347/85) e o Código de Defesa do Consumidor – CDC (Lei n° 8.078/90).

Vale dizer que tanto a Lei da Ação Civil Pública como o Código de Defesa do Consumidor já primavam pela tutela específica dos direitos, inclusive sob a ameaça de *multa*. Rompendo com o dogma liberal da intangibilidade da vontade humana, o art. 84 do CDC permitiu que o juiz impusesse um fazer ou um não fazer mediante ordem direcionada ao responsável pelo ilícito, sob pena de multa, ou através do emprego de medidas execução direta, fixadas em decisão interlocutória ou em sentença.

---

[220] Art. 479 do Projeto de Lei do Senado n° 166/2010.

[221] ALVIM, Arruda. *Direito processual civil*. São Paulo: Revista dos Tribunais, 2002. Coleção Estudos e Pareceres, v.II, p. 175.

Nesse cenário, por ocasião do primeiro movimento reformista do Código de Processo Civil de 1973 ("Código Buzaid" – Lei n° 5.896), com redação dada pela Lei n° 8.952/1994, surgiu a tutela *ex* art. 461 do CPC[222] como via geral de tutela específica dos direitos não pecuniários (direito de exigir um fazer, um não fazer ou a entregar coisa), com redação praticamente idêntica à do art. 84 do CDC:

> Art. 461. Na ação que tenha por objeto o cumprimento de obrigação de fazer ou não fazer, o juiz concederá a tutela específica da obrigação ou, se procedente o pedido, determinará providências que assegurem o resultado prático equivalente ao do adimplemento. (Incliído pela Lei n° 8.952, de 13.12.1994)
>
> § 1° A obrigação somente se converterá em perdas e danos se o autor o requerer ou se impossível a tutela específica ou a obtenção do resultado prático correspondente. (Incluído pela Lei n° 8.952, de 13.12.1994)
>
> § 2° A indenização por perdas e danos dar-se-á sem prejuízo da multa (art. 287). (Incluído pela Lei n° 8.952, de 13.12.1994)
>
> § 3° Sendo relevante o fundamento da demanda e havendo justificado receio de ineficácia do provimento final, é lícito ao juiz conceder a tutela liminarmente ou mediante justificação prévia, citado o réu. A medida liminar poderá ser revogada ou modificada, a qualquer tempo, em decisão fundamentada. (Incluído pela Lei n° 8.952, de 13.12.1994)
>
> § 4° O juiz poderá, na hipótese do parágrafo anterior ou na sentença, impor multa diária ao réu, independentemente de pedido do autor, se for suficiente ou compatível com a obrigação, fixando-lhe prazo razoável para o cumprimento do preceito. (Incluído pela Lei n° 8.952, de 13.12.1994)
>
> § 5° Para a efetivação da tutela específica ou a obtenção do resultado prático equivalente, poderá o juiz, de ofício ou a requerimento, determinar as medidas necessárias, tais como a imposição de multa por tempo de atraso, busca e apreensão, remoção de pessoas e coisas, desfazimento de obras e impedimento de atividade nociva, se necessário com requisição de força policial. (Redação dada pela Lei n° 10.444, de 7.5.2002)
>
> § 6° O juiz poderá, de ofício, modificar o valor ou a periodicidade da multa, caso verifique que se tornou insuficiente ou excessiva. (Incluído pela Lei n° 10.444, de 7.5.2002)

Com vistas a reforçar a efetividade da decisão tomada com base nessas novas disposições, o legislador processual impôs às partes o dever de *"cumprir com exatidão os preceitos mandamentais"*, não criando *"embaraços à efetivação dos provimentos judiciais"* (CPC, art. 14, V), sob pena da configuração de "ato atentatório ao exercício da jurisdição", passível de multa compatível com a gravidade da conduta, de até 20% do valor da causa, em favor da União ou do Estado (CPC, art. 14, parágrafo único).

Tais ferramentas ampliaram sobremaneira os poderes do juiz, dotando-o de instrumentos capazes de gerar o adimplemento da obrigação legal ou contratual "precisamente como fora pactuada", de forma a que

---

[222] Art. 479 do Projeto de Lei do Senado n° 166/2010.

Tutela Específica dos Direitos

"o resultado jurisdicional seja igual ou o mais próximo possível do adimplemento se este houvesse ocorrido tempestivamente".[223]

Valendo-se de todo esse aparato – medidas coercitivas sub-rogatórias exemplificativamente previstas pelo § 5º; multa (§ 4º); emprego de força policial, dentre outros mecanismos –, ao juiz caberá constranger, eficazmente, o réu/devedor ao *cumprimento específico* da obrigação a que está comprometido, seja ela decorrente de lei ou de contrato.

No que se refere ao ideal de *adequação* da prestação jurisdicional, Zavascki refere que o art. 461 "trouxe, como se percebe, inovações expressivas, todas inspiradas no princípio da maior coincidência possível entre a prestação devida e a tutela jurisdicional entregue".[224]

De forma didática, Rodrigues Netto define a *tutela específica* dos direitos, como sendo "o conjunto de remédios jurisdicionais tendentes a proporcionar, dentro do praticamente possível, ao titular de um direito exatamente aquela fruição que ele teria caso não tivesse havido a violação do seu direito".[225]

A inovação processual introduzida pelos arts. 461 e 461-A do CPC[226] deixou claro que a constitucionalmente desejada *efetividade da prestação jurisdicional* não mais se ajustava à rígida estrutura anterior, que impunha ao autor contentar-se com a tardia e injusta *conversão* do seu direito em perdas e danos (tutela ressarcitória pelo equivalente em dinheiro).

A bem sintetizar a visão científico-dogmática que aqui se pretendeu demonstrar, vale citar as palavras de Theodoro Júnior, segundo o qual, "tudo isto é muito importante para ter-se uma visão moderna do entrelaçamento profundo e indissociável que há entre direito e processo, e para compreender como é decisivo o enfoque do direito processual moderno sobre a instrumentalidade e efetividade da prestação jurisdicional". E complementa: "Foi nesse ambiente que se desenvolveu a política legislativa das tutelas diferenciadas, com o nítido propósito de adequar os procedimentos às necessidades de situações particulares do direito material e propiciar meios mais eficientes de tutela".[227]

---

[223] ALVIM, Arruda. *Direito processual civil*. São Paulo: Revista dos Tribunais, 2002. Coleção Estudos e Pareceres, v.II, p.169.

[224] ZAVASCKI, Teori Albino. *Antecipação de tutela*. 5. ed. São Paulo: Saraiva, 2007.

[225] RODRIGUES NETTO, Nelson. *Tutela jurisdicional específica: mandamental e executiva*. Rio de Janeiro: Forense, 2002, p. 166.

[226] Art. 479 do Projeto de Lei do Senado nº 166/2010.

[227] THEODORO JR., Humberto. Tutela específica das obrigações de fazer e não fazer. *GENESIS – Revista de Direito Processual Civil*, Curitiba, nº 22, p. 741-763, out./dez. de 2001.

## 4.2. Perfil do processo civil contemporâneo

### 4.2.1. Expansão do uso da cautelar inominada

Diante da inadequação do processo civil clássico para atender com efetividade as diversas situações advindas do direito material, a ação cautelar passou a ser enxergada como solução geral para a tutela de toda e qualquer situação de urgência. Para tanto, bastaria que fossem demonstrados os pressupostos genéricos previstos pelo Código de Processo para essa modalidade de tutela de urgência, a saber: o *fumus boni iuris* e o *periculum in mora*. A prática forense pretendia, com isso, suprir a inaptidão do procedimento comum ordinário – até então incapaz de *executar* em meio à fase de conhecimento – através do emprego deturpado do procedimento cautelar a pretensões de natureza não cautelar.

A expansão do uso da cautelar inominada deve-se à ausência da possibilidade de antecipação da tutela no processo de conhecimento, bem como à inexistência de decisões dotadas de executividade imediata. Isso porque ao juiz não era dado, no processo de conhecimento, conceder os efeitos pretendidos pelo autor antecipadamente à sentença (técnica antecipatória), tampouco ordenar o cumprimento forçado de determinada obrigação, sob pena de multa (eficácia mandamental) ou mediante execução forçada, através de medidas sub-rogatórias (eficácia sub-rogatória).[228]

A utilização da cautelar inominada como forma de satisfazer/efetivar antecipadamente o direito material, entregando o bem da vida ao demandante – e não para assegurar a utilidade do direito material –, gerou o que, erroneamente, se convencionou chamar de *cautelar satisfativa*[229] e representou verdadeira "distorção" da finalidade primordial da tutela cautelar, retirando a sua acessoriedade em relação ao processo principal, desnecessário nesse caso. A cautelar perdia, então, os seus traços originais, para possibilitar a proteção adequada de direitos que, de outra maneira, não encontrariam a devida tutela no processo de conhecimento.

---

[228] A possibilidade de antecipação de tutela (execução) em meio ao processo de conhecimento 'implodiria' o modelo sistemático do Código Buzaid. Na racionalidade do código, conhecimento e execução "representam atividades que devem ser realizadas, de maneira naturalmente autônoma, em dois processos distintos. Naquele o juiz apenas conhece com o fim de decidir a causa; neste, apenas promove a adequação do mundo àquilo que se encontra estampado no título executivo". MITIDIERO, Daniel. O processualismo e a formação do Código Buzaid. *Revista de Processo*, São Paulo, n. 183, p. 165, mai. 2010.

[229] Tinha-se, na realidade, medida *antecipatória – satisfativa*, portanto, e não *cautelar* – concedida através de procedimento cautelar (Livro III do CPC). Conforme Nelson e Rosa Maria Nery: "Com a instituição da tutela antecipatória dos efeitos da sentença de mérito no direito brasileiro, de forma ampla, não há mais razão para que seja utilizado o expediente das impropriamente denominadas 'cautelares satisfativas', que constitui em si uma *contradictio em terminis*, pois as cautelares não satisfazem: se a medida é satisfativa, é porque, *ipso facto*, não é cautelar". NERY JUNIOR, Nelson; NERY, Rosa Maria Andrade. *Código de processo civil comentado e legislação processual civil extravagante em vigor*. 4. ed. São Paulo: RT, 1999, p. 748.

Diante da ausência de mecanismos adequados a tutelar as situações de urgência, negar aplicação à cautelar inominada nesses, mesmo que não se coadunasse com a melhor técnica "[...] seria como a hesitação em ministrar ao enfermo o remédio que comprovadamente lhe melhora o estado, só porque nas indicações da bula, não se designa a enfermidade pelo nome cientificamente correto".[230]

Esse fenômeno não ocorreu apenas do Brasil. Na Itália, por exemplo, Denti e Pisani dedicaram escritos tratando dessa nova modalidade de tutela: *de urgência, satisfativa* e *não cautelar*. Faltava-lhe, em essência, a *instrumentalidade* própria da tutela cautelar.[231]

Do que se pode perceber, em síntese, a doutrina passou a admitir a utilização distorcida do processo cautelar, diante das necessidades advindas do direito material, em razão da referida crise de eficiência do processo civil. Mais do que representar uma "flexibilização" da técnica cautelar, o seu emprego distorcido a fim de satisfazer – e não apenas assegurar – as necessidades do direito material, representou importante avanço em prol da concretização do direito fundamental à prestação jurisdicional efetiva e adequada.

Frente a ineficiência do processo de conhecimento para satisfazer situações de urgência – ou seja, para realizar imediatamente o direito material, através da antecipação dos efeitos pretendidos na sentença – a que se soma a inoperância do Poder Legislativo, coube aos operadores do direito a tarefa "de interpretar as regras processuais a partir das necessidades do direito material e do direito fundamental à tutela efetiva", cabendo "encontrar a técnica processual adequada à situação conflitiva concreta".[232] Conforme Marinoni:

> O uso distorcido da cautelar inominada e a posterior introdução da técnica antecipatória no processo de conhecimento romperam a rede do sistema processual feito em desconsideração às pessoas de carne e osso. Assim, é importante ver tudo isso não apenas como uma questão neutra, ou de mera evolução da técnica processual, mas como uma rebelião da sociedade contra a opressão do processo civil clássico.

Indiscutivelmente, o uso distorcido da cautelar inominada como ação autônoma e satisfativa – não obstante a resistência de grande parte

---

[230] MOREIRA, José Carlos Barbosa. A tutela específica do credor nas obrigações negativas. In: *Temas de direito processual*. 2ª série. São Paulo: Saraiva, 1984.

[231] DENTI, Vittorio. *Diritti della pesona e tecniche di tutela giudiziale. L'informazione e i diritti della persona*. Napoli: Jovene, 1983. PROTO PISANI, Andrea. *La tutela giurisdizionale dei diritti della personalitá: strumenti e tecniche di tutela*. Foro Italiano, 1990.

[232] MARINONI, Luiz Guilherme. *Técnica processual e tutela dos direitos*. 2. ed. São Paulo: Revista dos Tribunais, 2008, p. 71.

da doutrina[233] – representou inegável evolução da técnica processual frente à inaptidão do processo civil clássico em prestar tutela de urgência e se configura como um verdadeiro marco em favor do direito fundamental à prestação jurisdicional efetiva e adequada.

### 4.2.2. A tutela fundada na verossimilhança

É possível afirmar que a impossibilidade de antecipação da tutela com base em juízo de mera verossimilhança, vigente no processo civil brasileiro até a reforma de 1994 (Lei 8.952/94), tem origem no Estado Liberal. Isso decorria, nas palavras de Marinoni,

> [...] da suposição de que o único julgamento que poderia afirmar as palavras da lei seria posterior à verificação da existência do direito. Na trilha do direito liberal, o processo, para não gerar insegurança ao cidadão, deveria conter somente um julgamento, que apenas poderia ser realizado após a elucidação dos fatos componentes do litígio.

Ocorre, entretanto, que a certeza advinda após o exaurimento da cognição é ilusória, ou seja, apenas aparente. Em realidade, todo, ou quase todo pronunciamento judicial é obtido com base em juízo de verossimilhança das alegações e da probabilidade dos fatos, sendo certo que o juiz poderá dissociar-se da verdade real (ou material), mesmo após esgotada a instrução do processo.[234]

A impossibilidade de antecipação da tutela conferia, portanto, "aparente" *segurança jurídica* aos cidadãos, sob a falsa premissa de que o pronunciamento de lei deveria advir somente após o "esclarecimento da verdade", ao término da cognição.

Desse modo, a proibição da antecipação da tutela, traço característico do processo civil clássico, possuía estreita relação com o ideal de garantir a liberdade e a segurança dos cidadãos, visto que a tutela efetiva

---

[233] Dentre outros doutrinadores que se opunham ao uso travestido do processo cautelar àquele tempo, vale citar a lição de Humberto Theodoro Júnior (*Processo cautelar*. São Paulo: Leud, 1976, p. 168): "Não pode, nem deve, a medida cautelar antecipar a decisão sobre o direito material, pois não é da sua natureza autorizar uma espécie de execução provisória". Em sua grande parte, a resistência se justificava pelo fato de que o processo cautelar foi pensado como um instrumento (característica da instrumentalidade) voltado a assegurar a utilidade do direito material objeto de discussão em processo posterior (processo de conhecimento).

[234] A esse respeito, elucidativa a doutrina de Daisson Flach: "Quando hoje se refere à verdade judicial, é preciso ter em mente que isto nada tem a ver com critérios gerais de verdade e de nenhum modo expressam um significado unívoco do vocábulo. A verdade processual corresponde ao resultado da busca realizada com todos os limites lógicos e formais do processo, cuja aceitabilidade pode ser justificada. A busca da verdade como valor permeia na estrutura do processo, muito embora deva ser compreendida em sua contingência. A convicção do juiz não encerra mais do que uma intenção estabilizadora comprometida com a finalidade pacificadora da jurisdição, condicionada à observância de garantias fundamentais". FLACH, Daisson. *A verossimilhança no processo civil e sua aplicação prática*. São Paulo: Revista dos Tribunais, 2009, p. 50-51.

do direito só poderia ser obtida após o exaurimento da cognição, com o suposto "esclarecimento" dos fatos alegados e obtenção de verdade processual.[235]

As pressões sociais por uma tutela efetiva dos direitos – que, num primeiro momento, resultaram no uso distorcido do processo cautelar para a satisfação do direito material, ou seja, como processo autônomo e satisfativo – resultaram na consagração pelo direito processual civil brasileiro da possibilidade de antecipação dos efeitos pretendidos na sentença em todo e qualquer processo de conhecimento (CPC, arts. 273 e 461)[236] – desde que atendidos os seus requisitos autorizadores, é claro.

De uma forma geral, pode-se afirmar que a possibilidade de antecipação de tutela representou "um sacrifício da certeza, em prol da uma maior celeridade, e, principalmente, de um sentimento de justiça, através do qual não se condescende com a possibilidade da perda de um direito provável".[237]

À semelhança da tutela cautelar, a tutela antecipatória com base no inciso I do art. 273 do CPC[238] também é marcada pela *provisoriedade* – traço característico de ambas as modalidades de tutela de urgência.[239] Contudo, diferenciado-se da *tutela cautelar* – que se presta para assegurar a satisfação futura do direito material, sem efetivá-lo desde logo –, a tutela antecipada destina-se a possibilitar a efetivação/execução/satisfação do direito material antecipadamente à sentença, representando, sob o ponto de vista processual, a antecipação da totalidade ou de parte dos efeitos pretendidos ao final do processo.

### 4.2.3. Reconhecimento e autonomia das eficácias mandamental e executiva "lato sensu"

A sentença condenatória mostrou-se incapaz de conferir tutela adequada às diversas situações de direito material, especialmente em relação aos direitos de caráter não pecuniário (direitos de exigir um fazer, um

---

[235] Conforme referido, é certo que a verdade *judicial* (também referida como *processual* ou *formal*) não corresponderá, necessariamente, à verdade real (ou material). A esse respeito, elucidativa a obra de Daisson Flach. *A verossimilhança no processo civil e sua aplicação prática.* São Paulo: Revista dos Tribunais, 2009, p. 50-51.

[236] Arts. 283, 284, 285 e 479, § 4º do Projeto de Lei do Senado nº 166/2010.

[237] ARRUDA, Alvim. Obrigações de fazer e não fazer – Direito Material e Processo. *Revista de Processo.* São Paulo: Revista dos Tribunais, nº 99, p. 27-39, jul./set., 2000.

[238] Art. 283 do Projeto de Lei do Senado nº 166/2010.

[239] Esclareça-se que a antecipação de tutela com base no inciso II do art. 273 não poderá ser classificada como espécie de tutela de urgência, visto que sua concessão não está adstrita ao requisito *perigo na demora* e sim da configuração de um "abuso de direito de defesa".

não fazer ou a entrega de coisa), os quais, em razão da sua própria natureza, exigem a realização de um provimento de repercussão física, capaz de proporcionar ao demandante tudo aquilo e exatamente aquilo que lhe fora assegurado pelo direito material, quer se trate de uma obrigação de fazer, não fazer ou de entregar determinada coisa.

Em relação a esses direitos, fez-se cada vez mais presente a necessidade de o juiz atuar através de mecanismos de coerção indireta – especialmente quando a prestação reclamada envolve obrigações infungíveis – a fim de influir sobre a vontade do réu para dele obter a prestação prometida na lei material.

Além disso, a necessidade de um processo de execução subsequente, a fim de que, só então, fosse efetivado o direito reconhecido ao autor, somada à impossibilidade de antecipação da tutela, trazia morosidade e complexidade ao procedimento comum ordinário, revelando-se incapaz de *conhecer* e *executar* ao mesmo tempo.

Ao par disso, a necessidade de fazer atuar a jurisdição previamente ou imediatamente, independentemente de processo posterior, fez-se ainda mais necessária pelo surgimento de "novos direitos" (v.g. consumidores, meio ambiente, patrimônio histórico e cultural, dentre outros), de repercussão coletiva e de natureza marcadamente não pecuniária (fazer, não fazer e entregar coisa), cuja lesão, na maior parte das vezes, se mostra irreversível.

A multa se tornou um mecanismo processual relevantíssimo diante da inviolabilidade, irrenunciabilidade e irreversibilidade desses novos direitos de interesse social. De um modo geral, é possível concluir que de nada adiantaria impor um *fazer* ou um *não fazer* sem que a decisão judicial pudesse ser acompanhada de medida coercitiva a forçar o cumprimento da conduta desejada pelo Direito, a exemplo da multa, rompendo-se com o dogma da incoercibilidade, de origem liberal.

Doutrina e jurisprudência passaram a reconhecer a impropriedade da sentença condenatória que impõe ao réu um fazer, um não fazer ou a entrega de coisa. Foi, então, com o advento da Lei 8.952/94, que deu nova redação ao art. 461 do CPC,[240] que se impôs, de vez, o reconhecimento e a larga utilização de duas modalidades de eficácia: a *mandamental* e a *executiva*.

Em realidade, nenhuma dessas duas modalidades de eficácia, representou verdadeiro ineditismo. Isso porque, desde o direito romano, com os antigos *interditos*, até a promulgação do presente Código Buzaid, em 11.1.1973, foram previstos os mais variados procedimentos voltados

---

[240] Art. 479 do Projeto de Lei do Senado nº 166/2010.

Tutela Específica dos Direitos

à defesa da posse – hoje chamados de *ações possessórias* –, dotados de reconhecida eficácia executiva. A lógica dessas ações é muito simples: se a sentença declara que o réu está na posse ilegítima de determinada coisa, não haverá apenas de *condená-lo* a restituí-la, e sim, desde logo, determinar a reintegração do demandante na posse do bem, mediante a expedição do competente mandado, antecipadamente (CPC, art. 928)[241] ou em sentença (CPC, art. 929)[242].

Caso semelhante, no qual também já se reconhecia a existência de sentença dotada de eficácia executiva muito anteriormente à consagração da *tutela específica* no direito brasileiro, é o da sentença de procedência proferida em ação de despejo. Nesse sentido, desde a Lei 4.403/21 até a atual Lei 8.245/91, a sentença proferida em ação de despejo sempre se revestiu de executividade, investindo o autor na posse do imóvel logo após a sua prolação.[243] Nesse caso, além de necessidade de rescindir o contrato de locação – em razão do liame negocial existente entre as partes –, o juiz *ordenará* o despejo do inquilino e a consequente imissão na posse através do competente mandado de desocupação.

Em qualquer dos casos, quer se trate de ação fundada em direito real ou em direito contratual, após a prolação de sentença de procedência, o juiz determina a expedição do competente mandado, ordenando ao oficial de justiça que dê efetivação à tutela pleiteada pelo autor, imitindo-o na posse do imóvel. Em qualquer dessas hipóteses, anteriores ao surgimento do artigo 461 do CPC, já se atribuía eficácia executiva imediata à sentença, com a prática de atos típicos de execução no próprio processo de conhecimento.

Já em relação à eficácia mandamental, a existência de provimentos dotados de tal eficácia é hoje expressamente admitida pelo Código de Processo, ao caracterizar como "ato atentatório ao exercício da jurisdição" o embaraço ou descumprimento de provimento mandamental (CPC, art. 14, V).

Existem vários exemplos de sentenças dotadas de eficácia mandamental, anteriores à chegada do art. 461 do CPC, como no caso da sentença proferida em ação de alimentos, que determina o seu pagamento sob

---

[241] Art. 647 do Projeto de Lei do Senado n° 166/2010.

[242] Art. 648 do Projeto de Lei do Senado n° 166/2010.

[243] Vale historiar, no que se refere à locação de prédios urbanos, que desde a Lei 4.403/21, posteriormente revogada e substituída pelo Decreto-lei 4.598, de 20.08.42, passando pela Lei 6.499/79, até o advento da atual Lei 8.245/91, a ação de despejo sempre se caracterizou por sua autoexecutoriedade, ou seja, por dispensar processo de execução subsequente para a imissão do autor na posse do imóvel. Sobre o tema conferir: PACHECO, Silva. *Tratado das ações de despejo*. 5. ed. São Paulo: Revista dos Tribunais, 1982.

pena de prisão. Pense-se, ainda, no mandado de segurança, cuja nomenclatura já indica tratar-se de uma ordem.

Daí por que concluir que as eficácias *mandamental* e executiva estão presentes no direito processual brasileiro há bastante tempo, atribuindo-se ao artigo 461 (*tutela específica dos direitos de natureza não pecuniária*) o mérito de ter contribuído, em muito, para o reconhecimento dessas categoriais como espécies autônomas de eficácia das sentenças.

Antes de adentrar no exame das particularidades dessas modalidades de eficácia, cabe ainda registrar que as sentenças comportam diversas classificações, segundos os mais variados critérios. Aqui serão consideradas segundo a sua eficácia, ou seja, segundo "a força do efeito que o demandante procura produzir junto ao demandado".[244] Naturalmente, parte-se do pressuposto da procedência da ação, visto que todas as sentenças de improcedência revestem-se da eficácia declaratória.

Cumpre esclarecer também, que ambas as modalidades de eficácia (mandamental e executiva *lato sensu*) traduzem uma resposta dada pelo processo – hoje guiado pelo direito fundamental à prestação jurisdicional efetiva e adequada – à crise de eficiência, anteriormente retratada.[245] [246]

O ponto de contato entre ambas as eficácias reside no fato de que, em regra, dispensam processo de execução subsequente para a satisfação do direito material reconhecido em sentença ou em decisão interlocutória. Tais eficácias viabilizam a conjugação das atividades de conhecimento e execução em meio a um único expediente – aí reside a vantagem oferecida pelos *processos sincréticos*.

A *eficácia mandamental* consiste em uma *ordem direta* ao demandado ou a terceiro, eventualmente reforçada por um mecanismo coercitivo (multa, advertência da configuração de crime de desobediência, ameaça de prisão), visando a influir sobre a vontade do réu de modo a compeli-lo ao atendimento de determinada conduta desejada pelo Direito, imposta em sentença ou decisão interlocutória.

---

[244] Nas palavras de Araken de Assis. *Manual do processo de execução*. 11. ed. São Paulo: RT, 2007, p. 77.

[245] Daí por que Álvaro de Oliveira aproxima estas duas modalidades de tutela (mandamental e executiva *lato sensu*) ao valor *efetividade*, em oposição às modalidades reconhecidas pela classificação ternária (declaratória, constitutiva e condenatória), relacionadas ao valor *segurança*. Para o referido doutrinador, *segurança* e *efetividade* são "normas principiais que sobrepairam sobre as demais, embora sejam, por sua vez, também instrumentais em relação ao fim último do processo, consistente na realização da justiça do caso. Interessante é que ambas se encontram em permanente conflito, numa relação proporcional, pois quanto maior a efetividade, menor a segurança, e vice-versa". ALVARO DE OLIVEIRA. Carlos Alberto. *Teoria e prática da tutela jurisdicional*. Rio de janeiro: Forense, 2008, p. 124-142.

[246] A respeito das recentes reformas no Código de Processo e a sua relação com a classificação das eficácias das sentenças, ver interessante artigo de Leandro Santana de Abreu. *Revista Jurídica*, Porto Alegre, n. 363, p. 87-109, ja. 2008.

---

Tutela Específica dos Direitos

**103**

Essa categoria de eficácia da sentença foi reconhecida inicialmente por Kuttner e Goldschmidt e diferenciava-se das demais espécies por representar ordem ou mandamento destinado a funcionário ou outro órgão público estatal. Todavia coube a Pontes de Miranda[247] e a Ovídio A. Baptista da Silva a sua atual conceituação, com a definição dos seus traços peculiares no Brasil, esclarecendo não limitar-se a um provimento dirigido necessariamente a órgão público. Definiu Pontes de Miranda: "A ação mandamental é aquela que tem por fito preponderantemente que alguma pessoa atenda, imediatamente, ao que o juiz manda".[248]

O provimento dotado de eficácia mandamental estará comumente acompanhado de uma medida processual *coercitiva* ao cumprimento da obrigação (multa prevista no art. 461, § 4º, do CPC).[249] A nosso ver, a característica primordial da eficácia mandamental não reside na circunstância de estar acompanhada de um mecanismo coercitivo,[250] mesmo porque esta será eventual, e sim, por veicular uma verdadeira *ordem* ao destinatário, seja ela particular ou autoridade estatal, a ser cumprida no mesmo processo. É inegável a "dose de estatalidade que impregna o mandado do juiz", que "igualmente possui dose legítima de *imperium* para resguardar o prestígio de sua função e efetivar seus comandos".[251]

De outro lado, a *eficácia executiva lato sensu* vale-se de medidas sub-rogatórias, de execução direta (tais como busca e apreensão, desfazimento de obra, remoção de pessoas, dentre outras), a serem praticadas por terceiros, muitas vezes auxiliares de justiça, que independem da vontade do demandado para a satisfação do direito material reconhecido em sentença ou decisão interlocutória.

Vale a ressalva de que, no campo das tutelas de urgência (antecipação de tutela com base no inciso I do art. 273[252] e tutela cautelar), o provimento

---

[247] De Pontes de Miranda ver: *Tratado das ações*. São Paulo: RT 1976. tomo VI, p.4-12. De Ovídio A. Baptista da Silva ver: *Eficácias da sentença e coisa julgada*. 2. ed. Porto Alegre: Fabris, 1988, p. 102-104.

[248] PONTES DE MIRANDA. *Tratado das ações*. São Paulo: RT 1976. tomo VI, p.3.

[249] Art. 503, *caput*, do Projeto de Lei do Senado nº 166/2010.

[250] Em reforço, vale referir que a lei do mandado de segurança (Lei 1.533/51), cuja sentença se reveste de inegável mandamentalidade, sequer prevê a possibilidade da cominação da *multa coercitiva* à ordem judicial. Mesmo sem concordar com a inclusão da eficácia mandamental na conhecida classificação das sentenças segundo o seu conteúdo, Bedaque reconhece que a particularidade da eficácia mandamental caracterizar-se "pela ordem emitida pelo juiz a alguém, que deverá adotar certo comportamento em cumprimento a essa determinação. A desobediência à ordem judicial confronta à autoridade estatal" BEDAQUE, José Roberto dos Santos. *Efetividade do processo e técnica processual*. São Paulo: Malheiros, 2006, p. 536. Em sentido contrário, entendendo indispensável a imposição da multa para a configuração da eficácia mandamental, Marinoni afirma só haver "sentido na ordem quando a ela se empresta força coercitiva; caso contrário, a ordem é mera declaração". MARINONI, Luiz Guilherme. *Tutela inibitória: individual e coletiva*. 3. ed. São Paulo: RT, 2003, p. 397.

[251] ASSIS, Araken de. *Manual do processo de execução*. 11. ed. São Paulo: RT, 2007, p. 85.

[252] Art. 283 do Projeto de Lei do Senado nº 166/2010.

será dotado de eficácia mandamental sempre que o juiz determinar que o réu pratique determinado ato. Em relação aos provimentos de natureza cautelar, não obstante, em sua maioria, a eficácia preponderante seja mandamental, existem muitos provimentos dotados de eficácia executiva, que atuam mediante a imposição de medidas de execução direta (sub-rogatórias), como no caso do *arresto* e da *busca e apreensão*.

Pelo fato de a multa não ter a aptidão para produzir, por si só, a conduta desejada pelo direito (no caso, um fazer, não fazer e a entrega de determinada coisa), fala-se em mecanismo de *execução indireta*. Os meios de execução indireta serão usados sempre e toda vez em que "a realização prática do preceito substancial dependa exclusivamente da vontade do obrigado, que não pode ser substituída por atos materiais praticados pelos órgãos jurisdicionais".[253] De outro lado, considerando que a eficácia executiva, a exemplo da *condenatória*, atua através de medidas de execução forçada, que independem da vontade do demandado para a sua efetivação, usa-se a expressão *execução direta*.

Barbosa Moreira, mesmo sem concordar com a *classificação quinária* das eficácias das sentenças,[254] vale-se de significados semelhantes para conceituar e estabelecer as diferenças entre tais modalidades de eficácia:

> A diferença ontológica entre mandamentalidade e executividade está em que, na primeira, a tutela se traduz e se exaure na ordem ou mandado cujo cumprimento depende apenas da vontade do réu e, na segunda, exige a prática de atos coativos por auxiliares da justiça.
>
> Na tutela mandamental, o descumprimento sujeita o réu às sanções legais (multa, desobediência, etc.) enquanto na executiva impõe sequência de atos até se alcançar à satisfação plena do exequente.[255]

A eficácia mandamental, por representar *ordem direta* ao réu, revela, com clareza, o rompimento definitivo em relação ao dogma liberal, antes

---

[253] BEDAQUE, José Roberto dos Santos. *Efetividade do processo e técnica processual*. São Paulo: Malheiros, 2006, p. 526.

[254] O processualista carioca refere que a diversidade de critérios levada em consideração para o reconhecimento das eficácias mandamental e executiva seria indesejável em qualquer classificação científica. Além disso, entende que qualquer das três eficácias tradicionalmente reconhecidas (condenatória, mandamental e executiva) cuida "de levar a cabo uma atividade jurisdicional complementar, tendente a conformar a realidade concreta àquilo que se julgou. A constância desse traço parece muito mais importante que a eventual variação dos revestimentos externos do fenômeno; e tal variação é por demais tênue para justificar a convicção de que, na sistemática anterior, se houvesse de qualificar de condenatória a sentença, ao passo que, na consequente reforma, ela passe a merecer outro rótulo [...]". Por derradeiro, discorda da nomenclatura, usualmente empregada, 'executiva *lato sensu*', "pela simples razão de não se ter conhecimento a respeito da eficácia executiva *stricto sensu*" MOREIRA, José Carlos Barbosa. Sentença executiva? *Revista Síntese de Direito Civil e Processual Civil* nº 27. Porto Alegre: Síntese, jan./fev. 2004. Ver também, do mesmo *jurista*: Questões velhas e novas em matéria de classificação das sentenças". *Revista Dialética de Direito Processual Civil*, nº 7. São Paulo: Oliveira Rocha, out. 2003.

[255] MOREIRA, José Carlos Barbosa Moreira. A sentença mandamental. Da Alemanha ao Brasil. *Revista de Processo*. nº 97, 2000, p. 259.

retratado, da *intangibilidade da vontade humana*. É o seu conteúdo de *ordem*, no sentido de última oportunidade ao destinatário, que a rigor lhe empresta a natureza *mandamental*.[256]

Nas palavras de Ovídio A. Baptista da Silva, "a ação mandamental tem por fim obter, como eficácia preponderante, da respectiva sentença, que o juiz emita uma ordem a ser observada pelo demandado, ao invés de limitar-se a condená-lo a fazer ou não fazer alguma coisa". Daí por que, nesse tipo de ação, "o juiz ordena e não simplesmente condena".[257]

Como refere Teresa Arruda Alvim Wambier:

> Não se nega, como se disse, a eficácia mandamental da sentença [e decisão antecipatória de tutela] proferida com base no art. 461. O pronunciamento judicial, no caso, além de condenar, ordena, manda, gerando a necessidade de cumprimento específico da ordem do juiz, sob pena de serem aplicadas medidas de coerção ou sub-rogatórias da conduta do demandado.[258]

Marinoni, em obra voltada à *tutela inibitória*, diferencia a eficácia condenatória da mandamental:

> Se a sentença condenatória difere da declaratória por abrir oportunidade à execução por sub-rogação, a tutela mandamental dela se distancia por tutelar o direito do autor forçando o réu a adimplir a própria ordem do juiz. Na sentença mandamental há ordem, ou seja, *imperium*, existe também coerção da vontade do réu; tais elementos, como foi amplamente demonstrado, não estão presentes no conceito de sentença condenatória, compreendida como uma sentença correlacionada com a execução forçada.[259]

Como bem sintetiza Alvaro de Oliveira:

> Mandar e condenar são verbos totalmente distintos, com conseqüências jurídicas bastante diferenciadas: o mandamento atua sobre a vontade do demandado, por meios de coerção (induz-se o demandado a cumprir a obrigação ou o dever); a condenação tende a atuar sobre o patrimônio, em outra fase do processo (efeito executivo sucessivo da condenação), mediante meios sub-rogatórios (o devedor não efetua o pagamento por sua vontade; de forma forçada é extraído do seu patrimônio o numerário suficiente à satisfação do credor).[260]

---

[256] Para Eduardo Talamini, quando a concreção da decisão for levada a efeito através de provimento de natureza mandamental, não haverá atuação executiva, na acepção tradicional da palavra, visto que nesse caso, diferentemente do que ocorre com a eficácia executiva, não serão utilizados meios *sub-rogatórios* de conduta, mas a imposição direta de uma ordem. TALAMINI, Eduardo. *Tutela relativa aos deveres de fazer e de não fazer:* e a sua extensão aos deveres de entregar coisa (CPC arts. 461 e 461-A, CDC, art. 84). 2. ed. São Paulo: Revista dos Tribunais, 2003, p.194.

[257] WATANABE, Kazuo. Tutela antecipatória e tutela específica das obrigações de fazer e não fazer. In: *Reforma do código de processo civil.* Sálvio de Figueiredo Teixeira (coord.). São Paulo: Saraiva, 1996, p. 26.

[258] WAMBIER, Teresa Arruda Alvim. Impossibilidade de decretação de pena de prisão como medida de apoio, com base no art. 461, para ensejar o cumprimento da obrigação *in natura. Revista de Processo*, São Paulo, nº 112, ano 28, p. 196-212, out./dez, 2003.

[259] MARINONI, Luiz Guilherme. *Tutela inibitória: individual e coletiva.* 3. ed. São Paulo: RT, 2003, p. 390.

[260] ALVARO DE OLIVEIRA, Carlos Alberto. *Teoria e prática da tutela jurisdicional.* Rio de Janeiro: Forense, 2008, p. 183-184.

De modo diverso, a eficácia executiva *lato sensu* atua através de mecanismos de *sub-rogação*, que independem da *vontade do réu* para a concretização dos seus efeitos. Distanciando-se da eficácia condenatória, que também atua através de medidas de execução direta, seus efeitos serão sentidos no mesmo processo, dispensando atividade executiva subsequente, a exemplo do que ocorre com a eficácia mandamental.

Ainda que exista aparente similitude entre a eficácia executiva e a eficácia condenatória, as suas particularidades, de pronto, se apresentam: (i) a primeira autoriza a expedição de medidas sub-rogatórias ainda em fase de conhecimento, sendo que a eficácia condenatória, como sabido, posterga a atividade executiva à atuação de processo de execução subsequente; (ii) no referido processo ou fase de execução subsequente, as partes estão submetidas a uma estrutura complexa, morosa e rígida, em contradição à simplicidade oferecida para o cumprimento das *medidas de sub-rogação* previstas no § 5º do art. 461;[261] (iii) por derradeiro, a execução das *medidas de sub-rogação* não comporta impugnação via embargos do devedor ou impugnação.

Bedaque trata de distinguir a eficácia *executiva* da *condenatória:*

> [...] a crise de inadimplemento pode ser solucionada por qualquer dessas espécies, cuja classificação leva em conta a técnica adotada pelo legislador para a efetivação da tutela. Se a prática dos atos de execução exigir processo autônomo, a tutela cognitiva será simplesmente condenatória. Se a cognição e a execução ocorrerem no mesmo processo – aqui denominado "sincrético" – estaremos diante de uma tutela condenatória-executiva ou executiva.[262]

E as diferenças, certamente, não param por aí. Analisando os efeitos da sentença de procedência em ação de despejo (tipicamente executiva), Watanabe acrescenta:

> a) inadmissibilidade de embargos de executado, conclusão que decorre do simples fato de inexistir ação executória; b) necessidade de dedução de toda a defesa na fase de conhecimento, inclusive no tocante ao direito de retenção por benfeitorias, e não através de embargos na fase de execução; c) execução promovida por simples despacho [...]

A sentença condenatória é, portanto, aquela que encerra a fase de conhecimento e constitui um título executivo a ser cumprido em subsequente fase de cumprimento (atividade executiva). Essa sua definição,

---

[261] Art. 502 do Projeto de Lei do Senado nº 166/2010.

[262] Bedaque, contudo, nega a autonomia das eficácias mandamental e executiva, tanto que refere: "Ocorre que, segundo se pretende demonstrar, o conceito de 'sentença condenatória' leva em conta sempre um aspecto: a natureza da crise de direito material. A partir do momento em que passamos a pensar no modo de efetivar o comando dessa sentença, altera-se a perspectiva – e, portanto, outra classificação deve ser elaborada". BEDAQUE, José Roberto dos Santos. *Tutela cautelar e tutela antecipada.* São Paulo: Malheiros, 1998, p. 531.

de caráter processual, não revela um suposto defeito na classificação das sentenças segundo a sua eficácia. Destaca, isso sim, a insuficiência da tutela prestada pela sentença condenatória, em razão da necessidade de que os atos de repercussão física ocorram em fase subsequente (cumprimento da sentença – CPC, arts. 475-I[263] e ss.).[264] Trata-se de sentença não autossuficiente.[265]

Note-se que as eficácias condenatória, mandamental, executiva, ensejam provimentos de *repercussão física,* ou seja, exigem a realização de atos materiais para a efetivação do direito reconhecido em sentença ou em decisão interlocutória.[266] Contudo, a eficácia condenatória, em sua concepção tradicional, revela sua precariedade aos exigir que esses atos de execução ocorram em outro processo. Com propriedade, Bedaque afirma: "Aqui, em princípio não é suficiente o fenômeno jurídico produzido pela sentença. Torna-se imprescindível a prática de atos materiais para que o ato de cognição acarrete as alterações desejadas no plano material".[267]

Como observa Ovídio A. Baptista da Silva,[268] muito embora parcela da doutrina se mostre resistente em reconhecer a existência dessas duas modalidades de eficácia – por motivos que aqui não convém aprofundar[269] –, a realidade é que o ordenamento forense deste país insiste em co-

---

[263] Art. 495 do Projeto de Lei do Senado nº 166/2010.

[264] Não se olvide que o art. 461 também possui a aptidão para gerar provimentos com eficácia condenatória. Seria o caso em que, por impossibilidade de ordem prática ou por pedido do autor (§ 1º), converte-se a obrigação em perdas e danos, formando-se título executivo judicial a ser cumprido na forma do art. 475-J do CPC. A eficácia condenatória também se verifica na execução da *multa coercitiva,* decorrente do não atendimento da ordem mandamental (§ 4º).

[265] Ovídio Baptista entende que a sentença condenatória "não passa de uma declaração, apenas distinta das sentenças meramente declaratórias por conter, no plano processual, a eficácia especial de natureza constitutiva criadora do título judicial". Mais adiante, com veemência peculiar, arremata: "inexiste, no direito material, uma pretensão à condenação, capaz de gerar uma ação (material) de condenação, não passando, portanto, de uma bela fantasia ideológica, preservada pelo direito moderno, para ocultar a extrema debilidade da função jurisdicional [...]". BAPTISTA DA SILVA, Ovídio A. *Jurisdição e execução na tradição romano-germânica.* São Paulo: RT, 1997, p. 147.

[266] Como bem distingue Araken de Assis: "Os pronunciamentos de carga declarativa e constitutiva já entregam o bem da vida ao autor, alcançam-lhe tudo o quanto pretendeu obter do processo – a certeza e o estado jurídico novo. Não há a menor necessidade de operações práticas tendentes à alteração do mundo sensível. Já, nos provimentos de carga condenatória, executiva e mandamental, o provimento se revela insuficiente para satisfazer o vitorioso. Suponha-se que o locador João pretenda reaver o imóvel do locatário Pedro. A procedência do pedido não lhe entrega a posse do imóvel. Torna-se necessária uma atividade complementar e subsequente ao provimento (final ou antecipado): a desocupação voluntária, no prazo assinado pelo juiz, ou a desocupação forçada" ASSIS, Araken de. *Cumprimento de sentença.* Rio de Janeiro: Forense, 2006, p. 217.

[267] BEDAQUE, José Roberto dos Santos. *Tutela cautelar e tutela antecipada.* São Paulo: Malheiros, 1998, p. 99.

[268] BAPTISTA DA SILVA, Ovídio A. Ação para cumprimento das obrigações de fazer e não fazer. In: *Da sentença liminar à nulidade da sentença.* Rio de Janeiro: Forense, 2002, p. 160.

[269] Não se pode deixar de assinalar que parcela significativa da doutrina não reconhece a autonomia das eficácias mandamental e executiva. Nesse sentido, Bedaque pondera que, "a partir da situação

locá-las em atividade, privilegiando cada vez mais o modelo sincrético de ação,[270] responsável pela ruptura definitiva do paradigma conhecimento--execução.

Figueira Júnior trata de conceituar este *sincretismo* dos processos de conhecimento e execução, bem evidente no procedimento criado para a tutela dos direitos não pecuniários:

> Definem-se ações sincréticas todas as demandas que possuem em seu bojo intrínseca e concomitante cognição e execução, ou seja, não representando a dicotomia entre conhecimento e executividade, verificando-se a satisfação perseguida pelo jurisdicionado numa única relação jurídico-processual, onde a decisão interlocutória de mérito (provisória) ou a sentença de procedência do pedido (definitiva) serão auto-exeqüíveis.[271]

Em síntese, a Lei 8.952/94, ao conferir nova redação ao art. 461 do CPC[272] representou grande avanço aos objetivos do processo, especialmente no que se refere à efetividade e adequação da prestação jurisdicional, conferindo *executoriedade* à sentença voltada aos deveres e obrigações

---

de direito material posta em juízo, não há diferença ontológica entre condenar, possibilitando o uso de meios de sub-rogação, e ordenar o adimplemento, com ou sem uso de meios de coerção. Da mesma forma, não deixa de ser condenatória a sentença apenas porque os atos materiais destinados a efetivá-la integram uma fase do mesmo processo". Ou seja: "Somente após a condenação haverá verdadeira agressão ao patrimônio do réu. Se isso se dá no mesmo processo, ou não, é indiferente para efeito de classificação da sentença. O que as distingue é tão somente o procedimento adotado para efetivá-las". Ressaltando a diferença de critério levado a efeito no reconhecimento das modalidades das eficácias mandamental e executiva, prossegue sua argumentação: "Não se nega a existência de sentenças ou tutelas cuja forma de efetivação seja diversa da sub-rogação. Também é reconhecido o fenômeno da sub-rogação realizada no mesmo processo em que foi proferida a sentença, e não em processo diverso. Acontece que a visão da tutela jurisdicional leva em conta não a natureza da crise de direito material a ser solucionada no processo, mas a técnica para a solução da crise do inadimplemento". Com base nessas premissas, arremata: "[...] a classificação quinária, além de não contribuir para o aperfeiçoamento científico do direito processual, também do ponto de vista prático não apresenta grande utilidade. Ao contrário, é teoricamente criticável, visto que fundada em critérios heterogêneos". BEDAQUE, José Roberto dos Santos. *Efetividade do processo e técnica processual*. São Paulo: Malheiros, 2006, p. 517, 519, 532.

Em síntese, pode-se afirmar que Bedaque não nega a existência de sentenças que se efetivam através de ordens, eventualmente acompanhada de coerção (sentença mandamental). Tampouco nega a existência de sentenças que se efetivam através de medidas sub-rogatórias, em um mesmo processo (sentença executiva). Apenas esclarece que tais modalidades de sentença não podem ser agrupadas segundo o critério tradicional de classificação das sentenças, que leva em consideração a crise de direito material e a função desempenhada pelas sentenças. Na sua concepção, a distinção pela mandamentalidade ou pela executividade reside apenas na eliminação do binômio conhecimento-execução e está relacionada ao *modo* e ao *tempo* de efetivação do comando da sentença, devendo ser objeto de outra classificação – e aqui vai a sugestão: condenatória *stricto sensu*, condenatória-mandamental, condenatória-executiva.

[270] Como *sincrético*, entenda-se o processo capaz de reunir e realizar atividades cognitivas e executivas.

[271] Joel Dias Figueira Júnior. Ações sincréticas e embargos de retenção por benfeitorias no atual sistema e no 13° Anteprojeto de Reforma do Código de Processo Civil – Enfoque às demandas possessórias. *Revista de Processo*. São Paulo: RT, n° 98, p. 07-27, abr./jun., 2000, p. 11.

[272] Art. 479 do Projeto de Lei do Senado n° 166/2010.

de fazer, não fazer e entregar coisa, e assim rompendo com o binômio conhecimento/execução, através de uma sentença apta a desenvolver duas novas – ou recentemente admitidas – modalidades de eficácia: mandamental e a executiva.[273]

Como sintetizado por Nancy Andrighi, em acórdão de sua relatoria:

Na tutela das obrigações de fazer e de não fazer do art. 461 do CPC, concedeu-se ao juiz a faculdade de exarar decisões de eficácia autoexecutiva, caracterizadas por um procedimento híbrido no qual o juiz, prescindindo da instauração do processo de execução e formação de nova relação jurídico-processual, exercita, em processo único, as funções cognitiva e executiva, dizendo o direito e satisfazendo o autor no plano dos fatos.[274]

Em alusão àqueles que, com bons argumentos, contestam a autonomia das eficácias mandamental e executiva, vale referir que a prestação da tutela jurisdicional deve se ocupar, e muito, com os meios de efetivação do resultado prático desejado pela sentença. Por certo, a garantia constitucional de uma prestação jurisdicional efetiva e adequada compreende os meios de execução da tarefa cognitiva exercida até a prolação da sentença. Ou seja, individualizada a regra de direito material ao caso concreto, pela prolação da sentença, é dever do Estado viabilizar a efetivação prática desse preceito no mundo dos fatos. Em todos os processos em que a sentença for de natureza condenatória, mandamental e executiva, será indiscutivelmente necessária a adoção de atos materiais para tornar realidade, os efeitos práticos desejados pela sentença.

Reconheça-se, ou não, a autonomia das eficácias mandamental e executiva, o que realmente importa para o Direito é a existência de decisões aptas a impor medidas coercitivas e executivas capazes de satisfazer o comando da sentença em um único processo. Mesmo porque, "ordinariamente, precisar a carga da sentença constitui tarefa penosa e perturbadora para os mais atilados espíritos".[275]

Ao fim e ao cabo, "a preocupação do processualista deve voltar-se para a efetividade dos meios destinados à realização prática da tutela jurisdicional destinada a eliminar o inadimplemento de uma obrigação, seja lá o nome que se lhe dê".[276]

---

[273] Watanabe chega a afirmar que, "nos arts. 273 e 461, o legislador teve em vista todos os cinco tipos de provimentos acima mencionados. Particularmente no art. 461, para a tutela específica das obrigações de fazer ou não fazer ou para a obtenção do resultado prático correspondente, valeu-se o legislador da técnica da combinação de todos eles para conceber um processo que realmente propiciasse uma tutela efetiva, adequada e tempestiva, como determina o princípio constitucional da proteção jurídica". WATANABE, Kazuo. Tutela antecipatória e tutela específica das obrigações de fazer e não fazer. In: *Reforma do código de processo civil*. Sálvio de Figueiredo Teixeira (coord.). São Paulo: Saraiva, 1996, p. 28.

[274] STJ. 3ª Turma, REsp 663.774/PR, rel. Min. Nancy Andrighi, j. em 26.10.06, DJ 20.11.06, p. 301.

[275] ASSIS, Araken de. *Manual do processo de execução*. 11. ed. São Paulo: RT, 2007, p, 78.

[276] BEDAQUE, José Roberto dos Santos. *Efetividade do processo e técnica processual*. São Paulo: Malheiros, 2006, p. 565.

De nada adiantará tergiversar sobre a classificação das eficácias se os meios de execução forem insuficientes ou não forem utilizados com boa técnica com vistas à satisfação do direito material.

Dar efetividade[277] à sentença é, nesse caso, o verdadeiro problema.

### 4.2.4. Satisfação do direito material em meio ao processo de conhecimento

A tutela concedida com base nos artigos 461 e 461-A do CPC,[278] demonstra a insuficiência da antiga sentença condenatória em relação à tutela dos direitos que compreendem um fazer, não fazer e entregar coisa.

Isso porque a condenação nada mais representa do que uma simples etapa da prestação jurisdicional exigida do Estado, deixando de lado, para complementação em fase subsequente (cumprimento da sentença), tarefa tão ou mais importante representada pela satisfação do direito material reconhecido em sentença. Diante das novas responsabilidades do Estado, especialmente do seu *dever fundamental de prestar jurisdição efetiva e adequada*, não se poderia permitir que a *execução* do direito reconhecido em decisão judicial fosse algo que não dissesse respeito ao Estado, partindo-se da premissa equivocada de que a sua tarefa jurisdicional se esgota com a mera *declaração* o direito.

Foi exatamente com esse propósito que os artigos 461 e 461-A do CPC impuseram ao juiz o dever de fazer atuar as suas decisões, de ofício e mesmo depois de transitada em julgado a sentença, devendo, nesse sentido, estabelecer multa, alterar-lhe a sua periodicidade e seu valor, optar por determinada medida sub-rogatória de execução direta, típica ou atípica, prevista ou não prevista de modo expresso pelo legislador.

Parece não haver dúvida de que "os meios de execução, que evidentemente interferem no resultado que o processo pode proporcionar no plano do direito material, também são técnicas para a prestação da tutela jurisdicional".[279] Em assim sendo, ao (i) eliminar a necessidade de um processo de execução posterior; (ii) cumular a possibilidade de imposição, inclusive de ofício, de mecanismos coercitivos e sub-rogatórios; (iii) através de uma sentença capaz de, por si só, interferir na esfera jurídica do demandado, modificando, de maneira forçada, a realidade dos fatos (autoexecutividade); pode-se afirmar, com tranquilidade, que o artigo

---

[277] Efetividade entendida como capacidade de produzir efeitos concretos no plano material, ou seja, no mundo real dos fatos.

[278] Art. 479 do Projeto de Lei do Senado n° 166/2010.

[279] MARINONI, Luiz Guilherme. *Técnica processual e tutela dos direitos*. 2. ed. São Paulo: Revista dos Tribunais, 2008, p. 114.

461 do CPC[280] contribui, em muito, para o aperfeiçoamento da prestação jurisdicional.

Daí concluir-se que o surgimento da tutela específica dos direitos está em total conformidade com o *direito fundamental à prestação jurisdicional efetiva e adequada* e representa importante instrumento concretizador dessa garantia constitucional.

### 4.2.5. Prioridade da tutela específica

Ao tratar da *tutela específica,* o Código de Processo Civil ambiciona conceder a cada jurisdicionado exatamente aquilo que lhe foi prometido pelo direito material, ou seja, o resultado idêntico ou equivalente ao cumprimento espontâneo, natural, de uma obrigação de fazer, não fazer ou de entregar coisa. A *tutela pelo equivalente pecuniário* revela exatamente o oposto; ao invés do bem da vida assegurado pelo direito, visa a conceder ao jurisdicionado indenização equivalente.

O ordenamento processual brasileiro, em relação aos direitos não pecuniários (direito de exigir um fazer, um não fazer ou a entrega de coisa), determinou a preferência pela *tutela específica* e o fez expressamente, relegando ao segundo plano a *tutela pelo equivalente pecuniário,* como modalidade de proteção aplicável aos deveres e obrigações não pecuniárias. É o que decorre do § 1º do art. 461 do CPC.[281]

A preferência pela tutela específica é inovação recente no ordenamento processual brasileiro, como assinala Calmon de Passos:

> A recusa do devedor, no particular, coloca em confronto dois valores: o do respeito individual, pelo que se afasta a possibilidade de ser violentado em perdas e danos, e o da tutela do interesse do credor, assegurando-se-lhe a execução específica. A primeira orientação prevaleceu entre os romanos e perdurou até nossos tempos, quando ocorreu a reação dos civilistas e processualistas que negaram merecesse proteção a recusa arbitrária do credor, aceitável a solução pelas perdas e danos quando por ele voluntariamente optasse o credor, ou em face da impossibilidade prática da execução específica. Essa orientação, agora, se faz plenamente vitoriosa. A execução específica é a prioridade e deve ser perseguida por todos os meios que a viabilizem [...].[282]

Na história recente do nosso ordenamento jurídico, conviveram as duas formas de ressarcimento: a forma específica e pelo equivalente em dinheiro.

---

[280] Art. 479 do Projeto de Lei do Senado n° 166/2010.

[281] Art. 480 do Projeto de Lei do Senado n° 166/2010.

[282] PASSOS, J. J. Calmon de. *Inovações no código de processo civil.* Rio de Janeiro: Forense, 1995, p. 52.

A *tutela específica* vinha admitida pelas regras de direito material desde o Código Civil de 1916.[283] Restava, em realidade, que o processo se adequasse às regras do direito material – em homenagem à desejada *instrumentalidade* –, assegurando, através dos mecanismos processuais competentes, o cumprimento específico das obrigações *não pecuniárias*, quer se trate de dever legal ou de obrigação convencional.

Nesse sentido, o Código de Processo Civil elegeu a tutela específica e *in natura* do direito como primeira solução a ser alcançada na prestação jurisdicional –, aproximando o processo das normas de direito material. Referida norma prevê que toda e qualquer obrigação de fazer, não fazer ou de entregar coisa "somente" se converterá em perdas e danos "se o autor requerer ou se impossível a obtenção do resultado prático correspondente".

Significa dizer que, nos casos em que for *possível* a reprodução judicial do resultado equivalente de determinada obrigação ou dever previsto no plano material, a tutela só deixará de ser prestada na forma específica (1ª opção) por opção do autor ou por impossibilidade material (CPC, art. 461, § 1º).[284] Nesse caso, dar-se-á pelo seu equivalente em dinheiro (2ª opção).

Obter do réu exatamente aquilo (resultado prático *in natura*) que está previsto no direito material, seja decorrente de lei ou de contrato, é – e sempre deverá ser – o ideal de justiça perseguido pelo Estado, através do processo. Esse *ideal* é bem destacado pelo jurista lusitano João Calvão da Silva, em valiosa obra sobre a coerção e o cumprimento das obrigações:

> Conseguir que o credor obtenha aquilo que foi estipulado é, na verdade, o resultado perfeito e ideal que a Justiça, face ao devedor recalcitrante, pode proporcionar àquele. Pelo que o cumprimento, prestação daquilo que é devido (*praestatio quod est in obligatione*), e a execução específica aparecem, antes de tudo, como uma prioridade natural e temporal, lógica e teleológica. Por eles – cumprimento e execução *in natura* – se satisfaz plena e integralmente o interesse do credor, razão existencial da relação obrigacional, assegurando-lhe o mesmo resultado prático, a mesma utilidade que teria conseguido – obviamente

---

[283] Com relação às obrigações de fazer, reproduzindo norma do Código Civil de 1916 (art. 867), o Código Civil vigente é expresso: "Art. 236. Sendo culpado o devedor, poderá o credor exigir o equivalente, ou aceitar a coisa no estado em que se acha, com direito a reclamar, em um ou em outro caso, indenização das perdas e danos". Em relação às obrigações da fazer, repetindo norma do Código anterior (art. 881), o Código Civil vigente assim dispõe: "Art. 249. Se o fato puder ser executado por terceiro, será livre ao credor mandá-lo executar a custa do devedor, havendo recusa ou mora deste, sem prejuízo da indenização cabível". Por fim, quanto às obrigações de não fazer, o Código Civil vigente, também reproduzindo norma do diploma que lhe precedeu, reconhece ao credor o direito à tutela específica: "Art. 251. Praticado pelo devedor o ato, a cuja abstenção se obrigara, o credor poderá exigir dele que o desfaça, sob pena de se desfazer à sua custa, ressarcindo o culpado perdas e danos".

[284] Art. 480 do Projeto de Lei do Senado nº 166/2010.

sem os incômodos e dispêndios do processo – através do cumprimento pontual, voluntário e espontâneo do devedor.[285]

Nesse sentido, a *tutela pelo equivalente* deve ser encarada como um sucedâneo, que não proporciona ao autor a prestação a que tem direito, que deverá ser relegada apenas aos casos de impossibilidade de dar cumprimento judicial à obrigação ou por opção do credor, como bem determina o art. 461, § 1º.[286] Com propriedade, Calvão da Silva exalta que o equivalente pecuniário é um *dever secundário* da obrigação, em oposição ao *dever primário* de toda e qualquer obrigação, qual seja, o cumprimento:

> É antes um meio que acaba por limitar-se a ressarcir os danos causados pelo inadimplemento, mas que não realiza nem satisfaz o interesse primário do credor por não alcançar o resultado prático do cumprimento, proporcionando-lhe apenas uma satisfação sucedânea, equivalente e aproximada. É, em suma, a actuação da responsabilidade civil do devedor pelo não-cumprimento (ou cumprimento defeituoso), em que o dever de indenizar surge como dever secundário de prestação, em vez do dever primário.[287]

Em atenção ao direito fundamental à adequação da prestação jurisdicional (CF, art. 5º, XXXV), não resta dúvida de que a tutela privilegiada pelo ordenamento é aquela que proporciona a efetiva reparação (tutela específica), reproduzindo, no mundo dos fatos, resultado idêntico ou equivalente ao cumprimento espontâneo da obrigação, tal como prevista pela lei ou por contrato. O art. 461 do CPC[288] aponta expressamente para essa preferência.

Privilegia-se, com isso, a reparação *in natura* do direito material violado, ao encontro da desejada efetividade e instrumentalidade do processo, restabelecendo-se a situação que existiria caso tivesse ocorrido o adimplemento espontâneo da obrigação, concedendo-se ao autor exatamente aquela prestação que lhe fora subtraída no plano material.[289]

### 4.2.6. Atipicidade das medidas sub-rogatórias (de execução direta). Direito à medida executiva adequada

Com a eliminação do processo de conhecimento posterior, transmitiu-se ao juiz responsável pela fase de conhecimento o *dever* de executar

---

[285] CALVÃO DA SILVA, João. *Cumprimento e sanção pecuniária compulsória.* 2. ed. Coimbra: Coimbra, 1997, p. 141.

[286] Art. 480 do Projeto de Lei do Senado nº 166/2010.

[287] CALVÃO DA SILVA, João. Op. cit., p. 146.

[288] Art. 479 do Projeto de Lei do Senado nº 166/2010.

[289] Nunca é demais recordar a máxima de Chiovenda: *"Il processo deve dare per quanto possibile praticamente a chi ha un diritto tutto quello e proprio quello ch'egli ha diritto di conseguire".* Tradução livre: "O processo deve dar no que é possível, a quem tem direito, tudo aquilo e exatamente aquilo que ele tem direito de obter". CHIOVENDA, Giuseppe. *Dell'azione nascente dal contrato preliminare.* In *Saggi di diritto processuale civile.* Roma: Societá Editrice Foro Italiano, 1930.

as suas próprias decisões, bem como a possibilidade de optar pelo meio de execução, direta ou indireta, que lhe parecer mais adequado e eficiente para o caso concreto, segundos os ditames da proporcionalidade e sujeito ao controle recursal.

Nesse sentido, (i) a previsão de que o juiz é quem *"determinará providências que assegurem o resultado prático equivalente ao do inadimplemento"*; (ii) a inexistência de norma no sentido de que a execução da decisão dependerá de iniciativa da parte; (iii) a possibilidade de fixação da multa do § 4º de ofício pelo julgador, deixam claro o *dever* do juiz de tornar efetiva a sua decisão.

Em relação às medidas executivas previstas no § 5º do art. 461,[290] a redação da referida norma deixa clara a superação do princípio da *tipicidade das medidas executivas*, antes visto como garantia de liberdade e segurança em favor dos cidadãos, segundos os ideais liberais.[291] Segundo a antiga ótica liberal, a fim de evitar-se o arbítrio e assim garantir a liberdade do cidadão, o desempenho da atividade executiva – além de depender da iniciativa da parte – só poderia efetivar-se através das medidas sub-rogatórias previstas em lei, daí por que falar-se da *tipicidade dos meios executivos* – óbice superado pelo artigo 461 do CPC.[292]

Para fechar este tópico, vale referir que, muito além da simples emissão de um pronunciamento judicial – que esgota a prestação jurisdicional no caso das sentenças declaratórias e constitutivas –, prestar jurisdição importa também a *execução* do direito, entendida como satisfação do direito no mundo dos fatos, atividade que também integra a incumbência do Poder Judiciário, especialmente em relação às sentenças condenatórias, mandamentais e executivas.[293]

O *direito fundamental à efetividade e adequação da prestação jurisdicional* abrange necessariamente o *dever* do Estado de munir os procedimentos de mecanismos e ferramentas processuais que o tornem capaz de prestar

---

[290] Art. 502, parágrafo único, do Projeto de Lei do Senado nº 166/2010.

[291] Marinoni lembra que, "na concepção do direito liberal clássico, não seria correto dar o poder de executar ao julgador, pois aí *o juiz seria mais do que juiz,* podendo se constituir em um opressor e, assim, colocar em risco as liberdades". MARINONI, Luiz Guilherme. *Técnica processual e tutela dos direitos.* 2. ed. São Paulo: Revista dos Tribunais, 2008, p. 92.

[292] Art. 479 do Projeto de Lei do Senado nº 166/2010.

[293] Alvaro de Oliveira refere importante classificação das sentenças (ou *formas de tutela* na preferência do referido *jurista*), que leva em conta a sua forma de cumprimento, podendo ser classificadas como: *autossatisfativas* ou *prescritivas* ou *heterossatisfativas*. As primeiras satisfazem-se por si mesmas, "prescrevem condutas que devem ser obedecidas pelas partes, delas exigindo apenas um comportamento passivo (declaratória e constitutiva)". De outro lado, as *heterossatisfativas* exigem um comportamento ativo do vencido: pagar a dívida, cumprir obrigação de fazer, não fazer ou entregar a coisa (condenatória, mandamental e executiva *lato sensu*). Conferir: ALVARO DE OLIVEIRA, Carlos Alberto. *Teoria e prática da tutela jurisdicional.* Rio de Janeiro: Forense, 2008, p. 140-141.

uma tutela adequada à natureza do direito posto em causa. Em se tratando dos direitos de natureza não pecuniária, que envolvem prestações de fazer, não fazer e de entregar coisa, essa tarefa parece ter sido bem desempenhada pelo legislador através das inúmeras técnicas de execução previstas nos artigos 461 e 461-A do CPC,[294] adiante aprofundadas.

### 4.2.7. Tutela preventiva para impedir a prática do ilícito

Viu-se, anteriormente, que foi com a passagem do Estado Liberal para o Estado Social e com a consequente percepção de que a liberdade e a igualdade deveriam ser obtidas *através* da *ação* do Estado – e não de sua *omissão* – que, ao lado dos *direitos de defesa*, surgiram os chamados *direitos a prestações*, dentre estes, os *direitos à organização e procedimento*, outorgando aos cidadãos o poder de exigir organização e procedimentos adequados.

Resgatando a passagem do Estado Liberal para o Estado Social, sentiu-se a necessidade de uma intervenção ativa do Estado, no sentido de proteger determinados bens e categoriais sociais, considerados imprescindíveis à convivência harmônica e justa em sociedade. Muito além de não interferir, cabe ao Estado a tarefa de agir na defesa dos interesses dos cidadãos, adotando condutas positivas para o bem da população. Não há mais como imaginar um Estado inerte frente a condutas não condizentes e potencialmente causadoras de risco ao meio ambiente equilibrado, aos consumidores, à saúde, e daí por diante.

A esse novo dever de proteção coube a mensagem clara de prestar jurisdição apta, inclusive, à prevenção do ilícito. É o que se deflui do art. 5º, inc. XXXV, da Constituição Federal de 1988 (CF/88): "A lei não excluirá da apreciação do Poder Judiciário lesão ou ameaça a direito". Como afirma Marinoni,

> [...] pode-se dizer que os direitos fundamentais deixaram de ser concebidos como direitos a um não agir do Estado e passaram a exigir do Estado condutas ativas capazes de colocar à disposição dos particulares meios jurídicos e materiais indispensáveis à realização das suas necessidades (de proteção, sociais e de participação).[295]

Frise-se que os *direitos a prestações*, especialmente no que se refere ao *procedimento*, impõem ao Estado o *dever* de aparelhar o processo de instrumentos aptos a potencialmente *evitar* a prática da conduta contrária ao direito (ato ilícito), de modo a viabilizar, na prática, o direito à prestação jurisdicional efetiva e adequada.

---

[294] Art. 479 do Projeto de Lei do Senado nº 166/2010.

[295] MARINONI, Luiz Guilherme. *Técnica processual e tutela dos direitos*. 2. ed. São Paulo: Revista dos Tribunais, 2008, p. 120.

Assim, o *dever de proteção* que hoje incumbe ao Estado, está diretamente relacionado ao seu dever de disponibilizar ao cidadão um procedimento adequado (direito ao procedimento), apto a prestar jurisdição efetiva e adequada na defesa de direitos de primeira, segunda e terceira gerações, com aptidão para *remover* – e se possível *inibir* – a prática de condutas contrárias a esses direitos, após a iniciativa do jurisdicionado de acessar o Poder Judiciário (princípio dispositivo).

É certo, contudo, que o direito fundamental à tutela efetiva e adequada existe independentemente do processo. Este apenas deve estar dotado de mecanismos e ferramentas desejadamente aptos para a efetivação judicial deste direito fundamental. De outro lado, caberá ao juiz empregar a técnica adequada ao manusear o ferramental disponibilizado pelo processo, atento às especificidades do caso.

Ao Estado, portanto, cabe aparelhar o processo de forma a permitir que o Poder Judiciário – uma vez provocado (princípio dispositivo) – atue *previamente* à prática da conduta desconforme ao Direito. Caso já praticado o ilícito, o processo deverá estar dotado de meios capazes de *remover* o ilícito, quer tenha ocorrido, ou não, o *prejuízo/dano* que a norma de direito material buscava evitar.

Essa última constatação remete à importante distinção feita por Marinoni[296] – em sede de doutrina nacional – entre ato contrário ao direito (ilícito) e dano, a saber:

> Em princípio, a unificação das categorias da ilicitude e da responsabilidade civil constitui o reflexo da idéia de que toda a violação de direito pode ser valorada em pecúnia. Assim, pouco importaria a violação que não pudesse ser valorada em pecúnia. Ao processo civil caberia apenas definir a responsabilidade por esse fato, e desse modo aquele que deve arcar como o pagamento da indenização.
>
> Contudo, o incorreto não é só ligar o ilícito à indenização pecuniária, mas associar o ilícito com o fato danoso, ainda que ele seja suscetível de ressarcimento de forma específica. A associação de ilícito e dano deriva da suposição de que a violação do direito somente pode exigir do processo civil tutela contra o dano – na forma específica ou pela equivalente monetário –, mas jamais uma tutela voltada a remover o ilícito (independente de ele ter provocado dano). [...] Frise-se que inibir a violação não é o mesmo que inibir o dano. Além disso, do ponto de vista probatório, é muito mais fácil caracterizar o ilícito ou a sua ameaça do que precisar o dano ou a sua probabilidade.[297]

---

[296] Ao que se sabe, a separação do ato ilícito em relação aos danos dele eventualmente decorrentes deve-se a Renato Sconamiglio: *Il risarcimento del danno in forma specifica*. In *Rivista Trimestrale di Diritto e Procedura Civile*, 1957, p. 201 e ss. Já em relação aos reflexos desta distinção sobre o processo, devendo estar aparelhado de modo a possibilitar a tutela inibitória (inibição do ilícito) conferir FRIGNANI, Aldo. *L'injunction nella common Law e l'inibitória nel dititto italiano*, Milano: Giuffré, 1974 e *Inibitória (azione). Enciclopédia Giuridica Treccani v. 17*. Padova: Cedan, 1987.

[297] MARINONI, Luiz Guilherme. *Técnica processual e tutela dos direitos*. 2. ed. São Paulo: Revista dos Tribunais, 2008, p. 123.

Tal como ocorre com os chamados *crimes de mera conduta* no Direito Penal, que independem do resultado danoso para a configuração do tipo, há, no direito civil, um sem número de normas que consideram ilícitas certas condutas, independentemente da eventual ocorrência do dano. Assim, o Código de Defesa do Consumidor considera contrário ao direito, independentemente da eventual verificação de dano individual ou coletivo: (i) a comercialização de produto com informações insuficientes ou inadequadas a respeito dos seus riscos (CDC, art. 12, *caput*); (ii) a veiculação de publicidade imprecisa (CDC, art. 36); (iii) a inserção no mercado de qualquer produto em desacordo com as regras estabelecidas pela Associação Brasileira de Normas Técnicas ou de qualquer outro entidade técnica credenciada (CDC, art. 39, VIII).

Também, no campo do direito ambiental, é possível referir diversas outras normas que se preocupam em coibir condutas potencialmente causadoras de dano, cabendo ao Poder Judiciário valer-se de boa técnica processual – hoje disponibilizada nos artigos 461 e 461-A do CPC[298] – para inibir a prática da conduta contrária ao direito, independentemente do dano eventual subsequente.

A dificuldade na separação desses acontecimentos distintos (ilícito e dano) reside no fato de que *o dano é a exteriorização concreta da conduta contrária ao direito*, bem como na circunstância de que o dano nem sempre é consequência direta e imediata do ato ilícito.

Como refere Marinoni,[299] a unificação entre ato ilícito e dano esteve sempre presente na doutrina civil tradicional, como se extrai da obra de Orlando Gomes: "Não interessa ao Direito Civil a atividade ilícita de que não resulte prejuízo. Por isso, o dano integra-se na própria estrutura do ilícito civil".[300]

Mas pelo que se viu, ainda que os efeitos danosos não tenham se materializado, ao processo civil caberá a importantíssima função de (i) agir previamente à configuração do dano, mesmo depois de praticado o ilícito, removendo a conduta contrária ao direito (tutela de remoção de ilícito), por exemplo, retirando de circulação produtos cujas embalagens não advirtam, de modo suficiente, sobre os riscos que a mercadoria oferece; (ii) ou agir previamente à própria conduta contrária ao direito (tutela preventiva), impedindo a inserção no mercado de qualquer produto em desacordo com as normas estabelecidas pela entidade técnica competente.

---

[298] Art. 479 do Projeto de Lei do Senado n° 166/2010.

[299] MARINONI, Luiz Guilherme. *Técnica processual e tutela dos direitos*. 2. ed. São Paulo: Revista dos Tribunais, 2008, p. 124.

[300] GOMES, Orlando. *Obrigações*. 8. ed. Rio de Janeiro: Forense, 1992, p. 313-314.

Parece inegável que o *dano* não deve ser associado ao *ilícito*, representando, isso sim, uma *possível consequência* ou *efeito eventual* subsequente à prática da conduta contrária ao direito (ilícito).

Fazendo uso das palavras de Calvão da Silva, a ação visando ao cumprimento específico e *in natura* do direito violado atua, portanto, "sobre o ilícito em si mesmo, procurando por-lhe termo, mesmo que não seja danoso". A sentença proferida com base no artigo 461 visa, portanto, a "remover um estado de coisas antijurídico, suprimir o próprio ilícito – fonte de danos ou não –, atacando o mal pela raiz".[301]

Desse modo, uma vez provocado (princípio dispositivo), ao Estado-Juiz caberá valer-se de técnica disponibilizada pelos artigos 461 e 461-A[302] do CPC para agir previamente à ocorrência do ilícito, inibindo a conduta contrária ao direito (tutela preventiva); caso praticado o ilícito, deverá – se ainda possível – antecipar-se aos seus possíveis efeitos danosos (tutela de remoção de ilícito); uma vez experimentado o dano, atuar preferencialmente em busca do ressarcimento de forma específica (*in natura*) e, subsidiariamente, para indenizar os prejuízos gerados (*tutela ressarcitória pelo equivalente pecuniário*).

---

[301] CALVÃO DA SILVA, João. *Cumprimento e sanção pecuniária compulsória*. 2. ed. Coimbra: Coimbra, 1997, p. 155.

[302] Art. 479 do Projeto de Lei do Senado nº 166/2010.

# Parte III

# Tutela específica dos direitos não pecuniários conforme o Código de Processo Civil brasileiro

## 5. Evolução legislativa e abrangência da tutela específica

### 5.1. Evolução legislativa

Conforme já destacado, os valores axiológicos ligados ao pensamento liberal, em especial o dogma da intangibilidade da vontade humana, foram amplamente referendados pelo ordenamento positivo brasileiro. Essa circunstância afastou do ordenamento processual qualquer mecanismo de tutela apto a eficazmente constranger o demandado ao cumprimento específico de dever previsto no plano material, decorrente de lei ou de contrato.

Rompendo sutilmente com essa perspectiva, o Código de Processo de 1939[303] previu ação que competia a quem de direito pudesse exigir de outrem que se abstivesse de ato ou prestasse fato dentro de certo prazo, ação esta denominada *cominatória*.[304]

Todavia, a mencionada inovação possuía diminuta utilidade. Muito embora representasse a enunciação de um preceito com vistas a dar cumprimento a um dever ou obrigação de fazer, tal provimento era dotado apenas de eficácia condenatória, circunstância que prejudicava a satisfatividade da medida, dada a necessidade da prévia formação de título judicial para posterior execução, passado o trânsito em julgado da ação.[305]

Inovação relevante trazida pelo CPC de 1939 foi a possibilidade da imposição de *multa* para o caso de descumprimento da obrigação fixada

---

[303] Art. 302, XII, do CPC de 1939.

[304] Faça-se o devido registro, as Ordenações Filipinas (Livro III, Título LXXVIII, § 5º) previam procedimento semelhante à ação cominatória do CPC de 1939, com o adiantamento de execução à cognição.

[305] Como destaca Eduardo Talamini, "na ação cominatória, a contestação afastava toda a eficácia do mandado inicial. Apenas a sentença final, confirmando o mandado, teria força executiva, a ser concretizada em subsequente processo de execução". TALAMINI, Eduardo. *Tutela relativa aos deveres de fazer e de não fazer: e a sua extensão aos deveres de entregar coisa (CPC arts. 461 e 461-A, CDC, art. 84)*. 2. ed. São Paulo: Revista dos Tribunais, 2003, p. 114.

na sentença cominatória (art. 302). Tal mecanismo coercitivo destinava-se a compelir o réu à prática ou abstenção de determinado ato (art. 999),[306] mesmo que de natureza infungível, *ex vi* art. 1.000.[307]

Ao que tudo indica, o instrumental colocado à disposição na época já possibilitaria mecanismo efetivo de coerção sobre o demandado. No entanto, a mentalidade então dominante – presa aos comandos do direito material vigente, no sentido de que todo e qualquer inadimplemento deveria resolver-se em perdas e danos (art. 880 do CC/1916) – não permitia aos operadores enxergar a natureza mandamental do referido preceito.[308] Por tal razão, seguiam orientação de que a multa possuía natureza indenizatória, valendo como cláusula penal compensatória. Por não esclarecer a finalidade à que se prestava – se *coercitiva* ou *indenizatória* –, o Código de 1939 também contribuiu para que os doutrinadores da época a relegassem à condição de parcela indenizatória, a ser deduzida do valor final fixado a título de perdas e danos.[309]

Com o advento do Código de 1973 (Código Buzaid), a ação cominatória deixou de figurar entre os procedimentos especiais previstos no sistema. Nesse particular, os artigos 287 e 645 – este último referente ao processo de execução – estabeleciam que:

> Art. 287. Se o autor pedir a condenação do réu a abster-se da prática de algum ato, a tolerar alguma atividade, ou a prestar fato que não possa ser realizado por terceiro, constará da petição inicial a cominação da pena pecuniária para o caso de descumprimento da sentença (art. 644 e 645).

> Art. 645. Na execução de obrigação de fazer e não fazer, fundada em título extrajudicial, o juiz, ao despachar a inicial, fixará multa diária por dia de atraso no cumprimento da obrigação e a data a partir da qual será devida.

A redação dos citados artigos já apontava que as cominações neles previstas em nada se confundiam com o ressarcimento, ao autor, pelos prejuízos decorrentes do inadimplemento. Se o art. 287 estivesse se referindo à indenização, sua redação não expressaria literalmente, *cominação*

---

[306] Art. 999 (CPC de 1939). Se o executado não prestar o serviço, não praticar o ato ou dele não se abstiver no prazo marcado, o exequente poderá requerer o pagamento da multa ou das perdas e danos, prosseguindo a execução nos termos estabelecidos para o pagamento de quantia em dinheiro líquida, ou ilíquida, conforme o caso.

[307] Art. 1.005 (CPC de 1939). Se o ato só puder ser executado pelo devedor, o juiz ordenará, a requerimento do exequente, que o devedor o execute, dentro do prazo que fixar, sob cominação pecuniária, que não exceda o valor da prestação.

[308] Conforme observa Araken de Assis, "de fato e na prática, o mecanismo se desfigurou, porquanto o órgão judiciário, raramente, cominava a pena pecuniária. É provável que tivessem os juízes em mente o princípio enraizado no art. 880 do CC de 1916". ASSIS, Araken de. O *contempt of court* no direito brasileiro. *Revista Jurídica*, Porto Alegre – RS, v. 318, p. 07-23, abr. 2004.

[309] Sobre o tema, conferir: SANTOS, Moacyr Amaral. *Ações Cominatórias no Direito Brasileiro*. São Paulo: M. Limonad, 1973, 2v.

*de pena para o descumprimento da sentença* (natureza processual coercitiva), mas sim, *cominação de pena pelo descumprimento da obrigação* (natureza material indenizatória).

Todavia, ainda presa à exegese histórica, bem como à literalidade da legislação material vigente (art. 880 do CC/1916), parcela da doutrina teimou em atribuir-lhe caráter *indenizatório*. Tal exegese esvaziava a parca eficácia da multa então prevista, pois, além de tardia – já que ainda não havia previsão admitindo a antecipação dos efeitos pretendidos na sentença – seria compensada com a eventual indenização arbitrada a título de perdas e danos.

Felizmente, preponderou, na doutrina, o entendimento de que a multa possuía natureza preponderantemente *coercitiva*, viabilizando, portanto, a sua cumulação com a eventual indenização arbitrada a título de perdas e danos.

Por expressa previsão legal, porém, a multa ficava condicionada a *pedido expresso do autor*, assim como a sua fixação ocorreria apenas quando da prolação da sentença.[310] Como relata Zavascki, "[...] previu-se a coerção de natureza patrimonial, consistente em aplicação de pena pecuniária por dia de atraso (art. 644), mas tão somente quando tal pedido constasse da petição inicial da ação de conhecimento e se destinasse 'para o caso de descumprimento de sentença' (art. 287), na qual deveria estar prevista (art. 645)".[311]

A insuficiência dos mecanismos de tutela disponibilizados pelo regime original do CPC Buzaid, conforme destaca Araken de Assis, revelava dois defeitos expressivos:

> Em primeiro lugar, o emprego da pena pecuniária vinculava-se à prévia condenação do obrigado, e, portanto, a execução baseava-se, exclusivamente, em título judicial; ademais, não cabia ao juiz da execução alterar o valor posto na sentença, aumentando-o ou reduzindo-o, conforme as circunstâncias.[312]

Saltava aos olhos a insuficiência da técnica disponibilizada pela redação primitiva do art. 287 do CPC.[313] Quanto ao ponto, apropriada a doutrina de Figueira Júnior:

---

[310] Vale referir preciosa lição de Barbosa Moreira: "Cabe lamentar que o vigente Código, em vez de reagir contra a deturpação (aplicação liminar da multa), restaurando em sua dignidade a ação cominatória, se haja dobrado a essa funesta orientação, tornando certo, no art. 287, que a pena pecuniária só era devida no caso de descumprimento da sentença". MOREIRA, José Carlos Barbosa. Tutela sancionatória e tutela preventiva. In *Temas de direito processual*. 2. ed. São Paulo: Saraiva, 1988, p. 21-29.

[311] ZAVASCKI, Teori Albino. *Antecipação de tutela*. 5. ed. São Paulo: Saraiva, 2007, p. 167.

[312] *O contempt of court no direito brasileiro. Revista Jurídica*, Porto Alegre – RS, v. 318, p. 07-23, 2004.

[313] Conforme já referido, a ausência de uma tutela que atuasse *preventivamente* à ocorrência do ilícito, foi determinante para a utilização deturpada da tutela cautelar.

> Basta fazer uma leitura do dispositivo em questão para se verificar, sem maiores problemas, que a técnica de coerção utilizada (multa pecuniária) somente teria incidência após a prolação da sentença, mediante a constatação do seu descumprimento, ocasião em que o título judicial haveria ainda de ser executado nos moldes do Livro II, Título II, Capítulo III do CPC (arts. 632 e ss.)
>
> Ora a efetividade, a praticidade, e a satisfatividade buscadas pelo autor, através das demandas cominatórias (...), frustravam-se por completo, tendo em vista ancorar-se em processo que jamais admitiu a subversão da ordem do juízo privado por intermédio de qualquer espécie de técnica de tutela antecipatória incidental provisional (...).[314]

Para ilustrar a ineficácia desse modelo, tome-se como exemplo demanda ajuizada com base no art. 287 do CPC (ação cominatória), em que o autor pretendesse ver reconhecida a obrigação da empresa jornalística de abster-se de divulgar determinada matéria – entendida como deturpadora da imagem da autora –, requerendo ao juiz ordem de abstenção cumulada com a imposição de multa, em caso de descumprimento. Inexistente a possibilidade de antecipação dos efeitos da sentença, é evidente que, quando a multa estivesse, enfim, apta a incidir, após o longínquo trânsito em julgado da sentença, a tutela jurisdicional prestada já teria perdido qualquer *utilidade*. Com efeito, no momento em que fosse definitivamente reconhecido o direito, a imagem da demandante já estaria, desde muito, prejudicada pela veiculação indevida do material que, inutilmente, se tentara evitar. Tem-se a total inaptidão do processo para fazer atuar a jurisdição preventivamente.

Mas o calvário em busca do cumprimento da obrigação não se esgotava por aí. Como sintetiza Calmon de Passos, após a atuação tardia do processo de conhecimento, caso a obrigação não fosse cumprida, revelando-se ineficaz a multa fixada em sentença, "instaurava-se processo de execução em que o vencido era citado para fazer aquilo que fora condenado, no prazo fixado pelo juiz, admitidos embargos, com efeito suspensivo". E, então, "só após o trânsito em julgado da decisão dos embargos tinha curso o prazo para o cumprimento do julgado, prevendo-se, inclusive, a alternativa da conversão em perdas e danos, além do calvário doloroso da sub-rogação mediante hasta pública. Um horror!"[315]

Diante desse quadro, resta concordar com a conclusão de Figueira Júnior: "Percebe-se que para coisa alguma servia a técnica definida no art. 287, no tocante à efetividade do processo, tendo-se em conta que frustrava por completo a satisfação perseguida pelo autor".[316]

---

[314] FIGUEIRA JR., Joel Dias. *Comentários à novíssima reforma do CPC:* Lei 10.444, de 07 de maio de 2002. Rio de Janeiro: Forense, 2002, p. 156-157.

[315] PASSOS, J.J. Calmon de. *Inovações no código de processo civil.* Rio de Janeiro: Forense, 1995, p. 53.

[316] FIGUEIRA JR., Joel Dias. *Comentários à novíssima reforma do CPC:* Lei 10.444, de 07 de maio de 2002. Rio de Janeiro: Forense, 2002, p. 157.

Isso, na prática, fez com que os advogados se socorressem do processo cautelar a fim de que este assegurasse a plena utilidade do provimento judicial. Todavia, faltava ao processo cautelar mecanismos coercitivos próprios, a exemplo da multa, a fim de vencer a recalcitrância do demandado em atender à conduta desejada pelo direito, fosse ela uma prestação de fazer, um não fazer ou a entrega de coisa. A isso se sobrepunha a controvérsia, existente em doutrina e jurisprudência, sobre a possibilidade do emprego de medida cautelar em caráter satisfativo.

À vista desse cenário, após a promulgação do CPC Buzaid (Lei 5.869/73), ocorreu a formação de movimento reformador,[317] com objetivos bem definidos, no sentido de identificar e conter os focos de inefetividade e inadequação da prestação jurisdicional através de minirreformas, ou seja, sem grandes alterações na sistemática processual codificada. Tal movimento, dentre outras inovações pontuais, conferiu nova redação ao art. 461 do CPC (Lei 8.952/94), consagrando, assim, o cumprimento específico (*in natura*) dos direitos não pecuniários (direito de exigir um fazer, um não fazer ou a entrega de coisa).

Seguiu-se um segundo movimento reformador, sentido no ano de 2002, intitulado doutrinariamente como *A reforma da reforma*. Além das chamadas minirreformas apresentadas pelo movimento anterior, provocou alterações pontuais em questões sensíveis do ordenamento. Como retrata Dinamarco,[318] o espírito das reformas era mesmo o de aperfeiçoar o Código no sentido de remover óbices à ampla realização do *acesso à justiça*.[319] Dentre outras inovações, houve um grande esforço para dotar o sistema de medidas capazes de, por mecanismos processuais diversos, produzir "a mesma relação jurídica final (resultado) que ao credor era lícito esperar".[320]

---

[317] Nominado pelos doutrinadores em geral como *a reforma do processo civil*, o primeiro movimento reformista foi composto por comissão coordenada por Athos Gusmão Carneiro, integrada pela Min. Sálvio de Sá Figueiredo (STF), dentre outros estudiosos de notável saber, entre estes: Ada Pellegrini Grinover, José Carlos Barbosa Moreira, Kazuo Watanabe, Humberto Theodoro Júnior e José Eduardo Carreira Alvim, além de outros.

[318] Dinamarco afirma que "o movimento reformador trouxe a bandeira da efetividade do processo e condiz com o método que privilegia o consumidor dos serviços judiciários, num processo civil de resultados". DINAMARCO, Cândido Rangel. *A reforma da reforma*. 3. ed. São Paulo: Malheiros, 2002, p. 36.

[319] Na visão do jurista, "não tem acesso à justiça aquele que sequer consegue ser ouvido em juízo, como também todos os que, pelas mazelas do processo, recebem uma justiça tardia ou alguma injustiça de qualquer ordem" DINAMARCO, Cândido Rangel. *A reforma da reforma*. 3. ed. São Paulo: Malheiros, 2002, p. 37.

[320] DINAMARCO, Cândido Rangel. *A reforma da reforma*. 3. ed. São Paulo: Malheiros, 2002, p. 221.

Foi, então, instituída a tutela específica dos direitos não pecuniários (CPC, arts. 461 e 461-A),[321] [322] ponto de relevo da reforma, a seguir textualmente reproduzida, já com as alterações introduzidas pela Lei 10.444/2002:

Art. 461. Na ação que tenha por objeto o cumprimento de obrigação de fazer ou não fazer, o juiz concederá a tutela específica da obrigação, ou se procedente o pedido, determinará providências que assegurem o resultado prático equivalente ao do adimplemento. (Redação dada pela Lei 8.952/94)

§ 1º A obrigação somente será revertida em perdas e danos se o autor o requerer ou se impossível a tutela específica ou a obtenção do resultado prático correspondente. (Parágrafo acrescentado pela Lei 8.952/94)

§ 2º A indenização por perdas e danos dar-se-á sem prejuízo da multa (art. 287). (Parágrafo acrescentado pela Lei 8.952/94)

§ 3º Sendo relevante o fundamento da demanda e havendo justificado receio de ineficácia do provimento final, é lícito ao juiz conceder a tutela liminarmente ou mediante justificação prévia, citado o réu. A medida liminar poderá ser revogada ou modificada a qualquer tempo, em decisão fundamentada. (Parágrafo acrescentado pela Lei 8.952/94)

§ 4º O juiz poderá, na hipótese do parágrafo anterior ou na sentença, impor multa diária ao réu, independentemente de pedido do autor, se for suficiente e compatível com a obrigação, fixando-lhe prazo razoável para o cumprimento do preceito. (Parágrafo acrescentado pela Lei 8.952/94)

§ 5º Para a efetivação da tutela específica ou a obtenção do resultado prático equivalente, poderá o juiz, de ofício ou a requerimento, determinar as medidas necessárias, tais como a imposição de multa por tempo de atraso, busca e apreensão, remoção de pessoas e coisas, desfazimento de obras e impedimento de atividade nociva, se necessário com requisição de força policial. (Redação dada pela Lei 10.444/02)

§ 6º O juiz poderá, de ofício, modificar o valor ou a periodicidade da multa, caso verifique que se tornou insuficiente ou excessiva. (Parágrafo acrescentado pela Lei 10.444/02)

Resumidamente, ressaltam-se as principais inovações geradas por esse novo procedimento, voltado ao cumprimento específico dos deveres e obrigações de fazer, não fazer e entregar coisa, impostos em sentença ou interlocutória:

---

[321] Art. 479 do Projeto de Lei do Senado nº 166/2010.

[322] Necessário esclarecer que anteriormente à consagração da *tutela específica* como *via geral* de solução apresentada pelo Código de Processo Civil (art. 461), o ordenamento processual já havia conferido tratamento diferenciado aos novos direitos coletivos surgidos na esfera social (Estado Social). Cronologicamente, o primeiro passo nesse sentido ocorreu com a Lei da Ação Civil Púbica, promulgada em 24.07.1985. Em seguida, o Código de Defesa do Consumidor (Lei 8.078/90), em seu art. 84, também positivou modalidade de tutela específica, voltada às relações consumeiristas. Em momento ainda anterior à consagração, pelo CPC, da tutela específica com *via geral de solução* para os direitos de natureza não pecuniária (fazer, não fazer e entregar coisa), o Estatuto da Criança e do Adolescente (Lei 8.069/90), em seu artigo 213, e a Lei Antitruste (Lei 8.884/94), em seu artigo 62, também priorizaram a tutela específica relacionadas às respectivas áreas do direito material.

a) modelo *sincrético* de processo, por dispensar a instauração de processo de execução subsequente para a efetivação do direito material reconhecido em sentença;

b) preferência pela reprodução do *resultado específico* do direito, seja através do cumprimento específico da obrigação prevista no plano material, seja através da reprodução judicial de *resultado prático equivalente*;

c) autorização para a utilização de mecanismos coercitivos, com vistas a reforçar a *executoriedade* dos provimentos *ex* art. 461;

d) cominação de multa processual coercitiva, modificável de ofício quanto à *periodicidade* e *valor*, mesmo após o trânsito em julgado da ação, caso revele-se *inadequada* ou *insuficiente* à reprodução do resultado específico desejado pelo sentença;

e) a multa processual coercitiva será independente de eventual indenização – a exemplo da distinção expressa também realizada pelo direito francês;[323]

f) imposição de mecanismos de sub-rogação, através da aplicação de medidas de execução direta adequadas ao caso concreto, capazes de reproduzir o resultado específico desejado, independentemente da vontade do réu;

g) antecipação dos efeitos pretendidos na sentença (*tutela antecipada específica*), visando a preservar a *utilidade* da prestação jurisdicional (§ 3º do art. 461 c/c art. 273), cumulável com a aplicação de mecanismos coercitivos e sub-rogatórios para a sua efetivação no mundo dos fatos;

h) subsidiariedade da solução indenizatória (tutela ressarcitória pelo equivalente), reservada às hipóteses de opção pelo autor ou *impossibilidade* da reprodução do resultado específico da obrigação.

Esse novo ferramental passou a contemplar mecanismos processuais diversos com o propósito de obter o resultado específico do direito reconhecido em sentença ou decisão interlocutória, através de mecanismos coercitivos e sub-rogatórios de conduta.[324]

Uma vez implantada essa nova modalidade de tutela, sentiu-se necessidade de estendê-la às obrigações de entregar coisa, alteração ocorrida com a 2ª fase da Reforma (Lei 10.444/02), nestes exatos moldes:

---

[323] Lei 91-650. Art. 34 – *L'astreinte est independante dês dommages- intérêts*. Tradução livre: A *astreinte* é independente das indenizações.

[324] Conforme lição de Dinamarco "o primeiro e mais civilizado entre todos os modos de executar uma obrigação é o adimplemento. Caracterizado o inadimplemento, é que se ativam os meios processuais destinados a propiciar ao credor os bens ou situações a que ele tem direito". DINAMARCO, Cândido Rangel. *A reforma da reforma*. 3. ed. São Paulo: Malheiros, 2002, p. 224.

Art. 461-A. Na ação que tenha por objeto a entrega de coisa, o juiz, ao conceder a tutela específica, fixará o prazo para o cumprimento da obrigação. (Artigo acrescentado pela Lei 10.444/02)

§ 1º Tratando-se de entrega de coisa determinada pelo gênero e quantidade, o credor a individualizará na petição inicial, se lhe couber a escolha; cabendo ao devedor escolher, este a entregará individualizada, no prazo fixado pelo juiz.

§ 2º Não cumprida a obrigação no prazo estabelecido, expedir-se-á em favor do credor mandado de busca e apreensão ou de imissão na posse, conforme se tratar de coisa móvel ou imóvel.

§ 3º Aplica-se à ação prevista neste artigo o disposto nos §§ 1º a 6º do art. 461.

Cabe também ressaltar que com o advento da tutela *ex* art. 461, estabeleceu-se flagrante dualidade de regimes referentes ao cumprimento dos deveres e obrigações de fazer, não fazer e entregar coisa, visto que permaneceram vigentes as normas próprias voltadas ao processo de execução de título extrajudicial, contidas nos arts. 632 a 638[325] (execução das obrigações de fazer), arts. 644 e 645[326] (execução das obrigações de não fazer) e arts. 621 a 631[327] (execução para entrega da coisa certa e incerta).

Todavia, deve-se afastar, desde logo, o aparente conflito existente entre tais modalidades de tutela. Pelo contrário, convivem em plena harmonia.

Esclareça-se que as normas do processo de execução autônomo têm aplicabilidade somente em relação aos deveres e obrigações representadas por títulos executivos extrajudiciais. O regime implantado pelo art. 461 do CPC[328] atraiu para si a efetivação das obrigações reconhecidas por sentença ou decisão interlocutória (concessiva de antecipação de tutela), conforme esclarecido pelos arts. 644[329] do CPC[330] (redação dada Lei 10.444/02).[331] [332] As atividades de conhecimento e execução ocorrerão nos

---

[325] Arts. 739 a 744 do Projeto de Lei do Senado nº 166/2010.

[326] Arts. 745 e 746 do Projeto de Lei do Senado nº 166/2010.

[327] Arts. 730 a 737 do Projeto de Lei do Senado nº 166/2010.

[328] Art. 479 do Projeto de Lei do Senado nº 166/2010.

[329] Art. 644. A sentença relativa à obrigação de fazer e não fazer cumpre-se de acordo com o art. 461, observando-se, subsidiariamente, o disposto nesse capítulo.

[330] Art. 747 do Projeto de Lei do Senado nº 166/2010.

[331] A nova redação do art. 644 colocou verdadeira 'pá de cal' sobre a controvérsia em torno da efetivação dos provimentos *ex* art. 461. A consolidação desse entendimento extirpou os títulos judiciais da competência do processo executivo, exceto em relação aos direitos de natureza pecuniária.

[332] Nesse sentido: "No caso dos autos, afasta-se a aplicação do art. 632, pois quando fundada em título formado em processo de conhecimento , a execução será imediata, não havendo a necessidade de um processo autônomo (Art. 461)" STJ, 3ª Turma, REsp 536964, Min. Humberto Gomes de Barros, j. em 04.05.2006, DJ 29/05/2006, p. 230.

mesmos autos, daí por que desnecessária nova citação do demandado quando se iniciarem as medidas executivas.[333]

Exceção deve ser feita, é claro, em relação às obrigações de pagar quantia, ainda regidas pelo Capítulo IV, Título II, Livro II, do Diploma Processual Civil (*"Da execução por quantia certa contra devedor solvente"*), quer se trate de título extrajudicial, ou pelo procedimento estabelecido no art. 475-I[334] e seguintes do CPC, voltado ao cumprimento da sentença que impõe obrigação de pagar quantia. A esse respeito, esclarecedora a redação do art. 475-I do CPC:[335] "O cumprimento da sentença far-se-á conforme os arts. 461 e 461-A desta Lei ou, tratando-se de obrigação por quantia certa, por execução, nos termos dos demais artigos deste Capítulo".

Sob outro aspecto, cabe também registrar que a tutela *ex* art. 461 do CPC[336] representou grande avanço por eliminar a possibilidade de oposição de embargos à execução – via ordinária, que implicava a suspensão do processo de execução e, consequentemente, da concessão da tutela desejada.[337]

Contudo, mesmo após a prolação de sentença, é natural que não se possa suprimir do demandado o direito ao contraditório e à ampla defesa, sendo-lhe facultado, a qualquer tempo, controlar os atos de execução por simples requerimento perante o juiz da causa.[338] [339] Em homenagem ao princípio da economia processual e da instrumentalidade das formas, caso inadequadamente opostos embargos ou impugnação pelo demandado, será recomendável ao juiz da causa recebê-los, processá-los e decidi-los nos próprios autos, como simples manifestação.[340] Araken de Assis aborda o tema com propriedade:

---

[333] Não há dúvida a esse respeito: "Os artigos 461 e 632 do CPC trouxeram a lume no ordenamento processual, de forma expressa, as sentenças autoexecutáveis e mandamentais nas condenações de fazer e não fazer, de sorte que não há necessidade de citação do executado na exigibilidade judicial dessas pretensões". STJ, 1ª Turma, REsp 692386/PB, Rel. Min. Luiz Fux, j. em 11.10.2005, DJ 24.10.2005, p. 193. Também, nesse sentido: STJ, 3ª Turma, REsp 536964/RS, Rel. Min. Humberto Gomes de Barros, j. em 04.05.2006, DJ 29.05.2006, p. 230.

[334] Art. 490 do Projeto de Lei do Senado nº 166/2010.

[335] Art. 490 do Projeto de Lei do Senado nº 166/2010.

[336] Art. 479 do Projeto de Lei do Senado nº 166/2010.

[337] Nesse sentido: STJ, 1ª Turma, REsp 957111/DF, Rel. Min. Luiz Fux, j. em 16.10.2008, DJe 03.11.2008.

[338] Nesse sentido, já decidiu o STJ: REsp 654.583/BA, rel. Min. Teori Zavascki, j. 14.02.2006, DJ 06.03.2006, p. 177; REsp 930867/RJ, Rel. Min. Arnaldo Esteves Lima, j. em 30.10.2008, DJe 24.11.2008.

[339] Em relação às obrigações de entregar coisa, eventual direito de retenção por benfeitorias necessárias e úteis deverá ser exercido em contestação. Como bem destaca Fidélis de Santos, "a defesa é ampla. Toda ela se fará na fase de conhecimento, em razão da natureza executiva *lato sensu* da ação" SANTOS, Ernani Fidélis dos. *Manual de direito processual civil*. 12. ed. São Paulo, 2007. v.1: processo de conhecimento, p. 264.

[340] STJ, 1ª Turma, REsp 1079776/PE, Rel. Min. Teori Albino Zavascki, j. em 23.09.2008, DJe 01.10.2008; STJ, 3ª Turma, REsp 663.774/PR, rel. Min. Nancy Andrighi, j. em 26.10.06, DJ 20.11.06, p. 301.

Um processo equilibrado e justo não pode prescindir de mecanismos de defesa e de reação contra os atos judiciais. É preciso na execução, mais do que em outros sítios, assegurar ao executado os meios necessários para reagir contra a execução injusta ou ilegal. [...]

À diferença do que acontece na execução por quantia certa, não há prazo previsto em lei, nem adminínculo de procedimento. Aplicam-se, *mutatis mutantis*, os artigos 475-L e 475-M para não tornar o processo arbitrário. Deduzida a oposição, cabe ao juiz examinar a necessidade de suspender ou não o cumprimento. Da decisão caberá agravo de instrumento. E, antes de decidir acerca das execuções e das objeções alegadas pelo executado, cumpre colher no prazo hábil a manifestação do exequente.[341]

Nesse sentido, vale destacar-se excerto de acórdão de Zavascki, enquanto integrante da 1ª Turma do Superior Tribunal de Justiça:

2. No atual regime do CPC, em se tratando de obrigações de prestação pessoal (fazer ou não fazer) ou de entrega de coisa, as sentenças correspondentes são executivas *lato sensu*, a significar que o seu cumprimento se opera na própria relação processual original, nos termos dos artigos 461 e 461-A do CPC. Afasta-se, nesses casos, o cabimento de ação autônoma de execução, bem como, consequentemente, de oposição do devedor por ação de embargos.

3. Todavia, isso não significa que o sistema processual esteja negando ao executado o direito de se defender em face de atos executivos ilegítimos, o que importaria ofensa ao princípio constitucional da ampla defesa (CF, art. 5º, LV). Ao contrário de denegar o direito de defesa, o atual sistema o facilita: ocorrendo impropriedades ou excessos na prática dos atos executivos previstos no artigo 461 do CPC, a defesa do devedor se fará por simples petição, no âmbito da própria relação processual em que for determinada a medida executiva, ou pela via recursal ordinária, se for o caso.[342]

Note-se, ainda, que a nova ordem processual (cumprimento específico dos deveres) foi, em seguida, transplantada para o direito material. A almejada aproximação entre direito e processo ganhou vida na redação do artigo 475 do Código Civil vigente:

Art. 475. A parte lesada pelo inadimplemento pode pedir a resolução do contrato, se não preferir exigir-lhe o cumprimento, cabendo, em qualquer dos casos, indenização por perdas e danos.

Ressalte-se que, de maneira oposta à norma correlata do diploma anterior (artigo 1.092, parágrafo único, do CC/1916),[343] a nova ordem estabelecida pelo Código de 2002 aponta para o privilégio do cumprimento específico do contrato, em detrimento da solução indenizatória.

Por fim, esclareça-se equívoco recorrente na doutrina: o objeto de tutela é – e sempre será – um *direito,* jamais uma *obrigação.* O provimento

---

[341] ASSIS, Araken de. *Cumprimento de sentença*. Rio de Janeiro: Forense, 2006, p. 230-231.

[342] STJ, 1ª Turma, REsp 1079776/PE, Rel. Min. Teori Albino Zavascki, j. em 23.09.2008, DJe 01/10/2008.

[343] Art. 1.092. (...) Parágrafo único. A parte lesada pelo inadimplemento pode requerer a rescisão do contrato com perdas e danos.

judicial, seja uma sentença ou decisão interlocutória, quando procedente, reconhece a existência de um *direito* em favor do autor, conforme o pedido. Este direito, uma vez reconhecido judicialmente, é que impõe ao réu determinado *dever* ou *obrigação* de fazer, não fazer ou de entregar coisa. Daí por que, como não poderia ser diferente, o presente estudo trata da *tutela de direitos* e não da *tutela de obrigações*. E não é incomum verificar-se, na doutrina, o emprego inadequado da expressão *"tutelas das obrigações" de fazer, não fazer ...*[344]

### 5.2. Extenção da tutela

A expressão adotada pelo legislador "obrigações de fazer ou não fazer" exige delimitação mais precisa a respeito da sua extensão, a fim de se visualizar o real grau de *utilidade* dessa nova modalidade de tutela.

De início, convém precisar a amplitude do termo "obrigação", conforme empregado pelo art. 461.[345] Tecnicamente, é conceito menos abrangente do que o conceito de *dever*, este entendido como "imposição jurídica da observância de determinado comportamento ativo ou omissivo, passível de ser resguardado por sanção".[346] *Obrigação* é, na realidade, uma espécie do gênero *dever*.

A palavra *obrigação* reflete uma *categoria* de *dever jurídico* que recai sobre um determinado número de pessoas. Traduz-se em uma prestação originada de determinado negócio jurídico, da responsabilidade civil ou da vedação ao enriquecimento sem causa.[347]

Ao contrário do que uma exegese literal poderia aparentar, a tutela específica não está restrita às *obrigações contratuais*, aplicando-se a toda e qualquer conduta exigível por decorrência de lei (dever legal). Em outras

---

[344] Exemplificativamente: ALVIM, José Eduardo Carreira. Tutela específica das obrigações de fazer, não fazer e entregar coisa. 3. ed. Rio de Janeiro: Forense, 2003. GICK, Ricardo Azambuja. Tutela específica das obrigações de fazer e não fazer: artigo 461 do Código de Processo Civil. Dissertação (Mestrado) – Faculdade de Direito da Pontifícia Universidade Católica do Rio Grande do Sul, Porto Alegre, 2001. TALAMINI, Eduardo. Tutela relativa aos deveres de fazer e de não fazer: e a sua extensão aos deveres de entregar coisa (CPC arts. 461 e 461-A, CDC, art. 84). 2 ed. São Paulo: Revista dos Tribunais, 2003. THEODORO Jr., Humberto. Tutela específica das obrigações de fazer e não fazer. GÊNESIS – Revista de Direito Processual Civil, Curitiba, n° 22, p.742-763, out./dez. de 2001. WATANABE, Kazuo. Tutela antecipatória e tutela específica das obrigações de fazer e não fazer. In: Reforma do código de processo civil. Sálvio de Figueiredo Teixeira (coord.). São Paulo: Saraiva, 1996.

[345] Art. 479 do Projeto de Lei do Senado n° 166/2010.

[346] TALAMINI, Eduardo. *Tutela relativa aos deveres de fazer e de não fazer: e a sua extensão aos deveres de entregar coisa (CPC arts. 461 e 461-A, CDC, art. 84).* 2 ed. São Paulo: Revista dos Tribunais, 2003, p. 126.

[347] TALAMINI, Eduardo. *Tutela relativa aos deveres de fazer e de não fazer: e a sua extensão aos deveres de entregar coisa (CPC arts. 461 e 461-A, CDC, art. 84).* 2 ed. São Paulo: Revista dos Tribunais, 2003, p. 127.

palavras, a tutela *ex* art. 461 abrange não apenas *os negócios jurídicos*, mas todo e qualquer *dever* legalmente previsto.[348]

Para chegar-se a essa conclusão, basta direcionar a atenção aos artigos 11 da Lei da Ação Civil Pública (Lei n° 7.347/85) e 84 do Código de Defesa do Consumidor (Lei n° 8.078/90) – modalidades de *tutela específica* antecedentes ao art. 461 – e constatar que a sua maior aplicação se volta à tutela de direitos não negociais, muito embora tenham também, inadequadamente, se valido da expressão *obrigações*.[349]

De mais a mais, a inexistência de elementos limitadores da extensão do termo *obrigações* na redação do art. 461[350] parece evidenciar que tais provimentos possam também coibir condutas que atentem contra direitos fundamentais, aí incluído o direito à integridade física e psicológica, à honra, à intimidade, à personalidade, bem como em relação às liberdades em geral – preservada a utilidade das vias específicas de tutela, *v.g.* mandado de segurança, *habeas corpus, habeas data*.

Quanto a esse último aspecto, entende-se que as *vias especiais de tutela específica* – aí compreendidos o mandado de segurança, o *habeas corpus*, o *habeas data*, bem como as ações possessórias – não afastam o emprego da *via geral*, prevista pelo art. 461,[351] quando ausentes os requisitos previstos para o emprego da via especial. Nesse sentido, deve-se compreender o art. 461 como uma *norma geral de encerramento do sistema*, destinada à proteção das hipóteses não compreendidas pelas *vias especiais* de tutela. Todavia, ainda que presentes os requisitos legais previstos para a utilização da via especial, não se poderá negar ao autor socorrer-se da tutela *ex* art. 461, quando se mostrar mais eficaz e célere para a produção do resultado pretendido. A questão deverá ser interpretada à luz do *interesse de agir*,

---

[348] Partilhando desse entendimento – praticamente pacífico em doutrina –, Watanabe assevera que, "embora aluda simplesmente à 'obrigação de fazer ou não fazer', o art. 461 tutela não só a obrigação negocial como também o dever decorrente de lei. O anteprojeto de 1985 trazia um texto mais pormenorizado, por referir-se àquele "que, por lei ou convenção, tiver o direito de exigir de outrem que se abstenha da prática de algum ato, tolere, ou permita alguma atividade, ou preste fato". WATANABE, Kazuo. Tutela antecipatória e tutela específica das obrigações de fazer e não fazer. In: *Reforma do código de processo civil*. Sálvio de Figueiredo Teixeira. (coord.) São Paulo: Saraiva, 1996, 40.

[349] Quanto ao ponto, esclarece Ovídio Baptista: "Temos, porém, de considerar a referência à "obrigação" feita no art. 461 como envolvendo principalmente, ou talvez, exclusivamente a categoria dos deveres legais, mais do que propriamente as relações obrigacionais de natureza privada. Ao menos no contexto do Código de Defesa do Consumidor, a alusão feita por seu art. 84 às 'ações que tenham por objeto o cumprimento de obrigações de fazer ou não fazer' pretende significar ações que tenham por objeto o cumprimento de 'deveres', não propriamente 'obrigações'". BAPTISTA DA SILVA, Ovídio A. Ação para cumprimento das obrigações de fazer e não fazer. In: *Da sentença liminar à nulidade da sentença*. Rio de Janeiro: Forense, 2002.

[350] Art. 479 do Projeto de Lei do Senado n° 166/2010.

[351] Idem.

bem como do direito fundamental à efetividade e adequação da prestação jurisdicional.

É também adequado o emprego da tutela no direito de família, nos direitos reais, nos direitos autorais (Lei nº 9.610/98), nos deveres decorrentes das proibições de abuso de poder econômico (Lei nº 8.884/94), ou seja, em relação a todos os *deveres legais* para os quais não haja normas capazes de reproduzir o resultado específico, ou em relação aos quais a *via especial de tutela especifica* prevista se revela menos eficaz do que o procedimento contidos nos arts. 461 e 461-A.[352]

### 5.2.1. Obrigação de fazer

Seu significado comporta a prática de qualquer espécie de ação, tarefa, serviço ou trabalho, excluídas as condutas destinadas à entrega de coisa e de pagamento em dinheiro.

Em muitos casos, difícil distinguir se a conduta em análise envolve um dever de *fazer* ou de entrega da coisa, especialmente se o objeto envolve prestação *mista*. Nesses casos, parece adequado perquirir-se a respeito da *natureza preponderante* da obrigação.[353] No entanto, à vista da unificação de regimes sentida com o advento do art. 461-A (redação dada pela Lei nº 10.444/02), tal diferenciação perdeu relevância prática, ao menos em sede processual.

### 5.2.2. Obrigação de não fazer

Impõe-se necessária diferenciação dentre os deveres de não fazer, de modo a discernir aqueles que representam uma *tolerância* daqueles que implicam uma *abstenção*.

Como *dever de tolerância*, deve-se entender aquelas hipóteses em que o obrigado é forçado a suportar um ato ou intervenção de terceiro em sua esfera jurídica, sendo-lhe defeso reagir. O *dever de abstenção*, de outro lado, resulta na vedação à prática de atos que interferiram na esfera jurídica de outrem.

---

[352] Como se viu, excepcionam a *via geral* de tutela específica, a proteção especial conferida pelo Código de Defesa do Consumidor, pela Lei da Ação Civil Pública, do Estatuto de Criança e do Adolescente e Lei Antitruste, *vias especiais* de concessão da tutela específica.

[353] A confusão entre obrigações de diferentes naturezas não se limita às obrigações compreendidas pelo art. 461. Rizzo Amaral traz exemplo no qual a confusão ocorre de maneira proposital: "A obrigação de pagar dividendos ou *pro labore* pode ser classificada como obrigação de pagar, mas já observamos a construção do pedido de forma que o que se requeira em juízo seja o *depósito* dos valores: que o devedor *faça* o depósito. Com isso, pretende-se burlar a sistemática engessada da execução para pagamento de quantia [...]". AMARAL, Guilherme Rizzo. *Cumprimento e execução de sentença sob a ótica do formalismo-valorativo*. Porto Alegre: Livraria do Advogado, 2008, p. 142.

Tutela Específica dos Direitos

No entanto, ambas as espécies convergem para um *não fazer*, submetendo-se à mesma classificação material e idêntico regime de tutela.

Para ilustrar, dentre os direitos de servidão, a *passagem forçada* constitui modalidade típica de *dever de tolerar*, ao passo que a proibição de barulho excessivo ou a proibição de empregar materiais corrosivos à parede vizinha (art. 1.308 CC) representam espécies correntes do *dever de abstenção*.

Em relação aos deveres de não fazer, cabe ainda realizar relevante distinção doutrinária. Entende-se que possam ser *instantâneas* ou *permanentes*.

*Instantâneas* são os deveres e obrigações que uma vez descumpridos, não comportam desfazimento. Exemplificativamente, se a emissão de gases nocivos já resultou em prejuízo à camada atmosférica, os prejuízos decorrentes à sociedade provavelmente não comportarão desfazimento. Por decorrência, quando descumpridos, impossibilitam a reprodução do resultado específico pretendido, relegando-se a solução à via subsidiária indenizatória, como determina o § 1º do art. 461.[354]

Como *permanente*, entendem-se aqueles deveres de *não fazer* que comportam *desfazimento*. Dessa forma, a construção de um muro em desacordo à legislação competente, ou em desrespeito à cláusula contratual resolve-se mediante ordem de desfazer a construção, obtendo-se, sem maior complexidade, o resultado específico pretendido pelo Direito.

De resto, cabe ainda lembrar que o *não fazer* não se confunde com o *desfazer*, que representa, em termos práticos, um *fazer*. Exemplificando, a destruição de um muro (desfazer), construído em desrespeito a uma obrigação contratual ou a um dever legal representa um *fazer*, visto que implica uma ação, tarefa ou serviço (derrubar o muro, retirar os escombros, etc.).

### 5.2.3. Obrigação de entregar coisa

A *res* objeto de entrega, na dimensão ilimitada oferecida pelo 461-A,[355] pode ter fundamento tanto no direito *real* como no direito *obrigacional*, valendo, portanto, para toda e qualquer obrigação que envolva entrega de coisa.

Aqui, pouco importa qual a atividade que o réu precise praticar para realizar a entrega da coisa, pois o interesse principal do credor é que a coisa lhe seja entregue.[356]

---

[354] Art. 480 do Projeto de Lei do Senado nº 166/2010.

[355] Art. 479, § 1º do Projeto de Lei do Senado nº 166/2010.

[356] PASSOS, J. J. Calmon de. *Inovações no código de processo civil*. Rio de Janeiro: Forense, 1995, p. 51.

O conceito legal abrange coisas móveis e imóveis, fungíveis ou infungíveis, determinadas ou indeterminadas.

### 5.3. Fungibilidade e infungibilidade dos deveres e obrigações

Qualifica-se como *fungível* a obrigação que, por natureza ou convenção, revela-se passível de realização por terceiro em caso de descumprimento pelo demandado. Em contrapartida, *infungíveis* são aquelas obrigações que somente admitem cumprimento mediante a atuação direta e pessoal do demandado, em razão das suas qualidades pessoais (infungibilidade natural), ou mesmo porque, dessa forma, se convencionou (infungibilidade contratual).

Segundo Calmon de Passos:

Nestas (infungíveis), o credor levou em consideração a pessoa do devedor, sua especial capacidade, chamadas, por isso mesmo de *intuito personae*, para a execução específica das quais os meios de sub-rogação se tornam aplicáveis. Naquelas (fungíveis), o que se busca é uma utilidade ou um bem perfeitamente alcançável mediante a atividade de um terceiro, em perfeitas condições técnicas de atender a quantas especificações foram postas pelo credor no negócio jurídico que concluiu com o devedor inadimplente. (destacou-se)[357]

Nas palavras de Orlando Gomes:

Serviço fungível é o que pode ser prestado por outra pessoa que não o devedor. O credor tem a faculdade de mandar executá-lo por substituto, às exigências da outra parte. Serviço não-fungível, é o que se contrata *intuito personae*, isto é, em atenção às qualidades pessoais do devedor. Sua execução por terceiro ou é impossível ou desinteressante ao credor.[358]

Em regra, é válido afirmar que as obrigações *fungíveis* admitem realização não apenas pelo próprio devedor, mas também por terceiro, amoldando-se às medidas *sub-rogatórias* previstas pelo § 5º do art. 461.[359] Assim, o adimplemento da obrigação poderá satisfatoriamente ocorrer através da ação de terceiro, aí incluído o serventuário da justiça (*v.g.* imissão na posse, remoção de pessoas e coisas, desfazimento de obra, dentre outros exemplos).

De forma diversa, os deveres *infungíveis* não admitem cumprimento por terceiro em razão de sua pessoalidade (*intuito personae*). À tutela destes, com maior adequação, apresentam-se as medidas de caráter *coer-*

---

[357] PASSOS, J. J. Calmon de. *Inovações no código de processo civil*. Rio de Janeiro: Forense, 1995, 52.

[358] GOMES, Orlando. *Introdução ao direito civil*. 5. Ed. Rio de Janeiro: Forense, 1977, v.1, p. 148.

[359] Art. 502, parágrafo único, do Projeto de Lei do Senado nº 166/2010.

*citivo*, que atuam sobre a vontade do devedor, no intuito de compeli-lo ao cumprimento específico da obrigação.

Cumpre diferenciar as obrigações *naturalmente infungíveis* das *contratualmente infungíveis*. Se as partes convencionarem que determinada obrigação, mesmo que naturalmente fungível, deva ser cumprida exclusivamente por determinada pessoa, estar-se-á diante de uma infungibilidade diferenciada. Nesse caso, conforme a melhor doutrina, estar-se-á diante de uma obrigação *contratualmente infungível*.[360]

Poderá o demandante insurgir-se contra a infungibilidade contratualmente estipulada, requerendo ao juiz o cumprimento específico por terceiro?

Ao que parece, muito embora as partes tenham convencionalmente "infungibilizado" a determinada obrigação naturalmente fungível, é plenamente possível ao autor requerer a aplicação de medidas de caráter sub-rogatório com vistas à obtenção da tutela específica através de atividade de terceiro. Inexistentes elementos materiais a impossibilitar a execução por terceiro – considerando que a infungibilidade, nesses casos, advém de pura convenção –, parece tranquilo o entendimento que permite ao demandante *reconverter* a obrigação a sua fungibilidade natural.[361] [362]

Em caminho oposto, tratando-se de obrigação *naturalmente* infungível, terceiro jamais lograria êxito em reproduzir o resultado específico pretendido pelo autor.

Para se chegar a tal conclusão, deve-se também observar que o modelo processual atual elegeu *o cumprimento específico dos deveres e obrigações* como valor absoluto do sistema, preferência que cederá à conversão da obrigação em perdas e danos somente nas restritas hipóteses do § 1º do art. 461.[363] E à *impossibilidade* à que se refere o citado artigo deverá estar ligada, necessariamente, a um impedimento natural, concreto, material.

---

[360] José Eduardo Carreira Alvim menciona exemplo de infungibilidade convencional, que seria o caso do serviço de reparo em material que esteja causando vazamento, no qual o contratante tenha restringido o universo da obrigação a determinado encanador específico. Muito embora tal serviço comportasse cumprimento adequado por qualquer técnico da área, vez que a sua singeleza dispensaria qualidades extraordinárias, as partes entenderam por bem restringir o cumprimento daquela obrigação unicamente à pessoa do contratante. ALVIM, José Eduardo Carreira. *Tutela específica das obrigações de fazer, não fazer e entregar coisa*. 3. ed. Rio de Janeiro: Forense, 2003, p. 39.

[361] Talamini ressalta "que continua válida a noção de que a infungibilidade convencional é normalmente garantia em prol do credor, que dela pode abrir mão e aceitar a realização por terceiro". *Tutela relativa aos deveres de fazer e de não fazer: e a sua extensão aos deveres de entregar coisa (CPC arts. 461 e 461-A, CDC, art. 84)*. 2 ed. São Paulo: Editora Revista dos Tribunais, 2003, p. 40.

[362] Nesse sentido, Rizzo Amaral entende que, "sendo de interesse do autor (credor), viável se mostra a execução por sub-rogação. Isso porque a infungibilidade aproveita apenas o credor". AMARAL, Guilherme Rizzo. *As astreintes e o processo civil brasileiro: multa do art. 461 do CPC e outras*. Porto Alegre: Livraria do Advogado, 2004, p. 93.

[363] Art. 480 do Projeto de Lei do Senado nº 166/2010.

## 5.4. Limites físicos, éticos e legais

Ao reservar-se o monopólio exclusivo da jurisdição, o Estado esbarra em certas *limitações*, as quais, por princípio, devem – ou, ao menos, deveriam – ser vistas como intransponíveis.

Segundo anota José Eduardo Carreira Alvim,[364] tais fronteiras devem ser consideradas como limites ao próprio exercício da jurisdição, atuando, em determinadas hipóteses, como verdadeiros óbices inviabilizadores da prestação da tutela específica desejada.

Como *limites físicos ou naturais* à obtenção do resultado específico da obrigação imposta em título judicial, encontram-se as incontornáveis situações de *perda do objeto* (i), previstas nos arts. 77 e 78 do Código Civil de 1916; somadas às obrigações personalíssimas (i), infungíveis por natureza.

A respeito dessa última hipótese, toda vez em que o Direito deparar-se com a ineficácia dos meios coercitivos para a realização de uma obrigação *infungível*, inviável se tornará o seu cumprimento específico, pois é inadmissível compelir fisicamente o demandado ao adimplemento de prestação somente por ele exequível (impossibilidade física). Conforme esclarece Watanabe, "o princípio da intangibilidade da liberdade pessoal constitui um limite à realização específica da obrigação de fazer ou não fazer na hipótese de infungibilidade de ordem prática. Ao seu descumprimento, a solução que o nosso sistema processo admite é a sub-rogação da obrigação em equivalente pecuniário".[365] Exemplificativamente, não se pode admitir constranger fisicamente o artista à criação.

Quanto ao ponto, Talamini discorre acerca da mais recente concepção do brocardo romano *nem ad factum praecise cogi potest*:[366]

> O brocardo *nemo ad factum praecise cogi potest* retrata, em primeiro lugar, um limite natural: no presente estágio de desenvolvimento tecnológico, parece materialmente impossível a adoção de mecanismos que utilizem o corpo do obrigado, contra a sua vontade, a fim de que ele cumpra o dever de fazer que lhe incumbe.
>
> [...]
>
> No entanto, diferentemente do que pretendeu Carnelutti, põe-se também um limite ético-jurídico. Está na vedação de qualquer mecanismo que torne o ser humano (seu corpo, sua mente) *objeto*, a fim de concretizar o dever de fazer. Então caso existisse (ou exista) tec-

---

[364] ALVIM, José Eduardo Carreira. *Tutela específica das obrigações de fazer, não fazer e entregar coisa*. 3. ed. Rio de Janeiro: Forense, 2003, p. 48-49.

[365] WATANABE, Kazuo. *Tutela antecipatória e tutela específica das obrigações de fazer e não fazer. In: Reforma do código de processo civil*. Sálvio de Figueiredo Teixeira (coord.). São Paulo: Saraiva, 1996, p. 42-43.

[366] TALAMINI, Eduardo. *Tutela relativa aos deveres de fazer e de não fazer: e a sua extensão aos deveres de entregar coisa (CPC arts. 461 e 461-A, CDC, art. 84)*. 2 ed. São Paulo: Revista dos Tribunais, 2003.

Tutela Específica dos Direitos

nologia capaz, de independentemente da vontade da pessoa obrigada, permitir o controle direto de seu organismo, seu intelecto, suas capacidades e habilidades (uma técnica de hipnose, por exemplo), tal artifício normalmente *não poderia ser utilizado* para o cumprimento forçado do dever de fazer.

Assim se impõe em atenção ao valor fundamental da *dignidade humana*. O homem, na ordem jurídica, há sempre de ser *sujeito*, e não objeto. Deve ser sempre tratado como fim, e nunca como meio.

Calvão da Silva também estabelece importantes limitações à atuação do Estado em busca da adoção, pelo réu, da conduta imposta pela ordem jurídica, a saber:

Assim, meios que pela sua desumanidade violentem a pessoa do devedor, ofendam e choquem a consciência ético-jurídica, o bom senso e o pudor social, pondo em causa a liberdade e a dignidade humanas, devem ser absolutamente proscritos, por contrários à moral e aos direitos fundamentais do homem, como acontece com a violência corporal [...].[367]

Por não representarem constrangimento forçado sobre o corpo do obrigado, os mecanismos sub-rogatórios e coercitivos de conduta, disponibilizados pelo art. 461[368] não implicam ofensa aos limites aqui destacados.

Considerados os balizamentos sugeridos, poder-se-ia concluir, em síntese, que, em se tratando de prestação infungível, caso ineficazes os mecanismos de coerção previstos pelo ordenamento (*v.g.* multa), tal obrigação será inevitavelmente convertida em perdas e danos (§ 2º do art. 461).

# 6. Técnica e utilidade da tutela específica

### 6.1. Emprego da melhor técnica possível

A extensão do artigo 461[369] e a quantidade de normas contidas em seus seis parágrafos dão conta de uma diversidade de mecanismos a compor complexo procedimento a serviço da obtenção da tutela específica dos direitos.

Nos próximos capítulos, adentrar-se-á na análise do referido artigo, procurando-se, primeiramente, bem compreendê-lo para, então, sugerir a melhor técnica possível no manuseio das regras que o compõem.

---

[367] CALVÃO DA SILVA, João. *Cumprimento e sanção pecuniária compulsória.* 2. ed. Coimbra: Coimbra, 1997, p. 204.

[368] Art. 479 do Projeto de Lei do Senado nº 166/2010.

[369] Idem.

É certo que a inadequada utilização dos mecanismos e das regras processuais contidos nos art. 461 e 461-A do CPC[370] – o que tem a ver com a questão da técnica processual empregada[371] – reduzirá a efetividade da proteção jurisdicional idealizada pelo legislador, contribuindo para o insucesso desse instrumento de tutela. Conforme adverte Bedaque, em raciocínio aplicável a qualquer instituto processual:

A técnica constitui fator essencial à idéia de processo. Concebido este como instrumento de que a função jurisdicional do Estado se serve para colocar fim às crises existentes no plano do direito material, necessário regular a maneira como ele opera. É fundamental que o instrumento atue segundo técnica adequada e apta a possibilitar que os fins sejam atingidos. Esta é a função das formas e formalidades processuais, cuja razão de ser encontra explicação fundamentalmente em fatores externos ao próprio processo.[372]

Segundo Carlos Alberto Alvaro de Oliveira, a boa técnica advirá da "síntese entre o sistema e a forma", de modo a servir aos "fins últimos do processo, limitando-se o mínimo possível o desempenho dos sujeitos processuais, de modo que a regulação contenha apenas o indispensável para uma condução bem organizada e proporcionada do feito".[373]

Não resta dúvida de que, ao prever o cumprimento específico das obrigações e dos deveres em geral, o legislador intentou possibilitar que o processo atingisse a sua finalidade (resolução de controvérsia e pacificação social) através do instrumento mais eficiente possível. Nesse sentido, caberá às partes e especialmente ao juiz o desafio da empregar a melhor técnica possível, à luz dos princípios constitucionais, dentre os quais, o direito fundamental à efetividade e adequação da prestação jurisdicional.

As questões tratadas na Parte III deste breve ensaio exprimem, de certo modo, a técnica que se julga mais adequada para a solução de casos concretos, sem prescindir de referência jurisprudencial sempre que necessário.

A análise dos institutos processuais, do ponto de vista da técnica a ser aplicada, é questão de relevo no cenário processual atual.[374] Conforme

---

[370] Art. 479 do Projeto de Lei do Senado nº 166/2010.

[371] Na definição apurada de Dinamarco, "tem-se por técnica a predisposição ordenada de meios destinados a obter certos resultados". Mais adiante, define 'técnica processual' como sendo "a predisposição ordenada de meios destinados à realização dos escopos processuais". DINAMARCO, Cândido Rangel. *A instrumentalidade do processo*. 13. ed. São Paulo: Malheiros, 2008, p. 265.

[372] BEDAQUE, Jose Roberto dos Santos. *Efetividade do processo e técnica processual*. São Paulo: Malheiros, 2006, p. 26.

[373] ALVARO DE OLIVEIRA, Carlos Alberto. *Do formalismo no processo civil*. 2. ed. São Paulo: Saraiva, 2003, 125-126.

[374] Sobre o assunto, imprescindível a leitura da obras *Técnica Processual e Tutela dos Direitos*, de Luiz Guilherme Marinoni, e *Efetividade do Processo e Técnica Processual*, de José Roberto dos Santos Bedaque.

Tutela Específica dos Direitos

Bedaque, o estudo da técnica processual possui basicamente dois grandes objetivos – o segundo diretamente vinculado ao estudo da *tutela específica* dos direitos: a) "conferir segurança ao instrumento", e b) "garantir seja a tutela jurisdicional, na medida do possível, resposta idêntica à atuação espontânea da regra de direito material, quer do ponto de vista da justiça da decisão, quer do ângulo da tempestividade".[375]

### 6.2. Forma de atuação das medidas de coerção e sub-rogação

Em meio à atividade jurisdicional, é legítima a possibilidade de aplicação de determinadas medidas, chamadas de *sanções*, a fim de fazer valer as normas estabelecidas pelo ordenamento.

Nas palavras de Carnelutti,[376] sanção "é a determinação das consequências que resultam da observância ou inobservância do preceito". José Eduardo Carreira Alvim[377] complementa que "'preceito' é a indicação da conduta a ser observada".

Contrariamente ao que usualmente se supõe, a *sanção* não representa necessariamente a *ameaça* de um *mal;* poderá, por exemplo, apresentar-se sob a forma de premiação a estimular a prática de determinada conduta.[378] Em realidade, representará *sempre* uma reação à obediência ou desobediência de determinada conduta imposta pela ordem jurídica.

O significado técnico da palavra *sanção* deve ser compreendido sob dois aspectos: em sentido amplo, representa um *comando* previsto para reforçar a observância da norma (preceito) a ela vinculada. Em sentido estrito, o *mecanismo* através do qual a norma se fará atuar: (a) de maneira *sub-rogatória*, prescindindo do comportamento do demandado para a obtenção de conduta que deseja coibir ou estimular (meios de execução direta); ou de maneira (b) *coercitiva*, de modo a influenciar psicologicamente o demandado à prática da conduta desejada ou repelida pela ordem jurídica (meios de execução indireta).

Feitos tais esclarecimentos, passar-se-á à análise individual dos mecanismos disponibilizados à tutela específica das obrigações não pe-

---

[375] BEDAQUE, José Roberto dos Santos. *Efetividade do processo e técnica processual.* São Paulo: Malheiros, 2006, p. 77-78.

[376] CARNELUTTI. *Sistema del diritto processuale civile.* Padova: Cedam, 1936, v. 1, 19 e 22.

[377] ALVIM, José Eduardo Carreira. *Tutela específica das obrigações de fazer, não fazer e entregar coisa.* 3. ed. Rio de Janeiro: Forense, 2003, p. 91.

[378] As sanções podem atuar através da ameaça de *dano*, como por meio de *vantagem* prometida pela sua observância (sanção premial). Conforme Talamini, as isenções fiscais e as promessas de recompensa representam exemplos típicos dessa última hipótese.TALAMINI, Eduardo. *Tutela relativa aos deveres de fazer e de não fazer: e a sua extensão aos deveres de entregar coisa (CPC arts. 461 e 461-A, CDC, art. 84).* 2 ed. São Paulo: Revista dos Tribunais, 2003, p. 179.

cuniárias, quais sejam: os *mecanismos sub-rogatórios* e os *mecanismos coercitivos*.

Os *mecanismos sub-rogatórios* visam a gerar o resultado pretendido pela norma independentemente da participação e da vontade do obrigado. *Prescindem* do comportamento do obrigado, deixando-o em estado de absoluta *submissão*[379] frente à atuação de terceiro estranho ao processo, seja este particular ou serventuário de justiça.

As medidas previstas pelo § 5º do art. 461[380] – à exceção da multa pecuniária – apresentam-se como exemplos típicos e atuais dessa modalidade. Nesse sentido, fácil perceber que as medidas de *busca e apreensão*, *remoção de pessoas e coisas*, *desfazimento de obras* e *impedimento de atividade nociva*, todas expressamente contempladas pelo § 5º, independem do comportamento do obrigado para a sua efetivação. Em assim sendo, os mecanismos de sub-rogação traduzem-se na imposição de medidas materiais voltadas à obtenção do resultado específico desejado pelo direito, independentemente da colaboração do obrigado.

Se essas características forem transportadas para o plano da eficácia dos provimentos judiciais, de pronto, notar-se-á que tal mecanismo revela forte carga de executividade. Ínsita aos provimentos proferidos com base no art. 461, a eficácia executiva encontra-se presente em todas as medidas do § 5º,[381] à exceção da multa. Nas palavras precisas de Talamini:

> Além da eficácia mandamental, o art. 461 atribui ao juiz a função de, sempre que possível e necessário, determinar no próprio processo de conhecimento a adoção de medidas materiais destinadas a obter, independentemente da conduta do réu, o mesmo resultado prático que o cumprimento geraria. Portanto, o provimento que antecipadamente ou ao final concede a tutela *ex* art. 461 reveste-se também de eficácia executiva *lato sensu*.[382]

Passa-se à análise dos *mecanismos coercitivos*, que se prestam para *pressionar* o obrigado, influenciando-o psicologicamente a fim de que adote a conduta específica desejada pelo ordenamento.

A força coercitiva desencadeada por tais mecanismos atuará de forma palpável. Comunica-se ao destinatário da ordem que o seu des-

---

[379] Talamini prefere usar a expressão *mecanismo de sujeição* para denominar o mecanismo em questão. TALAMINI, Eduardo. *Tutela relativa aos deveres de fazer e de não fazer: e a sua extensão aos deveres de entregar coisa (CPC arts. 461 e 461-A, CDC, art. 84)*. 2. ed. rev., atual. e ampl. São Paulo: Revista dos Tribunais, 2003, p. 170.

[380] Art. 502, parágrafo único, do Projeto de Lei do Senado nº 166/2010.

[381] Idem.

[382] TALAMINI, Eduardo. *Tutela relativa aos deveres de fazer e de não fazer: e a sua extensão aos deveres de entregar coisa (CPC arts. 461 e 461-A, CDC, art. 84)*. 2. ed. São Paulo: Revista dos Tribunais, 2003, p. 235.

cumprimento implicará determinada consequência material – no caso da tutela dos direitos não pecuniários, a aplicação da *multa coercitiva*.

De um modo geral, pode-se afirmar que as *medidas coercitivas* apelam à coerção da vontade do réu/devedor, no sentido de que este coopere com o cumprimento de prestação/obrigação imposta na decisão, sob pena de determinada sanção. De outro lado, as medidas de sub-rogação prescindem da vontade e da cooperação do réu/devedor, substituindo a sua conduta através da ação direta do Estado (expropriação), de um terceiro ou do próprio credor.

A exemplo do paralelo antes referido entre os mecanismos sub-rogatórios e a eficácia executiva da sentença, cabe também ressaltar a intrínseca relação existente entre os *mecanismos coercitivos* e a manifestação da eficácia mandamental da sentença proferida com base no artigo 461 do CPC.[383]

Assim, caberá ao juiz, sempre que *adequado* e *compatível* veicular ordem direta ao obrigado a fim de que venha a praticar a conduta desejada pelo Direito. Essa ordem virá usualmente veiculada com um mecanismo coercitivo, em regra, a multa pecuniária prevista no § 4º do art. 461.[384] Os mecanismos coercitivos assumirão, portanto, a função de reforçar o dever de obediência às decisões judiciais.

Diferentemente do que ocorre no procedimento previsto para a execução de título extrajudicial, que tem como objeto obrigação de *fazer* e *não fazer* (CPC, arts. 632 a 645)[385] – no qual a força *mandamental* da intimação do demandado para cumprimento da obrigação é por demais diminuta –, no cumprimento de sentença com base no art. 461 do CPC,[386] ao *ordenar* o cumprimento específico da obrigação reconhecida judicialmente, o juiz não está apenas ofertando uma "última chance" ao réu, trata-se de verdadeira *ordem* para que venha a impreterivelmente cumprir o comando imposto na sentença.

Talamini destaca a elevada carga de mandamentalidade intrínseca desse provimento:

> No sistema instituído pelo art. 461, visa-se primordialmente ao exato resultado que se teria, caso o demandado houvesse assumido a conduta devida. [...] E, para tanto, o provimento concessivo da conduta do réu, há de ter força suficiente para mandar que ele mesmo adote o comportamento devido. A cientificação desse ato ao demandado não constituirá mera

---

[383] Art. 479 do Projeto de Lei do Senado nº 166/2010.

[384] Art. 503, § 4º do Projeto de Lei do Senado nº 166/2010.

[385] Arts. 738 a 748 do Projeto de Lei do Senado nº 166/2010.

[386] Art. 479 do Projeto de Lei do Senado nº 166/2010.

"oportunidade para cumprir". Veicularà *ordem, revestida de autoridade estatal, para que cumpra.*[387]

Como visto, de nada adiantaria o Estado-legislador munir o juiz de técnica aparentemente suficiente se não lhe fosse resguardado razoável grau de imperatividade, nos casos em que materialmente é inadequada a imposição de mecanismos sub-rogatórios, de execução direta – a exemplo das obrigações infungíveis – ou porque é excessivamente onerosa ou demais complexa a realização daquela determinada obrigação por terceiro.

Por fim, registre-se que os mecanismos coercitivos (de execução indireta) constituem, a nosso ver, a forma mais eficiente de efetivação dos provimentos judiciais. Levando em consideração, exemplificativamente, (i) a demora usual na expropriação de bens, (ii) a enorme capacidade dos devedores de esconderem patrimônio ou de transferí-los à titularidade de terceiros, (iii) a complexidade do cumprimento judicial da obrigação por um terceiro, parece evidente que a cumprimento das decisões judiciais mediante a colaboração direta do réu – por meio de coação da sua vontade, é bem verdade – é a maneira mais ágil de emprestar-se efetividade à jurisdição.[388]

### 6.3. Classificação das tutelas quanto ao momento de incidência e forma de atuação

Propõe-se uma classificação da tutela jurisdicional segundo o momento e a forma de atuação da sanção imposta na decisão judicial, seja ela final (sentença) ou antecipada (decisão interlocutória concessiva de antecipação da tutela). Cuida-se, exclusivamente, daquelas que apresentam maior utilidade à tutela dos direitos não peciniários.[389]

Assim como as sentenças e as ações, as tutelas também podem ser classificadas segundo uma infinidade de critérios. As tutelas jurisdicionais – entendidas como a proteção conferida pelo Estado ao direito ma-

---

[387] TALAMINI, Eduardo. *Tutela relativa aos deveres de fazer e de não fazer: e a sua extensão aos deveres de entregar coisa (CPC arts. 461 e 461-A, CDC, art. 84)*. 2. ed. São Paulo: Revista dos Tribunais, 2003, p. 233-234.

[388] Sérgio Cruz Arenhart acrescenta: "Se as execuções por sub-rogação têm a vantagem de dispensar a colaboração do réu, trazem também o inconveniente da demora em localizar terceiros dispostos a realizar a conduta devida pelo requerido ou em encontrar bens do réu que possam satisfazer o crédito do autor. Esta demora se materializa na complexidade do procedimento previsto para a execução tradicional e na praticamente inviável utilização do rito previsto nos artigos 634 e ss do CPC". ARENHART, Sérgio Cruz. A prisão civil como meio coercitivo. Gênesis. *Revista de Direito Processual Civil*, v. 41, p. 177-200, 2007.

[389] Desse modo, a classificação, adiante sugerida, não possui a intenção de abranger a totalidade das sanções contempladas pelo ordenamento. Enfatizam-se aquelas de maior utilidade à *tutela específica* dos direitos.

Tutela Específica dos Direitos

terial depois de reconhecida a sua existência no processo – podem ser agrupadas segundos os mais variados pontos de vista, desde que cada espécie contenha as mesmas características, seguindo-se um único critério (homogeneidade de critério).

Desse modo, a tutela jurisdicional poderá ser classificada como individual ou coletiva, antecipada ou final, sumária ou exauriente e daí por diante. Aqui interessa classificar a tutela segundo o seu momento de atuação e forma de atuação, antes ou após à prática do ilícito e/ou à ocorrência do resultado danoso.

De início, destaca-se que as sanções podem atuar em momento anterior à prática da conduta contrária ao direito (ilícito). Nesses casos, ter--se-á a prestação de tutela *preventiva*, uma vez que se pretende *inibir* a realização de conduta ilícita.

Parte-se da constatação de que o processo de conhecimento não poderá mais mostrar-se inapto a inibir a prática de conduta contrária à ordem jurídica (ilícito). O direto à tutela jurisdicional preventiva é hoje assegurado a todo e qualquer cidadão, com *status* de direito fundamental, tendo em vista que o *acesso à justiça* (CF, art. 5, inc. XXXV) assegura não apenas o ressarcimento do dano, mas também, e especialmente, a prevenção do ilícito.

Sob outro ponto de vista, diz Marinoni: "Como o direito material depende – quando pensado na perspectiva da efetividade – do processo, é fácil concluir que a ação preventiva é consequência lógica das necessidades do direito material".[390]

A inexistência de um procedimento dotado de mecanismos idôneos à prevenção do ilícito dava-se, em realidade, pelo temor de conceder-se ao juiz poderes executivos para atuar *antes* da violação do direito.[391] Vale registrar, contudo, que o CPC de 1973 já previa, desde a sua promulgação, dois procedimentos especiais capazes de fornecer uma tutela anterior à prática do ilícito, a saber: a ação de nunciação de obra nova (CPC, art. 934)[392] e o interdito proibitório (CPC, art. 932).[393]

A *tutela preventiva* está ligada à probabilidade de que a conduta contrária ao direito venha a ser praticada. Pretende-se impedir a prática de ato, que poderá provocar dano futuro. Projeta efeitos para o futuro e nada tem a ver com as formas de tutela que atuam após a prática do ilícito.

---

[390] MARINONI, Luiz Guilherme. *Tutela inibitória:* individual e coletiva. 3. ed. São Paulo: RT, 2003, p. 36.

[391] MARINONI, Luiz Guilherme. *Técnica processual e tutela dos direitos.* 2. ed. São Paulo: Revista dos Tribunais, 2008, p. 192.

[392] Procedimento especial não previsto pelo Projeto de Lei do Senado n° 166/2010.

[393] Art. 651 do Projeto de Lei do Senado n° 166/2010.

Exemplo recorrente é o direito do titular de marca, devidamente registrada no órgão competente, de impedir que o seu concorrente ou qualquer pessoa veiculem produto com a reprodução da sua marca, pouco importando a dimensão dos danos daí decorrentes ao titular da marca.

A *tutela preventiva* visa também a evitar a reiteração da conduta ilícita, ou seja, a prática de um novo ilícito posterior à ocorrência de um ilícito anterior, nos casos em que a conduta contrária ao direito se materializa como uma ação continuada. Como esclarece Marinoni, deve-se distinguir uma ação ilícita continuada de um único ato ilícito cujos efeitos perduram no tempo, a saber:

> A ação inibitória diz respeito à ação ilícita continuada, e não ao ilícito cujos efeitos perduram no tempo. Isso por uma razão lógica: o autor somente tem interesse em inibir algo que pode continuar a ser feito e não o que já se exauriu ou foi realizado. No caso em que o ilícito já foi cometido, não há temor a respeito do que pode ocorrer, uma vez que o ato já foi praticado. Como esse ato tem eficácia continuada, sabe-se de antemão que os seus efeitos prosseguirão no tempo. Portanto, no caso de ato com eficácia ilícita continuada, o autor deve apontar para o que já aconteceu, pedindo a remoção do ato que ainda produz efeitos.
>
> Exemplificando: a atividade que gera fumaça poluente constitui agir ilícito continuado. Isto é, a ilicitude pode ser medida pelo tempo em que a ação se desenvolve. Nessa hipótese, há como usar a ação inibitória, pois o juiz pode impedir a continuação do agir. Contudo, no caso de despejo de lixo tóxico em local proibido, há ato ilícito – que depende apenas de uma ação que se exauriu – de eficácia continuada. Nesse caso, basta a remoção do ilícito, ou melhor, que a tutela jurisdicional remova o ato já praticado para que, por conseqüência, cessem os seus efeitos ilícitos.[394]

Dando seguimento à classificação das tutelas de acordo com o momento de atuação da sanção, tem-se, em seguida, a *tutela de remoção do ilícito*. Se a tutela preventiva visa a impedir a prática do ilícito ou fazer cessar a prática de atos ilícitos reiterados ou continuados, a tutela da remoção do ilícito atua em momento posterior, visando a remover os efeitos do ato ilícito praticado.

Nesse caso, o ato ilícito está no passado, já foi praticado, e o que se visa combater são os efeitos do ato praticado, conquanto ainda não tenha ocorrido a produção de danos. Nas palavras de Marinoni, "a ação de remoção de ilícito possui duas direções. De um lado olha para trás, mirando um ato que já ocorreu; de outro, zela pelo futuro, ainda que indiretamente, impedindo que danos sejam produzidos". E complementa: "Como o ilícito não se confunde com o dano, constituindo-se em um primeiro degrau no caminho que pode gerá-lo, fica fácil demonstrar que a supressão do ilícito nada mais é do que a eliminação da fonte do dano".[395]

---

[394] MARINONI, Luiz Guilherme. *Técnica processual e tutela dos direitos*. 2. ed. São Paulo: Revista dos Tribunais, 2008, p. 205.

[395] Idem, p. 207.

Uma vez ocorrido o dano, ou seja, quando não se obteve êxito em *inibir* a prática do ilícito, tampouco em *fazer cessar* os efeitos do ato ilícito praticado, tem lugar a chamada *tutela ressarcitória*, que poderá ocorrer sob duas modalidades distintas: *pelo equivalente* em dinheiro, ou na *forma específica*.

Ambas as espécies de tutela ressarcitória atuam em momento posterior à transgressão do direito, bem como posteriormente à produção dos danos daí decorrentes. Vale recordar que a tutela pelo equivalente em dinheiro tem estreita ligação com os valores do Estado Liberal burguês, que não se importava com a diferenciação entre pessoas e coisas, estabelecendo procedimento genérico igual – consequentemente prestando tutela idêntica – independentemente da natureza do direito posto em causa. Como se viu em linhas atrás, em proteção a liberdade dos cidadãos, ao Direito não seria dado interferir na esfera particular das pessoas, assegurando a entrega forçada do bem da vida almejado pelo autor.[396]

Sabe-se que não apenas as obrigações patrimoniais podem ser reparadas na modalidade pecuniária. As obrigações e deveres de fazer, não fazer e dar, apesar de não representarem prestação em dinheiro, também podem obter ressarcimento mediante o arbitramento de um valor. Naturalmente, quando se trata de dever ou obrigação de caráter *não pecuniário*, a tutela mediante a pós-fixação de uma quantia "supostamente" equivalente em dinheiro não será o meio mais adequado de tutela, exatamente em razão da natureza da prestação: não pecuniária.

A inadequação torna-se mais evidente quando estão em jogo direitos de natureza coletiva (consumidor, meio ambiente, direito concorrencial), cujos danos, muitas vezes, são irreversíveis e, portanto, irreparáveis de forma específica, uma vez violados. Pense-se na poluição de um rio, com a alteração da biodiversidade existente, ou na supressão de árvores, com a alteração irreversível do equilíbrio da fauna local.

Assim, mesmo quando não se apresentar como a forma de tutela mais adequada, a tutela ressarcitória *pelo equivalente pecuniário* será sempre possível, desde que se atribua um valor em dinheiro (arbitramento) à prestação de fazer, não fazer ou de entregar coisa, segundo a extensão e a qualidade do dano verificado.

A *tutela ressarcitória na forma específica* visa a reproduzir o resultado a que se teria chegado se a norma de direito material não tivesse sido viola-

---

[396] Como bem complementa Marinoni: "[...] se nessa época importou, mais do que nunca, o princípio da autonomia da vontade, admitindo-se que as pessoas eram livres para se autodeterminarem no contrato, e se o Estado não podia atuar sobre a esfera particular do inadimplente, não é difícil entender por que a tutela jurisdicional, no caso de inadimplemento, deveria ser pelo equivalente ao valor da prestação não cumprida". MARINONI, Luiz Guilherme. *Técnica processual e tutela dos direitos*. 2. ed. São Paulo: Revista dos Tribunais, 2008, p. 313.

da.[397] Possui total identidade com o procedimento estabelecido no art. 461 do CPC, que priorizou a obtenção da tutela específica dos direitos de natureza não pecuniárias (direito de exigir um fazer, não fazer ou a entrega de coisa), em detrimento da tutela pelo equivalente pecuniário.

Na outra face, a *tutela pelo equivalente pecuniário* – ou simplesmente *tutela pelo equivalente* – apresenta-se como forma de tutela *subsidiária* quando se trata de dar cumprimento a um dever ou obrigação de fazer, não fazer ou de entrega de coisa. Isso porque, como bem determina o § 1º do artigo 461 do CPC,[398] terá aplicação restrita às hipóteses em que não for mais possível obter-se o resultado específico da obrigação de *fazer, não fazer* ou *de entregar coisa* (impossibilidade natural), ou por opção do autor.

Trata-se, em realidade, de verdadeira *compensação* pela impossibilidade da reprodução judicial do resultado específico da obrigação, tal como prevista no direito material e reconhecida em sentença.

### 6.4. Utilidade da tutela específica

Congregando os elementos abordados nos itens anteriores, pretende-se, neste item, demonstrar a utilidade da nova técnica, em prol da efetividade e adequação da prestação jurisdicional, comparando-a, sempre que necessário, à tutela oferecida pelo modelo anterior.

Resumidamente, o modelo anterior deixava muito a desejar em relação ao cumprimento das obrigações de fazer, não fazer e entregar coisa, por não prever: (i) provimentos de eficácia mandamental e/ou executiva *lato sensu*; (ii) mecanismos de caráter coercitivo e sub-rogatório, com vistas à obtenção de *tutela específica* ou *equivalente*; (iii) a possibilidade de antecipação dos efeitos da sentença a fazer atuar a jurisdição preventivamente à prática do ato ilícito.

Essa *carência* foi suprida com a chegada do art. 461 do CPC/1973.

Complementando o quadro de ineficiência, a tutela oferecida pelo processo de execução de títulos extrajudiciais relacionados às obrigações de fazer, não fazer e entregar coisa, também deixava muito a desejar. Muito embora ali estivessem previstas medidas de efetivação por terceiro (art. 633 do CPC)[399], assim como a possibilidade da aplicação da multa

---

[397] Na definição de Marinoni e Mitidiero: "o objetivo da tutela específica é proporcionar à parte a fruição da situação jurídica final que seria obtida acaso a parte contrária tivesse espontaneamente colaborado para a realização do direito material". MARINONI, Luiz Guilherme; MITIDIERO, Daniel. *Código de processo civil comentado artigo por artigo*. São Paulo: Revista dos Tribunais, 2008, p. 427.

[398] Art. 480 do Projeto de Lei do Senado nº 166/2010.

[399] Art. 739 do Projeto de Lei do Senado nº 166/2010.

Tutela Específica dos Direitos

(art. 645 do CPC),[400] (i) a única solução oferecida às obrigações fungíveis – qual seja o *cumprimento por atividade de terceiro* – revelava-se por demais onerosa e complexa; (ii) em relação aos deveres *fungíveis de caráter contínuo*, inexistiam mecanismos aptos a inibir futuras transgressões; (iii) em relação às obrigações com momento preciso de adimplemento, a inexistência de sanções aptas a agir preventivamente (impossibilidade de antecipação da tutela) inviabilizavam a proteção jurisdicional desejada.

Em solução a todas essas hipóteses surge o manancial de medidas previstas pelo § 5º do art. 461,[401] aliado à possibilidade de antecipação dos efeitos pretendidos na sentença. Tais medidas encontram-se hoje à disposição do julgador, a fim de que as aplique, de forma isolada ou combinada com outro mecanismo, conforme melhor se adequarem à situação concreta levada ao seu conhecimento.

Em socorro às situações então carentes de tutela, os mecanismos previstos nos arts. 461 e 461-A do CPC significaram: a) o reconhecimento da eficácia mandamental, podendo haver a imposição de multa para o caso de descumprimento da ordem emitida pelo juiz; b) a possibilidade da adoção de medidas de cunho sub-rogatório (*v.g.* da busca e apreensão, da remoção de pessoas), de maior simplicidade e celeridade em relação à única via de solução disponibilizada pelo processo de execução de título extrajudicial, qual seja: o *cumprimento por terceiro*; c) a viabilidade da concessão de tutela preventiva, através da antecipação dos efeitos pretendidos na sentença, atendidos os requisitos autorizadores da medida.

Em relação às obrigações *infungíveis*, evidente a imprestabilidade das medidas sub-rogatórias. A pessoalidade inerente a essa modalidade impossibilita a reprodução do resultado desejado mediante a atividade de um terceiro. A essas hipóteses, adequada se apresenta a *veiculação de ordem direta* ao réu (eficácia mandamental), reforçada pela cominação de *mecanismos coercitivos*, a exemplo da multa. Como bem expõe Calvão da Silva:

> A infungibilidade da prestação constitui um limite lógico, intransponível, ao funcionamento da execução sub-rogatória que, neste caso, é estrutural e absolutamente inidônea para proporcionar ao credor o mesmo resultado prático do cumprimento da prestação, para lhe dar tudo aquilo a que tem direito segundo a lei substantiva e que obteria pelo cumprimento.

> E isto, precisamente porque, nas prestações infungíveis, a satisfação do interesse do credor (resultado da prestação) pressupõe necessariamente a actividade (prestação-acção) do devedor, única que lhe proporciona o resultado devido, e, portanto, insubstituível na sua função de meio de realização daquele fim.[402]

---

[400] Art. 748 do Projeto de Lei do Senado nº 166/2010.

[401] Art. 502, parágrafo único, do Projeto de Lei do Senado nº 166/2010.

[402] CALVÃO DA SILVA, João. *Cumprimento e sanção pecuniária compulsória*. 2. Ed. Coimbra: Coimbra, 1997, p. 370.

Mas é em relação às obrigações de *não fazer* que o modelo rígido anterior se mostrava ainda mais inefetivo. Em meio ao processo de execução de título extrajudicial, que compreenda obrigação de fazer, não fazer ou de entregar coisa (CPC, arts. 621[403] e ss. e 632[404] e ss.), inexistem medidas capazes de forçar o demandado a *tolerar* determinada conduta ou abster-se de realizá-la.

A técnica prevista para esse tipo de obrigação restringia-se à aplicação de medidas *ressarcitórias*, com incidência posterior à prática da conduta contrária ao direito, tanto que, à vista do descumprimento pelo demandado, o art. 643[405] manda ao autor requerer o *desfazimento* do ato a sua custa.[406] Apenas se desfaz aquilo que já foi realizado. Quanto à execução das sentenças, não havia a possibilidade de antecipação da tutela, o que inviabilizava a atuação da jurisdição anteriormente ao ilícito. Como retrata Talamini:

A tutela condenatório-executiva pressupõe, como regra, a transgressão.

[...]
Ora, o tempo exigido para a geração da sentença condenatória (considerada inclusive a possibilidade de embargos de executado), no mais das vezes, aniquilaria qualquer perspectiva de proteção efetiva: quando o binômio condenação-execução estivesse finalmente apto a produzir efeitos concretos, a violação a prevenir já se teria concretizado.
Assim, a tutela jurisdicional destinada a concretizar adequadamente sanções preventivas e simultâneas deve desenvolver-se mediante provimentos mandamentais e executivos *lato sensu*.
[...]
Ademais se revela crucial a possibilidade de provimento urgente, que permita, quando for o caso, a antecipação da tutela – para que a sanção preventiva ou simultânea possa oportunamente incidir.[407]

O quadro de insuficiência se agravava ao perceber-se que justamente em relação às obrigações de não fazer, é que a tutela *ressarcitória* apresentava o seu maior grau de inutilidade, pois, em grande parte, as obrigações de não fazer não admitem desfazimento (irreversibilidade negativa).[408]

---

[403] Art. 730 e ss. do Projeto de Lei do Senado n° 166/2010.

[404] Art. 738 e ss. do Projeto de Lei do Senado n° 166/2010.

[405] Art. 746 do Projeto de Lei do Senado n° 166/2010.

[406] Art. 643. Havendo recusa ou mora do devedor, o credor requererá ao juiz que mande desfazer o ato à sua custa, respondendo o devedor por perdas e danos.

[407] TALAMINI, Eduardo. *Tutela relativa aos deveres de fazer e de não fazer: e a sua extensão aos deveres de entregar coisa (CPC arts. 461 e 461-A, CDC, art. 84)*. 2. ed. São Paulo: Revista dos Tribunais, 2003, p. 225.

[408] Faz-se referência às hipóteses em que a obrigação possui *momento exato* para que seja cumprida, ou seja, nas quais o inadimplemento da obrigação tornaria inútil o seu cumprimento posterior, a exemplo da transmissão de determinado evento esportivo que, caso transmitido, em ofensa a obrigação contratual ou legislação específica, não haverá como desfazer a ação. Já em relação aos deveres de não fazer, de natureza continuada ou periódica, que não possuem essa relação prejudicial de inutilidade temporal, entende-se possam ser satisfatoriamente tutelados mediante a prestação de tutela

Tal situação, até então carente de tutela apropriada, veio a ser eficazmente suprida pelo art. 461, do CPC.[409]

Quanto ao emprego dos mecanismos disponibilizados pelo referido artigo, diante das particularidades do direito material posto em causa (adequação da tutela), será, muitas vezes, desejável cumular as eficácias mandamental e executiva, aplicando-se, simultânea ou sucessivamente, medidas de execução direta (de sub-rogação) e indireta (de coerção).

Para tanto, imagine-se uma ordem judicial (liminar ou sentença) determinando que o réu se abstenha de iniciar a perfuração de determinando terreno, sob pena de multa coercitiva. No intuito de melhor resguardar o direito reconhecido ao autor, poderá o juiz, na mesma decisão ou posteriormente ao seu descumprimento, determinar a *remoção de pessoas e coisas,* assim, impedindo, por técnica cumulativa, a perfuração indesejada.

A atuação conjunta de mecanismos coercitivos e sub-rogatórios não constitui algo novo em nosso ordenamento. Em sede possessória, o art. 921 do CPC,[410] desde muito, prevê a possibilidade da cumulação de tais eficácias (mandamental e executiva *lato sensu*).[411]

Em relação às obrigações de *entregar coisa,* dada a sua frequente fungibilidade, a aplicação de *medidas de execução direta* (sub-rogatórias), em regra, mostra-se suficiente para a obtenção do resultado específico pretendido pelo autor. No entanto, tal constatação não se revela suficiente para se concluir que a tutela antes disponibilizada pelo processo autônomo de execução (CPC, arts. 621[412] e ss.) era de todo eficaz.

Nos casos de urgência, que também ocorrem em se tratando de obrigação ou dever de entregar coisa, foram disponibilizados ao juiz mecanismos de atuação *preventiva,* via antecipação de tutela, desde que *relevante o fundamento da demanda* e suficientemente demonstrado o *receio da ineficácia do provimento final* (CPC, art. 461, § 3º do CPC).[413]

Quando o dever de entrega estiver relacionado a prestações periódicas e continuadas, a nova técnica permite a expedição de ordem direta

---

*ressarcitória,* sem maiores prejuízos ao demandado. Vale, como exemplo, a construção de um muro, que, em regra, poderá ser destruído pelo demandado ou por terceiro, sem prejuízo à obtenção do resultado prático específico pretendido pelo autor.

[409] Art. 479, § 4º, do Projeto de Lei do Senado nº 166/2010.

[410] Art. 640 do Projeto de Lei do Senado nº 166/2010.

[411] Art. 921. É lícito ao autor cumular ao pedido possessório o de: I – condenação em perdas e danos; II – cominação de pena para o caso de nova turbação ou esbulho; III – desfazimento de construção ou plantação feita em detrimento de sua posse.

[412] Art. 730 e ss. do Projeto de Lei do Senado nº 166/2010.

[413] Art. 479, § 4º, do Projeto de Lei do Senado nº 166/2010.

ao réu, sob pena da incidência de *multa coercitiva* a incidir a cada novo descumprimento.

No que se refere à eficácia do provimento voltado à tutela da coisa (CPC, art. 461-A), a decisão que ordena a entrega da coisa móvel ou a desocupação de imóvel, com a possibilidade de reforço via imposição de multa, é mandamental (CPC, art. 461-A, § 3º c/c art. 461, § 5º).[414] De outro lado, é preponderantemente executiva a decisão que determinar a expedição de mandado de busca e apreensão de coisa móvel ou de imissão na posse de imóvel (CPC, art. 461-A, § 2º).[415]

Em se tratando de coisa móvel, estando ela em local desconhecido do autor, poderá o juiz determinar que o réu a entregue ou indique o local em que se encontra, sob pena de multa (CPC, art. 461-A, § 3º c/c art. 461, § 5º).[416] Caso se trate de coisa de difícil transporte e/ou instalação, será preferível que o juiz determine o prazo, o local e a forma de entrega da coisa, sob pena de multa, fazendo com o demandado arque diretamente com os encargos correspondentes.

Conquanto existam provimentos dotados de eficácia preponderantemente executiva espalhados pelo ordenamento de que servem de exemplo as sentenças proferidas em ação possessórias ou de despejo, a despeito de todos demandarem execução por *desapossamento*, há aspecto distintivo em relação às ações movidas com base no art. 461-A, a saber:

> [...] o cumprimento instituído com base no art. 461-A convive com outras modalidades de execução através do mesmo mecanismo (desapossamento). Por exemplo, as ações de despejo e de reintegração de posse, veiculadas através de procedimentos especiais, têm força executiva, mas a primeira é pessoal; a segunda, real. Em comum, ambas apresentam o fato de que, antes da atuação do meio executório, a resolução judicial individualiza o objeto a ser perseguido na esfera jurídica do réu e, ao mesmo tempo, declara ilegítima sua posse. Assim, se for o caso de prestar coisa, em razão de vínculo obrigacional, legitimamente inserida na esfera patrimonial do obrigado, a execução segue o art. 461-A; ao invés de, se alguém há de restituir o que já é do exeqüente, a pretensão se veiculará em outros procedimentos, regulado pelo livro IV (do CPC) ou em leis extravagantes.[417] (parênteses nosso)

De outro lado, é certo que a entrega da coisa, com a obtenção da tutela específica, não encerra, obrigatoriamente, a execução. Como destaca Araken de Assis, a execução terá continuidade para o pagamento da sucumbência, bem como para o ressarcimento dos frutos e outros eventuais

---

[414] Art. 504, parágrafo único, c/c art. 502, parágrafo único, do Projeto de Lei do Senado nº 166/2010.

[415] Art. 504, *caput*, do Projeto de Lei do Senado nº 166/2010.

[416] Art. 504, parágrafo único, c/c art. 503, *caput*, do Projeto de Lei do Senado nº 166/2010.

[417] ASSIS, Araken de. *Cumprimento de sentença*. Rio de Janeiro: Forense, 2006, p. 232-233.

prejuízos ao autor, na forma dos art. 475-A[418] (liquidação de sentença) e posterior cumprimento da obrigação de pagar quantia certa, na forma do art. 475-J[419] do CPC.[420]

Concluindo, as soluções apresentadas nos artigos 461 e 461-A do CPC importaram em relevante avanço em favor do direito fundamental à prestação jurisdicional efetiva e adequada, conferindo proteção a inúmeras situações que se encontravam à margem da tutela então oferecida pela sistemática anterior, via processo autônomo de execução.

### 6.5. Tutela específica e resultado prático equivalente

Antes de verificar se realmente há distinção prática e jurídica entre os referidos resultados, cabe relembrar que a *tutela específica* visa a "proporcionar àquele em cujo benefício se estabeleceu a obrigação o preciso resultado prático atingível por meio do adimplemento, isto é, a não violação do direito ou do interesse tutelado".[421]

Relembre-se que o aquilo que se tutela é – e sempre será – um *direito* e não uma *obrigação*. O provimento judicial, seja uma sentença ou decisão interlocutória, quando procedente, reconhece a existência de um *direito* em favor do autor. Este direito, uma vez reconhecido judicialmente, é que impõe ao réu determinado *dever* ou *obrigação* de fazer, não fazer ou de entregar coisa. Daí por que, como não poderia ser diferente, o presente estudo trata da *tutela de direitos* e não da *tutela de obrigações*.

O *caput* do art. 461 do CPC[422] indica a possibilidade de chegar-se a dois resultados distintos, ambos admitidos pelo ordenamento: o *cumprimento específico da obrigação* e o *resultado prático equivalente ao adimplemento*.

Como salienta Dinamarco,[423] ao julgador não caberá orientar-se pela produção de resultado prático *diverso* daquele pretendido pelo autor, ou seja, daquele que se obteria com o natural e espontâneo cumprimento da obrigação. Assim procedendo, estaria extrapolando os limites da obrigação imposta, bem como do próprio *pedido* da parte, lembrando que o autor veio a juízo requerer o resultado *específico* ou *equivalente* da obrigação, mas não *diverso*.

---

[418] Art. 494 do Projeto de Lei do Senado nº 166/2010.

[419] Art. 495 do Projeto de Lei do Senado nº 166/2010.

[420] ASSIS, Araken de. *Cumprimento de sentença*. Rio de Janeiro: Forense, 2006, p. 235.

[421] MOREIRA, José Carlos Barbosa. A tutela específica do credor nas obrigações negativas. In: *Temas de direito processual*. Segunda série. 2. ed. São Paulo: Saraiva, 1988. p. 30/44.

[422] Art. 479 do Projeto de Lei do Senado nº 166/2010.

[423] DINAMARCO, Cândido Rangel. *A reforma da reforma*. 3. ed. São Paulo: Malheiros, 2002, p. 222.

A obtenção de resultado final diverso daquele previsto em sede obrigacional ou legal implicaria ofensa ao princípio da congruência entre o pedido e a sentença (art. 460 do CPC):[424]

> Não se trata de criar ou determinar a criação de uma situação final diferente daquela que desde antes já constituía objeto da obrigação de fazer e não fazer: determinar em sentença um resultado que não estava previsto na obrigação significaria obrigar o réu fora dos limites da lei e do contrato, além de, provavelmente, transgredir os limites objetivos do processo (CPC, arts. 128 e 460).[425]

Disso conclui-se que a par das eventuais diferenças existentes entre tais expressões, ambas, a *tutela específica* e o *resultado prático equivalente*, convergem para a obtenção do *resultado final específico* da obrigação reconhecida no título judicial – ideal buscado pelo ordenamento.

Importa agora tratar da aparente diferenciação existente entre *tutela específica* e *resultado prático equivalente*. A reiterada insistência do legislador em veicular separadamente os termos sugere tratar-se de institutos autônomos – embora semelhantes.

Julga-se que *tutela específica* se restringe àquela que propicie ao autor resultado *idêntico* ao que se teria chegado através do adimplemento regular da obrigação (satisfação espontânea); de outro lado, o *resultado prático equivalente* corresponde a um resultado *semelhante* ao que se chegaria com o cumprimento regular da obrigação (adimplemento) – mas nunca *diverso*!

O limite do *distanciamento* dessa *equivalência* em relação ao resultado específico/idêntico desejado é dado pelas próprias características do dever ou obrigação originária. Com acerto, esta é a conclusão a que chegam Marinoni e Mitidiero:

> O objetivo da autorização ao juiz da concessão de tutela pelo resultado prático equivalente é viabilizar a tutela da obrigação originária da forma mais adequada possível. Daí a razão pela qual os limites da atuação do juiz, na conversão de uma obrigação em outra, são ditados pela própria obrigação originária. Porém, não sendo possível a obtenção da tutela específica, nem de tutela específica pelo resultado prático equivalente, a ordem jurídica oferece à parte tutela pelo equivalente monetário [...].[426]

Tem-se a convicção de que a *tutela específica* não está necessariamente relacionada à execução pessoal pelo réu, descumpridor da obrigação contratual ou do dever legal, no plano material. Do mesmo modo, a *tutela equivalente* não obrigatoriamente estará ligada ao cumprimento de tarefa por terceiro.

---

[424] Art. 474 do Projeto de Lei do Senado n° 166/2010.

[425] DINAMARCO, Cândido Rangel. *A reforma da reforma*. 3. ed. São Paulo: Malheiros, 2002, p.222.

[426] MARINONI, Luiz Guilherme. MITIDIERO, Daniel. *Código de processo civil comentado artigo por artigo* – Luiz Guilherme Marinoni, Daniel Mitidiero. São Paulo: Revista dos Tribunais, 2008, p. 427.

À semelhança de J. E. Carreira Alvim, entende-se que a *tutela específica* se identifica com a obtenção do resultado final tal como originalmente previsto; por sua vez, a *tutela equivalente* "é a que, sem ser a original, atende com "igual eficácia" à pretensão".[427]

Assim, será *específica* a tutela que se chega, exemplificativamente, com a redução da poluição sonora causada por estabelecimento noturno, ao arrepio dos limites fixados pela municipalidade, através da instalação de filtros sonoros por terceiro ou pelo próprio demandado. Aproveitando-se o mesmo exemplo, desatendida a ordem para a instalação dos filtros, chegar-se-ia ao mesmo resultado com o fechamento da casa. Mesmo que extremada, tal medida mostra-se apta a gerar o resultado específico pretendido pelo sistema, todavia através de *resultado final prático equivalente*.[428]

De maneira diversa, há quem entenda que a *tutela específica* estaria diretamente relacionada ao cumprimento da obrigação pelo próprio demandado. Por sua vez, a *tutela equivalente* (resultado prático equivalente) consistiria na obtenção do resultado final através de meios substitutivos de conduta, praticado por terceiro, alheio à relação processual, seja ele um serventuário da justiça (*v.g.* busca a apreensão, remoção e pessoas) ou um cidadão qualquer (*v.g.* desfazimento de obra, realização da atividade por terceiro à custa do réu).[429]

Para aqueles que compartilham esse entendimento, a "especificidade, neste caso (tutela específica), vai além do resultado final, abrangendo também o meio para a sua consecução. Já, no resultado prático equivalente, o resultado final é obtido através de terceiros".[430]

Ratificando o posicionamento da presente análise, ousa-se discordar do raciocínio acima exposto. Isso por que, a despeito de quem seja o sujeito executor da medida, se terceiro ou o próprio demandado (especificidade do meio), parece mais coerente considerar a especificidade do resultado obtido – se *específico* ou *equivalente* – como elemento diferenciador das tutelas. Soluções de fácil implementação, geradoras de resultado prático idêntico ao pretendido pelo autor (tutela equivalente), se distan-

---

[427] ALVIM, José Eduardo Carreira. *Tutela específica das obrigações de fazer, não fazer e entregar coisa*. 3. ed. Rio de Janeiro: Forense, 2003, p. 170.

[428] Valendo-se de exemplo semelhante, José Eduardo Carreira Alvim (*Tutela específica das obrigações de fazer, não fazer e entregar coisa*. 3. ed. Rio de Janeiro: Forense, 2003, p. 170) refere "parar de poluir a água" e "a colocação de filtros antipoluentes" como exemplos de *tutela específica* e *equivalente*, chegando-se a resultado idêntico.

[429] Nesse sentido, Calmon de Passos afirma que a realização da atividade por terceiro conduz ao resultado prático equivalente ao do adimplemento, PASSOS, J. J. Calmon de. *Inovações no código de processo civil*. Rio de Janeiro: Forense, 1995, p. 57.

[430] TALAMINI, Eduardo. *Tutela relativa aos deveres de fazer e de não fazer: e a sua extensão aos deveres de entregar coisa (CPC arts. 461 e 461-A, CDC, art. 84)*. 2. ed. São Paulo: Editora Revista dos Tribunais, 2003, p. 232.

ciam da *tutela específica* não em virtude do sujeito executor da medida, mas por gerar um resultado *equivalente* e não *idêntico* ao adimplemento da obrigação.

Não fosse esse o critério para a diferenciação, significado algum teria a ausência da expressão *resultado prático específico* na redação do art. 461,[431] voltado à tutela dos direitos de natureza não pecuniária (não fazer, fazer e entregar coisa).

Ao realizar tal diferenciação, nota-se que o legislador conferiu significado restrito à expressão *tutela específica*, em caminho contrário à conotação ampla usualmente empregada em doutrina. Ao reservar a expressão aos casos em que se chega ao resultado *in natura* da obrigação, afastou da sua abrangência o *resultado equivalente* – e, portanto, não idêntico – ao adimplemento.

Contudo, não obstante a diferenciação prática entre tais modalidades de tutela, utilizar-se-á a expressão *tutela específica* de modo a abranger ambas as soluções. A conotação restrita da expressão *tutela específica* (*stricto sensu*) será empregada somente quando necessário diferenciá-la da *tutela equivalente*. Contextualmente, o leitor poderá perceber as ocasiões em que a expressão assume esse propósito específico.

## 7. Medidas de coerção (de execução indireta)

Relembre-se que as medidas de coerção constituem, a nosso ver, a forma mais eficiente de efetivação dos provimentos judiciais. Levando em consideração, exemplificativamente, (i) a demora usual na expropriação de bens, (ii) a enorme capacidade dos devedores de esconderem patrimônio ou de colocá-los nas mãos de terceiros, (iii) a complexidade do cumprimento da obrigação por um terceiro, parece evidente que a cumprimento das decisões judiciais mediante a colaboração direta do réu – por meio de coação da sua vontade, é bem verdade – é a maneira mais ágil de emprestar-se efetividade à jurisdição.

### 7.1. A multa coercitiva

#### 7.1.1. Origem, natureza e hipótese de incidência

Como já referido, o advento da tutela específica dos direitos não pecuniários positivou, no ordenamento pátrio, modalidade de ação capaz

---

[431] Art. 479 do Projeto de Lei do Senado n° 166/2010.

de gerar provimentos dotados de flagrante *mandamentalidade* (eficácia mandamental).

Ao não se limitarem à simples *declaração* do direito, os provimentos voltados ao cumprimento das obrigações de fazer, não fazer e entregar coisa legitimam *ordens diretas* ao réu para que venha a realizar pessoalmente a conduta desejada pelo ordenamento, de modo a dispensar o ajuizamento de processo de execução executivo subsequente. As ações movidas com base no art. 461 do CPC[432] são exemplos típicos de processo sincrético.[433]

Para reforçar a *imperatividade* dos comandos mandamentais, a fim de repercutir decisivamente sobre a vontade de réu, foi prevista a possibilidade de cominação da multa de que trata o § 4º do art. 461.[434] Não paira dúvida no sentido de que a aplicação da *multa coercitiva* se presta a forçar o cumprimento dos deveres e obrigações de natureza fungível ou infungível.[435]

A imposição de tal multa está autorizada em caso de descumprimento de *ordem* imposta em sentença ou decisão interlocutória, merecendo diversas referências ao longo do rito disciplinado pelo art. 461, veja-se:

a) no § 2º do art. 461,[436] ao esclarecer a viabilidade da cumulação da multa com o ressarcimento pelos prejuízos gerados pelo inadimplemento:

§ 2º A indenização por perdas e danos dar-se-á sem prejuízo da multa (art. 287).

b) no § 4º,[437] ao disciplinar valoração e momento de incidência:

§ 4º O juiz poderá, na hipótese do parágrafo anterior ou na sentença, impor multa diária ao réu, independentemente de pedido do autor, se for suficiente ou compatível com a obrigação, fixando-lhe prazo razoável para o cumprimento do preceito.

c) no § 5º,[438] ao associar a multa às demais medidas previstas para a obtenção da tutela específica:

§ 5º Para a efetivação da tutela específica ou a obtenção de resultado prático equivalente, poderá o juiz, de ofício ou a requerimento, determinar as medidas necessárias, tais como

---

[432] Art. 479 do Projeto de Lei do Senado nº 166/2010.

[433] Conforme refere Dinamarco, "a ação mandamental tem por fito preponderantemente que alguma pessoa atenda, imediatamente, ao que o juiz manda". DINAMARCO, Cândido Rangel. *A reforma da reforma*. 3. ed. São Paulo: Malheiros, 2002, p. 231.

[434] Art. 503, *caput*, do Projeto de Lei do Senado nº 166/2010.

[435] Nesse sentido: STJ-1ª Turma, REsp 893.041/RS, rel. Min. Teori Zavascki, j. em 05.12.2006, DJ 14.12.2006, p. 329.

[436] Art. 481 do Projeto de Lei do Senado nº 166/2010.

[437] Art. 503, *caput*, do Projeto de Lei do Senado nº 166/2010.

[438] Art. 502, parágrafo único, do Projeto de Lei do Senado nº 166/2010.

a imposição de multa por tempo de atraso, busca e apreensão, remoção de pessoas e coisas, desfazimento de obras e impedimento de atividade nociva, se necessário com requisição de força policial.

d) por derradeiro, no § 6º[439] – com redação dada pela Lei 10.444/02 – para possibilitar a dosagem do *valor* e da *periodicidade* em razão da sua eventual ineficácia inicial:

§ 6º O juiz poderá, de ofício, modificar o valor ou a periodicidade de multa, caso verifique que se tornou insuficiente ou excessiva.

Tendo em vista a ampla flexibilidade conferida ao juiz no manuseio da referida *multa*, especialmente quanto à possibilidade de modificação da sua *periodicidade* – *que* necessariamente não será diária[440] – entende-se mais apropriado chamá-la de *multa coercitiva*.[441]

Tal nomenclatura contorna o equívoco do legislador ao chamá-la de *multa diária*. Isso porque são muitas as hipóteses nas quais, pelas particularidades do caso concreto – obrigação de *não fazer*, por exemplo – será recomendável a incidência da multa em uma única oportunidade e não de forma diária.

Por este mesmo motivo também discordamos da nomenclatura adotada pelo projeto do Novo Código de Processo Civil,[442] *"multa periódica"*. Isso por que são inúmeras as hipóteses nas quais a técnica mais indicada é a incidência da multa em um único momento, e não de forma *periódica*.

Em outros casos, será recomendável ao juiz arbitrar a multa em periodicidade semanal, ou até mesmo mensal, em se tratando de obrigações de caráter sucessivo ou de trato continuado. Exemplificativamente, a multa poderá incidir mensalmente a cada entrega indevida de revista ou periódico não contratado pelo autor.

Além disso, contorna-se o indesejável costume de *importar-se* a nomenclatura de institutos estrangeiros (*astreintes*,[443] *contempt of court*,[444] dentre outros), sempre cercados de peculiaridades que os afastam do similar

---

[439] Art. 503, § 3º do Projeto de Lei do Senado nº 166/2010.

[440] Neste sentido: DINAMARCO, Cândido Rangel. *A reforma da reforma*. 3. ed. São Paulo: Malheiros, 2002, p. 236.

[441] Há, no direito português, multa de natureza, função e disciplina legal similar à multa do art. 461 do Código de Processo Civil brasileiro. Referimo-nos à chamada *sanção pecuniária compulsória* prevista no art. 829º-A do Código Civil português.

[442] Art. 503, *caput*, do Projeto de Lei do Senado nº 166/2010.

[443] A *astreinte* é uma medida coercitiva de constrangimento indireto sobre o devedor, própria do direito francês, visando ao cumprimento de prestação imposta em decisão judicial. Teve origem e criação na jurisprudência francesa, nos primórdios do século XIX. Sua disciplina legal ocorreu apenas em julho de 1972 (Lei 72-626).

[444] Próprio do sistema da *common Law*, quer dizer *desprezo ao tribunal*, *desacato à corte*, no sentido desobediência à autoridade do Poder Judiciário. Poderá implicar, conforme o caso, no aprisionamento

Tutela Específica dos Direitos

nacional, que, além de causar certa confusão, em nada contribui para o desenvolvimento do Direito enquanto ciência, pois institutos diferentes – conquanto similares – acabam recebendo a mesma nomenclatura.

De outro lado, tal nomenclatura traz o benefício de dissociar a multa do art. 461,[445] de natureza preponderantemente *coercitiva*, daquelas previstas nos artigos 14, parágrafo único[446] e 601[447] do Código de Processo, de natureza reconhecidamente *punitiva*.

Em relação a sua *natureza*, percebe-se claramente que a multa assume a função de dobrar a recalcitrância do demandado para que venha a cumprir o comando imposto em sentença ou em decisão interlocutória, realizando inegável *pressão psicológica* sobre este. A multa revela-se mecanismos coercitivo que visa a superar a renitência do demandado em cumprir a conduta prevista, não se confundido, mas antes, sendo cumulativa com eventuais perdas danos.[448]

Watanabe define a natureza desse mecanismo coercitivo:

A multa é medida de coerção indireta imposta com o objetivo de convencer o demandado a cumprir espontaneamente a obrigação. Não tem finalidade compensatória, de sorte que, ao descumprimento da obrigação, é ela devida independentemente da existência, ou não, de algum dano.[449]

Tratando de multa própria do direito português,[450] de natureza, função e disciplina legal similar à *multa coercitiva* do direito brasileiro, Cal-

---

do réu desobediente ou no pagamento de uma sanção pecuniária (multa), sendo objeto recorrente de estudos de direito comparado.

[445] Art. 503, *caput*, do Projeto de Lei do Senado n° 166/2010.

[446] Art. 66, § 1° do Projeto de Lei do Senado n° 166/2010.

[447] Art. 700, parágrafo único, do Projeto de Lei do Senado n° 166/2010.

[448] É farta a jurisprudência nesse sentido: STJ, 1ª Turma, Resp 707.753/RS, rel. Min. Luix Fux, j. em 27.02.2007, DJ 15.03.2007, p. 267; A.C. n° 70022013775, 20ª Cam. Cível, TJRS, Rel.: Rubem Duarte, j. em 15.10.2008; A.I. n° 70023555394, 22ª Cam. Cível, TJRS, Rel.: Rejane Maria Dias de Castro Bins, j. em 12.06.2008, dentre muitos outros.

[449] WATANABE, Kazuo. Tutela antecipatória e tutela específica das obrigações de fazer e não fazer. In *Reforma do código de processo civil*. Sálvio de Figueiredo Teixeira (coord.). São Paulo: Saraiva, 1996, p. 47.

[450] Referimo-nos à sanção pecuniária compulsória prevista no art. 829°-A do Código Civil português (introduzido pelo Dec. Lei n° 262/83, a saber: "*Artigo 829°-A*. 1 – Nas obrigações de prestação de facto infungível, positivo ou negativo, salvo nas que exigem especiais qualidades científicas ou artísticas do obrigado, o tribunal deve, a requerimento do credor, condenar o devedor ao pagamento de uma quantia pecuniária por cada dia de atraso no cumprimento ou por cada infracção, conforme for mais conveniente às circunstâncias do caso. 2 – A sanção pecuniária compulsória prevista no número anterior será fixada segundo critérios de razoabilidade, sem prejuízo da indemnização a que houver lugar. 3 – O montante da sanção pecuniária compulsória destina-se, em partes iguais, ao credor e ao Estado. 4 – Quando for estipulado ou judicialmente determinado qualquer pagamento em dinheiro corrente, são automaticamente devidos juros à taxa de 5% ao ano, desde a data em que a sentença de condenação transitar em julgado, os quais acrescerão aos juros de mora, se estes forem também devidos, ou à indemnização a que houver lugar".

vão da Silva define com precisão a forma de atuação desta espécie de medida:

A sanção pecuniária compulsória é a condenação pecuniária decretada pelo juiz para constranger e determinar o devedor recalcitrante a cumprir a sua obrigação. É, pois, um meio de constrangimento judicial que exerce pressão sobre a vontade lassa do devedor, apto para triunfar da sua resistência e para determiná-lo a acatar a decisão do juiz e a cumprir a sua obrigação, sob a ameaça ou compulsão de uma adequada sanção pecuniária, distinta e independente de indemnização.[451]

Desse modo, a multa coercitiva não é um fim em si mesmo. Sua aplicação tem como objetivo principal obter, do réu, a realização da conduta imposta judicialmente (*in natura*), reforçando e respaldando a tutela contida na decisão judicial. Esse último aspecto, nos faz perceber que a multa coercitiva também assume uma função público-processual, com vistas a tornar realidade o comando da decisão proferida (interlocutória ou sentença), como meio voltado a auxiliar o dever do Estado de prestar jurisdição efetiva.[452]

Em suma, correto seria afirmar que a multa em questão possui natureza *processual coercitiva*, assumindo, também – secundariamente, é verdade – a função de reforço da imperatividade intrínseca aos provimentos *ex* art. 461.[453] Nesse segundo aspecto (efetividade da jurisdição), a *multa coercitiva* desempenha papel semelhante ao *contempt of court* do direito norte-americano.[454]

---

[451] CALVÃO DA SILVA, João. *Cumprimento e sanção pecuniária compulsória*. 2. ed. Coimbra: Coimbra, 1997, p. 355.

[452] Segundo José Eduardo Carreira Alvim, a multa, além de proteger o interesse do autor, também se reveste do escopo "direto de obter o cumprimento do mandado judicial, que, enquanto expressão da jurisdição e do *imperium* do Estado, não pode restar descumprido". ALVIM, José Eduardo Carreira. *Tutela específica das obrigações de fazer, não fazer e entregar coisa*. 3. ed. Rio de Janeiro: Forense, 2003, p. 96.

[453] Art. 479 do Projeto de Lei do Senado nº 166/2010.

[454] Não são poucos os *juristas* que apontam para a proximidade dessa modalidade de multa brasileira com o *civil contempt* do sistema americano. Explica-se. No direito norte-americano, as chamadas *injunctions* representam o instrumento mais eficaz de tutela disponibilizado aos direitos de natureza não pecuniária (fazer, não fazer e entregar coisa). Própria de um juízo de *equidade*, as *injuctions* representam provimentos jurisdicionais, definitivos ou provisórios, que impõem ao jurisdicionado o cumprimento (ou abstenção) de determinada conduta sob pena da cominação de sanções, chamadas *contempt of court*. Dessa forma, as ordens veiculadas através de uma *injunction* devem ser necessariamente cumpridas pelos sujeitos a ela submetidos, sob pena de configurar-se 'desacato ao tribunal' (*contempt of court*). Diversamente ao que ocorre no sistema brasileiro, a decisão que ordena o cumprimento de uma ordem (eficácia mandamental) de fazer, não fazer ou dar não se encarrega, na mesma oportunidade, de prever a cominação de multa para o caso de descumprimento. Nos Estados Unidos, as consequências do descumprimento serão apuradas em processo autônomo, conforme se tratar de um *contempt* de natureza civil (multa e, em alguns Estados, prisão) ou criminal. O descumprimento, nesses casos, poderá dar ensejo a sanções de naturezas distintas, o *civil contempt* ou *criminal contempt*. Esclarece Araken de Assis que "a diferença substancial entre as duas espécies reside na circunstância de que, no *civil contempt*, a ofensa atinge a parte, enquanto, no criminal, ela visa, exclusivamente, à autoridade do juiz". ASSIS, Araken de. *O contempt of court no direito brasileiro. Revista Jurídica*, Por-

Ao assumir preponderantemente a função processual de coerção sobre o réu, a *multa* do art. 461 revela, nitidamente, não possuir natureza *reparatória* ou *indenizatória*, sendo totalmente inadequado compensá-la com o valor posteriormente arbitrado a título de perdas e danos ou contratualmente prefixado, a título de cláusula penal.[455][456] Mesmo porque, a cláusula penal estará limitada ao valor da obrigação, conforme art. 920 do CC/02, sendo que a multa do art. 461 não guarda relação alguma com o valor da obrigação, conhecendo apenas os limites da razoabilidade e da proporcionalidade em sentido estrito.[457]

Como elucida Dinamarco, a incomunicabilidade da multa com as perdas e danos (CPC, art. 461, § 1º)[458] "é a consequência lógica e natural das diferentes naturezas e finalidades dos dois institutos: a primeira visa motivar o adimplemento e a segunda define o objeto da obrigação do obrigado inadimplente".[459]

Com razão, afirma J. E. Carreira Alvim: "A multa tem finalidade terapêutica (é sanção), não constituindo um fim em si mesma, enquanto as perdas e danos têm finalidade reparatória. Daí por que esta depende, muitas vezes, da opção pelo autor; aquela pode ser fixada *ex officio*".[460]

### 7.1.2. Aplicabilidade e eficácia (momento a partir do qual passa a incidir)

Conforme expresso no § 4º do art. 461,[461] a aplicação da multa independe de requerimento da parte interessada. Entendendo aplicá-la, na medida em que se revele meio eficaz à obtenção da conduta desejada pelo Direito – em detrimento da utilização de medidas sub-rogatórias

---

to Alegre – RS, v. 318, p. 07-23, abr. 2004. No *criminal contempt*, a pena é a prisão ou a multa. O *civil contempt*, à semelhança da multa do artigo 461, serve aos interesses do autor no sentido de coagir o demandado a praticar a conduta imposta pelo Direito. Trata-se, portanto, de comando de natureza *coercitiva* em oposição à natureza essencialmente *punitiva* do *criminal contempt*, esta mais assemelhada às multas previstas nos artigos 14 e 601 do CPC.

[455] Watanabe entende que a multa possui natureza coercitiva. WATANABE, Kazuo. Tutela antecipatória e tutela específica das obrigações de fazer e não fazer. In: *Reforma do código de processo civil*. Sálvio de Figueiredo Teixeira (coord.). São Paulo: Saraiva, 1996, p. 97.

[456] Nesse sentido: A.I. nº 7296048200, 19ª Cam. Direito Privado, TJRS, Rel.: Paulo Hatanaka, 20.10.2008.

[457] Nesse sentido: STJ, 4ª Turma, REsp 169057/RS, Rel. Min. Sálvio de Figueiredo Teixeira, j. em 01.06.1999, DJ 16.08.1999, p. 74; STJ, 4ª Turma, REsp 422966/SP, Rel. Min. Sálvio de Figueiredo Teixeira, 4ª Turma, j. em 23.09.2003, DJ 01.03.2004, p. 186; STJ, 4ª Turma, REsp 196.262/RJ, Rel. Min. Carlos Alberto Menezes Direito, j. em 06.12.1999, DJ 11/09/2000, p. 250, dentre muitos outros.

[458] Art. 480 do Projeto de Lei do Senado nº 166/2010.

[459] DINAMARCO, Cândido Rangel. *A reforma da reforma*. 3. ed. São Paulo: Malheiros, 2002, p. 159.

[460] ALVIM, José Eduardo Carreira. *Tutela específica das obrigações de fazer, não fazer e entregar coisa*. 3. ed. Rio de Janeiro: Forense, 2003, p. 99.

[461] Art. 503, caput, do Projeto de Lei do Senado nº 166/2010.

de execução forçada –, o juiz deverá lançar mão da multa, mesmo de ofício,[462] como faculta a norma legal.[463] Acrescente-se que o Superior Tribunal de Justiça considera viável a imposição da multa contra a Fazenda Pública.[464]

Como anota J. E. Carreira Alvim, "deslocou-se do interesse do autor para a responsabilidade do juiz assegurar a execução específica ou o equivalente prático, e é isso o que se quer preservar". Tal responsabilidade restou ainda mais fortalecida após a introdução do inciso LXXVIII, no art. 5º da CF/88, que erigiu ao status de direito fundamental o direito do cidadão em receber resposta *célere* do Poder Judiciário.[465]

Essa *razoável duração* repassa ao juiz o *dever* de optar pela técnica mais adequada à rápida solução dos problemas levados ao seu conhecimento. Dentre elas, a cominação da multa do § 4º, toda vez em que se apresentar como a medida processual mais adequada à rápida obtenção da tutela específica.

Pelo mesmo fundamento, à vista das peculiaridades do caso concreto, poderá o juiz, também de ofício, optar pela utilização de medida diversa, por revelar-se meio de tutela mais *eficaz* para a obtenção do resultado específico pretendido pelo autor.[466]

Sob outro aspecto, existe a necessidade de a multa revelar-se *suficiente e compatível* com a obrigação a que visa dar cumprimento. Aqui surge com grande importância, "a aplicação do postulado normativo aplicativo da proporcionalidade, dado que a escolha da medida executiva deve ser adequada, necessária e proporcional em relação ao caso concreto".[467]

---

[462] De ofício, também, poderá ser determinada a suspensão da multa. Nesse sentido: STJ, 2ª Turma, REsp 776.922/SP, rel. Min. Eliana Calmon, j. 27.03.2007, DJ 13.04.2007, p. 364.

[463] A antiga redação do art. 287 do CPC condicionava a cominação da multa a existência de pedido inicial.

[464] STJ, 1ª Turma, REsp 893.041/RS, rel. Min. Teoria Zavascki, j. em 05.12.2006, DJ 14.12.2006, p. 329; STJ, 1ª Turma, Resp 707.753/RS, rel. Min. Luix Fux, j. em 27.02.2007, DJ 15.03.2007, p. 267; STJ, 5ª Turma, REsp 490.228/RS, rel. Min. José Arnaldo da Fonseca, j. em 06.05.2004, DL 31.05.2004, p. 346. No entanto, há decisão do TJRS entendendo que, nesse caso, deve-se aguardar o trânsito em julgado da decisão desfavorável: A.C e Reexame Necessário. n º 70020414264, 9ª Cam. Cível, TJRS, Rel. Marilene Bonzanini Bernardi, j. 12.09.2007.

[465] Aliás, o dever de zelar pela celeridade processual não se trata de novidade para os magistrados. Com efeito, o art. 189, II, do CPC, bem como o art. 35, II e III, da Lei Orgânica da Magistratura (LC/79) já lhes impunham esta incumbência, todavia, pondere-se, ainda sem assento constitucional.

[466] Nesse sentido: FIGUEIRA Jr., Joel Dias. *Comentários à novíssima reforma do CPC: Lei 10.444, de 07 de maio de 2002*. Rio de Janeiro: Forense, 2002, p. 199.

[467] AMARAL, Guilherme Rizzo. *Cumprimento e execução de sentença sob a ótica do formalismo-valorativo*. Porto Alegre: Livraria do Advogado, 2008, p. 155.

Para muitos, tais requisitos (suficiência e compatibilidade) aparecerão sempre de maneira cumulada, tendo em vista apresentarem exigências por demais semelhantes, com o mesmo significado prático.[468]

A nosso ver, os requisitos traduzem exigências distintas e, portanto, devem ser considerados separadamente. *Suficiente* será a multa que se revelar apta a produzir o resultado almejado, ou seja, fixada em valor potencialmente capaz de vencer a renitência do obrigado. Para tanto, no momento da sua fixação, deve-se ter em mente a capacidade econômica do réu.

Em sentido diverso, entende-se como *compatível* a multa que se mostrar adequada ao cumprimento de obrigação que visa estimular. À luz do caso concreto, deverá o juiz avaliar a *compatibilidade* do mecanismo coercitivo em detrimento do emprego de medidas de caráter sub-rogatório.

Assim, não será compatível optar pelo *cumprimento por terceiro,* em detrimento da utilização da multa, quando a hipótese envolver prestação infungível, uma vez que, nesse caso, a multa seria o único mecanismo apto a reproduzir o resultado específico desejado pelo autor.

Da mesma forma, será incompatível valer-se da *multa coercitiva* – que, por determinação legal, exige prazo razoável para cumprimento – em demandas que exigem providências urgentes. Nesses casos, o *prazo razoável* exigido pela norma acarretaria, fatalmente, a *inutilidade* da prestação jurisdicional.[469]

Frise-se que quando a multa se apresentar como o mecanismo mais adequado à solução do caso concreto, caberá ao juiz o *dever* – e não a *faculdade* – de empregá-la no caso concreto. Não se trata, portanto, de simples faculdade legal, e sim, de *dever* do julgador de valer-se da melhor técnica disponível à obtenção da tutela, em obediência ao direito fundamental à efetividade e adequação da prestação jurisdicional.

Lembre-se, para tanto, que o artigo 461 do CPC determina que o juiz promoverá o resultado específico da obrigação, aplicando as medidas mais adequadas à efetivação dessa tutela. Não se trata, portanto, de escolha *discricionária* do julgador, mas de decisão criteriosa, em prol da eficiência do processo – controlável por recurso.

Resumidamente, deverá o juiz atentar para as particularidades do caso concreto e aplicar a *multa coercitiva* sempre que se revelar como meio

---

[468] Essa é a posição de Calmon de Passos, para quem o adjetivo se *compatível* encontra inserido na ideia de *suficiência*, PASSOS, J. J. Calmon de. *Inovações no código de Processo Civil*. Rio de Janeiro: Forense, 1995, p. 62.

[469] Exemplo típico dessa *incompatibilidade* é a internação urgente de acidentado em hospital que se recusa a fazê-lo, ou a inscrição de um candidato em concurso que será realizado no dia seguinte ou, ainda, a retirada do mercado consumidor de produto impróprio para o consumo. Em todas essas hipóteses, evidencia-se a incompatibilidade da multa para a obtenção da conduta desejada, em razão da necessidade da concessão de *prazo razoável,* tal como exigido em lei.

mais adequado (suficiente e compatível) à obtenção do resultado específico pretendido pelo autor e reconhecido no título judicial. Do contrário, deverá empregar medidas de execução forçada (sub-rogatórias) – objeto de análise no capítulo posterior.

Por outro prisma, a opção do legislador de utilizar *conceitos jurídicos indeterminados* para delinear critérios de aplicação da multa, em expressões tais como *"suficiente e compatível"* e *"prazo razoável"*, não torna discricionária a escolha do juiz.

A aparente amplitude de atuação advinda da vagueza dos termos legais utilizados não subsiste depois de desencadeado, pelo julgador, o juízo de subsunção dos fatos concretos à hipótese normativa.[470]

Exemplificativamente, em razão de excepcional urgência, deverá o magistrado determinar o cumprimento quase imediato da ordem por parte do seu destinatário, fixando prazo até inferior a 24 horas. Muito embora outra medida possa aparentar maior eficácia, diante de uma obrigação de natureza *infungível*, a *multa coercitiva* poderá aparecer como o único meio capaz de gerar o resultado pretendido. Ilustrando a hipótese, diante da necessidade da realização de intervenção cirúrgica que exige qualidades especiais do médico executor da medida, a cominação da multa em patamares elevados e o estabelecimento de prazo inferior a 24 horas se apresentarão como a melhor técnica aplicável.

---

[470] A discussão sobre a discricionariedade ou não das escolhas realizadas pelos agentes públicos – aí incluído o juiz – mostra-se de enorme relevância prática, visto que aos atos discricionários não se reserva a possibilidade de controle (censurabilidade). Ao examinar a suposta discricionariedade existente nas diversas regras do art. 461, Eduardo Talamini posiciona-se, a nosso ver, com inteiro acerto. Inicialmente, destaca que as normas do art. 461 "conferem poderes ao juiz cuja oportunidade de exercício, meios e limites de efetivação prática não estão prévia e exaustivamente definidos no próprio texto legal". Esclarece, então, que muito disso se deve à presença abundante de *conceitos jurídicos indeterminados*. Acrescenta que essa técnica revela tendência nítida em sede constitucional e processual contemporânea e dá-se em razão de que "o dinamismo da realidade tende o tornar incompleta e pouco abrangente a medida jurisdicional disciplinada" em hipóteses exaustivas. Expõe que eventual "liberdade de investigação para extrair o significado da norma (...) não constitui necessariamente exercício de discricionariedade no sentido estrito do termo". Ao conceituar *'discricionariedade'*, opta por definição jurídico-administrativista, a saber: "Discricionariedade é a função que, em determinados casos, se concede ao agente público para escolher, segundo critérios subjetivos de conveniência e oportunidade, um entre dois ou mais comportamentos – todos, igualmente incertos nos limites da legalidade e com o mesmo grau ótimo de atendimento à finalidade da lei". Como solução, refere que se deve examinar se a ampla margem de atuação concedida ao juiz, em razão do emprego de conceitos jurídicos indeterminados, encaixa-se na definição de *discricionariedade* antes referida. Finalmente, posiciona-se entendendo não haver discricionariedade ao dar-se aplicação concreta aos conceitos indeterminados – *'suficiente e compatível'* e *'prazo razoável'* – por não se traduzir em uma escolha diante de dois ou mais comportamentos revestidos de legalidade. Julga não haver "espaço para exame de oportunidade e conveniência quanto a isto". A liberdade conferida pela norma será resolvida pelas *máximas da experiência*, muito embora – encerra o *jurista*: "não se nega a existência de certa 'zona cinzenta' (...), mas ainda nessa situação limite, reputar-se-á idealmente existir uma única solução correta". TALAMINI, Eduardo. *Tutela relativa aos deveres de fazer e de não fazer: e a sua extensão aos deveres de entregar coisa (CPC arts. 461 e 461-A, CDC, art. 84)*. 2. ed. São Paulo: Revista dos Tribunais, 2003, p. 375-399.

---

Tutela Específica dos Direitos

No que se refere aos *limites temporais* da multa (termo inicial e final de incidência), cabe dizer que passa a incidir (termo inicial) a partir do momento em que estiver escoado o *prazo razoável* delimitado para o atendimento da ordem judicial.[471] Desse modo, "o termo *a quo* de incidência da multa é o instante seguinte ao descumprimento do preceito judicial. Em outras palavras, as *astreintes* incidem imediatamente após o descumprimento da decisão judicial à qual estão vinculadas".[472]

Posicionou-se a jurisprudência no sentido de que será indispensável a intimação pessoal da parte para a incidência da multa, não sendo suficiente a intimação do advogado.[473] Nesse sentido, a jurisprudência do STJ considera imprescindível a intimação da parte, tendo em vista as consequências cíveis e criminais do descumprimento das decisões mandamentais.[474]

Não se pode olvidar que a lei se refere à *fixação de prazo razoável* para cumprimento, devendo, então, o juiz – segundo critério de razoabilidade – delimitar adequado espaço de tempo para o atendimento da conduta desejada, antes do qual não incidirá a multa. Em assim sendo, imposta em sentença ou em decisão interlocutória, a *multa coercitiva* não incidirá enquanto não transcorrido o prazo fixado pelo juiz. Uma vez transcorrido, a multa fluirá normalmente.[475]

Ausente a fixação de prazo razoável para o atendimento da conduta desejada, não haverá termo inicial de incidência da multa, comprometendo a formação de título judicial para futura execução da multa, carecendo o título do requisito da *certeza*.[476]

---

[471] Nesse sentido: "Fixada multa diária antecipadamente ou na sentença, consoante os §§ 3º e 4º do art. 461, e não cumprido o preceito dentro do prazo estipulado, passam a incidir de imediato e nos próprios autos as *astreintes*". STJ. 3ª Turma, REsp 663.774/PR, rel. Min. Nancy Andrighi, j. em 26.10.06, DJ 20.11.06, p. 301. Ainda, nesse sentido: A. I. nº 70019838499, 20ª Cam Cível, TJRS Rel.: Rubem Duarte, j. em 29.08.2007.

[472] AMARAL, Guilherme Rizzo. *As astreintes e o processo civil brasileiro: multa do art. 461 do CPC e outras*. Porto Alegre: Livraria do Advogado, 2004, p. 113.

[473] STJ, 4ª Turma, EDcl 1.096.107/RS, Rel. Min. Honildo Amaral de Mello Castro, j. em 18.05.2010, DJe 08.06.2010; STJ, 3ª Turma, REsp 629.346/DF, rel. Min. Ari Pargendler, j. em 28.11.2006, DJ 19.03.2007, p. 319; STJ, 3ª Turma, AgRg no REsp 993.209/SE, rel. Min. Nancy Andrighi, j. em 18.03.2008, DJe 04.04.2008.

[474] STJ, 1ª Turma, REsp 692386/PB, Rel. Min. Luiz Fux, j. em 11.10.2005, DJ 24.10.2005 p. 193.

[475] Exemplificativamente, o Tribunal de Justiça do Riuo Grande do Sul entendeu por bem manter o prazo de quatro meses para a conclusão das obras de eletrificação de loteamento: A.C. nº 70022013775, 20ª Cam. Cível, TJRS, Rel.: Rubem Duarte, j. em 15.10.2008. Em outra decisão foi fixado o prazo de 10 dias para que a autarquia previdenciária implementasse determinado benefício a segurado: Apelação e Reexame Necessário nº 70020414264, 9ª Cam. Cível, TJRS, Rel.: Marilene Bonzanini Bernardi, j. 12.09.2007.

[476] Nesse sentido: "No caso, faltou à decisão executada a fixação de prazo razoável para o cumprimento do preceito carecendo o título do requisito da certeza, razão pela qual se impõe a extinção do feito executivo, por ausência de título hábil a aparelhá-lo, fulcro nos artigos 586 do CPC". A. C. nº 70021333141, 12ª Cam. Cível, TJRS, Rel.: Dálvio Leite Dias Teixeira, j. em 29.05.2008.

Quanto ao termo final de incidência da multa, são, basicamente, quatro as hipóteses em que reconhecidamente a multa não mais poderá incidir: (i) após o cumprimento da ordem;[477] (ii) quando impossível o cumprimento da obrigação[478] – mesmo quando tal impossibilidade for posterior à aplicação da multa; (iii) após mostrar-se incapaz de eficazmente influir sobre a vontade do demandado; (iv) caso o autor opte pela conversão da obrigação em perdas e danos. Nas últimas duas hipóteses, deverá a multa ser imediatamente suspensa e substituída por medida diversa, tão logo o juiz constate a sua ineficácia.[479] Nesse sentido:

> A multa incidirá até o cumprimento da ordem ou, se não cumprida, enquanto houver possibilidade de sê-lo ou não existir pedido de conversão em perdas e danos. Não parece correto afirmar que a multa fluiria até o pagamento das perdas e danos. Deixando de ser possível ou de ser querido pelo autor o cumprimento específico, já não há mais o que autorize o emprego de meio coercitivo.

Nessas hipóteses, o demandado será responsável pelo pagamento da multa até o momento em que constatada a sua inviabilidade, a inadequação, a opção do autor ou a impossibilidade de cumprimento da obrigação.

O Projeto de Lei do Senado n° 166/2010 (Novo Código de Processo Civil) é expresso no sentido de que a multa poderá sofrer modificação na sua periodicidade e/ou valor, ou mesmo ser excluída, quando o obrigado demonstrar "o cumprimento parcial superveniente da obrigação ou justa causa para o descumprimento.[480]

Conforme relatou Dinamarco, enquanto desembargador integrante do Tribunal de Justiça de São Paulo: "É preciso que, a cada dia e sem limites, a pena pecuniária incida sobre o espírito do obrigado, como freio à transgressão e fator de pressão psicológica ao adimplemento".[481] Dessa

---

[477] Nesse sentido: A.I n. 5985584800, 5ª Cam. de Direito Privado, TJSP, Rel.: A.C.Mathias Coltro, j. em 01.10.2008.

[478] Já se posicionou o STJ no sentido da inaplicabilidade da multa em se tratando de obrigação fática ou juridicamente impossível: STJ-1ª Turma, REsp 634.775/CE, rel. Min. Teori Zavascki, j. em 21.10.2004, DJ 16.11.2004, p. 199. Nesse sentido, Zavascki refere que "a multa deixará de incidir mesmo quando a impossibilidade da execução se der por culpa do devedor. É que, impossibilitada, material ou judicialmente, a entrega da prestação *in natura*, o meio coativo das *astreintes* que atua sobre a vontade do obrigado, perderá toda a sua eficácia, tornando-se inútil e por isso mesmo inaplicável [...]". ZAVASCKI, Teori Albino. *Comentários ao Código de Processo Civil*. São Paulo: Revista dos Tribunais, 2000, v.8, p. 506.

[479] Nesse sentido: A.I. n° 1167400008, 27ª Cam. de Direito Privado, TJSP, Rel. Berenice Marcondes Cesar, j. 24.06.2008.

[480] Art. 503, § 3°: O juiz poderá, de ofício ou a requerimento, modificar o valor ou a periodicidade da multa vincenda ou excluí-la, caso verifique que: I – se tornou insuficiente ou excessiva; II – o obrigado demonstrou o cumprimento parcial superveniente da obrigação ou justa causa para o descumprimento.

[481] Emb. Decl. 64.022-1. Execução civil. São Paulo: Malheiros, 1993.

forma, ao notar que a multa não mais exerce influência sobre a vontade do réu – talvez por que este se encontre em estado de insolvência irreversível – deverá o juiz substituí-la por outra que se mostre de maior eficácia, isso se ainda possível o cumprimento específico daquela obrigação. Há aplicação, também aqui, do princípio da menor restrição ao devedor.[482]

Do contrário, em flagrante desvio de finalidade, a multa incidirá indefinidamente, passando a assumir caráter *punitivo*, e não mais coercitivo. Nesse sentido, eventual punição sobre o réu não poderá ser levada a efei o com base na *multa* do § 4º do art. 461 do CPC.[483] Para tal finalidade, poderá o julgador lançar mão da multa prevista no parágrafo único do art. 14 do CPC,[484] esta, sim, destinada à *punição* do desobediente.

Em doutrina, não são poucas as vozes que entendem inadequada a incidência *ad eternum* da multa. Julgado do STJ, referido por Theodoro Júnior,[485] concluiu que a perpetuação eterna da medida geraria um enriquecimento sem causa por parte do seu beneficiário.[486]

Contudo, a possibilidade de enriquecimento não deverá povoar a cabeça do julgador enquanto ainda presente a coercitividade da medida. Nesses casos, "fazê-la cessar significaria premiar a recalcitrância do réu. E isso seria um mal maior do que a potencialidade de "enriquecimento sem causa" gerada pela incidência ilimitada da multa".[487]

### 7.1.3. Valor, periodicidade e modificabilidade

Deve ser, de pronto, rechaçada a limitação da multa ao valor da obrigação principal ou ao valor dos danos gerados pelo descumprimento, visto que, conforme esclarecido anteriormente, a multa não se presta para fins de ressarcimento. Tal limitação apenas se justificaria se a medida possuísse caráter indenizatório.

Sob esse aspecto, mesmo antes da nova redação do § 2º do art. 461[488] [489] – que afastou qualquer dúvida a respeito da diversidade da mul-

---

[482] Nesse sentido: STJ, 1ª Turma, REsp 765.925/RS, rel. Min. Teori Zavaskci, em 01.09.2005, DJ 19.09.2005, p. 234.

[483] Art. 503, *caput*, do Projeto de Lei do Senado nº 166/2010.

[484] Art. 66, § 1º do Projeto de Lei do Senado nº 166/2010.

[485] THEODORO JR., Humberto. Tutela específica das obrigações de fazer e não fazer. *GÊNESIS – Revista de Direito Processual Civil*, Curitiba, nº 22, p. 741-763, out./dez. de 2001.

[486] STJ-4ª, REsp. 13.416-0/RJ, Rel. Min. Sálvio de Figueiredo Teixeira, j. 17.03.92, RSTJ, 37/428.

[487] *Tutela relativa aos deveres de fazer e de não fazer: e a sua extensão aos deveres de entregar coisa (CPC arts. 461 e 461-A, CDC, art. 84)*. 2. ed. rev., atual. e ampl. São Paulo: Revista dos Tribunais, 2003, p. 257.

[488] Art. 461. [...]. § 2º. A indenização por perdas e danos dar-se-á sem prejuízo da multa (art. 287).

[489] Art. 481 do Projeto de Lei do Senado nº 166/2010.

ta em relação às *perdas e danos* –, o entendimento dominante já era no sentido de que o valor da *multa coercitiva* não estaria vinculado ao valor da cláusula penal, contratualmente estipulada (CC, art. 412).

A multa contratual (CC, 408 e ss.) visa a *incentivar* o adimplemento da obrigação na data contratualmente estipulada pelas partes para o seu cumprimento.[490] Em contrapartida, a *multa coercitiva* propõe-se a influir sobre a vontade do demandado, visando ao adimplemento da conduta imposta em sentença ou decisão interlocutória.

A ausência de relação entre os institutos está consagrada na jurisprudência do Superior Tribunal de Justiça.[491] De mais a mais, o dano pode nem sequer existir, como ressaltam Marinoni e Mitidiero:

> A *astreinte* tem por fim forçar o réu a adimplir, enquanto o ressarcimento diz respeito ao dano. É evidente que a multa não tem qualquer relação com o dano, até porque, como acontece na tutela inibitória, pode não haver dano a ser indenizado. O que se quer dizer, quando se afirma "a indenização por perdas e danos dar-se-á sem prejuízo da multa" (art. 461, § 2º, CPC), é que a multa será devida independentemente da eventual indenização pelo dano.[492]

Desse modo, em se tratando de institutos diversos, mesmo quando já existente a estipulação da multa contratual (cláusula penal), nada impede que o juiz determine a incidência da *multa coercitiva* como instrumento de tutela processual, visando a estimular o adimplemento daquela determinada obrigação. Note-se que a multa estipulada no contrato não exercerá a função processual de coagir o réu ao cumprimento da obrigação, mesmo porque é pregressa ao ajuizamento da ação visando a seu adimplemento. Nada mais representa do que uma prefixação consensual das perdas e danos decorrentes do inadimplemento. Assim, a sua estipulação em contrato não eximirá o juiz do dever de primar pelo cumprimento judicial específico daquela determinada obrigação, anteriormente descumprida no plano material.

---

[490] Calvão da Silva define a cláusula penal como sendo "a estipulação negocial segundo a qual o devedor, se não cumprir a obrigação ou não cumprir exactamente nos termos devidos, *máxime* no tempo fixado, será obrigado, a título de indemnização sancionatória, ao pagamento ao credor de uma quantia pecuniária. Se estipulada para o caso de não cumprimento, chama-se cláusula penal compensatória; se estipulada para o caso de atraso no cumprimento; chama-se cláusula penal moratória". *Cumprimento e sanção pecuniária compulsória*. 2. ed. Coimbra: Coimbra, 1997, p. 247-249.

[491] "A lei processual civil de 1973 não estabeleceu limites à fixação de pena pecuniária por dia de atraso no cumprimento de obrigações de fazer. Impossibilidade de aplicação analógica do art. 920 do CC (código antigo) porque aquele dispositivo visa a coibir abusos nas penas convencionais, enquanto a cominação judicial objetiva garantir a efetividade do processo". STJ, 3ª T. REsp 8.065-SP, rel. Min. Cláudio Santos, j. 03.09.1991, não conheceram, v.u, D.J.U 23.09.1991, p. 13.080, 2ª col.

[492] MARINONI, Luiz Guilherme; MITIDIERO, Daniel. *Código de processo civil comentado artigo por artigo*. São Paulo: Revista dos Tribunais, 2008, p. 434.

Tutela Específica dos Direitos

A noção de *suficiência*, antes retratada, deve ser entendida no sentido de que ao julgador caberá dosar o valor da multa em montante que venha a repercutir decisiva e eficazmente sobre a vontade do demandado. Analisando as circunstâncias do caso concreto, deverá o juiz ater-se à capacidade econômica do réu, aos ganhos obtidos com o inadimplemento, dentre outros elementos norteadores.[493]

Ao que parece, o juiz deverá basear a sua decisão em dois principais elementos: "O juiz considerará o patrimônio do réu – quanto mais rico, maior o valor da pena – e a magnitude da provável resistência".[494]

Furtado Fabrício assevera que o juiz deverá atentar para o princípio da proporcionalidade no exercício de tal atividade. Como ele mesmo afirma, "a pena, assim, será suficientemente severa para desestimular a infringência, mas não será desarrazoadamente superior ao valor daquele benefício".[495]

Caso venha a revelar-se inadequada, para mais ou para menos, será facultado à parte interessada apresentar o recurso competente visando ao seu redimensionamento.

A nova redação do § 6º[496] alcançou expressamente ao juiz a possibilidade de "modificar o *valor* ou a *periodicidade* da multa, caso verifique que esta se tornou insuficiente ou excessiva",[497] estendendo à tutela dos direitos não pecuniários conveniente flexibilidade à adequação do procedimento, já prevista em favor do processo autônomo de execução (art. 645, parágrafo único).[498] [499] Em realidade, a nova lei (Lei 10.444/02) positivou algo que a jurisprudência já vinha admitindo.

---

[493] "Assim, um salário mínimo por dia de atraso, ou qualquer outro interstício temporal, no cumprimento representa valor assaz eficiente para pressionar modesto fornecedor de serviços (por exemplo, alguém que deixou de consertar a máquina de lavar roupa); porém, tal multa é ineficiente para compelir a montadora de automóveis a corrigir os defeitos estruturais de milhares de veículos". ASSIS, Araken de. *Cumprimento de sentença*. Rio de Janeiro: Forense, 2006, p. 224-225.

[494] ASSIS, Araken de. *Manual do processo de execução*. 11. ed. São Paulo: RT, 2007, p. 524. Também, nesse sentido, ver: AMARAL, Guilherme Rizzo. *As astreintes e o processo civil brasileiro: multa do art. 461 do CPC e outras*. Porto Alegre: Livraria do Advogado, 2004, p. 136-138.

[495] FABRÍCIO, Adroaldo Furtado. *Comentários ao código de processo civil*. 8. ed. Rio de Janeiro: Forense, v. III, p. 612.

[496] Art. 503, § 3º do Projeto de Lei do Senado nº 166/2010.

[497] Nesse sentido: "As *astreintes* destinam-se a estimular o cumprimento do julgado, na busca do adimplemento específico, mas sua aplicação não pode levar a resultado absurdo, impondo-se a redução da coerção processual, o que não se submete à preclusão [...]". AC nº 70011896032, 20ª Cam. Cível, TJRS, Rel. Armínio José Abreu Lima da Rosa, j. em 22.06.2005.

[498] Art. 748, parágrafo único, do Projeto de Lei do Senado nº 166/2010.

[499] Com a chegada da *tutela ex* art. 461, o processo de execução voltado ao cumprimento das obrigações de fazer, não fazer e dar restringiu-se à execução das obrigações representadas por título extrajudicial, como esclarecem os artigos 621 e 644 do CPC. Com relação a esses artigos, a lei parece ter dito menos do que pretendia (*lex dixit minus quam voluit*), visto que faz referência apenas à possibilidade

Vale referir que o Projeto de Lei do Senado nº 166/2010 (Novo Código de Processo Civil) é expresso no sentido de que a multa também poderá sofrer modificação na sua periodicidade e/ou valor, ou mesmo ser excluída, quando o obrigado demonstrar "o cumprimento parcial superveniente da obrigação ou justa causa para o descumprimento.[500]

Esse exercício de graduação deverá implicar criteriosa avaliação, sob responsabilidade do juiz, a respeito da eficácia da multa à luz das circunstâncias, supervenientes ou não, do caso concreto. Eventual decisão que implique o seu redimensionamento, portanto, não será discricionária, sendo, inclusive, passível de controle via recurso.

Ilustrando melhor, caso a multa venha a se apresentar incapaz de dobrar a recalcitrância do obrigado, persistindo o descumprimento, poderá o juiz decidir pela majoração do seu valor,[501] quando não preferir adotar técnica diversa.

É certo que a majoração não poderá exceder o limite da razoabilidade, sob pena de provocar enriquecimento sem causa.[502] Conforme afirma Rizzo Amaral, "acreditarmos ser consensual o acordo em torno da ideia de que nenhum mecanismo processual pode levar ao exorbitante enriquecimento de um, ou empobrecimento de outro".[503]

Alternativamente, poderá o magistrado prever uma *progressão gradual* do seu valor. Assim, conforme o desatendimento se perpetuar no tempo, o valor da multa deverá ser progressivamente majorado.

Tal técnica apresenta enorme utilidade quando estão em jogo obrigações de caráter continuado. A progressividade, nesses casos, agirá eficazmente de modo a prevenir a prática de ilícitos reiterados.[504] De modo contrário, em se tratando de uma obrigação de não fazer de caráter instantâneo – a exemplo da obrigação de não transmitir determinado evento esportivo – o valor da multa deverá incidir uma única vez e ser suficien-

---

de *redução* da valor atribuído à multa. Ora, conferir ao processo de conhecimento proteção maior do que a disponibilizada ao processo autônomo de execução revela-se uma flagrante contradição.

[500] Art. 503, §3: O juiz poderá, de ofício ou a requerimento, modificar o valor ou a periodicidade da multa vincenda ou excluí-la, caso verifique que: I – se tornou insuficiente ou excessiva; II – o obrigado demonstrou o cumprimento parcial superveniente da obrigação ou justa causa para o descumprimento.

[501] Mas não poderá exceder o limite do bom senso e da razoabilidade, sob pena de provocar enriquecimento sem causa. Nesse sentido: A.I. nº 70019838499, 20ª Cam. Cível, TJRS, Rel.: Rubem Duarte, j. em 29.08.2007;

[502] Nesse sentido: A.I. nº 70019838499, 20ª Cam. Cível, TJRS, Rel.: Rubem Duarte, j. em 29.08.2007; REsp 914.389/RJ, Rel. Min. José Delgado, 1ª Turma, DJ 10.05.2007, p. 361.

[503] AMARAL, Guilherme Rizzo. *Cumprimento e execução de sentença sob a ótica do formalismo-valorativo.* Porto Alegre: Livraria do Advogado, 2008, p. 148.

[504] THEODORO JR, Humberto. Tutela específica das obrigações de fazer e não fazer. *GÊNESIS – Revista de Direito Processual Civil.* Curitiba, nº 22, p. 741-763, out./dez. de 2001.

temente alto de modo a impedir que seu destinatário prefira arcar com o seu pagamento em execução posterior.[505]

Em suma, quanto ao redimensionamento do valor originariamente atribuído à multa, deve-se ter em mente que, depois de fixado, não se tornará imutável. Ao juiz é dado o poder de graduá-lo segundo parâmetros de *suficiência* e *compatibilidade* indicados pelo caso concreto.[506] Vale aqui a máxima da proporcionalidade, integrada por seus três conhecidos subprincípios: a) adequação; b) necessidade; c) proporcionalidade em sentido estrito.[507]

Rizzo Amaral ilustra a aplicação do citado princípio:

> A expressão "suficiente e compatível com a obrigação", constante do art. 461, § 4º, do CPC, por sua vez, consagra a aplicação do postulado da proporcionalidade na aplicação da medida de caráter processual. É que a escolha da multa , bem como a fixação de seu valor, deve atender aos juízos de adequação, necessidade e proporcionalidade em sentido estrito. A multa fixada contra devedor insolvente é inadequada, pois é incapaz de atingir o fim almejado. A multa fixada contra a fazenda para a entrega de medicamentos pode vir a ser desnecessária, pois o bloqueio de valores para custeio dos remédios traz resultado imediato sem o risco de prejuízo maior ao erário. O valor da multa, por sua vez, poderá ser desproporcional em comparação com a importância da obrigação a ser cumprida, assim como tendo em vista o patrimônio do obrigado.[508]

O Superior Tribunal de Justiça já se posicionou a respeito, exigindo a observância da proporcionalidade na fixação da multa, cabendo o seu redimensionamento em caso de não observação do citado princípio.[509]

---

[505] Nesse sentido, Zavascki: "[...] especialmente para prevenir a ocorrência de inadimplemento de obrigação negativa instantânea, a coerção pecuniária mais adequada será a cominação da multa de valor fixo, que não incidirá imediatamente, mas apenas se houver violação da obrigação, ou seja, apenas de houver ação" ZAVASCKI, Teori Albino. *Antecipação de tutela.* 5. ed. São Paulo: Saraiva, 2007, p. 172-173.

[506] APELAÇÃO CÍVEL. EXECUÇÃO DE SENTENÇA. EMBARGOS DO DEVEDOR. ASTREINTE. NATUREZA EXECUTIVA. REDUÇÃO. I – [...] II – O valor da multa deve ser fixado dentro de um critério de razoabilidade, que atenda aos princípios de suficiência e compatibilidade, visando a apenas compelir o devedor ao cumprimento da obrigação de fazer. Valor que se mostra excessivo. Apelações desprovidas. (AC nº 70006986939, 6ª Cam. Cível, TJRS, Rel.: Carlos Alberto Alvaro de Oliveira, j. 03.03.2004).

[507] O subprincípio da *adequação* tem a ver com a necessária compatibilidade entre o fim pretendido e os meios eleitos para a sua consecução. Desse modo, exemplificativamente, tratando-se de réu desprovido de patrimônio ou se impossível a reprodução judicial da obrigação, será inadequada a aplicação da multa. O aspecto da *necessidade* tem a ver com a opção pelo meio mais apropriado dentre as opções possíveis. A proporcionalidade em sentido estrito diz respeito à extensão, à medida, à valoração que se atribuirá à medida.

[508] AMARAL, Guilherme Rizzo. *Cumprimento e execução de sentença sob a ótica do formalismo-valorativo.* Porto Alegre: Livraria do Advogado, 2008.

[509] O Superior Tribunal de Justiça já se posicionou exigindo a observância da proporcionalidade na fixação da multa, cabendo o seu redimensionamento em caso de não observação do citado princípio: STJ 1ª Turma, REsp 914.389/RJ, rel. Min. José Delgado, j. em 10.04.2007, DJ 10.05.2007, p. 361. Ainda, nesse sentido: A. I. nº 70024678187, 20ª Cam. Cível, TJRS, Rel.: Glênio José Wasserstein Hekman, j. em 09.06.2008; A.I. nº 70024539157, 20ª Cam. Cível, TJRS, Rel.: Glênio José Wasserstein Hekman,

Por não integrar o mérito do conteúdo decisório – dado o caráter acessório da medida –, a modificação superveniente da *periodicidade* ou do *valor* inicialmente delimitados para a incidência da multa parece não desafiar a norma do art. 463 do CPC.[510][511] A parte da sentença que fixa o valor da multa não fica imunizada pela coisa julgada material. A coisa julgada, em verdade, apanha a imposição da multa, mas não o seu *quantum*. Avolumam-se decisões nesse sentido.[512]

Com propriedade, Theodoro Júnior afirma que, mesmo "quando a multa seja estabelecida na sentença final, o trânsito em julgado não impede que ocorra sua revisão durante o processo de execução; [...] como simples medida executiva indireta, não se recobre do manto da *res iudictia*".[513][514]

### 7.1.4. Exigibilidade (momento a partir do qual pode ser executada)

O procedimento a ser utilizado para a execução da *multa coercitiva* é uma das poucas unanimidades em torno da sua exigibilidade.

Dúvida não paira no sentido de que o montante devido deverá ser exigido em cumprimento da sentença que impõe obrigação de pagar

---

j. em 02.06.2008; A.C. n° 70006986939, 6ª Cam. Cível, TJRS, Rel.: Carlos Alberto Alvaro de Oliveira, j. em 03.03.2004.

[510] Art. 476 do Projeto de Lei do Senado n° 166/2010.

[511] Art. 463. Publicada a sentença, o juiz só poderá alterá-la: I – para lhe corrigir, de ofício ou a requerimento da parte, inexatidões materiais, ou lhe retificar erros de cálculo. II – por meio de embargos de declaração.

[512] "As *astreintes* destinam-se a estimular o cumprimento do julgado, na busca do adimplemento específico, mas sua aplicação não pode levar a resultado absurdo, impondo-se a redução da coerção processual, o que não se submete à preclusão, tampouco ofende a *res iudicata* que, no caso dos autos, circunscreve-se, no máximo, à imposição da multa, não alcançando seu *quantum*, tendo em vista que projetada ela para o futuro, com todas as suas vicissitudes e incertezas". A.C n° 70011896032, 20ª Cam. Cível, TJRS, Rel. Armínio José Abreu Lima da Rosa, j. em 22.06.2005. Em mesmo sentido: A. C. n° 70013010855, 5ª Cam. Cível, TJRS, Rel: Ana Maria Nedel Scalzilli, j. em 26.05.2006; A.I. n° 70023555394, 22ª Cam. Cível, TJRS, Rel.: Rejane Maria Dias de Castro Bins, j. em 12.06.2008.

[513] A alteração superveniente do valor fixado em sentença não implica ofensa à coisa julgada. Nas ações submetidas ao rito do art. 461, a coisa julgada se restringirá ao direito à obtenção do resultado específico. A *multa coercitiva* será utilizada como instrumento acessório de prestação jurisdicional, com vistas a dar efetividade à decisão proclamada em sentença, esta, sim, revestida pela imodificabilidade advinda do trânsito em julgado. A alegação de ofensa à coisa julgada, nesse caso, além de revelar-se tecnicamente inadequada, dada a acessoriedade da *medida*, acabaria por engessar e comprometer a perseguição judicial em busca da tutela privilegiada pelo ordenamento: o resultado específico, idêntico ou equivalente, ao adimplemento da obrigação. Deste modo, a inovação processual "trata de possibilitar e agilizar o cumprimento da promessa constitucional de oferecer tutela jurisdicional plena a quem tiver direito a ela". DINAMARCO, Cândido Rangel. *A reforma da reforma.* 3. ed. São Paulo: Malheiros, 2002. p. 151.

[514] Já decidiu o STJ no sentido de que a decisão que fixa o valor, a forma e o momento de incidência da multa, não está acobertada pela coisa julgada: STJ, 4ª Turma, AgRg no Ag 745.631/PR, rel. Min. Aldir Passarinho Júnior, j. em 08.05.2007, DJ 18.06.2007, p. 267.

quantia certa, nos moldes do procedimento previsto nos arts. 475-I[515] e ss. do CPC.

O interessado deverá habilmente comprovar, em fase de cumprimento da sentença, que a obrigação a que se cominou a pena não foi cumprida pelo devedor, quanto durou a inadimplemento e qual o valor que a multa atingiu.

Em regra, para chegar-se ao valor total devido, suficiente será a elaboração de simples cálculo aritmético pelo autor, o qual deverá levar em consideração todos os elementos necessários para demonstrar a composição do valor posto em execução, tais como: valor diário ou periódico da multa, o número de vezes em que incidiu, limites temporais (termo inicial e final), dentre outros elementos.

Não havendo motivo a justificar uma liquidação por artigos, a execução terá início com a apresentação de memória discriminativa do valor em execução, consoante arts. 475-A[516] e ss. CPC.

Para os casos em que a multa ainda estiver incidindo, frente à perpetuação do descumprimento por parte do réu, viável será a execução dos valores vencidos, acrescendo-se ao pedido os valores da parcelas vincendas, mediante a atualização periódica da memória discriminada e atualizada do cálculo.[517] [518]

Em contrapartida, a discussão sobre o momento da *exigibilidade* da multa revela-se das mais tormentosas. A omissão do código, ao silenciar a respeito, em muito contribui para a diversidade de entendimentos a respeito.

Valendo-se de uma exegese sistemática, a envolver dispositivos diversos do Código Processual em vigor, adotamos posicionamento peculiar. Respeitáveis doutrinadores, dentre estes, Dinamarco,[519] Marinoni,[520] Carlyle Pop,[521] entendem ser a multa exigível somente após o trânsito em julgado do processo.

---

[515] Art. 490 e ss. do Projeto de Lei do Senado n° 166/2010.

[516] Art. 494 e ss. do Projeto de Lei do Senado n° 166/2010.

[517] Nesse sentido, ASSIS, Araken de. *Cumprimento de sentença*. Rio de Janeiro: Forense, 2006, p. 225; GOMES JÚNIOR, Luiz Manoel. Execução de multa – art. 461, § 4°, do CPC – e a sentença de improcedência do pedido. In: *Processo de execução e assuntos afins*. Sérgio Shimura e Teresa Arruda Alvim Wambier (coords.). São Paulo: RT, 2001, p. 559.

[518] Nesse sentido: A. C. n° 70005366620, 19ª Cam. Cível, TJRS, Rel.: Mário José Gomes Pereira, j. 10.12.2002.

[519] DINAMARCO, Cândido Rangel. *A reforma da reforma*. 3. ed. São Paulo: Malheiros, 2002, p. 240--241.

[520] MARINONI, Luiz Eduardo. *Tutela Inibitória*. São Paulo: RT, 1998, p. 181-183.

[521] POP, Carlyle. *Execução de obrigação de fazer*. Curitiba: Juruá, 1995, p. 128.

Em relação à multa fixada em decisão interlocutória, entende Dinamarco[522] que esta apenas poderá ser executada após tornar-se definitiva em razão da ausência de recurso ou pelo esgotamento das vias recursais admissíveis.

Diante da possibilidade futura e eventual da improcedência do pedido (reversão de mérito) e da consequente revogação da decisão liminar provisoriamente concedida, entendem alguns deva ser postergada a *exigibilidade* da multa, deslocando-a para o trânsito em julgado da sentença.[523]

Assim, o superveniente julgamento de improcedência do pedido deveria tornar sem efeito a multa antecipadamente arbitrada, especialmente em razão do caráter acessório da deste mecanismo coercitivo. Por essa razão, Dinamarco avalia que a exigibilidade da multa deverá postergar-se ao trânsito em julgado da sentença, momento em que definitivamente é confirmada a medida fixada em antecipação de tutela.

O entendimento de Cândido Dinamarco[524] pode ser bem compreendido através da seguinte passagem:

> Quanto às multas fixadas em sentença ou acórdão portador de julgamento do mérito, a resposta é menos difícil: o valor das multas periódicas acumuladas ao longo do tempo só é exigível a partir do trânsito em julgado do preceito mandamental, porque, antes o próprio preceito pode ser reformado e, eliminada a condenação a fazer, não fazer ou entregar coisa, cessa também a cominação.
>
> [...]
>
> Esses mesmos raciocínios devem presidir também ao quesito da exigibilidade das multas impostas em apoio a uma *antecipação de tutela*, porque enquanto houver incertezas quanto à palavra final do Poder Judiciário sobre a obrigação principal, a própria antecipação poderá ser revogada e, com ela, as *astreintes*.

Em suma, em relação a ambas as hipóteses – multa fixada em sentença ou em decisão interlocutória –, só seria exigível após o trânsito em julgado de sentença, ou seja, quando não mais sujeita ao "risco" superveniente da improcedência do pedido.

Em solução diversa, propõe-se que a *multa coercitiva* seja exigível tão logo *eficaz* a decisão que a impôs, seja em sentença ou em decisão interlo-

---

[522] DINAMARCO, Cândido Rangel. *A reforma da reforma*. 3. ed. São Paulo: Malheiros, 2002, p. 240-241.

[523] Nesse sentido: "A execução definitiva da multa está ajoujada ao trânsito em julgado do provimento de procedência do pedido [...]". A. C. nº 70021333141, 12 Cam. Cível, TJRS, Rel.: Dálvio Leite Dias Teixeira, j. em 29.05.2008.

[524] DINAMARCO, Cândido Rangel. *A reforma da reforma*. 3. ed. São Paulo: Malheiros, 2002, p. 240.

cutória, sendo lícito ao autor executá-la na forma do art. 475-J[525] do CPC tão logo ocorra o descumprimento da ordem.[526]

Desse modo, pendente recurso não dotado de efeito suspensivo, entende-se plenamente viável a sua execução imediata, porém de forma provisória. É vasta a jurisprudência nesse sentido.[527] Implícita ou declaradamente, tais decisões atribuem natureza de título executivo judicial às decisões interlocutórias concessivas de antecipação de tutela.[528] Conforme Marinoni:

> A decisão que concede tutela antecipatória, em razão de sua própria natureza, produz efeitos imediatamente, motivo pelo qual a multa que lhe é atrelada também passa a operar de imediato; interposto recurso de agravo, o Tribunal pode lhe "atribuir efeito suspensivo" (art. 527, II, e 558 do CPC), quando evidentemente a multa também deixa de atuar.[529]

Nesse mesmo sentido, Nelson e Rosa Maria Nery afirmam que "há um título executivo judicial que não se insere no rol do art. 475-N,[530] mas que pode dar ensejo à execução provisória (CPC, art. 475-O).[531] É a denominada decisão ou sentença liminar extraídas dos processos em que se permite a antecipação da tutela jurisdicional, dos processos cautelares, ou das ações constitucionais".[532]

---

[525] Art. 495 do Projeto de Lei do Senado n° 166/2010.

[526] Partilhando desse entendimento, Araken de Assis afirma que, "a qualquer momento, fluindo a pena, ao credor se mostra lícito executá-la, nos termos do art. 475-J. A multa é exigível a partir do momento em que ocorrer o descumprimento do destinatário da ordem e, a partir desse momento, o beneficiário da pena dispõe da pretensão a executá-la [...]". ASSIS, Araken de. *Cumprimento de sentença*. Rio de Janeiro: Forense, 2006, p. 225.

[527] Nesse Sentido: "[...] cumpre referir que a eficácia do provimento judicial é imediata, cumprindo à parte interessada na sua suspensão fazer uso do recurso adequado" (A. C. n° 70006986939, 6ª Cam. Cível, Tjrs, Rel.: Carlos Alberto Alvaro de Oliveira, j. 03.03.2004). "Não ostenta, portanto, o menor viso de procedência o argumento defendido pela embargante no sentido de que a execução da multa seria possível apenas após o trânsito em julgado da sentença proferida nos autos principais". (A.C. n° 70003918356, 6ª Cam. Cível, TJRS, Rel.: Carlos Alberto Alvaro de Oliveira, j. 29.05.2002)
Ainda, no mesmo sentido: A. I. n° 70004153243, 18ª Cam. Cível, Tjrs, Rel: Cláudio Augusto Rosa Lopes Nunes, j. 03.04.2003; A.C. n. 70005366620, 19ª Cam. Cível, Rel. Des. Mário José Gomes Pereira, j. 10.12.02.

[528] "Ninguém ignora que tal decisão ostenta a natureza de título executivo, nos termos do art. 584, I, do CPC, e garante o acesso à execução forçada por quantia certa". A.I. n° 70009419128, 6ª Cam. Cível, TJRS, Rel. Carlos Alberto Alvaro de Oliveira, j. 15.09.2004. Também nesse sentido: A.C. n° 70011896032, 20ª Cam. Cível, TJRS, Rel.: Armínio José Abreu Lima da Rosa, j. em 22.06.2005; A.C. n° 70015705866, 20ª Cam Cível, TJRS, Rel: José Aquino Flores de Camargo, j. em 19.07.2006.

[529] MARINONI, Luiz Guilherme. *Tutela inibitória: individual e coletiva*. 3. ed. São Paulo: RT, 2003, p. 181.

[530] Art. 492 do Projeto de Lei do Senado n° 166/2010.

[531] Art. 491 do Projeto de Lei do Senado n° 166/2010.

[532] NERY JÚNIOR, Nelson. *Código de processo civil comentado e legislação extravagante*. Nelson Nery Júnior, Rosa Maria de Andrade Nery (orgs.). São Paulo: Revista dos Tribunais, 2008, p.655.

Por outro lado, inexistindo recurso pendente de julgamento, a execução se dará de forma definitiva, mesmo na hipótese de multa fixada em decisão interlocutória.[533]

Portanto, quando a decisão estiver apta a gerar efeitos, vez que objeto de recurso que não lhe tenha retirado a eficácia – ausência de efeito suspensivo[534] –, o valor acumulado pelo descumprimento da obrigação principal deverá ter exigibilidade imediata. Interpretação em sentido contrário retiraria a eficácia da multa pecuniária. Para tanto, deverá o autor valer-se das normas previstas para a execução provisória (CPC, art. 475-O).[535] Sob esse aspecto, o caráter *provisório* da decisão será determinante para a *provisoriedade* da sua execução.

O projeto do Novo Código de Processo Civil encerra a polêmica ao, expressamente, estender o regime da execução provisória à multa coercitiva fixada liminarmente ou em sentença.[536]

Contudo, não cabe pensar que as eficácias mandamental e executiva *lato sensu* tenham revogado a regra da atribuição do duplo efeito ao recurso de apelação. Enquanto pendente recurso de apelação, a possibilidade de execução definitiva exigira previsão expressa a excepcionar a regra do art. 520 do CPC[537] – a exemplo das do que ocorre com as sentenças proferidas em ação de despejo (Lei 8.245/91, art. 58, V).

A fim de resolver esse problema de ordem prática, a alternativa encontrada pela doutrina e aceita pela jurisprudência é o deferimento da antecipação de tutela concomitantemente à prolação da sentença, de modo a atribuir eficácia imediata à decisão (CPC, art. 520, VII).[538]

Diversamente, enquanto suspensos os efeitos da decisão (antecipatória ou final), em razão da interposição de recurso dotado de efeito suspensivo, não se poderá cogitar da *exigibilidade* da obrigação principal, quanto menos da multa cominada em seu reforço, uma vez que, proces-

---

[533] Há decisão do STJ nesse sentido: STJ, 3ª Turma, AgRg no REsp 724.160/RJ, rel. Min. Ari Pargendler, j. em 04.12.2007, DJ 01.02.2008, p. 1. O Tribunal Gaúcho também já se manifestou nesse mesmo sentido: "título perfectibilizado, possibilitando o ajuizamento de execução definitiva, já que ausente a interposição de recurso". A.C. nº 70005366620, 19ª Cam. Cível, Tjrs, Rel.: Mário José Gomes Pereira, j. 10.12.2002.

[534] A vista do ordenamento pátrio, em regra, o recurso de agravo não comportará efeito suspensivo (art. 497 CPC). De modo contrário, excepcionalmente (art. 520, CPC), o recurso de Apelação não terá efeito suspensivo (duplo efeito).

[535] Art. 491 do Projeto de Lei do Senado nº 166/2010.

[536] Projeto de Lei do Senado nº 166/2010, art. 503, § 1º: A multa fixada liminarmente ou na sentença se aplica na execução provisória, devendo ser depositada em juízo, permitido o seu levantamento após o trânsito em julgado ou na pendência de agravo contra a decisão denegatória de seguimento de recurso especial ou extraordinário.

[537] Art. 908 do Projeto de Lei do Senado nº 166/2010.

[538] Idem.

sualmente, ainda não ocorreu descumprimento algum. Particularmente em relação à multa fixada em decisão interlocutória, a decisão será *eficaz* e *exigível* até eventual suspensão dos seus efeitos, por decisão do relator do recurso (CPC art. 527, III c/c art. 558).[539]

Ainda em relação à multa fixada em antecipação de tutela, aqueles que defendem a postergação da sua *exigibilidade* em razão do caráter não definitivo da decisão interlocutória, argumentam que não se mostraria razoável submeter o demandado à execução desse provimento se, ao final da demanda, poderá ocorrer a sua revogação automática, em consequência do julgamento final e superveniente de improcedência do pedido.

Em contra-argumento, refere-se que o procedimento sugerido para a efetivação das decisões concessivas de antecipação de tutela – execução provisória da sentença – parece resguardar suficientemente os interesses do demandado, visto que, cautelarmente, condiciona os atos expropriatórios ao oferecimento de caução idônea (reversibilidade), bem como responsabiliza objetivamente o exequente por eventuais danos causados à parte indevidamente executada, nos termos do art. 475-O do CPC.[540]

Como segundo argumento, ressalta-se a função essencialmente processual desempenhada pela multa, seja por influir sobre a vontade do réu, seja por reforçar o respeito às decisões judiciais. Essa perspectiva revela uma relação processual direta entre juiz (estado) e demandado (jurisdicionado) desvinculada da relação de direito material em discussão. Significa dizer que, não obstante exista a possibilidade futura e eventual de a ação vir a ser julgada improcedente, a exigibilidade de multa, seja ela fixada em sentença ou em interlocutória, não poderá ficar suspensa até a longínqua e eventual confirmação definitiva do direito do autor (trânsito em julgado). Tal entendimento comprometeria gravemente a *coercibilidade* esperada desse mecanismo processual.

Nesse aspecto, nota-se que a desejada aproximação do processo com o direito material não poderá desvirtuar a multa do seu real propósito, comprometendo a utilidade de tal instrumento.

A *distante* ameaça e a pouca coercibilidade advindas da postergação da exigibilidade da multa até o trânsito em julgado da sentença comprometem a desejável coerção sobre a vontade do réu. Ciente da possibilidade de futura improcedência do pedido, o demandado *"apostará"* na revogação superveniente da tutela antecipada, esvaziando-se, por com-

---

[539] Art. 933, I do Projeto de Lei do Senado nº 166/2010.

[540] Art. 491 do Projeto de Lei do Senado nº 166/2010.

pleto, a pressão à que a medida se propunha. A esse respeito, confira-se as palavras de Fabiano Carvalho:[541]

> Toda vez em que houver cominação de multa diária, com a finalidade de "constranger" o devedor a satisfazer a obrigação, e esta multa não for exigida desde logo, ou seja, antes do trânsito em julgado, pode-se ter certeza de que o meio coercitivo empregado será inócuo e o devedor permanecerá inerte, aguardando o resultado final do processo.

Nesse contexto, a solução que prorroga a exigibilidade da multa ao momento do trânsito em julgado da sentença, além de ignorar a possibilidade de execução provisória da medida, esvazia, flagrantemente, a coercibilidade essencial a este mecanismo coercitivo, em desprestígio do direito fundamental à efetividade da prestação jurisdicional.

### 7.1.5. Beneficiário da multa

Se, por um lado, não se discute que o valor devido a título de multa deve ser desembolsado pelo demandado, não explicita o código quem será o seu *beneficiário*, ou seja, quem possuirá legitimidade para promover a sua cobrança em juízo.

O entendimento dominante é o de que a multa deverá reverter em proveito do autor, alegado credor da obrigação principal.[542] Diante da omissão legislativa, a jurisprudência tratou de remediar a questão nesse sentido.[543] [544]

Ao defender tal posição, J. E. Carreira Alvim afirma que, em última análise, o autor será o maior prejudicado pelo descumprimento da ordem judicial; por esse motivo, os valores daí decorrentes deverão lhe ser repassados.

Refere, ainda, que solução diversa, com a reversão do crédito em favor do Estado, poderia gerar uma situação, por demais, inusitada, a "de

---

[541] CARVALHO, Fabiano. Execução da multa (*astreintes*) prevista no art. 461 do CPC. *Revista de Processo*, São Paulo. n. 114, ano 29, p. 208-222, mar./abr. 2004.

[542] Entre outros, MOREIRA, José Carlos Barbosa. *O novo processo civil brasileiro.* 19. ed. Rio de Janeiro: Forense, 1999, p. 220. POP, Carlyle. *Execução de Obrigação de Fazer.* Curitiba: Juruá, 1995, p. 131; TALAMINI, Eduardo. *Tutela relativa aos deveres de fazer e de não fazer: e a sua extensão aos deveres de entregar coisa (CPC arts. 461 e 461-A, CDC, art. 84).* 2. ed. rev., atual. e ampl. São Paulo: Revista dos Tribunais, 2003, p. 263-264; ALVIM, José Eduardo Carreira. *Tutela específica das obrigações de fazer, não fazer e entregar coisa.* 3. ed. Rio de Janeiro: Forense, 2003, p. 103-104.

[543] Como noticia Marcelo Lima Guerra, tal interpretação muito se deve em razão da influência exercida pelo direito francês, que prevê mecanismo semelhante de pressão sobre o demandado, nomeada de *astreinte*. Ao que tudo indica, o caráter eminentemente privado dessa multa, que a reverte em proveito do autor, e não do Estado, pesou para a solução encontrada pela jurisprudência pátria, GUERRA, Marcelo Lima. *Execução indireta.* São Paulo: RT, 1999, p. 205.

[544] Nesse sentido: STJ. 1ª Turma, REsp. 770753, rel. Min. Luiz Fux, j. em 27.02.2007, DJ 15.03.2007, p. 267; A. I. nº 70019838499, 20ª Cam. Cível, TJRS, Rel.: Rubem Duarte, j. em 29.08.2007, dente muitos outros.

vir o Estado a ser, ao mesmo tempo, obrigado e beneficiário da sanção, quando seja ele o descumpridor do preceito. Sim, porque a multa seria recolhida ao tesouro pelo Estado-réu, beneficiando-se dela o Estado-Administração".[545]

Ousa-se discordar de tal entendimento. Ao que parece, a questão deve ser resolvida à luz da *natureza* e da *finalidade* da multa coercitiva. Explica-se.

Como visto, a multa prevista no § 4º do art. 461[546] assume função essencialmente processual, servindo como mecanismo de coerção colocado à disposição do juiz. Não parece adequada a solução de destinar o seu valor ao patrimônio do autor, porquanto, mesmo que este possua interesse direto na concretização do seu pedido, a finalidade primordial desempenhada pela multa (coerção indireta sobre o réu em prol da adoção da conduta desejada pelo Direito e imposta em sentença) demonstra vinculação maior com os interesses do Estado.

Na relação gerada a partir da incidência da multa, figuram apenas duas partes: o Estado-juiz, responsável pela emanação da ordem, e, em outro polo, o jurisdicionado (demandado), a quem incumbe dar obediência ao comando judicial. O autor, de fato, não participa diretamente dessa relação linear, figurando apenas como mero espectador.

Note-se que ao credor da obrigação, autor do processo, já se previu compensação financeira por todo e qualquer prejuízo decorrente da demora ou do descumprimento da obrigação (perdas e danos). Assim, os prejuízos que o autor vier a sofrer em razão do descumprimento já estarão devidamente abrangidos pela indenização conferida a título de perdas e danos. A *multa coercitiva*, como frisado anteriormente, em nada se relaciona à indenização pelos danos sofridos, razão pela qual o § 2º do art. 461 permite a sua cumulação com as perdas e danos, bem evidenciando a diversidade dos seus propósitos.[547]

Em consonância com o entendimento acima, vale referir a doutrina de Bondioli:

> A pessoa que ingressa em juízo objetivando a imposição do cumprimento de dado dever jurídico não integra diretamente essa relação. Não obstante tenha interesse em ver observado o quanto disposto na ordem judicial (e a multa é fundamental para isso, como mecanismo indireto de pressão), ela efetivamente não ocupa qualquer dos pólos na relação instituída pela multa; a multa não é imposta contra si (o devedor é que sofrerá as suas

---

[545] ALVIM, José Eduardo Carreira. *Tutela específica das obrigações de fazer, não fazer e entregar coisa*. 3. ed. Rio de Janeiro: Forense, 2003, p. 104.

[546] Art. 503, *caput*, do Projeto de Lei do Senado nº 166/2010.

[547] Justamente porque autônomas e independentes, a multa do 461 e as *perdas e danos* – ou mesmo a *cláusula penal* estabelecida em contrato – são cumuláveis.

consequências) nem a seu favor (ela não tem caráter indenizatório, ressarcitório ou reparatório); é acima de tudo um instrumento a serviço do prestígio das decisões emanadas pelo Estado-juiz.[548]

Marinoni e Mitidiero também manifestam certa inconformidade em relação ao beneficiário da multa: "Não obstante não seja essa a orientação mais adequada, no direito brasileiro vigente, o beneficiário da multa é o demandante. Melhor: aquele a quem o cumprimento da ordem beneficia".[549]

Como argumento em sentido contrário, não impressiona a referência de que a multa prevista no art. 600, III, do CPC[550] aponte o autor como titular do crédito da multa, decorrente da prática de ato atentatório à dignidade da justiça. Para tanto, cabe notar que a multa ali cominada assume natureza *punitiva*, de modo diverso da função *coercitiva* desempenhada pela multa do art. 461. Trata-se de institutos diversos, dotados de finalidades distintas, voltados para processos que obedecem a ritos e princípios diferentes, não se prestando, portanto, à analogia. Aliás, a natureza indiscutivelmente *punitiva* da multa na hipótese do inciso III, do art. 600[551] – diretamente voltada ao interesse do Estado em punir a resistência injustificada às ordens judiciais – bem evidencia o desacerto ainda maior de reverter a respectiva multa em favor do autor.

A vingar a analogia pretendida, seria possível se valer de idêntico raciocínio para aplicar à multa do art. 461[552] a mesma solução prevista para a multa do art. 14, parágrafo único, do CPC,[553] ao prever que a "multa será inscrita sempre como dívida ativa da União ou do Estado". Em realidade, deve-se ter em mente que as multas espalhadas pelo sistema merecem análise em apartado, por possuírem naturezas e funções distintas.

Demais disso, o simples receio de que o montante a ela atribuído poderá ser eventualmente utilizado como moeda de troca em uma eventual composição do litígio, ou mesmo a ponderação de que a morosidade do Estado – decorrente da sua falta de estrutura – reduziria em demasia a capacidade coercitiva da multa, não parecem suficientes para que se concorde com a destinação da multa ao autor.[554]

---

[548] BONDIOLI, Luis Guilherme. *Tutela Específica; inovações legislativas e questões polêmicas. A nova etapa da reforma do CPC*. São Paulo: Saraiva (no prelo).

[549] MARINONI, Luiz Guilherme. MITIDIERO, Daniel. *Código de processo civil comentado artigo por artigo*. São Paulo: Editora Revista dos Tribunais, 2008, p. 430.

[550] Art. 700, IV do Projeto de Lei do Senado nº 166/2010.

[551] Idem.

[552] Art. 479 do Projeto de Lei do Senado nº 166/2010.

[553] Art. 66, § 1º e 700 do Projeto de Lei do Senado nº 166/2010.

[554] TALAMINI, Eduardo. *Tutela relativa aos deveres de fazer e de não fazer: e a sua extensão aos deveres de entregar coisa (CPC arts. 461 e 461-A, CDC, art. 84)*. 2. ed. São Paulo: RT, 2003, p. 264.

Reafirma-se a idéia de que a solução reclama a análise da natureza da multa, a indicar que deverá reverter em favor dos cofres públicos, estatais ou federais, conforme se cuide de processo da competência da justiça federal ou estadual.

Interessante a solução apresentada pelo direito lusitano. Atento à função preponderantemente processual desempenhada pela multa, porém não descuidando dos seus reflexos materiais, o artigo 829-A do Código Civil português, voltado exclusivamente às obrigações infungíveis, previu *multa compulsória* com idêntica finalidade da *multa* de que trata o artigo 461 do Código de Processo Civil brasileiro. Reza a norma portuguesa que a multa reverterá, em partes iguais, ao autor e ao Estado. Tal solução parece bem sopesar os prejuízos de ambos os beneficiários.[555]

Lembra Talamini que, no direito francês, semelhantemente ao que se sentiu no direito brasileiro, "multiplicaram-se as críticas contra a sua destinação ao credor – a ponto de projetos de lei haverem vinculado, sem sucesso, a destinação total ou parcial da multa ao Estado".[556]

Alinhando-se ao nosso entendimento, o projeto do Novo Código de Processo Civil prevê a destinação parcial da multa em favor do Estado. Os §§ 5º, 6º e 7º do art. 503 disciplinam o regime da destinação da multa.[557] Embora concordemos com o fracionamento da multa em benefício do autor e do Estado – conforme sustentamos linhas atrás – discordamos da solução proposta pelo projeto, ao prever que o "valor da multa será devido ao autor até o montante equivalente ao valor da obrigação". Isso porque o juiz será forçado a arbitrar o valor da multa na hipótese de obrigação inestimável, gerando, no mínimo, três inconvenientes: (1) retardamento do feito pela criação de mais uma decisão obrigatória; (2) necessidade do juiz bem sopesar as variáveis do paradoxo *quantificar uma obrigação inestimável*; (3) descontentamento das partes em relação ao valor

---

[555] Conforme Calvão da Silva, "trata-se de uma solução hibrida que atende à dupla finalidade confessadamente perseguida pela sanção pecuniária compulsória: estimular o cumprimento das obrigações e favorecer o respeito pela autoridade judicial, a fim de que o devedor leve as coisas a sério e não desrespeite o juiz e o interesse do credor". CALVÃO DA SILVA, João. *Cumprimento e sanção pecuniária compulsória*. 2. ed. Coimbra: Coimbra, 1997, p. 445.

[556] TALAMINI, Eduardo. *Tutela relativa aos deveres de fazer e de não fazer: e a sua extensão aos deveres de entregar coisa (CPC arts. 461 e 461-A, CDC, art. 84)*. 2. ed. São Paulo: Revista dos Tribunais, 2003, p. 265.

[557] Projeto de Lei do Senado nº 166/2010, art. 503. A multa periódica imposta ao devedor independe de pedido do credor e poderá se dar em liminar, na sentença ou na execução, desde que seja suficiente e compatível com a obrigação e que se determine prazo razoável para o cumprimento do preceito. [...] § 5º O valor da multa será devido ao autor até o montante equivalente ao valor da obrigação, destinando-se o excedente à unidade da Federação onde se situa o juízo no qual tramita o processo ou à União, sendo inscrito como dívida ativa. § 6º Sendo o valor da obrigação inestimável, deverá o juiz estabelecer o montante que será devido ao autor, incidindo a regra do § 5º no que diz respeito à parte excedente. § 7º O disposto no § 5º é inaplicável quando o devedor for a Fazenda Pública, hipótese em que a multa será integralmente devida ao credor.

arbitrado, com a consequente interposição de agravo, que será "de instrumento" por tratar-se de execução. Melhor solução seria adotar-se a regra objetiva do direito lusitano:[558] metade para o autor, metade para o Estado. A adoção de uma regra objetiva evita a insurgência das partes mediante a interposição de mais um recurso.

### 7.1.6. Hipótese de improcedência do pedido

Questão não menos polêmica trata da *repetibilidade*, ou não, do valor desembolsado a título de multa, quando sobrevier julgamento definitivo de improcedência do pedido, quer se trate de multa fixada em interlocutória ou em sentença.[559]

Entende-se que a multa coercitiva – seja ela imposta em decisão interlocutória ou em sentença – permanecerá exigível e não deverá ser devolvida/repetida pelo seu beneficiário na hipótese de futura improcedência definitiva do pedido, quando do trânsito em julgado do processo. Mesmo entendimento haverá em caso de procedência de ação rescisória, em relação à decisão proferida em processo sentenciado com base no artigo 461 do CPC.[560]

Significa dizer que se a decisão final negar o pedido do autor (improcedência), não lhe reconhecendo o direito de exigir determinada obrigação de fazer, não fazer ou de entrega de coisa, a multa imposta em sentença ou em medida antecipatória permanecerá sendo devida, viabilizará futura execução e não estará sujeita à devolução, caso já tiver sido desembolsada pelo réu.

Parte-se do pressuposto de que a natureza da *multa coercitiva* assume função público-processual, no sentido de influir sobre a vontade do réu, a fim de que satisfaça a obrigação reconhecida na decisão judicial, mesmo que em cognição sumária e provisória.

Não se está, com isso, confundindo a função da *multa coercitiva* com aquelas, de natureza essencialmente punitiva, de que tratam os arts. 14 e 601 do CPC.[561] [562] Ambas as medidas são de interesse do Estado, estas duas últimas voltadas a preservar o respeito e a autoridade das ordens ju-

---

[558] Art. 829-A do Código Civil português.

[559] Eis uma das questões de maior polêmica no que se refere à tutela específica dos direitos.

[560] Art. 479 do Projeto de Lei do Senado n° 166/2010.

[561] Arts. 66, § 1° e 700 do Projeto de Lei do Senado n° 166/2010.

[562] Sabe-se que há entendimento em doutrina, no sentido de que a multa do art. 461 tem como finalidade "garantir obediência à ordem judicial". (ARENHART. Sérgio Cruz. *A tutela inibitória da vida privada*. São Paulo: Revista dos Tribunais, 2000, p. 201). Contudo, assiste razão à crítica de Rizzo Amaral, no sentido de que a multa do art. 461 não possui caráter punitivo, a exemplo das multas previstas nos artigos 14 e 601 do CPC, que punem a prática de *ato atentatório a dignidade da justiça*. AMARAL,

---

Tutela Específica dos Direitos

diciais e a multa do art. 461 dirigida à efetividade da prestação jurisdicional, de modo a obter a satisfação da conduta imposta em decisão judicial no mundo dos fatos, ainda que não definitiva.

Não se deve esquecer de que ao Estado cabe o dever fundamental de emprestar efetividade à prestação jurisdicional, sendo ele, portanto, o principal interessado em que a obrigação reconhecida em sentença ou interlocutória – em face da qual não se opôs recurso que lhe tenha suspendido os efeitos – venha a ser prontamente atendida pelo réu. Daí por que se reconhecer autonomia à multa em relação à obrigação principal. Na hipótese da superveniente improcedência do pedido, a prestação a ser cumprida pelo réu seguramente deixará de existir (direito material), mas a sua negativa em dar efetividade à prestação jurisdicional, como eficaz decisão judicial, ainda estará lá.

Entende-se que, não obstante ulterior julgamento de improcedência do pedido, a multa deverá ser mantida em razão da sua vigência no espaço de tempo que permeou a eficácia da decisão judicial até o julgamento final de improcedência. Portanto, mesmo que sobrevenha julgamento definitivo desfavorável em relação à obrigação principal, persistirá devida a importância fixada a título de multa, em decisão interlocutória ou em sentença, anteriores ao resultado final da ação, vez que o fundamento da multa se encontra verdadeiramente relacionado a conferir efetividade àquela decisão judicial.

Reconhecendo a função processual desempenhada pela *multa coercitiva*, bem como a sua independência em relação à obrigação principal (direito material), Spadoni refere que a declaração judicial posterior, no sentido de que o autor não possuía o direito de exigir qualquer obrigação por parte do réu, "é irrelevante para a exigibilidade de uma multa pecuniária, justamente porque esta não leva em consideração eventual violação da obrigação de direito material, mas de uma obrigação processual, de todo independente".[563]

Vale lembrar que ao demandado estará sempre aberta a possibilidade – mais que isso, o direito – de afastar a incidência da multa, demonstrando a impossibilidade de dar cumprimento à prestação imposta na ordem judicial.[564] Aliás, o projeto do Novo Código de Processo Civil é ex-

---

Guilherme Rizzo. *As astreintes e o processo civil brasileiro: multa do art. 461 do CPC e outras*. Porto Alegre: Livraria do Advogado, 2004, p. 160.

[563] SPADONI, Joaquim Felipe. *Ação inibitória: a ação preventiva prevista pelo art. 461 do CPC*. São Paulo: RT, 2002, p. 182.

[564] Como bem constata o jurista lusitano Calvão da Silva, em raciocínio inteiramente aplicável à *multa coercitiva* do direito brasileiro: "É óbvio que a sanção pecuniária compulsória só é devida se o devedor adstringido, embora podendo, não cumpre a obrigação principal a que está vinculado e no cumprimento da qual foi condenado. Em caso de impossibilidade de observância da condenação

presso no sentido de que a multa poderá ser excluída quando o obrigado demonstrar "justa causa para o descumprimento.[565] Isso por que a multa só faz sentido se o réu, a quem se pretende constranger ao cumprimento, está em condições de cumprir. Tal matéria (impossibilidade de cumprimento) poderá ser alegada, desde logo, no recurso contra a decisão que tiver imposto a *multa coercitiva*, ou ao juízo responsável pela execução do seu montante, visto que a impugnação (CPC, art. 475-L)[566] poderá versar sobre a inexigibilidade do título.

Contudo, não se pode deixar de referir o entendimento dominante a respeito desta matéria, no sentido de que a multa deixará de ser exigível na hipótese de futura improcedência do pedido, devendo ser objeto de repetição/devolução pelo beneficiário em favor do réu, caso prematuramente por este desembolsada. Partilhando desse entendimento, Araken de Assis afirma que a "a existência definitiva desse crédito se subordina à condição de que o autor logre êxito na demanda proposta". Com a superveniente improcedência do pedido, se, "de um lado, o réu descumpriu uma ordem judicial; de outro, o fez conforme o direito".[567]

Difícil negar razão à posição de Talamini, ao sustentar que "a legitimidade da autoridade jurisdicional ampara-se precisamente na sua finalidade de tutelar quem tem razão. A tese ora criticada, se aplicada, longe de resguardar a autoridade jurisdicional, apenas contribuiria para enfraquecê-la: consagraria o culto a uma suposta 'autoridade' em si mesma, desvinculada de sua razão de ser".[568]

Coerentes, também, os argumentos de Rizzo Amaral, ao defender a inexigibilidade da multa em caso de improcedência do pedido:

> Entendemos que punir o réu por ter descumprido ordem decisão cuja legalidade não é admitida sequer pelo Poder Judiciário equivale a um desvirtuamento completo da finalidade do processo [...].
>
> A deformação das *astreintes* proposta pelos juristas que pregam sua exigibilidade, mesmo diante de decisão final de mérito que não reconheça o direito do autor, revela a completa escravização do homem à técnica processual, que, por sua vez, deixa de atuar na pacifi-

---

principal, a sanção pecuniária compulsória não produz efeitos. É o que resulta da sua própria razão de ser: meio de coerção ao cumprimento". CALVÃO DA SILVA, João. *Cumprimento e sanção pecuniária compulsória*. 2. Ed. Coimbra: Coimbra, 1997, p. 438-439.

[565] Art. 503, §3: O juiz poderá, de ofício ou a requerimento, modificar o valor ou a periodicidade da multa vincenda ou excluí-la, caso verifique que: I – se tornou insuficiente ou excessiva; II – o obrigado demonstrou o cumprimento parcial superveniente da obrigação ou justa causa para o descumprimento.

[566] Art. 496 do Projeto de Lei do Senado n° 166/2010.

[567] ASSIS, Araken de. *Cumprimento de sentença*. Rio de Janeiro: Forense, 2006, p. 227.

[568] TALAMINI, Eduardo. *Tutela relativa aos deveres de fazer e de não fazer: e a sua extensão aos deveres de entregar coisa (CPC arts. 461 e 461-A, CDC, art. 84)*. 2. ed. São Paulo: Revista dos Tribunais, 2003, p. 258.

cação dos conflitos, passando a ser fonte dos mesmos, ao permitir resultados socialmente injustos.[569]

Contudo, a nosso ver, negar efetividade a uma ordem imposta em decisão judicial deverá ser sempre passível de sanção. Isso porque, em um Estado Democrático de Direito, como no Brasil, deverá a parte interessada, isso sim, utilizar-se dos recursos e dos meios de impugnação processuais previstos em lei, a fim de revogar ou emprestar efeito suspensivo à decisão (interlocutória ou sentencial) que lhe parecer injusta, ilegal ou inconstitucional. Seguramente, não será através do descumprimento da ordem judicial – que (i) nega a fruição do direito a quem, até o momento, assiste melhor razão e (ii) impossibilita o Estado de cumprir com o seu dever de prestar jurisdição efetiva – que deverá manifestar a sua oposição.

A ordem imposta em razão do direito reconhecido em decisão judicial não confere ao demandado a faculdade de "apostar" na futura e eventual reversão do *decisum* quando do julgamento final da ação. Caso não for atendida a ordem, a multa deverá fluir normalmente até o atendimento da conduta desejada ou até decisão posterior em sentido contrário, a retirar a eficácia da decisão anterior, que a havia aplicado.

Parece socialmente injusto livrar de multa aquele que ignora ordem judicial, apostando na posterior reversão da decisão. Por certo, tal entendimento retira significativa parcela de coercitividade deste mecanismo processual, voltado aos interesses do Estado em dar efetividade às suas decisões, em favor daquele que, até o momento, apresenta melhor direito.

Ora, quer nos parecer que diante de uma decisão judicial eficaz, especialmente aquela emitida com base no art. 461,[570] dotada de inegável mandamentalidade, apresentam-se três possibilidades ao réu: i) cumpre a ordem judicial; ii) recorre, a fim de reformar a decisão ou atribuir-lhe efeito suspensivo antes do esgotamento do *prazo razoável* arbitrado pelo juiz para o cumprimento da obrigação; iii) descumpre a ordem judicial e paga o valor da multa. Ou, ainda, em três palavras: cumpre, recorre ou paga.

Vale lembrar, uma vez mais, que ao réu/devedor estará sempre aberta a possibilidade de afastar a incidência da multa, demonstrando a impossibilidade de dar cumprimento à obrigação que lhe fora imposta. Tal *impossibilidade* poderá ser alegada imediatamente, mediante recurso, ou, posteriormente, ao juízo responsável pela execução da quantia, uma

---

[569] AMARAL, Guilherme Rizzo. *As astreintes e o processo civil brasileiro: multa do art. 461 do CPC e outras*. Porto Alegre: Livraria do Advogado, 2004, p. 160.

[570] Art. 479 do Projeto de Lei do Senado nº 166/2010.

vez que a impugnação (CPC, art. 475-L)[571] poderá versar sobre a inexigibilidade do título.

Sob o ponto de vista da pacificação social – um dos principais, se não o principal, escopo do processo –, somente o cumprimento da tutela antecipada trará a almejada pacificação ao titular provisório do direito. Seguramente, não será a mera possibilidade futura de execução da *multa coercitiva* que contentará o titular do direito – mesmo que provisório. Por mais esse fundamento (finalidade do processo), deve-se estimular a efetivação da ordem judicial, permanecendo devida a multa na hipótese de julgamento final de improcedência do pedido.

O tema é controverso inclusive na jurisprudência. Há decisões recentes do Tribunal de Justiça do Rio Grande do Sul afirmando a autonomia da multa coercitiva em relação à obrigação principal:[572]

> A multa fixada para o caso de descumprimento de ordem judicial, dado o seu caráter inibitório, é título executivo, desde que ocorrido o seu fato gerador, mesmo que posteriormente a sentença de mérito venha a ser reformada, com o que descabe a suspensão da execução no aguardo do deslinde definitivo da ação revisional de onde partiu a ordem descumprida. Agravo de instrumento improvido. (AI nº 70018715664, 10ª Cam. Cível, TJRS, Rel. Luiz Ary Vessini de Lima, j. em 30.08.2007)

A fundamentação utilizada pelo relator no acórdão acima, Des. Ary Vessini de Lima, vem reforçar o nosso entendimento:

> Primeiramente cumpre destacar que, na decisão interlocutória que deferiu a antecipação de tutela, foram instituídas duas obrigações: a tutela antecipada, propriamente dita (obrigação de não fazer – não cadastrar) e a obrigação acessória, isto é, a *astreinte* fixada para caso de descumprimento da principal. Esta, portanto, somente se opera se aquela for descumprida e, justamente por isso, possui caráter autônomo.
>
> [...]
>
> E desimporta que este Colegiado tenha, na ação revisional, revertido a sentença de procedência e afastado a revisão do contrato. O fato é que, durante o período em que fora concedida a antecipação de tutela até o julgamento da apelação, aquela decisão estava vigente e o seu descumprimento pela administradora de cartões fez incidir a multa processual arbitrada, independentemente do resultado final da revisional.
>
> [...]
>
> Convém destacar que o posicionamento em sentido contrário, com a devida vênia de quem assim entende, permite ao obrigado que descumpra a ordem judicial, assumindo o risco e apostando em eventual reversão do mérito da ação.
>
> A determinação do juiz deve ser respeitada e cumprida, sob pena de esvaziamento da força coercitiva das decisões judiciais. E para tanto, pode o magistrado justamente valer-se do arbitramento de tal espécie de penalidade. Retirar a sua executividade é o mesmo que torná-la sem eficácia, tornando-a uma medida inócua.

---

[571] Art. 496 do Projeto de Lei do Senado nº 166/2010.

[572] Em igual sentido: A.C. nº 70012900197, 10ª Cam. Cível, TJRS, Rel: Luiz Ary Vessini de Lima, j. em 15.12.2005; A.C. n. 70005366620, 19ª Cam. Cível, Rel. Des. Mário José Gomes Pereira, j. 10.12.2002; A.C nº 70015705866, 20ª Cam. Cível, TJRS, Rel.: José Aquino Flores de Camargo, j. 19.07.2006.

Tutela Específica dos Direitos

O voto tem como premissa declarada o doutrina de Zavascki que, com extrema perspicácia, sugere um "descolamento" da multa em relação à obrigação principal, uma vez que, a exemplo da sanção prevista no art. 14,[573] possui suporte fático diverso da decisão final do processo:

> Nos demais casos aventados, a execução da decisão interlocutória pode assumir caráter definitivo. Contrariamente às medidas antecipatórias (que têm por objeto de trato a mesma relação jurídica material a ser examinada pela sentença definitiva e cujo fato gerador, portanto, é anterior ao processo), as decisões que impõem sanção por ato atentatório à dignidade da justiça, ou fixam multa coercitiva por atraso no cumprimento de obrigação de fazer ou não fazer, ou fazem incidir ônus de sucumbência em favor de litisconsorte excluído, são decisões que definem "outra" norma jurídica individualizada, diferente da que é objeto do processo, surgida de suporte fático novo, ocorrido no curso do processo e por causa dele. Assim, independentemente da solução que for dada à causa pela sentença definitiva, as decisões interlocutórias, naqueles casos, têm vida própria e, operada a preclusão em relação a elas, podem servir de título para execução definitiva.[574]

Seguindo idêntico raciocínio, vale transcrever excerto de elucidativo julgado:

> Tratando-se de decisão que tenha natureza precária, como uma antecipação de tutela (decisão que será confirmada ou não pela sentença), a execução será provisória. Por outro lado, cuidando-se de decisões "que definem outra norma jurídica individualizada, diferente da que é objeto do processo, surgida de fato gerador novo, ocorrido no curso do processo e por causa dele", a execução há de ser definitiva, já que o crédito estipulado independe da solução que for dada à causa.
>
> O caso dos autos, em que se busca a execução de multa por descumprimento de obrigação de fazer (fornecimento de energia elétrica), amolda-se a esta segunda espécie, de forma que a execução é definitiva, e não provisória. Daí resulta que pouco importa o fato de o feito já ter sido julgado e ter transitado em julgado, já que a presente execução não está adstrita ao julgamento de procedência da ação.[575]

A multa coercitiva possui suporte fático dissociado do direito posto em causa, originado de fato superveniente ao ajuizamento da ação. Diversamente do que ocorre com a parcela da decisão que antecipa a tutela, o julgamento final de improcedência não retirará o fato gerador da multa, fazendo com que permaneça exigível independentemente da procedência do pedido.

Vê-se que o projeto do Novo Código de Processo Civil, no § 1º do art. 503,[576] desvincula a exigibilidade da multa à procedência final do pedido. A um, pois não condiciona o *levantamento* da multa depositada em

---

[573] Art. 66, § 1º do Projeto de Lei do Senado nº 166/2010.

[574] ZAVASCKI, Teori Albino. *Título executivo e liquidação*. 2. ed. São Paulo: 2001, RT, p. 109-110.

[575] TJSE, Grupo I, 2ª Câm. Cível, Processo 2004209640, Acórdão 1936/2804, Relatora Desa. Josefa Paixão de Santana, j. 02.05.2006.

[576] Projeto de Lei do Senado nº 166/2010, art. 503, § 1º: A multa fixada liminarmente ou na sentença se aplica na execução provisória, devendo ser depositada em juízo, permitido o seu levantamento

execução provisória ao resultado final de *procedência*, condiciona, apenas, ao "trânsito em julgado". A dois, pois permite o "levantamento" da multa depositada "na pendência de agravo contra a decisão denegatória de seguimento de recurso especial ou extraordinário". Portanto, em alinho ao nosso entendimento, os juristas integrantes da comissão elaboradora do novo código[577] parecem ter optado por dissociar a exigibilidade da multa do resultado final do processo. Não fosse sim, teriam esclarecido, a exemplo da Ação Civil Pública (Lei 7.347/84, art. 12, § 2º),[578] que o *levantamento* da multa estaria condicionado ao trânsito em julgado da decisão favorável ao autor.

## 7.2. Problemática da resistência ao cumprimento das decisões judiciais

Sem dúvida alguma, a renitência dos jurisdicionados ao cumprimento das decisões judiciais representa grave entrave à prestação da tutela jurisdicional. Desafia os processualistas e operadores do direito em geral e, objetivamente, representa obstáculo à satisfação do direito material daqueles a quem assiste razão.

Como contextualizam Luiz Rodrigues Wambier e Teresa Arruda Alvim Wambier, a afirmação do sistema judiciário passa diretamente pela "credibilidade decorrente de sua real aptidão em promover efetivas alterações no mundo empírico".[579]

Em assim sendo, a ordem jurídica deve prever mecanismos aptos para que o Poder Judiciário venha a impor decisões que profere. Como afirma Ada Pellegrini, "negar instrumento de força ao Judiciário é o mesmo que negar a sua existência".[580]

De nada serviria a idealização de uma finalidade *instrumental* à ciência processual, se o ordenamento vigente não dotasse o sistema de ferra-

---

após o trânsito em julgado ou na pendência de agravo contra a decisão denegatória de seguimento de recurso especial ou extraordinário.

[577] Luiz Fux (Presidente) Teresa Arruda Alvim Wambier (Relatora), Adroaldo Furtado Fabrício, Humberto Theodoro Júnior, Paulo César Pinheiro Carneiro, José Roberto dos Santos Bedaque Almeida, José Miguel Garcia Medina, Bruno Dantas, Jansen Fialho de Almeida, Benedito Cerezzo Pereira Filho, Marcus Vinicius Furtado Coelho e Elpídio Donizetti Nunes.

[578] Art. 12. Poderá o juiz conceder mandado liminar, com ou sem justificação prévia, em decisão sujeita a agravo. § 1º [...] § 2º A multa cominada liminarmente só será exigível do réu após o *trânsito em julgado da decisão favorável ao autor*, mas será devida desde o dia em que se houver configurado o descumprimento.

[579] WAMBIER, Luiz Rodrigues e WAMBIER, Teresa Arruda Alvim. *Anotações sobre a efetividade do processo.* São Paulo: Revista dos Tribunais, ano. 92, v. 814, p. 63-70, ago. 2003.

[580] GRINOVER, Ada Pellegrini. Ética, abuso do processo e resistência às ordens judiciárias: *o contempt of court.* Revista de Processo, São Paulo: Ed. RT, n. 102, p. 219-227, abr./jun. 2001.

---

Tutela Específica dos Direitos

mental apto a possibilitar que os julgadores façam valer as decisões que proferem.

Nesse sentido, a chegada da tutela *ex* art. 461 brindou os operadores do Direito com um manancial de medidas aparentemente aptas a *forçar*, ou ao menos *estimular*, a obediência às decisões que determinam o cumprimento específico dos deveres e obrigações de *dar*, *fazer* e *não fazer*.

No entanto, a eficácia mandamental e a eficácia executiva, ínsitas aos provimentos proferidos com base no art. 461,[581] não possuem a finalidade especial de impor o respeito às decisões judiciais. Muito embora a multa do art. 461 exerça a função de reforçar a autoridade das decisões,[582] sua principal missão assume caráter *coercitivo*, visando interferir sobre a vontade do demandado para que cumpra a conduta imposta na decisão judicial, sem desempenhar, portanto, função propriamente *punitiva*.

Diante dessa incapacidade, andou bem o legislador processual, ao apressar-se na alteração da redação do art. 14 do CPC,[583] por ocasião da Lei n° 10.358/01.

Note-se que, além da possibilidade de cominação da *multa coercitiva*, todo e qualquer desrespeito a provimento de natureza *mandamental* poderá ser sancionado, *punitivamente*, através da imposição da multa do art. 14, parágrafo único do CPC,[584] por significar "ato atentatório ao exercício da jurisdição":

> Art. 14. São deveres da parte e de todos aqueles que de qualquer forma participam do processo:
> [...]
> V – cumprir com exatidão os provimentos mandamentais e não criar embaraços à efetivação de provimentos judiciais de natureza antecipatória ou final.
> Parágrafo único. Ressalvados os advogados que se sujeitam exclusivamente aos estatutos da OAB, a violação do disposto no inciso V deste artigo constitui ato atentatório ao exercício da jurisdição, podendo o juiz, sem prejuízo das sanções criminais, civis e processuais cabíveis, aplicar ao responsável multa em montante a ser fixado de acordo com a gravidade da conduta e não superior a vinte por cento do valor da causa; não sendo paga no prazo estabelecido, contado do trânsito em julgado da decisão da causa, a multa será inscrita em dívida ativa da União ou do Estado.

---

[581] Art. 479 do Projeto de Lei do Senado n° 166/2010.

[582] Aspecto também destacado por Calvão da Silva: "A finalidade moral de assegurar e garantir o respeito pela palavra dada e a finalidade de tornar eficaz a decisão judicial, perseguidas pela sanção pecuniária compulsória, fazem desta uma arma contra a impotência fáctica e contra o declínio do direito e a favor do autoridade dos tribunais e do prestígio da justiça, [...]". *Cumprimento e sanção pecuniária compulsória*. 2. ed. Coimbra: Coimbra, 1997, p. 395.

[583] Art. 66, § 1° do Projeto de Lei do Senado n° 166/2010.

[584] Idem.

Resumidamente, o citado artigo obriga não apenas as partes, mas todos aqueles que participarem do processo, a cumprir com exatidão os provimentos mandamentais de natureza final ou antecipatória e não criar embaraços à sua efetivação dos provimentos judiciais, sob pena de multa a ser fixada em montante não inferior a 20% do valor da causa, independentemente de outras sanções.[585] A viabilidade da imposição simultânea de ambas as medidas (multa coercitiva e punitiva) para evidente no texto legal: "[...] sem prejuízo das sanções criminais, civis, processuais cabíveis [...]".

De início, já se percebe a natureza distinta da multa do artigo 14[586] em relação àquela prevista pelo § 4º do artigo 461.[587] Como já se observou, a multa do artigo 461 tem caráter processual coercitivo, e não desempenha função punitiva, ou seja, não é uma pena. Atua, isso sim, como instrumento de coerção sobre a vontade do obrigado, pressionando-o a adotar a conduta prevista em contrato ou imposta pela ordem jurídica, similarmente às *astreintes* do direito francês.[588] De modo diverso, a multa do artigo 14 visa punir quem desrespeita ordem mandamental, atuando de modo semelhante o instituto do *contempt of court* do direito anglo-saxão.[589] A respeito do tema, pertinentes os comentários de Carpena:

> Tanto no *contempt of court* quanto nas *astreintes*, uma vez verificado o descumprimento da ordem judicial, a multa passa a ter espaço. É claro que, no caso das *astreintes*, art. 461,

---

[585] A multa deve ter como critério o valor da causa, não podendo incidir por período de tempo, a exemplo da multa do art. 461. Nesse sentido: "A multa para tornar efetivo comando judicial concessivo de tutela antecipada (art. 14, V, e seu parágrafo único, acrescentados ao CPC pela Lei nº 10.358, de 27/12/2001) deve contemplar valor fixo, e não diário, não podendo ultrapassar a 20% sobre o valor dado à causa". STJ, 3ª Turma, REsp 756.130/RS, Rel. Min. NANCY ANDRIGHI, j. em 17.10.2006, DJ 05.03.2007, p. 280. Em mesmo sentido: A.C. nº 70007651771, 10ª Cam. Cível, TJRS, Rel: Voltaire de Lima Moraes, j. em 15.09.2004.

[586] Art. 66, § 1º do Projeto de Lei do Senado nº 166/2010.

[587] Art. 503, *caput*, do Projeto de Lei do Senado nº 166/2010.

[588] A *astreinte* é uma medida coercitiva de constrangimento indireto sobre o devedor, visando o cumprimento de prestação imposta em decisão judicial. Teve origem e criação na jurisprudência francesa, nos primórdios do século XIX. Sua disciplina, em lei, ocorreu apenas em julho de 1972 (Lei 72-626). Em obra específica sobre a matéria, Rizzo Amaral trata de comparar as semelhanças entre a multa do art. 461 e as *astreintes* do direito francês: "Ambas podem ser aplicadas de ofício; servem para assegurar a execução (cumprimento) das decisões judiciais, são independentes das perdas e danos; pode o juiz moderar ou suprimir a medida mesmo em caso de inexecução do comando judicial; ambas podem ser fixadas em unidade livre de tempo e assumem caráter coercitivo (sendo negado qualquer caráter punitivo às mesmas". AMARAL, Guilherme Rizzo. *As astreintes e o processo civil brasileiro: multa do art. 461 do CPC e outras*. Porto Alegre: Livraria do Advogado, 2004, p. 54.

[589] Nesse sentido: "A multa processual prevista no caput do artigo 14 do CPC difere da multa cominatória prevista no Art. 461, § 4º e 5º, vez que a primeira tem natureza punitiva, enquanto a segunda tem natureza coercitiva a fim de compelir o réu a realizar a prestação determinada pela ordem judicial". STJ. 1ª Turma, REsp. 770753, rel. Min. Luiz Fux, j. em 27.02.2007, DJ 15.03.2007, p. 267. Ainda, nesse sentido: 9ª Cam. Cível, TJRS, Rel: Luís Augusto Coelho Braga, j em 22.02.2006; A.I nº 70019838499, 20ª Cam. Cível, TJRS, Rel.: Rubem Duarte, j. em 29.08.2007; A. I. nº 70023555394, 22ª Cam Cível, TJRS, Rel.: Rejane Maria Dias de Castro Bins, j. em 12.06.2008.

§ 4º, o requerido deve ter sido previamente intimado da sua cominação para ela ter validade, conforme visto acima; já no caso da multa prevista no parágrafo do art. 14 do CPC, pela afronta à dignidade da justiça, isto não se afigura necessário, porquanto a incidência da mesma decorre de determinação legal, da qual a parte não pode alegar desconhecimento.[590]

Como se pode notar o citado artigo qualifica o desrespeito às decisões judiciais como verdadeira *ofensa* ao Poder Judiciário, bem como ao próprio Estado de Direito. Por decorrência – traduzindo-se a expressão consagrada no direito inglês[591] –, este *desacato ao tribunal* será repreendido através de pena pecuniária (multa), a ser revertida em favor da União ou do Estado, segundo critério de competência.

A alteração introduzida pela Lei 10.358/01 ampliou a abrangência da multa prevista no art. 14[592] a "todos aqueles que de alguma forma participem do processo", com isso, fortalecendo o necessário respeito aos provimentos mandamentais.

Como dito anteriormente, a efetividade buscada pela lei processual depende da capacidade e da boa técnica empregada por aqueles que a aplicam e a interpretam. Assim, não caberá aos juízes simplesmente queixar-se do contínuo descaso para com as decisões que proferem. Caberá à classe socorrer-se do manancial de instrumentos colocados à disposição pelo ordenamento processual civil, fazendo valer seus mandamentos em detrimento da recalcitrância daqueles que se opuserem ao cumprimento.

Não resta dúvida de que a ampliação dos efeitos desse dispositivo veio em favor da efetividade de prestação jurisdicional e demonstra o "propósito do legislador em afastar atos atentatórios que abalam os alicerces da prestação jurisdicional".[593]

---

[590] CARPENA, Márcio Louzada. *Do processo cautelar moderno.* Rio de Janeiro: Forense. 2003, p. 200.

[591] No direito norte-americano, de origem anglo-saxã, o descumprimento de uma ordem para cumprimento de obrigação de fazer ou não fazer *(injunction)* configura um 'desacato ao tribunal' *(contempt of court)*, contra o qual é prevista sanção punitiva específica, denominada *contempt power*. Por sua vez, o *contempt* poderá resultar na aplicação de multa *(civil contempt)* ou mesmo prisão do réu *(criminal contempt)*. Não obstante renomados doutrinadores insistam em afirmar a semelhança da multa do art. 14 do CPC com o *civil contempt* do direito norte-americano, destaca-se que a multa alienígena trazida à comparação possui caráter essencialmente *coercitivo*. Em realidade o *criminal contempt* amolda-se, com maior exatidão, à natureza *punitiva* da sanção do art. 14 – como bem aponta Nelson Rodrigues Netto (Tutela jurisdicional específica: mandamental e executiva *lato sensu*. Rio de Janeiro: Forense, 2002, p. 82-84). Outrossim, o contínuo esforço brasileiro na criação e desenvolvimento de institutos voltados a fortalecer o respeito e a obediência às decisões judiciais revela, em certo sentido, flagrante aproximação do direito tupiniquim, e romano-germânico como um todo, ao sistema anglo-saxão. Por esse motivo, inteira razão assiste a Joel Dias Figueira Júnior ao afirmar que a multa do art. 14 "recebe inevitáveis influxos do fenômeno *contempt of court*". FIGUEIRA Jr., Joel Dias. *Comentários à novíssima reforma do CPC: Lei 10.444, de 07 de maio de 2002.* Rio de Janeiro: Forense, 2002, p. 88.

[592] Art. 66, § 1º do Projeto de Lei do Senado nº 166/2010.

[593] CARPENA, Márcio Louzada . *Do processo cautelar moderno.* Rio de Janeiro: Forense. 2003. p. 201.

Todavia, é de se ressaltar que o dispositivo em destaque não se apresenta como solução geral e definitiva para o problema do desrespeito às ordens judiciais. A limitação da multa em 20% do valor da causa torna a medida inoperante em lides travadas sob valor da alçada ou em valor estimadamente baixo,[594] aspecto que se soma à insuficiência patrimonial do réu como óbices que atenuam, ou mesmo imunizam, os efeitos dessa multa punitiva.

Além disso, pouco antes do encaminhamento do projeto de lei que resultou na criação da multa do art. 14, por pressão da Casa Civil,[595] acresceu-se à redação original – idealizada sob a coordenação dos ministros Sálvio de Figueiredo Teixeira e Athos Gusmão Carneiro – expressão que retirou, em parte, a força coercitiva da medida, ao condicionar a exigibilidade da multa à "data do trânsito em julgado da decisão final de causa".

Ada Pellegrini chega a afirmar que, ao acrescer a expressão destacada, o governo "excluiu a incidência da multa na tutela antecipada, deixando sem sanção o descumprimento e a criação de embaraços à efetivação dos provimentos de natureza antecipatória [...]".[596] Tal entendimento não parece o mais correto. Nada impedirá que o juiz imponha a sanção em razão de desobediência de decisão interlocutória, obrigando-se a Fazenda, nacional ou estadual, a aguardar o "trânsito em julgado da decisão final" para só então inscrever o valor correspondente em dívida ativa. Ora, não se pode confundir o momento da exigibilidade/exequibilidade da multa com o seu momento da incidência/atuação, aplicável a qualquer tempo pelo juiz da causa.

Hipótese semelhante é a da multa de caráter punitivo prevista pelo artigo 600 do CPC,[597] entretanto relacionada a atos atentatórios praticados em processo autônomo de execução, hoje restrito à execução dos títulos extrajudiciais.

De uma forma geral, entende-se valioso o esforço do legislador em buscar soluções e mecanismos processuais que estimulem o respeito às decisões judiciais – ponto-chave para o incremento da efetividade da prestação jurisdicional. Todavia, é preciso cuidado, pois a eficácia de todo e qualquer *mecanismo pecuniário*, seja ele *punitivo* (CPC, arts. 14 e 601)[598] ou

---

[594] CARPENA, Márcio Louzada . *Do processo cautelar moderno*. Rio de Janeiro: Forense. 2003. p. 201.

[595] Conforme noticia Ada Pelegrini Grinover em artigo específico sobre a matéria. Paixão e morte do *contempt of court* brasileiro (art. 14 do Código de processo civil). In: *O processo: estudos e pareceres*. São Paulo: Perfil, 2005.

[596] Idem.

[597] Art. 700, parágrafo único, do Projeto de Lei do Senado n° 166/2010.

[598] Art. 66, § 1° e 700 do Projeto de Lei do Senado n° 166/2010.

*coercitivo* (CPC, art. 461, § 4º),[599] poderá esbarrar em óbice intransponível, representado pela *insuficiência patrimonial do destinatário da ordem*.

Em última análise, a necessidade de atribuir-se maior respeitabilidade às decisões judiciais apresenta-se hoje como diretriz unânime na comunidade jurídica, aí incluído o direito material reconhecido em sentença, maior prejudicado frente à inoperância dos provimentos mandamentais.

### 7.3. Impossibilidade de prisão civil. Configuração do crime de desobediência

O ordenamento brasileiro não prevê figura ou mecanismo que permita a prisão civil daquele que desobedecer à ordem judicial. De acordo com a sistemática vigente, os mecanismos arrolados, de maneira não exaustiva, pelo § 5º do art. 461 do CPC[600] não autorizam a prisão do demandado por ordem direta do juiz civil.[601]

Diz-se isso a partir da garantia estabelecida no art. 5º, LXVII, da Constituição Federal de 1988, que veda "prisão civil por dívida, salvo a do responsável pelo inadimplemento voluntário e inescusável de obrigação alimentícia e a do depositário fiel".[602]

Em sentido contrário, juristas de renomada escol[603] entendem que a restrição constitucional se volta exclusivamente à impossibilidade de prisão *por motivo de dívida*, de modo a não abranger a *prisão por desobediência*, uma vez que esta possuiria natureza público-processual ao (i) resguardar a autoridade do estado, e (ii) influenciar na vontade do réu.

A passagem a seguir transcrita, de autoria de Lima Guerra, bem sintetiza o pensamento daqueles que entendem cabível a prisão civil do demandado como medida processual coercitiva:

---

[599] Art. 503, *caput*, do Projeto de Lei do Senado nº 166/2010.

[600] Idem.

[601] Em parecer voltado exclusivamente a essa temática, Teresa Arruda Alvim é categórica ao afirmar: "[...] é inconstitucional a interpretação dada ao art. 461 do CPC no sentido de que o juízo cível poderia determinar a prisão por civil daquele que se recusasse a cumprir obrigação de fazer ou não fazer". Impossibilidade de decretação de pena de prisão como medida de apoio, com base no art. 461, para ensejar o cumprimento da obrigação *in natura*. *Revista de Processo*, São Paulo, nº 112, ano 28, p. 196--212, out./dez 2003.

[602] Em relação à segunda exceção constitucionalmente prevista, cabe ressaltar que a Convenção Americana dos Direitos Humanos, que redundou na assinatura do Pacto de São José da Costa Rica e do Pacto Internacional sobre os Direitos Civis e Políticos, devidamente ratificados pelo Estado Brasileiro, restringiu a possibilidade de prisão civil à hipótese do devedor de alimentos, tendo em vista que, somente nesse caso, a restrição da liberdade entraria em conflito com um direito fundamental de igual relevância: a dignidade da pessoa humana.

[603] Nesse sentido: CÂMARA, Alexandre de Freitas. *Lineamentos do novo processo civil*, p. 75; GUERRA, Marcelo Lima. *Execução indireta*. São Paulo: RT, 1998, p. 246.

Encarada a prisão civil como um importante meio de concretização do direito fundamental à tutela efetiva e não apenas como odiosa lesão ao direito de liberdade, em uma exegese que restrinja a vedação do inc. LXIII do art. 5º, da CF aos casos de prisão por dívida em sentido estrito, preserva substancialmente a garantia que essa vedação representa, sem eliminar totalmente as possibilidades de se empregar a prisão civil como medida coercitiva para assegurar a prestação efetiva de tutela jurisdicional.[604]

Em reforço, Freitas Câmara refere que a prisão como mecanismo de pressão processual "é possível e deve ser determinada quando imprescindível para assegurar a efetividade da prestação constitucional. Note-se que a vedação constitucional é de prisão por dívidas [...]".[605]

Posicionamo-nos de modo diverso.

Primeiramente, deve-se ter em mente que, muito embora referida no texto constitucional a expressão *prisão por dívida*, a vedação não se relaciona apenas às prisões civis por motivo de dívida. A excepcionalidade prevista para o caso do *depositário infiel* não se refere a obrigação da pagar quantia, tornando claro que a restrição constitucional não se aplica somente às prisões por dívida, mas a todas as formas e modalidades de prisão civil.[606]

Nesse sentido, vale referir as palavras de Ovídio A. Baptista da Silva:

É verdade que a Constituição se refere à "prisão por dívidas", mas, ao mencionar as exceções que abre ao princípio, alude a um caso de dívida monetária, ou comumente monetária, que é a obrigação alimentar; e a outro, que absolutamente não se confunde com essa espécie de obrigação, que é a prisão do depositário infiel. Se a prisão por dívidas que não fossem monetárias estivesse sempre autorizada, não faria sentido a exceção constante do texto constitucional para o caso de depositário infiel.[607] [608]

Em realidade, o alcance das exceções contempladas pelo inciso LXII da CF/88 permite concluir que a Carta Magna não previu exceções a uma vedação específica, restrita às prisões por motivo de dívida. De modo diverso, tratou de garantir a todo e qualquer cidadão brasileiro ou estrangeiro residente no país o direito de jamais vir a ser preso por motivos de natureza *civil*, ressalvadas as exceções que ela mesma prevê. Como esclareceu o STJ em diversos julgados, *"no exercício da jurisdição civil, não tem o*

---

[604] GUERRA, Marcelo Lima. *Execução indireta*. São Paulo: RT, 1998, p. 246.

[605] Idem.

[606] "Tanto é assim que uma das exceções expressamente previstas no art. 5º LXVII, da CF diz respeito ao depositário infiel, ou seja, à situação que nada tem a ver com obrigação de pagar quantia certa, mas de conservar o bem objeto do depósito". WAMBIER, Teresa Arruda Alvim. Impossibilidade de decretação de pena de prisão como medida de apoio, com base no art. 461, para ensejar o cumprimento da obrigação *in natura*. *Revista de Processo*, São Paulo, nº 112, ano 28, p. 196-212, out./dez. 2003.

[607] BAPTISTA DA SILVA, Ovídio A. *Do processo cautelar*. 2. ed. Rio de Janeiro: Forense, 1999, p 530.

[608] José Miguel Garcia Medina também compartilha desse entendimento: *Execução Civil. Princípios fundamentais*. São Paulo: RT, 2002, p. 336.

Tutela Específica dos Direitos

*juiz poderes para expedir ordem de prisão fora das hipóteses de depositário infiel e de devedor de alimentos".* [609]

Em relação àqueles que defendem a constitucionalidade da prisão como meio coercitivo à obtenção do cumprimento específico dos deveres por julgarem tratar-se de prisão *processual*, e não *civil*, convém advertir que as exceções constitucionais já contemplam modalidade de prisão de natureza processual: a prisão do depositário infiel. Tal circunstância evidencia já estarem incluídas na vedação constitucional as prisões de caráter processual, aí compreendido o art. 461.

Nessa esteira, percebe-se que a Constituição criou regra geral da vedação à prisão civil. Desse modo, salvo as exceções constitucionais, não estará autorizada a restrição da liberdade do cidadão como meio de repressão à prática de ilícito civil. A vedação constitucional, sob esse aspecto, não se encontra restrita a *determinados* deveres e obrigações, como sugerem alguns. Impôs ela, isso sim, *barreira instransponível* à decretação de prisão que não esteja diretamente ligada à repressão de uma conduta criminosa. Nessa ótica, a decretação de qualquer prisão que não se baseie na prática de um ilícito penal ou que não se enquadre nas exceções constitucionalmente previstas será inconstitucional.

Contudo, a vedação constitucional ao aprisionamento por motivos civis não deverá inibir a legítima repressão da conduta desobediente, afrontosa à autoridade estatal e tipicamente enquadrada como contrária ao direito (ilícito penal). Por decorrência, nada impedirá que o juiz civil venha a advertir o obrigado de que o desrespeito a sua ordem poderá resultar na configuração de *crime de desobediência* e consequente remessa dos autos ao Ministério Público para que tome as medidas cabíveis.

O projeto do Novo Código de Processo Civil menciona, expressamente, a configuração do crime de desobediência sempre e toda a vez que o descumprimento da obrigação "puder prejudicar diretamente a saúde, a liberdade ou a vida. [610]

Como sabido, "a desobediência de ordem legal de funcionário público" representa conduta indesejada pela ordem jurídica, tipificada, no art. 330 do Código Penal (CP), como espécie de crime "praticado por particular contra a administração em geral" (Capítulo II do Título XI, da Parte Especial do Código Penal).

---

[609] STJ, 6ª Turma, MC 11804/RJ, Rel. Min. Hamilton Carvalhido, j. em 17.08.2006, DJ 05.02.2007, p. 378; STJ, 5º Turma, REsp 490228/RS, Rel. Min. José Arnaldo da Fonseca, j. em 6.05.2004, DJ 31.05.2004, p. 346.

[610] Projeto de Lei do Senado nº 166/2010, art. 503, § 8º: "Sempre que o descumprimento da obrigação pelo réu puder prejudicar diretamente a saúde, a liberdade ou a vida, poderá o juiz conceder, em decisão fundamentada, providência de caráter mandamental, cujo descumprimento será considerado crime de desobediência".

Por certo, esta simples *advertência* se mostrará técnica de *coerção* teoricamente eficiente em prol de obtenção do resultado específico imposto na decisão judicial.[611] Neste ponto de intersecção do direito civil com o direito penal, a análise sobre determinados aspectos dessa correlação ganha elevada importância. Passar-se-á à análise desses aspectos.

O juiz, notório ocupante de cargo público, mediante prestação de concurso público, profere ordens de modo a tipificar *"ordem legal de funcionário público"* (art. 330 CP), ainda mais ao se atentar para o conceito amplíssimo de funcionário público, fornecido pelo art. 327 do CP.

No entanto, dentro do universo de decisões que profere, cabe discernir aquelas cujo descumprimento poderá caracterizar crime de desobediência.

De início, constata-se que os provimentos de cunho preponderantemente declaratório, constitutivo ou condenatório não se mostram aptos a configurar o ilícito previsto no art. 330 do CP. Nenhuma dessas hipóteses configurará verdadeira *desobediência* a uma *ordem* propriamente dita. Sem dúvida, entre os provimentos considerados "de repercussão física",[612] estarão aqueles aptos a gerar uma verdadeira *ordem*, passível de repressão penal.

Os provimentos executivos, muito embora provoquem *repercussão física*, exatamente por representarem medidas de execução forçada implementáveis independentemente da vontade do réu, não traduzem propriamente uma *ordem*.

Exemplificando: a medida de *desfazimento de obra* (CPC, art. 461, § 5º)[613] definitivamente não vincula uma *ordem*. Todavia, qualquer resistência oferecida nesse caso, por tratar-se de ato atentatório à justiça, configurará, em tese, crime de resistência (CP, art. 329).

Por exclusão, conclui-se que somente os provimentos dotados de carga *mandamental* é que poderão veicular *ordem* propriamente dita, tal como exigida pelo tipo penal previsto no art. 330 do CP.

---

[611] Kazuo Watanabe também admite a configuração, na hipótese de crime de desobediência, bem como a sua utilização como medida coercitiva indireta: "Há a imposição de medida coercitiva indireta consistente em fazer configurar, ao descumprimento da ordem do juiz, o crime de desobediência. Os executores da ordem judicial poderão, inclusive, lavrar a prisão em flagrante, mas o processo criminal respectivo será julgado pelo juízo criminal competente. Semelhante prisão não é proibida pelo art. 5º, LXVII, da CF, pois não se trata de prisão por dívida, e sim de prisão por crime de desobediência" WATANABE, Kazuo. Tutela antecipatória e tutela específica das obrigações de fazer e não fazer. In: *Reforma do código de processo civil*. Sálvio de Figueiredo Teixeira (coord.). São Paulo: Saraiva, 1996, p. 20.

[612] Na feliz expressão de José Carlos Barbosa Moreira. In: *Tendências na execução de sentença e ordens judiciais, Temas de direito processual (Quarta série)*, São Paulo: Saraiva, 1989.

[613] Art. 502 do Projeto de Lei do Senado nº 166/2010.

Tutela Específica dos Direitos

Assim, a desobediência de provimento de *repercussão física*, dotado de eficácia mandamental – seja ele instrumental (CPC, art. 362)[614] ou concessivo de tutela[615] –, veiculando ordem direta ao demandado ou a terceiro (CPC, art. 14, *caput*),[616] deverá ser penalmente reprimida por configurar crime de desobediência, com a possibilidade teórica de aprisionamento do desobediente.[617]

Além disso, não se poderá esquecer de que a configuração do tipo penal exige a presença do dolo, ou seja, da vontade consciente e dirigida em desobedecer à ordem judicial, vontade esta que não estará presente em muitos casos, a exemplo da hipótese frequente na qual é impossível o cumprimento da obrigação (impossibilidade material), a exigir a conversão da tutela específica em perda e danos (CPC, art. 461, § 1°).[618] Na prática, a mera dúvida a respeito da intenção dolosa do desobediente já se mostra suficiente para a descaracterização do crime de desobediência.

Cabe ainda ressaltar entendimento jurisprudencial no sentido de que a imposição de uma medida coercitiva para o caso concreto, a exemplo da multa do § 4°, impossibilita a sua cumulação com outra medida de mesma natureza (coerção indireta), no caso, a prisão por descumprimento de ordem judicial.[619] O entendimento é o de que não estará configurada a desobediência se a multa civil ou administrativa aplicável – no caso, a multa do § 4°, do art. 461[620] – não ressalva a possibilidade da incidência cumulativa da sanção penal imposta no art. 330 do CP, sob pena da configuração do *bis in idem*.[621]

Em assim sendo, sempre que possível e adequado, deverá o juiz advertir expressamente o réu a respeito da criminalidade de sua conduta.

---

[614] Art. 382, parágrafo único, do Projeto de Lei do Senado n° 166/2010.

[615] TALAMINI, Eduardo. *Tutela relativa aos deveres de fazer e de não fazer: e a sua extensão aos deveres de entregar coisa (CPC arts. 461 e 461-A, CDC, art. 84)*. 2. ed. São Paulo: Editora Revista dos Tribunais, 2003, p. 308.

[616] Art. 66, caput, do Projeto de Lei do Senado n° 166/2010.

[617] Devem-se ter em mente inúmeras situações que poderão desqualificar a conduta, tais como: a impossibilidade de cumprimento da ordem; ordem ilegal; ordem emanada por juiz impedido; além das hipóteses de exclusão de culpabilidade ou de ilicitude aplicáveis à espécie.

[618] Art. 480 do Projeto de Lei do Senado n° 166/2010.

[619] "Não há falar em crime de desobediência quando a lei extrapenal não trouxer previsão expressa acerca da possibilidade de sua cumulação com outras sanções de natureza civil ou administrativa". STJ, 6ª Turma, MC 11804/RJ, Rel. Min. Hamilton Carvalhido, j. em 17.08.2006, DJ 05.02.2007, p. 378. Também, nesse sentido: STJ, 5ª Turma, HC 16940/DF, Rel. Min. Jorge Scartezzini, j. em 25.06.2002, DJ 18.11.2002, p. 243.

[620] Art. 503, caput, do Projeto de Lei do Senado n° 166/2010.

[621] "Significa que inexiste o delito se a desobediência prevista em lei especial já conduz a uma sanção civil ou administrativa, deixando a norma extrapenal de ressalvar o concurso de ações (a penal, pelo delito de desobediência, e a extrapenal), JESUS, Damásio E. de. *Curso de direito penal*. São Paulo: Saraiva, 1998, v. 1.

A pressão psicológica decorrente será inegável, mostrando-se medida coercitiva eficaz a dobrar a renitência dos inadimplentes em geral. Embora viável, a penalização da conduta não poderá ser imposta como *solução geral* voltada à obtenção do resultado específico.

A drasticidade da restrição à liberdade não pode e nem deve servir como *solução geral* para a tutela específica dos deveres. Diversos conflitos serão resolvidos de modo mais ágil, simples e eficaz, mediante a aplicação de medidas sub-rogatórias, ou através da imposição cumulada da *multa coercitiva*.[622] [623]

Mesmo discordando da solução proposta por Figueira Júnior – que entende cabível a prisão do demandado por ordem direta e fundamentada do juiz cível –, oportuno referir ressalva realizada pelo referido jurista:

> Todavia, antes de chegar a essa medida excepcional extrema – privação temporária (e efêmera) da liberdade – haverá o juiz de conceder ao litigante prazo mínimo necessário ao cumprimento cabal da ordem legal, bem como, se for o caso, considerar as suas eventuais justificativas e impossibilidade de assim proceder, em homenagem aos princípios do contraditório e da ampla defesa.[624]

Cabe ressaltar recente despenalização ocorrida com o crime em comento. De acordo com a Lei dos Juizados Especiais (Lei 9.099/95) – que trata dos crimes considerados de menor potencial ofensivo –, não sendo caso de arquivamento de denúncia, ao acusado será oferecida pelo Ministério Público a chamada *transação penal* (art. 76). Aceita a *transação*, esta resultará na abdicação do Estado em aprisionar o acusado, vindo a aplicar-lhe uma sanção alternativa que não importará em condenação criminal, nem gerará efeitos civis (art. 76, § 6º). O desobediente, nesse caso, não sofrerá pena de prisão, nem será responsabilizado criminalmente.

Não exitosa a transação e existentes os requisitos legais necessários, abre-se a possibilidade de o Ministério Público propor a *suspensão condicional do processo* (art. 89, *caput*). Caso aceita pelo acusado, será então submetido a determinado *período de prova*, dentro do qual, cumpridas as condições fixadas, será declarada extinta a sua punibilidade (art. 89, § 5º).

---

[622] Como bem retrata Talamini, a generalização dessa solução deve ser evitada "diante da constatação de que em várias situações carentes de tutela os meios sub-rogatórios funcionam de forma mais eficiente e menos sacrificante". TALAMINI, Eduardo. *Tutela relativa aos deveres de fazer e de não fazer: e a sua extensão aos deveres de entregar coisa (CPC arts. 461 e 461-A, CDC, art. 84)*. 2 ed. São Paulo: Revista dos Tribunais, 2003, p. 172.

[623] Em relação às obrigações de entregar coisa, a mediada de *busca e apreensão* e a *remoção de bens* demonstram maior eficiência.

[624] FIGUEIRA JR., Joel Dias. *Comentário à novíssima reforma do CPC: Lei 10.444, de 07 de maio de 2002*. Rio de Janeiro: Forense, 2002, p. 80.

Dentro dessas coordenadas, conclui-se que a condenação criminal do réu é hipótese por demais remota na atual conjuntura dos crimes qualificados como de *menor potencial ofensivo* (Lei 9.099/95, art. 61). Esse cenário aponta para uma nítida *despenalização* da conduta.

De outro lado, a efetivação da prisão diante do descumprimento de ordem judicial, muito embora possível, esbarra em óbices de diversas naturezas.

De início, sabe-se que ao juiz cível não é dado decretar, *de per si*, a prisão daquele que negar obediência às ordens que proferir. Como visto, a tipicidade da conduta desloca a punição para o âmbito do direito penal.[625] Nessa esfera, verifica-se que a *prisão preventiva* ou mesmo a decorrente de sentença condenatória, dificilmente ocorrerão.[626] Mesmo a prisão em flagrante não poderá ser imposta caso o desobediente se prontifique a comparecer imediatamente ao Juizado ou assumia o compromisso de lá comparecer (Lei 9.099/95, art. 69, parágrafo único).

Em suma, resta claro que, muito embora *viável*, o aprisionamento daquele que descumprir ordem judicial, será pouco provável, não havendo motivo razoável para cogitar-se de *exagero punitivo* nos casos em que, excepcionalmente, mostrar-se adequada à responsabilização penal do demandado.

Assim que, mesmo considerável, parece ainda muito tímida a coercitividade exercida mediante a simples advertência sobre a configuração do tipo penal (crime de desobediência), com a consequente remessa dos autos ao Ministério Público para eventual denúncia e possível início da ação penal, caso recebido pelo juiz competente. A ameaça é distante em razão da (i) baixíssima pena cominada para o tipo; (ii) do curto prazo prescricional destinado à espécie (art. 109, VI, co CP), que se somam à despenalização da conduta, conforme antes referido.

Em suma, ressente-se da existência de tipo penal especificamente voltado à preservação e garantia da respeitabilidade das ordens judiciais, dotado de sanção elevada e compatível com a gravidade de conduta, de modo a escapar da qualificação de *crime de menor potencial ofensivo* (pena mínima superior a um ano).

---

[625] Nesse sentido: "[...] o juiz cível não é competente para decidir sobre a caracterização do ou não do tipo penal". WAMBIER, Teresa Arruda Alvim. Impossibilidade de decretação de pena de prisão como medida de apoio, com base no art. 461, para ensejar o cumprimento da obrigação *in natura*. *Revista de Processo*, São Paulo, nº 112, ano 28, p. 196-212, out./dez. 2003.

[626] O Código de Processo Penal, ao tratar da prisão preventiva, condiciona o seu cabimento à (i) garantia da ordem pública ou econômica e à (ii) conveniência da instrução, desde que exista prova ou indícios suficientes de autoria (art. 312 CPP). De seu turno, o inciso II do art. 313, que cuida dos pressupostos adicionais exigidos em relação aos crimes punidos com detenção, restringe o seu cabimento às hipóteses em que o réu for comprovadamente vadio, ou negar-se a fornecer elementos esclarecedores da sua identidade.

Dever-se-ia dotar o Judiciário brasileiro de antídoto realmente eficaz contra as ações desafiadoras da autoridade estatal. Tal solução assume ainda maior utilidade ao constatar-se que as sanções de natureza pecuniária não coagem os desprovidos de patrimônio, o que se soma à conclusão empírica no sentido de que, uma vez "decretada a prisão, o dinheiro sempre aparece".[627]

## 8. Medidas de sub-rogação (de execução direta)

### 8.1. Aspectos gerais

Conforme já referido, além da eficácia mandamental, os provimentos proferidos com base no art. 461[628] apresentam, insitamente, eficácia executiva, representada pela aplicação de medidas capazes de obter forçosamente o resultado específico imposto na decisão judicial, independentemente da colaboração da vontade do réu, a exemplo das *medidas sub-rogatórias* previstas no § 5º do art. 461 do CPC[629] – à exceção da *multa coercitiva*.

Destacando o modo de atuação dessas medidas, Dinamarco explica que "visam produzir, elas próprias, os resultados práticos ditados em sentença. Elas são direcionadas a produzir esses resultados independentemente da vontade do obrigado e não mediante colaboração deste".[630]

Elas operam através da *substituição* de conduta do obrigado por atos de terceiro ou mediante atos praticados pelo próprio Estado que, por meio dos seus agentes (oficiais de justiça, peritos judiciais, entre outros), visa a atingir a reprodução do resultado idêntico (tutela específica) ou prático equivalente (tutela equivalente) da obrigação imposta em sentença ou em decisão interlocutória.

Desse modo, o dever imposto ao julgador no sentido de primar pela reprodução específica do direito reconhecido em sentença vê-se facilitado por medidas de cunho sub-rogatório, que serão aplicadas na medida em que se mostrarem *razoáveis* e *adequadas* à situação concreta levada ao seu conhecimento. Esta a redação do § 5º do art. 461:[631]

---

[627] ASSIS, Araken de. *O contempt of court no direito brasileiro. Revista Jurídica*, Porto Alegre – RS, v. 318, p. 07-23, 2004.

[628] Art. 479 do Projeto de Lei do Senado nº 166/2010.

[629] Art. 502, parágrafo único, do Projeto de Lei do Senado nº 166/2010.

[630] DINAMARCO, Cândido Rangel. *A reforma da reforma.* 3. ed. São Paulo: Malheiros, 2002., p. 245.

[631] Art. 502, parágrafo único, do Projeto de Lei do Senado nº 166/2010.

Art. 461. [....] § 5º Para a efetivação da tutela específica ou a obtenção de resultado prático equivalente poderá o juiz, de ofício ou a requerimento, determinar as medidas necessárias, tais como a imposição de multa por tempo de atraso, busca e apreensão, remoção de pessoas e coisas, desfazimento de obras e impedimento de atividade nociva, se necessário com requisito de força policial.

Como se pode verificar, aí estão previstas, misturadamente, medidas de caráter *coercitivo* e *sub-rogatório* – estas em maioria, circunstância que evidencia a existência de ambas as modalidades de eficácia nos provimentos proferidos com base no art. 461.[632]

Neste capítulo dar-se-á destaque às medidas de caráter sub-rogatório.

### 8.2. Modo e momento de execução

A efetivação das medidas de sub-rogação (execução direta) previstas no § 5º – a exceção da *multa coercitiva* – deverá ocorrer em meio à fase de conhecimento, circunstância que revela o ideal de sincretismo dessa modalidade de tutela. A Lei 10.444/02, ao dar nova redação ao art. 644 do CPC,[633] [634] dirimiu qualquer dúvida a respeito da efetivação *intra-autos* destas medidas, sejam elas impostas em decisão antecipatória ou final.

A efetivação de qualquer dessas medidas, nada obstante fixada em decisão interlocutória ou em sentença, ocorrerá tão logo se torne *eficaz*[635] a decisão que a concedeu. Aliás, a sua efetivação se dará da mesma maneira com que se efetivam as tutelas de urgência em geral: imediata e automaticamente após o seu deferimento, resguardada a postergação dos seus efeitos em face da interposição de recurso dotado de efeito suspensivo.

Quando se tratar de decisão não definitiva, a eventual *irreversibilidade* da medida antecipadamente concedida exigirá maior prudência do magistrado para seu deferimento. Nesse caso, a hipótese de revogação (art. 273, §4º) ou de modificação do conteúdo decisório impõe ao julgador a prudência de determinar a prestação de caução idônea, segundo as re-

---

[632] Art. 479 do Projeto de Lei do Senado nº 166/2010.

[633] Art. 747 do Projeto de Lei do Senado nº 166/2010.

[634] Art. 644. A sentença relativa à obrigação de fazer ou não fazer cumpre-se de acordo com o art. 461, observando-se, subsidiariamente, o disposto neste capítulo.

[635] Logicamente, a efetivação da decisão, antecipada ou sentencial, deverá obedecer às regras do sistema processual em relação à execução das decisões judiciais. Em havendo a interposição de recurso dotado de duplo efeito (art. 520), ou na hipótese de eventual atribuição de efeito suspensivo à espécie que originariamente não o preveja (art. 558), logicamente não será permitido o imediato comprimento da medida. Em suma, efetivação da medida se dará tão logo *eficaz* a decisão que a impôs.

gras de execução provisória (CPC, art. 273, § 3° c/c art. 475-O);[636] quando não a indeferir em razão do perigo de irreversibilidade.[637]

Como já se disse, descabe cogitar que o *sincretismo* do procedimento movido com base no art. 461 revogue a regra geral da atribuição de duplo efeito ao recurso de apelação, de modo a permitir a execução imediata da sentença. A abolição do duplo efeito, como em qualquer outro caso, exigiria previsão expressa a excepcionar a regra do art. 520 do CPC.[638]

Como refere J. E. Carreira Alvim,[639] a alternativa encontrada pela doutrina e aceita pela jurisprudência, representada pelo deferimento da antecipação de tutela concomitantemente à prolação da sentença, de modo a atribuir eficácia imediata à decisão com base no inciso VII do art. 520 do CPC,[640] resolve problema de ordem prática.

Por certo, a fim de evitar-se indesejável contradição, a melhor solução seria a adoção da sistemática utilizada pelo direito italiano, que preconiza no art. 282 do seu Código de Processo, como regra, a exequibilidade imediata das sentenças de primeiro grau. Pois, como refere J. E. Carreira Alvim, "[...] chega-se à conclusão de que a sentença de mérito, embora produto de um juízo de 'certeza' e resultante de uma cognição 'exauriente', não pode ser executada de imediato, mas a decisão antecipatória liminar, embora produto de um juízo de 'probabilidade' e resultante de uma cognição 'sumária', pode". Prossegue o *jurista:* "Para que o nosso sistema tenha coerência lógica, deve caminhar na mesma direção do italiano, permitindo a execução provisória da sentença de mérito, na medida em que admite a 'satisfação' de um provimento antecipado".[641]

### 8.3. Nomenclatura e não exaustividade

Mudando o enfoque, ressalta-se a inadequação do termo *medidas necessárias* para o trato das medidas sub-rogatórias de que cuida o § 5° do art. 461.[642] Ao que parece, a expressão abrange tanto as medidas de exe-

---

[636] Arts. 281 e 491 do Projeto de Lei do Senado n° 166/2010.

[637] Nesse sentido: DINAMARCO, Cândido Rangel. *A reforma da reforma*. 3. ed. São Paulo: Malheiros, 2002, p. 244.

[638] Art. 908 do Projeto de Lei do Senado n° 166/2010.

[639] ALVIM, José Eduardo Carreira. *Tutela específica das obrigações de fazer, não fazer e entregar coisa.* 3. ed. Rio de Janeiro: Forense, 2003, p. 212.

[640] Art. 908 do Projeto de Lei do Senado n° 166/2010.

[641] ALVIM, José Eduardo Carreira. Op. cit., p. 212

[642] Art. 502 do Projeto de Lei do Senado n° 166/2010.

cução forçada (sub-rogatórias) como as de cunho *coercitivo*, tratadas anteriormente.

Também não se sugere a expressão usualmente empregada em doutrina, *medidas de apoio*. A satisfatividade dessas medidas, a dispensar processo de execução subsequente, parece não se ajustar à conotação de simples *apoio* sugerida pela expressão. Com maior grau de acerto, a expressão *medidas-meio*, empregada por J. E. Carreira Alvim,[643] melhor reflete a sua natureza e função.[644]

Entretanto, faz-se opção por nomenclatura diversa, que se entende melhor para reproduzir o mecanismo de atuação dessas medidas: *medidas de execução forçada* (por prescindirem da vontade do réu) ou *medidas sub-rogatórias* (por substituírem a ação do réu).

Estabelecida a nomenclatura que se julga mais apropriada, imperioso destacar a não exaustividade das medidas arroladas no texto legal.

O arrolamento de determinadas medidas pelo texto legal definitivamente não restringe o universo de medidas ajustáveis ao caso concreto. A complexidade dos fatos da vida torna inadequada uma previsão taxativa. Ademais, a expressão "tais como" bem evidencia o caráter meramente exemplificativo da previsão legal. Em última análise, o direito fundamental à efetividade da prestação jurisdicional aponta claramente para essa exegese. A busca pela tutela específica do direito impõe ao juiz o dever de aplicar qualquer outra medida que apresente melhor aptidão para a efetivação do direito material reconhecido em sentença.

O STJ já reconheceu a não "taxatividade" do rol, ao autorizar, por exemplo, o bloqueio de verbas públicas.[645] Em caso específico envolvendo compra de medicamento, assim decidiu monocraticamente Luiz Fux:

> O art. 461, § 5º do CPC faz pressupor que o legislador, ao possibilitar ao juiz, de ofício ou a requerimento, determinar as medidas assecuratórias como a "imposição de multa por tempo de atraso, busca e apreensão, remoção de pessoas e coisas, desfazimento de obras e impedimento de atividade nociva, se necessário com requisição de força policial", não o fez de forma taxativa, mas sim exemplificativa, pelo que, *in casu*, o sequestro ou bloqueio da verba necessária ao fornecimento de medicamento, objeto da tutela deferida, providência excepcional adotada em face da urgência e imprescindibilidade da prestação dos mesmos, revela-se medida legítima, válida e razoável.[646]

---

[643] ALVIM, José Eduardo Carreira. Op. cit., p. 168.

[644] Como bem esclarece Talamini, "são de apoio no sentido de que, obviamente, não constituem em si mesmas a tutela, mas servem de instrumento para a produção do resultado específico". TALAMINI, Eduardo. *Tutela relativa aos deveres de fazer e de não fazer: e a sua extensão aos deveres de entregar coisa (CPC arts. 461 e 461-A, CDC, art. 84)*. 2. ed. São Paulo: Revista dos Tribunais, 2003, p. 265.

[645] STJ 2ª Turma, EDcl no REsp 847.975/RS, rel. Min. Castro Meira, j. em 24.10.2006, DJ 08.11.2006, p. 179; STJ, 1° Seção, EREsp 770.969/RS, rel. Min. José Delgado, j. 28.06.2006, DJ 21.08.2006, p. 224.

[646] STJ, REsp 1002335, Min. Luiz Fux, j. em 03.06.2008.

Watanabe, ao afirmar que as "medidas enumeradas no § 5º do art. 461 são apenas exemplificativas", defende a possibilidade de utilização de figura semelhante ao *receiver* ou *administrators* do sistema norte americano:

> Em nosso sistema jurídico não há explícita autorização para nomeação de terceiro, como *receiver* ou *master* ou *administrators* ou *committees* do sistema norte-americano. O *receiver* americano, em matéria de proteção ao meio ambiente, pode ter a atribuição de administrar uma propriedade para fazer cessar a atividade poluidora, de desenvolver obra de despoluição e de ressarcimento dos danos resultantes da poluição. A Lei Antitruste (Lei nº 8.884/94), ao cuidar do cumprimento da obrigação de fazer ou não, fala em "todos os meios, inclusive mediante intervenção na empresa quando necessária" (art. 63), e também em "afastar de suas funções os responsáveis pela administração da empresa que, comprovadamente, obstarem o cumprimento de atos de competência do interventor". O modelo desta última lei sugere a possibilidade de adoção de medidas assemelhadas àquelas adotadas pelo sistema norte-americano, que prevê as figuras do *receiver*, *master*, *administrators* e *committees*.[647] [648]

O projeto do Novo Código de Processo Civil[649] mantém a opção do legislador pela não exaustividade das medidas nomeadas para a obtenção da tutela específica. Valeu-se, para tanto, da expressão "entre outras medidas" no parágrafo único do art. 502.[650] Note-se, aliás, que o referido dispositivo legal acrescenta mais uma medida de execução direta, que deverá ser empregada com a excepcionalidade que o seu rigorismo requer: "a intervenção judicial em atividade empresarial ou similar".

Ressaltando o incremento do poder conferido aos juízes, Zavascki refere que o art. 461 deu-lhes "uma espécie de poder executório genérico, habilitando-os a utilizarem, inclusive de ofício, além dos mecanismos nominados nos §§ 4º e 5º, outros mecanismos de coerção ou de sub-rogação inominados, que sejam aptos a induzir ou a reproduzir a entrega in natura da prestação devida ou de seu sucedâneo prático equivalente".[651]

---

[647] WATANABE, Kazuo. *Tutela antecipatória e tutela específica das obrigações de fazer e não fazer. In: Reforma do código de processo civil*. Sálvio de Figueiredo Teixeira (coord.). São Paulo: Saraiva, 1996, p. 45.

[648] Exaltando a atipicidade das medidas do § 5º, Araken de Assis admite a nomeação de fiscal ou administrador: "[...] há as medidas de apoio inscritas no art. 461, § 5º, perante as quais desaparece a tipicidade dos meios executórios, admitindo-se medidas inominadas (v.g., a designação de fiscal ou de administrador para a empresa executada)". ASSIS, Araken de. *Cumprimento de sentença*. Rio de Janeiro: Forense, 2006, p. 33.

[649] Projeto de Lei do Senado n.º 166/2010.

[650] Art. 502, parágrafo único: Para atender ao disposto no caput, o juiz poderá determinar, entre outras medidas, a imposição de multa por tempo de atraso, a busca e apreensão, a remoção de pessoas e coisas, o desfazimento de obras, a intervenção judicial em atividade empresarial ou similar e o adimplemento de atividade nociva.

[651] ZAVASCKI, Teori Albino. *Antecipação de tutela*. 5. ed. São Paulo: Saraiva, 2007, p. 170.

Desse modo, o juiz não se encontrará engessado às hipóteses sugeridas pela norma (medidas típicas). Todavia, a fim de evitar uma atuação ilimitada desses mecanismos, algumas ressalvas merecem ser feitas.

### 8.4. Adequação e critérios de escolha

De uma maneira geral, além dos limites físicos e éticos intransponíveis na prestação da tutela jurisdicional (Parte III, Capítulo 5, item 5.4),[652] o emprego de qualquer das medidas previstas pelo § 5º do art. 461 deverá também obedecer a determinados balizamentos, segundo critérios de proporcionalidade e razoabilidade.[653]

Partilhando desse entendimento, Theodoro Júnior[654] afirma que, "na escolha de providências extravagantes, preconiza-se a observância dos princípios da proporcionalidade e razoabilidade, de sorte a guardar a relação de adequação com o fim perseguido, não podendo acarretar para o réu sacrifício maior que o necessário".

Conforme ressalta Talamini,[655] aqui também tem lugar o princípio da *menor gravosidade do réu*. A opção pelo emprego de determinada medida sub-rogatória não poderá resultar em intromissão desmedida na esfera jurídica do obrigado.[656] Dentre duas ou mais alternativas aptas a obter o resultado específico pretendido, ao julgador caberá sempre optar pela que importe em menor sacrifício ao obrigado:

> As providências adotadas devem guardar relação de adequação com o fim perseguido, não podendo acarretar na esfera jurídica do réu sacrifício maior do que o necessário. O art. 620 nada mais é do que expressão dessas diretrizes no processo executivo. Daí que a formula-

---

[652] Humberto Theodoro Júnior refere que "o juiz não tem um poder ilimitado na adoção de outras medidas para atingir a execução específica. Expedientes condenados pela ordem jurídica, como a prisão civil por dívida, obviamente não se incluem nos meios de coerção utilizáveis na espécie" THEODORO JÚNIOR, Humberto. Tutela específica das obrigações de fazer e não fazer. *Gênesis – Revista de Direito Processual Civil*, Curitiba, nº 22, p. 741-763, out./dez. de 2001.

[653] A atenção aos princípios da proporcionalidade em sentido estrito e da razoabilidade deve ser uma constante na apreciação feita pelo magistrado quando se decidir pela medida mais adequada ao caso concreto, a exemplo do que acontece quando delimita o *valor* e a *periodicidade* da multa.

[654] THEODORO JR., Humberto. Tutela específica das obrigações de fazer e não fazer. *Gênesis – Revista de Direito Processual Civil*, Curitiba, nº 22, p. 741-763, out./dez. de 2001.

[655] TALAMINI, Eduardo. *Tutela relativa aos deveres de fazer e de não fazer: e a sua extensão aos deveres de entregar coisa (CPC arts. 461 e 461-A, CDC, art. 84)*. 2. ed. São Paulo: Revista dos Tribunais, 2003, p. 270.

[656] Araken de Assis traz exemplo de medida inteiramente desproporcional: "a interdição temporária de empresa, porque se recusa a prestar assistência técnica a alguns consumidores que compraram seus produtos. Nessa hipótese, provoca-se um dano social e econômico mais grave do que o prejuízo ocasional suportado pelos consumidores. Tudo muda de figura se a atividade da empresa provoca danos ao meio ambiente". ASSIS, Araken de. *Cumprimento de sentença*. Rio de Janeiro: Forense, 2006, p. 229.

ção contida nessa norma é por igual aplicável no processo do art. 461 – não propriamente "por analogia", mas pela direta incidência daqueles princípios.[657]

Rodrigues Netto destaca: "Em que pese a efetividade do processo, ainda assim é necessário não se descurar do princípio insculpido no art. 620 do CPC[658] [...]. É correto entender que tal dispositivo tem em mira qualquer provimento judicial que atinja a esfera jurídica do demandado, não sendo somente aplicável ao processo de execução".[659] [660]

A impossibilidade de castigar-se o demandado com a imposição de medida desproporcional evidencia a finalidade instrumental e processual das medidas sub-rogatórias.[661] Por certo, sua natureza não se confunde com a função punitiva desempenhada pelas sanções regradas pelos arts. 14 e 600 do CPC.[662]

Sob aspecto diverso, não será discricionária a atuação do magistrado – e aqui valem as premissas lançadas ao se analisar a discricionariedade no item que tratou da *adequação, periodicidade e valor da multa coercitiva* – toda vez em que dentre o universo de medidas à disposição do juiz, determinada medida destacar-se isoladamente como a mais adequada à obtenção do resultado esperado. De modo diverso, quando mais de uma medida mostrar-se igualmente eficaz para dar satisfatividade ao direito reconhecido em sentença, com semelhante grau de interferência na esfera jurídica do obrigado, a opção será discricionária.

Em termos mais apropriados, confira-se a doutrina de Talamini:

> O juiz não é livre para, ao seu mero talante, considerar uma medida "necessária" ou não para a obtenção do resultado específico; no entanto, o universo das medidas necessárias, ao qual se chega por atividade vinculada (não discricionária), pode abranger mais de uma providência que constitua solução ótima para o caso concreto. É dentro desse universo, vinculativamente determinado, que, conforme a situação concreta, pode surgir um âmbito de atuação discricionária.[663]

---

[657] TALAMINI, Eduardo. *Tutela relativa aos deveres de fazer e de não fazer: e a sua extensão aos deveres de entregar coisa (CPC arts. 461 e 461-A, CDC, art. 84)*. 2 ed. São Paulo: Revista dos Tribunais, 2003, p. 271.

[658] Art. 729 do Projeto de Lei do Senado nº 166/2010.

[659] RODRIGUES NETTO, Nelson. *Tutela jurisdicional específica: mandamental e executiva lato sensu*. Rio de Janeiro: Forense, 2002, p. 160.

[660] Também, nesse sentido: PASSOS, J. J. Calmon de. *Inovações no código de processo civil*. Rio de Janeiro: Forense, 1995, p. 60.

[661] Mitidiero e Marinoni referem que "a técnica processual eleita dever levar à realização do fim almejado – deve ser idônea à obtenção da tutela do direito. Deve ser aquela que, dentre as possíveis e igualmente idôneas para a realização do direito, cause a menor restrição possível à esfera jurídica do demandado, MARINONI, Luiz Guilherme. MITIDIERO, Daniel. *Código de processo civil comentado artigo por artigo*. São Paulo: Revista dos Tribunais, 2008, p. 432.

[662] Arts. 66, § 1º e 700 do Projeto de Lei do Senado nº 166/2010.

[663] TALAMINI, Eduardo. *Tutela relativa aos deveres de fazer e de não fazer: e a sua extensão aos deveres de entregar coisa (CPC arts. 461 e 461-A, CDC, art. 84)*. 2. ed. São Paulo: RT, 2003, p. 387.

Tutela Específica dos Direitos

Ressaltados esses aspectos, constata-se que: (i) ao juiz é dada a possibilidade de escolher medida atípica – ou seja, diversa daquelas previstas pelo § 5º; (ii) o critério de escolha está limitado pelas noções de razoabilidade, proporcionalidade e da menor gravosidade ao réu; (iii) a escolha tende a não ser discricionária, vinculando-se a opção pela via sancionatória que se mostrar de maior *eficácia* para a concretização do direito material reconhecido judicialmente.

Feita a opção pela medida teoricamente mais eficaz, caso se revele inapta à reprodução do resultado desejado, deverá o juiz, de ofício ou a requerimento, modificar a medida inicialmente imposta, optando por aquela que, diante da ineficácia da anterior, se apresenta como a mais adequada ao caso concreto.[664]

De outro modo, a simples imposição de medidas sub-rogatórias acaba por imediatamente repercutir sobre a mente daquele contra o qual se dirige. Exercerá, em menor ou maior intensidade, relevante carga de *coercitividade* sobre o demandado desobediente, na medida em que este terá a sua esfera jurídica diretamente atingida de modo prejudicial.

Vejam-se exemplos: Lacrar-se máquinas responsáveis pela emissão de gases poluentes em índices superiores aos limites fixados pela legislação local ou impor-se o fechamento de estabelecimento comercial por descumprimento da legislação municipal são medidas que fatalmente irão repercutir na conduta do demandado, quiçá surtindo efeitos suficientes a fazer com que reconsidere a sua conduta. Notadamente essa influência será de natureza coercitiva, com incidência reflexa à efetivação da própria medida.

Com esclarece Dinamarco, "as medidas constritivas têm também seu 'poder de persuasão': uma vez concedidas e diante da iminência de sua concreta efetivação, é menos provável que o obrigado renitente prossiga em sua obstinação por não adimplir".[665]

Processualmente, entende-se imprescindível a intimação das partes tão logo proferida a decisão que impuser determinada medida, ou mesmo previamente à opção do julgador, não havendo motivo justificável para sacrificar-se o contraditório, excluída a necessidade de antecipação

---

[664] "Pense-se, por exemplo, no dever legal de não poluir (*obrigação de não fazer*). Descumprida, poderá a obrigação de não fazer ser sub-rogada em obrigação de fazer (*v.g.* colocação de filtro, construção de sistema de tratamento de efluente etc.), e descumprida esta obrigação sub-rogada de fazer poderá ela ser novamente convertida, desta feita em outra de não fazer, como a de *cessar a atividade nociva*". WATANABE, Kazuo. Tutela antecipatória e tutela específica das obrigações de fazer e não fazer. In: *Reforma do código de processo civil*. Sálvio de Figueiredo Teixeira (coord.). São Paulo: Saraiva, 1996, p. 44.

[665] DINAMARCO, Cândido Rangel. *A reforma da reforma*. 3. ed. São Paulo: Malheiros, 2002, p. 226.

da tutela, havendo justificado receio de ineficácia do provimento final (CPC, art. 461, § 3º).[666]

A decisão que optar por determinada medida, por envolver direito controvertido, a prejudicar sensivelmente a situação objetiva das partes no processo (interesse processual) será plenamente recorrível, – oportunidade em que o juízo *ad quem* se encarregará de reavaliar e possivelmente reformar a técnica utilizada. Eis mais uma prova da ausência de *discricionariedade* na escolha. Caso se tratasse de uma decisão ligada a um juízo de pura *oportunidade e conveniência*, inadequado se mostraria o seu controle através de recurso.

Em outra hipótese, quando a aplicação da medida tiver prescindido de requerimento da parte interessada – eis que a redação do § 5º ressalva a possibilidade de atuação de ofício –, deverá o juiz, necessariamente, proceder à intimação de ambas as partes – e não apenas do(s) réu(s). Especialmente nesses casos, a solução escolhida para o caso concreto poderá colidir com o interesse do autor em juízo, devendo-se, por esse motivo, possibilitar-lhe o contraditório, bem como a admissibilidade de insurgir-se através de recurso.

### 8.5. Utilidade das medidas típicas

Convém referir que as medidas arroladas exemplificativamente pelo § 5º do art. 461, por força do disposto no § 3º do art. 461-A do CPC,[667] estendem-se, sem restrições, à tutela específica às obrigações de entregar coisa. À semelhança do que ocorre com o procedimento sincrético previsto para as obrigações de fazer e não fazer, o rito previsto para as obrigações de entregar coisa também prescinde de processo de execução autônomo e subsequente para a efetivação do direito material reconhecido em juízo.

Para a concretização das obrigações de entrega de coisa móvel, uma dentre as várias medidas nomeadas pelo § 5º destaca-se como a mais eficaz: *a busca e apreensão*.[668] Tal medida apresenta imensa aplicabilidade justamente porque as obrigações de dar se satisfazem mediante a simples *entrega* do bem, propósito único da busca e apreensão.

Muitas vezes, o bem buscado poderá representar o próprio direito a ser tutelado ou mesmo parte essencial para a reprodução do resultado

---

[666] Art. 479, § 4º do Projeto de Lei do Senado nº 166/2010.

[667] Art. 504, parágrafo único, do Projeto de Lei do Senado nº 166/2010.

[668] Theodoro Júnior refere que "as ordens desse tipo são tomadas incidentalmente, dentro do processo em curso, sem instauração de verdadeira execução para entrega de coisa". THEODORO JÚNIOR, Humberto. Tutela específica das obrigações de fazer e não fazer. *Gênesis – Revista de Direito Processual Civil*, Curitiba, nº 22, p. 741-763, out./dez. de 2001.

específico de determinada obrigação, a exemplo da busca e apreensão da carcaça de um veículo que o demandado se obrigou a consertar. Vezes outras, o bem a ser apreendido servirá apenas para fornecer elementos probatórios indispensáveis à solução do litígio.

Tem-se o entendimento de que o bem a ser apreendido deverá guardar relação direta com o resultado *específico* ou *prático equivalente* buscado no processo. A apreensão de bem *diverso* do pretendido pelo autor não encontra respaldo no ordenamento por causar ofensa direta ao princípio do devido processo legal (CF, art. 5, LIV): "Ninguém será privado da liberdade ou de seus bens sem o devido processo legal".

A *remoção de pessoas e ou de bens,* de modo diverso ao que ocorre com a *busca e apreensão,* não objetiva a *entrega* de algum bem pretendido pelo autor. Encarrega-se, isso sim, de *remover* determinada coisa que represente *obstáculo* à produção do resultado pretendido. Exemplo de *remoção de coisa* seria a retirada de anúncio publicitário que viole os limites do contrato de exploração comercial. Talamini[669] refere outra hipótese adequada ao emprego da medida: a retirada de cidadãos a fim de dissolver manifestação pública em logradouro vizinho a estabelecimento hospitalar.

Embora o § 3º do art. 461-A[670] se encarregue de estender as medidas do § 5º à tutela dos direitos de exigir a entrega de coisa, o emprego da medida de *remoção de pessoas* já se entendia implícita à tutela desses direitos uma vez que a *imissão* do autor na posse do imóvel pressupõe a *remoção* dos obstáculos a sua efetivação.

Mediante o emprego da medida de *desfazimento de obra,* pretende-se eliminar as consequências materiais de uma construção contrária ao direito.[671] Trata-se de tutela de atuação *sucessiva* (posterior ao início da conduta indesejada) e *ressarcitória de forma específica,* pois visa a reproduzir resultado igual ao que se chegaria com adimplemento regular da obrigação. Apenas desfaz-se aquilo que já começou a ser feito!

A medida ganha forte utilidade e adequação em relação ao chamado direito de vizinhança, assim como em relação às limitações administrativas.[672]

---

[669] TALAMINI, Eduardo. *Tutela relativa aos deveres de fazer e de não fazer*: e a sua extensão aos deveres de entregar coisa (CPC arts. 461 e 461-A, CDC, art. 84). 2 ed. São Paulo: RT, 2003, p. 273.

[670] Art. 504, parágrafo único, do Projeto de Lei do Senado nº 166/2010.

[671] Refere-se julgado do TJRS em que tal medida fora aplicada: A.I. nº 70006841894,10ª Cam. Cível, TJRS, Rel.: Paulo Antônio Kretzmann, j. em 09.10.2003.

[672] A limitação administrativa é uma das formas pelas quais o Estado, no uso de sua soberania interna, intervém na propriedade e nas atividades dos particulares. É toda imposição geral, gratuita, unilateral condicionadora do exercício de direitos ou atividades particulares às exigências do bem-estar social. São preceitos de ordem pública e derivam, comumente, do poder de polícia da Adminis-

Quanto ao *impedimento de atividade nociva*, trata-se de medida que explicita a mandamentalidade do provimento *ex* art. 461.[673] Revela-se verdadeira *ordem* ao réu para que cesse a realização de determinada tarefa, podendo ser cumulada com a previsão de multa – medida também nomeada pelo § 5º – para o caso de desobediência. Tem grande utilidade para a defesa do meio ambiente.[674]

A *requisição de força policial* assume nítida função *instrumental*, no intuito de viabilizar o cumprimento da decisão judicial. Ao tempo em que consagra a utilidade desse instrumento, põe em evidencia a força de *imperium* de que se revestem os provimentos que tutelam os direitos não pecuniários. Resistência injustificável facultará ao magistrado lançar mão dessa força a qualquer tempo, não importando o fato de a intervenção policial não haver sido originariamente determinada quando da opção pela melhor técnica aplicável.

### 8.6. Ausência de hierarquia e atuação simultânea das medidas coercitivas e sub-rogatórias

Não há hierarquia ou critério de preferência na escolha e aplicação das medidas nomeadas pelo § 5º.[675][676] A imposição destas medidas deverá seguir o critério da melhor *adequação* ao caso concreto, objetivando a reprodução do resultado pretendido da maneira mais ágil, efetiva e menos onerosa possível, em concretização ao direito fundamental à adequação da prestação jurisdicional.[677]

A opção do julgador deverá considerar as circunstâncias concretas da hipótese levada ao seu conhecimento, no intuito finalístico de que venha a prestar a tutela mais efetiva e adequada possível ao direito material reconhecido em juízo, sem, no entanto, incorrer em sacrifício desmedido à esfera jurídica do réu – respeito ao princípio da menor gravosidade

---

tração, exteriorizando-se sob a tríplice modalidade positiva (fazer); negativa (não fazer) e permissiva (deixar fazer).

[673] Art. 479 do Projeto de Lei do Senado nº 166/2010.

[674] Vale como exemplo acórdão do TJRS: A.I. nº 70004725651, 1ª Cam. Especial Cível, TJRS, Rel.: Eduardo Uhlein, j. em 21.11.2002.

[675] Art. 502 do Projeto de Lei do Senado nº 166/2010.

[676] Nesse sentido, refere-se a doutrina de Rizzo Amaral: "[...] acreditamos não haver uma ordem preestabelecida entre a fixação da multa e a adoção de medidas sub-rogatórias. A prudência do magistrado está em verificar, caso a caso, qual a técnica de tutela mais adequada para alcançar o objetivo da execução, [...]".AMARAL, Guilherme Rizzo. *As astreintes e o processo civil brasileiro: multa do art. 461 do CPC e outras*. Porto Alegre: Livraria do Advogado, 2004, p.99.

[677] Conforme destaca Araken de Assis: "Entre elas não há hierarquia ou ordem predeterminada. O juiz da execução pode adotá-las sucessiva ou simultaneamente ou não com a pena pecuniária". ASSIS, Araken de. *Cumprimento de sentença*. Rio de Janeiro: Forense, 2006, p. 228.

(CPC, art. 620).[678] Assim, a decisão a respeito da medida mais adequada advirá de pormenorizada e contextual análise sobre o caso concreto.

Em relação às prestações de caráter *infungível*, os mecanismos coercitivos mostram-se, em tese, a melhor técnica voltada à reprodução, em juízo, da obrigação prevista pelo direito material, dada a singularidade do bem e/ou da pessoa obrigada pelo desempenho daquela determinada prestação.

Se o não cumprimento relacionar-se a dever *fungível*, poderá o juiz valer-se de mecanismos substitutivos de conduta (sub-rogatórios) – visto que a prestação, nestes casos, poderá ser eficazmente realizada por terceiro ou pelo próprio autor.

Teoricamente, pode-se afirmar que, na maioria das vezes, o resultado esperado será alcançado de forma mais rápida e menos onerosa mediante a adoção de mecanismos coercitivos, especialmente com o manejo da multa de que trata o § 4º.

Por outro lado, muito embora não se submeta à complexidade do procedimento previsto pelos arts. 634[679] e seguintes do CPC, voltado à execução dos títulos extrajudiciais, a *realização da obrigação por terceiro*, em geral, revela-se alternativa menos aconselhável porque mais "burocrática", na medida em que deverá ser necessariamente custeada pelo autor (onerosidade), bem como, geralmente, envolverá um *iter* processual da maior extensão (morosidade).

Em obediência à máxima da efetividade da prestação jurisdicional, nada impede que os mecanismos coercitivos e sub-rogatórios sejam empregados simultaneamente.[680] [681] A conjugação desses instrumentos, ainda que não sugerida pelo autor, sempre que se mostrar adequada ao caso concreto, será técnica não apenas oportuna, mas necessária.

### 8.7. Repercussões em relação à coisa julgada

O § 5º[682] é expresso ao referir que a aplicação das *medidas necessárias* independe de requerimento do demandante. Nesse sentido, o que mais importa para o Direito é a satisfação do pedido *mediato do autor*, ou seja, a proteção ágil e efetiva do bem jurídico protegido pela norma jurídica (tutela específica), não importando qual o caminho sugerido pelo autor

---

[678] Art. 729 do Projeto de Lei do Senado nº 166/2010.

[679] Art. 740 e seguintes do Projeto de Lei do Senado nº 166/2010.

[680] Nesse sentido: THEODORO JÚNIOR, Humberto. Tutela específica das obrigações de fazer e não fazer. *Gênesis – Revista de Direito Processual Civil*, Curitiba, nº 22, p. 741-763, out./dez. de 2001.

[681] STJ, REsp 1002335, Min. Luiz Fux, j. em 03.06.2008.

[682] Art. 502, *caput*, do Projeto de Lei do Senado nº 166/2010.

para atingir-se o resultado esperado. Em assim sendo, em ação movida com base no art. 461 do CPC,[683] o *pedido mediato* (resultado final) deverá ser alcançado da maneira mais adequada e efetiva possível, com ou sem a colaboração do réu, cabendo ao juiz a responsabilidade pela aplicação da melhor técnica possível para a obtenção desse objetivo, independentemente de requerimento ou interferência do autor.

Ao juiz – e tão somente a ele – cabe decidir pela via mais adequada à concretização da tutela específica, nada obstante venha a desacolher a técnica ou a medida *sugerida* pelo demandante. Como dito, eventual prejuízo poderá ser alegado pelas partes mediante a interposição do recurso apropriado.[684]

O *pedido* a ser considerado pelo Estado-Juiz será apenas em relação ao resultado final desejado pelo autor (pedido mediato): a obtenção da tutela específica ou equivalente ao adimplemento da obrigação, independentemente da medida adotada para alcançar-se tal objetivo, desde que adequado ao caso concreto e não implique desmedida ofensa à esfera jurídica do obrigado. Desse modo, "o juiz pode conceder providência diversa da pedida, desde que capaz de conferir resultado prático equivalente ao que seria obtido caso observada a obrigação originária". Em assim sendo, "se é requerida a cessão do agir ilícito, o juiz pode entender que basta a instalação de certa tecnologia para que a poluição seja estancada (por exemplo, um filtro), determinando a sua instalação".[685]

Significa dizer que a forma da qual o juiz se vale para a prestação da tutela específica (pedido mediato), mesmo que diversa da técnica sugerida pelo autor, em regra, não resultará em *ofensa* ao princípio da congruência, tampouco aos limites objetivos do processo, conforme disciplinado pelo Código de Processo Civil (CPC, arts. 128, 459 e 460).[686 687]

Entendido o princípio da congruência como a necessária correlação das decisões judiciais àquilo que foi pedido na ação, verifica-se que, se alguma ofensa houver em relação ao citado princípio, esta se relacionará ao

---

[683] Art. 479 do Projeto de Lei do Senado nº 166/2010.

[684] A.I. nº 70026143297, 3ª Cam. Cível, TJRS, Rel.: Paulo de Tarso Vieira Sanseverino, j. em 13.11.2008.

[685] MARINONI, Luiz Guilherme. MITIDIEDO, Daniel. *Código de processo civil comentado artigo por artigo*. São Paulo: Revista dos Tribunais, 2008, p. 433.

[686] Arts. 110, 472, 474 do Projeto de Lei do Senado nº 166/2010.

[687] Vale transcrever semelhante conclusão de Rizzo Amaral: "Portanto, se o autor postula a entrega de um objeto, um fazer ou um não-fazer por parte do réu, desinteressa se pediu mandamento ou execução, pois a técnica de tutela empregada será aquela mais adequada para o alcance do bem da vida – objeto, um fazer ou um nãofazer – ao demandante. O juiz estará adstrito, assim, ao *pedido mediato*, mas não à técnica de tutela jurisdicional, que, como manifestação do poder estatal, encontra limites nas normas aplicáveis ao processo [...]". AMARAL, Guilherme Rizzo. *Cumprimento e execução de sentença sob a ótica do formalismo-valorativo*. Porto Alegre: Livraria do Advogado, 2008, p. 137.

Tutela Específica dos Direitos

pedido *mediato* do autor, jamais em relação ao mecanismo sancionatório por este eventualmente sugerido.[688]

Afirmando que a tutela específica dos direitos não pecuniários implica *atenuação* – e não ofensa – ao princípio da congruência entre o pedido (demanda) e a sentença (tutela), inteira razão assiste a Talamini, *verbis:*

> Em certo sentido, a não aplicação do princípio da congruência ao pedido imediato destina-se a intensificar a exatidão da correspondência entre a tutela (o resultado da atuação jurisdicional) e o pedido *mediato*. Para que se dê ao autor precisamente aquilo a que ele tem direito, confere-se ao juiz a função de adotar todas as medidas necessárias e conjugar as eficácias mandamental e executiva *lato sensu*, independentemente do pedido imediato do autor. Portanto, a eliminação do princípio da congruência entre pedido imediato e provimento que concede a tutela, no campo do art. 461, tem em mira o aperfeiçoamento da incidência desse mesmo princípio relativamente ao pedido mediato. A congruência *formal* cede espaço à congruência *material*. [689]

Sem dúvida, a preponderância absoluta do princípio da congruência em relação ao pedido *imediato* da ação acabaria por "atar as mãos" do magistrado responsável pela missão jurisdicional, visto que estaria preso à adoção das medidas executivas sugeridas pelo autor na formulação do seu pedido inicial, comprometendo a eficácia do direito fundamental à adequação da prestação jurisdicional.

A produção de *resultado prático equivalente* não importará em ofensa ao artigo 460 do CPC[690] por representar suposta condenação em objeto diverso do que lhe foi demandado. Nesse sentido, como bem referido no *caput* do citado artigo, dúvida não paira no sentido de que ação ajuizada com base no art. 461 do CPC[691] estará legitimamente capacitada a gerar *resultado prático equivalente* ao cumprimento da obrigação, pelo simples motivo de que a *tutela equivalente* não se afasta do resultado final pretendido pela ordem jurídica, conforme já referido.

Como refere Dinamarco, ocorreria "extrapolação ao princípio da congruência nos casos em que a atividade jurisdicional chegar a "situação final" diferente daquela pedida pelo autor na demanda inicial". Desse modo – prossegue o jurista, "determinar em sentença um resultado que não estivesse no pedido nem na obrigação significaria obrigar o réu fora dos limites da lei e do contrato".[692]

---

[688] Nesse sentido: ASSIS, Araken de. *Cumprimento de sentença*. Rio de Janeiro: Forense, 2006, p. 221.

[689] TALAMINI, Eduardo. *Tutela relativa aos deveres de fazer e de não fazer*: e a sua extensão aos deveres de entregar coisa (CPC arts. 461 e 461-A, CDC, art. 84). 2. ed. São Paulo: RT, 2003, p. 404.

[690] Art. 474 do Projeto de Lei do Senado nº 166/2010.

[691] Art. 479 do Projeto de Lei do Senado nº 166/2010.

[692] DINAMARCO, Cândido Rangel. *A reforma da reforma*. 3. ed. São Paulo: Malheiros, 2002, p. 228.

Em suma, as providências adotadas pelo juiz em busca do *resultado prático equivalente*, por força dos limites trazidos pelos arts. 128 e 460 do Código de Processo,[693] deverão sempre e obrigatoriamente apontar para o resultado prático final pretendido pelo demandante, traduzindo-se em ofensa aos limites do processo somente os casos em que a prestação jurisdicional chegar a *resultado diverso* daquele a que o demandado se encontrava obrigado no plano do direito material.[694]

Legítima se afigura a possibilidade de o juiz alterar a técnica inicialmente escolhida para a obtenção da tutela específica ou *equivalente*. Nesse sentido, caso se revele ineficaz a medida originariamente adotada, nada impedirá que o juiz a substitua por medida diversa, mas apropriada.

A exemplo do que se disse quando se tratou da modificabilidade do valor e da periodicidade da multa, a modificação da medida executiva em momento posterior ao trânsito em julgado da ação não representa ofensa à coisa julgada.

A medida executiva adotada pelo juiz será utilizada como instrumento acessório da prestação jurisdicional, com vistas a dar efetividade à decisão proclamada em sentença, esta sim revestida pela imodificabilidade advinda pelo trânsito em julgado. A alegação de ofensa à coisa julgada, nesse caso, além de revelar-se tecnicamente inadequada, dada a acessoriedade da *medida*, acabaria por engessar e comprometer a perseguição judicial em busca da tutela privilegiada pelo ordenamento processual: a reprodução idêntica ou equivalente da obrigação, tal como prevista pelo direito material.

Cabe também lembrar que toda decisão proferida com base no art. 461 apresenta, insitamente, eficácia mandamental e executiva, o que faz concluir que esteja acompanhada, ainda que não expresso no ato decisório, da determinação do emprego de todo e qualquer meio de execução que se mostre eficaz à efetivação do direito material reconhecido em sentença ou decisão interlocutória.

---

[693] Arts. 110 e 474 do Projeto de Lei do Senado n° 166/2010.

[694] Rizzo Amaral, em sentido diverso, entende que o art. 461 "traz verdadeira exceção ao princípio (da congruência), ao possibilitar a entrega de bem da vida diverso daquele pretendido pelo demandante, desde que assim a este alcance o resultado prático equivalente àquele pretendido [...]" (destacou-se). E exemplifica: "Aquele que postula a retirada de obras literárias do mercado por serem ofensivas à imagem de seu antepassado, na verdade o faz com base no seu direito de imagem e no direito à honra. A mesma proteção será obtida caso a sentença determine algo diverso do que foi pedido, como, por exemplo, a colocação de tarja preta sobre os trechos ofensivos". (AMARAL, Rizzo Guilherme. *Cumprimento e execução de sentença sob a ótica do formalismo-valorativo*. Porto Alegre: Livraria do Advogado, 2008, p. 157). Quer parecer que, mesmo através de resultado prático diverso do requerido (retirada das obras ≠ tarja preta), o bem da vida visado pelo autor (pedido mediato) foi satisfatoriamente protegido, através de um *resultado* ou *situação final* compatível com obrigação de não fazer em questão, qual seja, não lesar a imagem e/ou a honra do antepassado.

---

Tutela Específica dos Direitos

Conclusão em sentido oposto acabaria por engessar a atividade do juiz, inviabilizando a concessão da tutela específica toda vez em que o emprego de determinada medida executiva não se mostrasse suficiente para gerar o resultado pretendido. Entendimento diverso comprometeria gravemente a *utilidade* da técnica colocada à disposição do juiz em favor da promessa constitucional de efetividade e adequação da prestação jurisdicional (CF, art. 5, XXXV) e ainda premiaria, indevidamente, aquele que se mostrou desobediente às ordens judiciais.

Em relação aos processos que tenham por objeto o cumprimento de obrigações de caráter continuado, eventual alteração do substrato fático--jurídico com base no qual foi proferida a sentença, por certo, legitimará o redimensionamento da medida executiva originariamente adotada em sentença.

# 9. Tutela ressarcitória pelo equivalente pecuniário

## 9.1. Conversão da tutela específica em perdas e danos

A leitura do § 1º do art. 461[695] mostra que a *conversão* da obrigação em perdas e danos ocorrerá, *in tese*, somente em duas hipóteses: (i) quando se tornar *impossível* a obtenção da tutela *específica* ou *equivalente* ao cumprimento da obrigação ou (ii) por *opção do autor*.[696] Não configurada qualquer das hipóteses legais, fica claro que não caberá ao juiz, de ofício e sem consultar as partes, determinar a conversão da obrigação em perdas e danos.[697]

De início, verifica-se que a argumentação no sentido de que a reprodução do resultado específico da obrigação implicará maior sacrifício ao réu em comparação com a simples indenização pelos prejuízos causados, não se mostra suficiente para afastar o primado da tutela específica.

Todavia, haverá casos em que a extrema complexidade e/ou onerosidade do cumprimento judicial tornarão inviável a tutela específica, convertendo-se a obrigação em perdas e danos.[698] Outras vezes, a incapa-

---

[695] Art. 480 do Projeto de Lei do Senado nº 166/2010.

[696] A.I. nº 70027390327, 15ª Cam. Cível, TJRS, Rel.: Vicente Barrôco de Vasconcellos, j. em 17.11.2008; A. I. nº 70017647207, 15ª Cam. Cível, TJRS, Rel.: Luiz Ary Vessini de Lima, j. em 21.06.2007; A.C. nº 70011161254, 16ª Cam. Cível, TJRS, Rel.: Ergio Roque Menine, j. em 25.05.2005.

[697] Agravo nº 70023882285, 20ª Cam. Cível, TJRS, Rel.: José Aquino Flores de Camargo, j. em 14/05/2008.

[698] Há decisão do STJ nesse sentido: "Portanto, o cumprimento específico da obrigação, no caso, demandaria uma onerosidade muito maior do que o prejuízo já experimentado pela recorrente, razão

cidade dos meios coercitivos e sub-rogatórios em reproduzir o resultado específico ou prático equivalente da obrigação ensejará a sua conversão em perdas e danos (impossibilidade jurídica).

De fato, a opção consagrada pelo legislador não poderá ceder espaço à injusta e ultrapassada solução ressarcitória toda vez em que aquela resultar em maior sacrifício aos interesses do demandado. Não se nega que a efetivação da sentença *ex* art. 461[699] através de imposição de mecanismos sub-rogatórios de conduta, como regra, se revelará de maior sacrifício ao réu, o que não poderá resultar na inversão dos valores privilegiados pelo sistema.

Sob enfoque diverso, não se pode olvidar a viabilidade, sempre presente, de o autor cumular o pedido de tutela específica com a indenização pelos prejuízos causados em razão da demora no cumprimento da obrigação.[700] [701]

Não se mostra difícil visualizar hipótese em que o atraso no cumprimento de determinada obrigação provoque prejuízos ao autor. Aliás, até o momento do cumprimento por intervenção do Poder Judiciário usualmente ocorrerão prejuízos em razão da demora ou mesmo pelo cumprimento parcial da obrigação, os quais merecerão ressarcimento de forma paralela e independente ao cumprimento específico da obrigação. Nesses casos, além do pedido voltado à obtenção da tutela específica, poderá o demandante exigir ressarcimento pelos danos gerados em razão do cumprimento tardio.

Para esse mesmo sentido apontam as normas do direito material. Com efeito, os artigos 249 (obrigações de fazer), 251 (obrigações de não fazer) e 236 (obrigações de dar) indicam que o adimplemento *a posteriori* da obrigação não afastará do credor o direito de ser ressarcido pelos prejuízos decorrentes.

---

pela qual não se pode impor o comportamento que exige o ressarcimento na forma específica quando do o seu custo não justifica a opção por esta modalidade de ressarcimento, devendo, na forma do que determina o art. 461, § 1º, do Código de Processo Civil, ser convertida a obrigação em perdas e danos". STJ, 6ª Turma, REsp 898.184/RJ, Min. Maria Thereza de Assis Moura, j. em 24.06.2008, DJe 04.08.2008.

[699] Art. 479 do Projeto de Lei do Senado nº 166/2010.

[700] A possibilidade de cumulação desses pedidos bem revela a viabilidade de *atuação conjunta* das tutelas *ressarcitórias* e *específica*.

[701] Há, no entanto, acórdão no âmbito do STJ, inadmitindo a referida cumulação: "Pertinente a conversão da obrigação em perdas e danos se o autor requerer, se for impossível a tutela específica ou a obtenção de resultado prático equivalente ao do adimplemento. No caso, imposta a condenação para recuperação do prédio danificado, não é pertinente impor também a condenação por danos materiais, a serem apurados em liquidação". STJ, 3ª Turma, REsp 752420/RS, Rel. Ministro Carlos Alberto Menezes Direito, j. em 17.08.2006, DJ 27.11.2006, p. 281.

Aliás, ao tratar do direito à extinção do contrato pelo inadimplemento (resolução), o artigo 475 do Código Civil vigente não apenas afirma expressamente a viabilidade de exigir-se judicialmente a tutela específica cumulada com perdas e danos, como bem destaca a harmonia hoje existente entre o processo e as normas de direito material (instrumentalidade). Note-se que, de maneira oposta ao artigo 1.092, parágrafo único, do CC/1916[702] – que outorgava à parte lesada pelo inadimplemento apenas o direito à indenização correspondente –, a norma correspondente estabelecida pelo Código Civil de 2002 aponta para a preferência pelo cumprimento específico do contrato, sem prejuízo de exigirem-se, cumulativamente, as perdas e danos: "Art. 475. A parte lesada pelo inadimplemento pode pedir a resolução do contrato, se não preferir exigir-lhe o cumprimento, cabendo, em qualquer dos casos, indenização por perdas e danos".

Hipótese diversa é aquela em que se mostra possível o cumprimento de apenas parte do dever ou obrigação. Nesse caso, cumpre-se de modo específico, a parte em que ainda viável o cumprimento tardio da obrigação e indeniza-se, através de perdas e danos, a parcela da obrigação impossível de ser reproduzida judicialmente. A essa parcela será aplicado o procedimento voltado ao cumprimento das obrigações de pagar quantia (CPC, art. 475-J).[703] [704]

Sob outro enfoque, não se pode confundir *cumulação de pedidos* – através da obtenção da tutela específica, cumulada com indenização por perdas e danos – com o caráter *subsidiário* da indenização prevista pelo § 1º do art. 461.[705] Nessa última hipótese, o pedido será único e não *sucessivo*, todavia, na impossibilidade da reprodução do resultado específico da obrigação ou por simples opção do autor, a solução preferida pelo art. 461 dará lugar à tutela indenizatória, nos limites adiante fixados.

Pois bem, a primeira hipótese legal de conversão em perdas e danos (impossibilidade de cumprimento), tem como fundamento a constatação fática – e bastante lógica – de que a "acção é possível enquanto o cumprimento é possível".[706]

Cabe destacar que a *impossibilidade* de cumprimento necessariamente dirá respeito a uma destas duas hipóteses: (i) questões pessoais do

---

[702] Art. 1.092. [...] Parágrafo único. A parte lesada pelo inadimplemento pode requerer a rescisão do contrato com perdas e danos.

[703] Art. 495 do Projeto de Lei do Senado nº 166/2010.

[704] STJ, 2ª Turma, REsp 332772/SP, Rel. Min. João Otávio de Noronha, j. em 04.05.2006, DJ 28.06.2006, p. 225.

[705] Art. 480 do Projeto de Lei do Senado nº 166/2010.

[706] CALVÃO DA SILVA, João. *Cumprimento e sanção pecuniária compulsória*. 2. ed. Coimbra: Coimbra, 1997, p. 149.

demandado, quando não estiver disposto ou não for capaz de realizar obrigação só por ele realizável (impossibilidade subjetiva); ou (ii) em virtude de fator externo que inviabilize o seu cumprimento (impossibilidade objetiva).[707]

Hipótese excepcional de *impossibilidade* ocorrerá quando o descumprimento de determinada obrigação comprometer a *utilidade* do resultado esperado (inadimplemento absoluto), fazendo desaparecer o interesse do titular do direito na concessão da tutela específica. Tal hipótese está, inclusive, consagrada pela lei material. O art. 395 do Código Civil, ao tratar do inadimplemento das obrigações, preconiza que, "se a prestação, devido à mora, se tornar inútil ao credor, este poderá enjeitá-la, e exigir a satisfação das perdas e danos".

Exemplificativamente, o não televisionamento em tempo real de determinado evento esportivo em descumprimento da cláusula contratual, em regra, comprometerá a *utilidade* de provimento que imponha ao demandado o televisionamento em momento futuro, posterior à realização do evento.

Aliás, a falta de *interesse subjetivo* do credor não se confunde com a *perda de utilidade* propriamente dita. Muito embora conduzam a resultados idênticos (conversão em perdas e danos), a diferenciação assume relevo sob determinados aspectos. Veja-se.

O inadimplemento de obrigação que envolva prestação de *fazer, não fazer* ou *de entregar coisa* concede ao credor a possibilidade de exigir judicialmente o equivalente em dinheiro (tutela ressarcitória), mesmo que ainda possível a reprodução judicial do resultado específico.

Divergindo de parte da doutrina, entende-se que o interesse do réu em cumprir pessoalmente a obrigação *sub judice*, após tê-la inadimplido, não retira do autor o direito de optar por seu equivalente em dinheiro (perdas e danos), exigindo do demandado indenização correspondente.

Vê-se como inequívoco o direito potestativo[708] do demandante de exigir indenização, nada obstante ainda alcançável o cumprimento específico da obrigação. As normas materiais apontam inegavelmente para esse sentido (CC, art. 249): "Se o fato puder ser executado por terceiro, será livre ao credor mandá-lo executar a custa do demandado, havendo recusa ou mora deste, sem prejuízo da indenização cabível".

---

[707] Nesse sentido: STJ, 2ª Turma, REsp 332772/SP, Rel. João Otávio de Noronha, j. em 04.05.2006, DJ 28/06/2006, p. 225. Aqui seria o caso da impossibilidade de restituição de coisa móvel ao autor que não tenha direito de sequela sobre o bem, em razão de ter sido vendida a terceiro de boa-fé: A.I. nº 70023641178, 14ª Cam. Cível, TJRS, Rel.: Isabel de Borba Lucas, j. em 08.05.2008.

[708] Como bem define Chiovenda, *potestativos* são aqueles direitos que produzem seus efeitos mediante a simples manifestação de vontade do seu titular, CHIOVENDA, Giuseppe. *Dell'aziona dal contratto preliminare*. In: *Saggi di diritto processuale civile*. Milano: Giuffrè, 1993, v.1, p. 114.

Tutela Específica dos Direitos

O Código anterior deixava ainda mais evidente o direito do credor de exigir o equivalente pecuniário enquanto ainda possível à produção do resultado específico da obrigação: "Será livre o credor mandá-lo executar a custa do demandado, havendo recusa ou mora deste, ou pedir indenização por perdas e danos" (CC, art. 881).

Nota-se que o Código de 2002 não destoa da norma do Código anterior. Aliás, o Código vigente, não por outra razão, afirma que "será livre o credor" para buscar o cumprimento específico da obrigação. Antes de uma *imposição insuperável* do ordenamento, a reprodução do resultado específico revela-se um direito do credor, se assim lhe convier, caso não preferir convertê-lo em indenização.

O direito à conversão em perdas e danos por simples do autor fica ainda mais evidente se se atentar para as normas atuais que dispõem a respeito das obrigações de dar (entregar coisa). O art. 236 do Código Civil não deixa margem de dúvida nesse sentido, ao afirmar que, "sendo culpado o devedor, poderá o credor exigir o equivalente, ou aceitar a coisa no estado em que se acha, com direito a reclamar, em um ou outro caso, indenização por perdas e danos".

Ademais, de uma forma geral, ocorrendo o inadimplemento de qualquer obrigação, a solução usual preconizada pelo Código Civil permanece sendo a resposta por perdas e danos, consoante art. 389.[709] Todavia, o cumprimento específico da obrigação surge como *alternativa* também exigível por parte do credor, conforme dispõem os artigos 249,[710] 236,[711] 251[712] e 475,[713] respectivamente.

Nota-se que as *obrigações* se encontram disciplinadas pelo Código Civil, que aponta para o direito do credor exigir o seu equivalente em dinheiro em caso de inadimplemento, notadamente em relação às obriga-

---

[709] Art. 389. Não cumprida a obrigação, responde o devedor por perdas e danos, mais juros e atualizações monetária segundo índices oficiais regularmente estabelecidos, e honorários de advogado.

[710] Art. 249. Se o fato puder ser executado por terceiro, será livre ao credor mandá-lo executar a custa do devedor, havendo recusa ou mora deste, sem prejuízo da indenização cabível. Parágrafo único. Em caso de urgência, pode o credor, independentemente de autorização judicial, executar ou mandar executar o fato, sendo depois ressarcido.

[711] Art. 236. Sendo culpado o devedor, poderá o credor exigir o equivalente, ou aceitar a coisa no estado em que se acha, com direito a reclamar, em um ou em outro caso, indenização das perdas e danos.

[712] Art. 251. Praticado pelo devedor o ato, a cuja abstenção se obrigara, o credor pode exigir dele que o desfaça, sob pena de se desfazer à sua custa, ressarcindo o culpado em perdas e danos. Parágrafo único. Em caso de urgência, poderá o credor desfazer ou mandar desfazer, independentemente de autorização judicial, sem prejuízo do ressarcimento devido.

[713] Art. 475. A parte lesada pelo inadimplemento pode pedir a resolução do contrato, se não preferir exigir-lhe o cumprimento, cabendo, em qualquer dos casos, indenização por perdas e danos.

ções de fazer, não fazer e dar. Não caberia, portanto, à legislação processual, ao arrepio das disposições materiais, vedar ao credor a possibilidade de, *initio litis*, optar pelo ressarcimento pecuniário.

A relação harmoniosa que se entende deva haver entre processo e direito material não permite uma solução processual descompromissada em face das regras materiais. Assim, a exegese que nega ao autor a possibilidade de *conversão* enquanto ainda possível o cumprimento específico da obrigação, advém de uma visão isolada das normas processuais e acaba beneficiando aquele que, no momento oportuno, deixou de adimplir aquilo a que estava obrigado.[714]

Nessa linha de entendimento, parece correto concluir que o réu deverá arcar com os ônus da sua conduta desrespeitosa, dentre estes, a possibilidade de vir a ser condenado em perdas e danos, que certamente não ultrapassará o valor dos prejuízos apuráveis, sob pena de enriquecimento sem causa. O interesse predominante deverá ser o do credor lesado. Raciocínio diverso implicaria inversão da ordem vigente.[715] [716]

---

[714] Em sentido diverso, J. E. Carreira Alvim entende que a opção do autor pela conversão em perdas e danos não poderá vingar nas hipóteses em que houver interesse do demandado em cumprir pessoalmente com a obrigação. Em suas palavras: "Se assiste ao autor o direto de ver satisfeita a prestação, tem o réu o mais lídimo interesse em satisfazê-la ele próprio, na forma convencionada, neutralizando qualquer possibilidade de indenização. Aliás, o próprio Código fala num 'direito' do devedor (art.288, parágrafo único) [...]". E conclui afirmando que "[...] a opção entre a obrigação substitutiva e as perdas e danos tem amparo no art. 881 do Código Civil, mas entre a obrigação específica e as perdas e danos, não, se o réu tiver interesse em cumpri-la in natura". CARREIRA ALVIM, José Eduardo. *Tutela específica das obrigações de fazer, não fazer e entregar coisa.* 3. ed. Rio de Janeiro: Forense, 2003, p. 76-84. Não partilhamos desse entendimento pois, uma vez ocorrido o descumprimento de dever legal ou obrigação contratual pelo réu no mundo dos fatos, o processo deverá ser ditado pelo interesse do *autor* lesado, não devendo prevalecer o interesse do devedor/demandado, que se revelou desobediente à ordem jurídica. A opção pela conversão em perdas e danos revela direito potestativo do autor (credor), a quem não poderá ser *imposta* a tutela específica da obrigação se assim não o quiser.

[715] Impõe-se registrar a posição defendida por Dinamarco: "Não é lícito optar o credor pelas perdas e danos, sem a prévia manifestação de qualquer resistência do devedor. Ao obrigado que sequer foi intimado a cumprir o comando sentencial em determinado prazo (e que, portanto, não se mostrou resistente a esse comando) pode ser mais conveniente realizar o resultado específico ditado em sentença. As conversões autorizadas no sistema do art. 461 e seus parágrafos são excepcionais e só legitimam como reação da ordem jurídica à ilegítima resistência do obrigado". Ousando discordar, parece que ilegítima revelou-se a conduta do devedor ao desrespeitar a conduta prevista em contrato (obrigação) ou em lei (dever), devendo arcar com o ônus de responder pelo seu equivalente pecuniário. DINAMARCO, Cândido Rangel. *A reforma da reforma.* 3. ed. São Paulo: Malheiros, 2002, p.233 – 234.

[716] Em sentido contrário, Marinoni e Mitidiero argumentam que "o devedor tem o direito de cumprir a prestação tal como contratada, não sendo possível ao credor exigir dinheiro no lugar da prestação objeto do contrato, sob pena de se aceitar uma novação objetiva unilateral". MARINONI, Luiz Guilherme. MITIDIERO, Daniel. *Código de processo civil comentado artigo por artigo.* São Paulo: Editora Revista dos Tribunais, 2008, p. 434.

Demais disso, o § 1º do art. 461[717] é expresso no sentido de que a obrigação poderá ser convertida em perdas e danos por simples opção do credor. Não se pode ignorar o que diz a lei – sob pena de construir uma interpretação *contra legem* –, excepcionados os casos nos quais incidem normas constitucionais suficientes a justificar outra interpretação.

Sob aspecto diverso, como destaca Talamini, é certo que a conversão por opção do credor pressupõe controvérsia em relação a direitos disponíveis:

> O caráter instrumental do processo obsta que as regras e princípios processuais venham a alterar os desígnios do direto material. Portanto, já tendo havido violação do direito patrimonial disponível, seu titular é livre para optar pela tutela indenizatória.
>
> [...]
>
> Todavia, solução distinta põe-se no âmbito dos direitos de outra natureza, que sejam indisponíveis e (ou) difusos. Não é admissível que, sendo viável a proteção específica do meio ambiente ou a integridade física de alguém, tal tutela seja preterida pela mera reparação pecuniária. Mas nesses casos, a peculiaridade vem do direito material, ao qual o processo, por sua instrumentalidade, há de adaptar-se. Seria possível falar, então, de uma *indisponibilidade do resultado específico*.[718]

Concordando integralmente com esse raciocínio, é de fato inadequado cogitar-se da conversão em perdas e danos quando estão em jogo direitos coletivos ou indisponíveis.

Em se tratando de tutela preventiva – tema muito explorado por Marinoni[719] e Spadoni[720] –, natural não se cogitar da conversão em perdas e danos, tendo em vista que os prejuízos advindos pelo descumprimento da obrigação nem sequer foram sentidos.[721]

Sob outro aspecto, nada impede que a indenização seja determinada em decisão interlocutória, ou seja, em momento anterior à prolação da sentença. Presentes os requisitos legais, poderá o juiz validamente conceder antecipação de tutela nesse sentido, com base no art. 273 do CPC.[722]

---

[717] Art. 480 do Projeto de Lei do Senado nº 166/2010.

[718] TALAMINI, Eduardo. *Tutela relativa aos deveres de fazer e de não fazer: e a sua extensão aos deveres de entregar coisa (CPC arts. 461 e 461-A, CDC, art. 84)*. 2. ed. São Paulo: Revista dos Tribunais, 2003, p. 332.

[719] MARINONI, Luiz Guilherme. *Tutela inibitória: individual e coletiva*. São Paulo: RT, 1998.

[720] SPADONI, Joaquim Felipe. *Ação inibitória: a ação preventiva prevista no art. 461 do CPC*. São Paulo: RT, 2002.

[721] Concordamos com os referidos juristas, ao referirem que a tutela *ex* art. 461 não exige o dano como pressuposto de sua atuação. Com inteira razão, afirmam que a prestação da *tutela específica* se contenta somente com a conduta desconforme ao direito, prescindindo da experimentação de qualquer prejuízo ao autor.

[722] Art. 283 do Projeto de Lei do Senado nº 166/2010.

## 9.2. Reflexos processuais

Verifica-se que a ação voltada ao cumprimento específico de determinado dever ou obrigação cuida de objeto diverso daquela que tem como objeto ressarcir o credor pelos prejuízos sofridos pelo descumprimento de determinado dever ou obrigação.

Nessa última hipótese, além daqueles elementos que obrigatoriamente serão objeto de análise, independentemente da tutela requerida, tais como: (i) se efetivamente ocorreu o descumprimento da obrigação; (ii) a responsabilidade do réu pelo descumprimento ocorrido; entre outros –, deverá o julgador ater-se a elementos específicos relacionados à tutela indenizatória, dentre eles, a existência, a extensão e relação de causalidade dos danos alegados, a participação culposa do demandado, além de outros aspectos.

À vista desses elementos, constata-se que a conversão do cumprimento específico da obrigação pelo seu equivalente pecuniário, seja por opção do demandante ou em razão de impossibilidade subjetiva ou objetiva, tem como consequência o exame da matéria cognitiva diversa e mais ampla em comparação à cognição à que se prende o juiz nas demandas voltadas à obtenção da tutela específica.

Observando-se que o pedido de tutela específica da obrigação será comumente cumulado com o pedido de ressarcimento pelos danos causados, pode-se prever que, com muita frequência, o juiz será obrigado a perquirir sobre ambos os objetos de cognição (tutela específica + tutela ressarcitória pelo equivalente pecuniário).

Cabe também estabelecer uma diferenciação em relação ao momento em que ocorre a conversão em perdas e danos, seja em razão da *impossibilidade* de cumprir a obrigação, seja pela simples *opção* do autor.

Quando a conversão em perdas e danos, seja por *impossibilidade* ou por *opção*, advir logo após o início do processo, não haverá maiores incompatibilidades em deslocar-se o objeto do processo, sem que haja prejuízo à instrução e ao contraditório, considerando-se que ainda não foi iniciada a instrução do feito. Convém lembrar que, nesse caso, serão inaplicáveis medidas de caráter coercitivo e sub-rogatório, visto que o processo se resolverá por sentença condenatória, sucedida da fase de cumprimento, nos moldes do art. 475-J do CPC.[723]

Maior dificuldade também não apresenta a hipótese na qual a conversão, por *impossibilidade* ou por *opção* do autor, der-se em momento posterior à prolação da sentença. Nesse caso, a sentença servirá de título executivo para a execução do valor correspondente aos prejuízos sofridos

---

[723] Art. 495 do Projeto de Lei do Senado n° 166/2010.

pelo demandante.[724] Todavia, como os prejuízos gerados pelo inadimplemento não foram objeto de cognição na formação deste título, sua quantificação deverá ocorrer em liquidação subsequente, na forma do art. 475-O do CPC.[725] [726]

Mesmo que a sentença não cuide expressamente da conversão do cumprimento específico da obrigação pelo seu ressarcimento em perdas e danos, a execução pelo equivalente pecuniário terá sempre lugar. Parece evidente que a sentença que condena o réu ao cumprimento específico da obrigação "traz consigo a autorização da obtenção do equivalente pecuniário – restando apenas a verificação dos pressupostos materiais do dever de ressarcir ou compensar, eventualmente ainda não examinados no processo já realizado".[727]

Aliás, conforme referido por Araken de Assis, o ressarcimento pelo equivalente pecuniário decorre diretamente da lei, "ele não precisa constar do título executivo".[728]

O problema reside quando a *conversão* advém *em meio* ao processo de conhecimento. O tratamento jurídico será distinto se porventura a conversão ocorrer em caso de *impossibilidade* ou por *opção* do autor.

Quanto à conversão por pedido do autor, se a opção ocorrer em meio à instrução do processo, propõe-se uma única solução. Entendemos, que o demandante não poderá, no curso do processo, alterar a modalidade de tutela inicialmente requerida, sendo vedado optar pelo equivalente pecuniário depois de já iniciada a instrução. Terá, isso sim, de se contentar com uma sentença meramente condenatória, para, então, posteriormente, executá-la, depois de ultrapassada penosa liquidação por artigos (CPC, art. 475-E).[729] Alternativamente, se lhe parecer mais conveniente, poderá desistir do processo e arcar com o ajuizamento de nova ação, esta sim, voltada a perquirir sobre a indenização por perdas e danos.

---

[724] Como refere Talamini, "o título que dá ensejo à execução de obrigação de fazer, não fazer ou entregar coisa, possibilita igualmente a execução monetária das perdas e danos". TALAMINI, Eduardo. (*Tutela relativa aos deveres de fazer e de não fazer: e a sua extensão aos deveres de entregar coisa (CPC arts. 461 e 461-A, CDC, art. 84).* 2. ed. São Paulo: Revista dos Tribunais, 2003, p. 356.

[725] Art. 491 do Projeto de Lei do Senado nº 166/2010.

[726] Na prática, como determina o art. 475-E do CPC, implica novo processo de conhecimento a fim de se avaliarem as questões que não foram objeto de apreciação no processo movido com base no art. 461 do CPC.

[727] TALAMINI, Eduardo. *Tutela relativa aos deveres de fazer e de não fazer: e a sua extensão aos deveres de entregar coisa (CPC arts. 461 e 461-A, CDC, art. 84).* 2. ed. São Paulo: Revista dos Tribunais, 2003, p. 356.

[728] ASSIS, Araken de. *Manual do processo de execução.* 2. ed. São Paulo: RT, 1995, p. 367.

[729] Art. 494, § 6º do Projeto de Lei do Senado nº 166/2010.

De modo contrário, quando a conversão em perdas e danos ocorrer em meio ao processo de conhecimento e tiver como causa a *impossibilidade* de reprodução do resultado específico da obrigação, solução diversa nos parece mais apropriada. Propõem-se diferentes alternativas de acordo com o *momento* em que sobrevier a *impossibilidade* de cumprimento.

Se a *impossibilidade* ocorrer em momento posterior à instrução do processo, não parece razoável admitir-se o deslocamento da cognição a fim de se apurar em elementos diversos, de responsabilização civil, tais como: verificação de conduta culposa, nexo de causalidade dos danos em relação à conduta do réu, extensão dos danos, a exigir nova instrução. Nesse caso, deverá o autor socorrer-se da liquidação por artigos, a fim de debater todos os aspectos que não foram objeto de análise no processo de conhecimento. Encerrada essa etapa, com a fixação do *quantum* indenizatório, deverá o demandante executar o seu direito de acordo com os artigos 475-J[730] e seguintes do CPC (cumprimento de sentença que impõe obrigação de pagar quantia certa).

Todavia, quando a *impossibilidade* advier enquanto ainda não iniciada a instrução, ou mesmo quando recém iniciada, entende-se possa ocorrer o deslocamento imediato da cognição de modo a se examinarem, desde logo, os pressupostos relacionados à responsabilização pecuniária do demandado, através de sentença condenatória.

Talamini entende que, nessa hipótese, ao menos duas ressalvas merecem ser feitas:

> Em primeiro lugar, haveria de se interpretar a regra como estabelecendo a *possibilidade* de tal alteração do objeto, desde que pleiteado ou aceito pelo autor – e, não, sua automática modificação ex *officio*. O autor poderia não estar disposto a desde logo pedir a indenização – preferindo obter, nesse momento, apenas a declaração de que o direito existia, foi violado e tornou-se impossível seu cumprimento específico. Vale aqui o princípio geral de que ninguém pode ser obrigado a demandar.
>
> [...]
>
> Em segundo lugar, a mudança do objeto do processo imporia reabertura de prazo também para o réu exercer defesa, relativamente aos outros pressupostos substanciais da indenização que, até tal momento, não estavam em discussão.[731]

Assim, respeitado o interesse do autor e garantindo-se o direito de ampla defesa em relação aos novos elementos objeto de análise processual, crê-se não haveria óbice algum à solução proposta.

---

[730] Art. 495 do Projeto de Lei do Senado nº 166/2010.

[731] TALAMINI, Eduardo. *Tutela relativa aos deveres de fazer e de não fazer: e a sua extensão aos deveres de entregar coisa (CPC arts. 461 e 461-A, CDC, art. 84)*. 2 ed. São Paulo: Revista dos Tribunais, 2003, 338-339.

# 10. Projeto de um Novo Código de Processo Civil

## 10.1. Projeto de Lei do Senado n° 166 de 2010: dispositivos legais relativos à tutela dos direitos não pecuniários[732]

LIVRO II
PROCESSO DE CONHECIMENTO
TÍTULO I
DO PROCEDIMENTO COMUM
[...]
CAPÍTULO XIII
DA SENTENÇA E DA COISA JULGADA
[...]
Seção IV
Do cumprimento das obrigações de fazer,
de não fazer e de entregar coisa

**Art. 479.** Na ação de cumprimento de obrigação de fazer ou de não fazer, o juiz concederá a tutela específica da obrigação ou, se procedente o pedido, determinará providências que assegurem o resultado prático equivalente ao do adimplemento.

§ 1° Será também específica a tutela quando se tratar de obrigação de entregar coisa, hipótese em que, ao deferi-la, o juiz fixará o prazo para o respectivo cumprimento.

§ 2° A ação não será julgada procedente se a parte que a propôs não cumprir a sua prestação, nem a oferecer nos casos e nas formas legais, salvo se ainda não exigível.

§ 3° Tratando-se de entrega de coisa determinada pelo gênero e pela quantidade, o credor a individualizará na petição inicial, se lhe couber a escolha; cabendo ao devedor escolher, este a entregará individualizada, no prazo fixado pelo juiz.

§ 4° Sempre que possível, o juiz concederá a tutela de urgência ou da evidência.

**Art. 480.** A obrigação somente se converterá em perdas e danos se o autor o requerer ou se impossível a tutela específica ou a obtenção do resultado prático correspondente.

---

[732] Disponível em: <http://www.senado.gov.br/atividade/materia/detalhes.asp?p_cod_mate=97249>.

**Art. 481.** A indenização por perdas e danos se dará sem prejuízo da multa fixada periodicamente para compelir o réu ao cumprimento específico da obrigação.

**Art. 482.** Na ação de cumprimento de obrigação de emitir declaração de vontade, a sentença que julgar procedente o pedido, uma vez transitada em julgado, produzirá todos os efeitos da declaração não emitida.

[...]
## TÍTULO II
## DO CUMPRIMENTO DE SENTENÇA
[...]
## CAPÍTULO II
## DA OBRIGAÇÃO DE PAGAR QUANTIA CERTA
[...]
### Seção IV
### Do cumprimento de obrigação de fazer e de não fazer

**Art. 502.** Para cumprimento da sentença que reconheça obrigação de fazer ou de não fazer, o juiz poderá, de ofício ou a requerimento, para a efetivação da tutela específica ou a obtenção do resultado prático equivalente, determinar as medidas necessárias à satisfação do credor, podendo requisitar o auxílio de força policial, quando indispensável.

*Parágrafo único.* Para atender ao disposto no *caput*, o juiz poderá determinar, entre outras medidas, a imposição de multa por tempo de atraso, a busca e apreensão, a remoção de pessoas e coisas, o desfazimento de obras, a intervenção judicial em atividade empresarial ou similar e o impedimento de atividade nociva.

**Art. 503.** A multa periódica imposta ao devedor independe de pedido do credor e poderá se dar em liminar, na sentença ou na execução, desde que seja suficiente e compatível com a obrigação e que se determine prazo razoável para o cumprimento do preceito.

§ 1º A multa fixada liminarmente ou na sentença se aplica na execução provisória, devendo ser depositada em juízo, permitido o seu levantamento após o trânsito em julgado ou na pendência de agravo contra decisão denegatória de seguimento de recurso especial ou extraordinário.

§ 2º O requerimento de execução da multa abrange aquelas que se vencerem ao longo do processo, enquanto não cumprida pelo réu a decisão que a cominou.

§ 3º O juiz poderá, de ofício ou a requerimento, modificar o valor ou a periodicidade da multa vincenda ou excluí-la, caso verifique que:

I – se tornou insuficiente ou excessiva;

II – o obrigado demonstrou cumprimento parcial superveniente da obrigação ou justa causa para o descumprimento.

§ 4º A multa periódica incidirá enquanto não for cumprida a decisão que a tiver cominado.

§ 5º O valor da multa será devido ao autor até o montante equivalente ao valor da obrigação, destinando-se o excedente à unidade da Federação onde se situa o juízo no qual tramita o processo ou à União, sendo inscrito como dívida ativa.

§ 6º Sendo o valor da obrigação inestimável, deverá o juiz estabelecer o montante que será devido ao autor, incidindo a regra do § 5º no que diz respeito à parte excedente.

§ 7º O disposto no § 5º é inaplicável quando o devedor for a Fazenda Pública, hipótese em que a multa será integralmente devida ao credor.

§ 8º Sempre que o descumprimento da obrigação pelo réu puder prejudicar diretamente a saúde, a liberdade ou a vida, poderá o juiz conceder, em decisão fundamentada, providência de caráter mandamental, cujo descumprimento será considerado crime de desobediência.

CAPÍTULO III<br>DO CUMPRIMENTO DE OBRIGAÇÃO<br>DE ENTREGAR COISA

**Art. 504.** Não cumprida a obrigação de entregar coisa no prazo estabelecido na sentença, será expedida em favor do credor mandado de busca e apreensão ou de imissão na posse, conforme se tratar de coisa móvel ou imóvel.

*Parágrafo único.* Aplicam-se à ação prevista neste artigo, no que couber, as disposições sobre o cumprimento de obrigação de fazer e não fazer.

[...]<br>LIVRO III<br>**DO PROCESSO DE EXECUÇÃO**<br>[...]<br>TÍTULO II<br>DAS DIVERSAS ESPÉCIES DE EXECUÇÃO<br>[...]

## CAPÍTULO II
## DA EXECUÇÃO PARA A ENTREGA DE COISA

### Seção I
### Da entrega de coisa certa

**Art. 730.** O devedor de obrigação de entrega de coisa certa, constante de título executivo extrajudicial, será citado para, dentro de três dias, satisfazer a obrigação.

§ 1º Ao despachar a inicial, o juiz poderá fixar multa por dia de atraso no cumprimento da obrigação, ficando o respectivo valor sujeito a alteração, caso se revele insuficiente ou excessivo.

§ 2º Do mandado de citação constará a ordem para imissão na posse ou busca e apreensão, conforme se tratar de imóvel ou de móvel, cujo cumprimento se dará de imediato, se o devedor não realizar a prestação no prazo que lhe foi designado.

**Art. 731.** Se o executado entregar a coisa, será lavrado o respectivo termo e dar-se-á por finda a execução, salvo se esta tiver de prosseguir para o pagamento de frutos ou o ressarcimento de prejuízos.

**Art. 732.** Alienada a coisa quando já litigiosa, será expedido mandado contra o terceiro adquirente, que somente será ouvido após depositá-la.

**Art. 733.** O credor tem direito a receber, além de perdas e danos, o valor da coisa, quando esta se deteriorar, não lhe for entregue, não for encontrada ou não for reclamada do poder de terceiro adquirente.

§ 1º Não constando do título o valor da coisa ou sendo impossível a sua avaliação, o exequente far-lhe-á a estimativa, sujeitando-se ao arbitramento judicial.

§ 2º Serão apurados em liquidação o valor da coisa e os prejuízos.

**Art. 734.** Havendo benfeitorias indenizáveis feitas na coisa pelo devedor ou por terceiros de cujo poder ela houver sido tirada, a liquidação prévia é obrigatória.

*Parágrafo único.* Se houver saldo em favor do devedor ou de terceiros, o credor o depositará ao requerer a entrega da coisa; se houver saldo em favor do credor, este poderá cobrá-lo nos autos do mesmo processo.

### Seção II
### Da entrega de coisa incerta

**Art. 735.** Quando a execução recair sobre coisas determinadas pelo gênero e pela quantidade, o devedor será citado para entregá-las individualizadas, se lhe couber a escolha, mas, se esta couber ao credor, este a indicará na petição inicial.

**Art. 736.** Qualquer das partes poderá, em quarenta e oito horas, impugnar a escolha feita pela outra, e o juiz decidirá de plano ou, se necessário, ouvindo perito de sua nomeação.

**Art. 737.** Aplicar-se-á à execução para entrega de coisa incerta, no que couber, o estatuído na Seção I deste Capítulo.

## CAPÍTULO III
### DA EXECUÇÃO DAS OBRIGAÇÕES DE FAZER E DE NÃO FAZER

### Seção I
#### Da obrigação de fazer

**Art. 738.** Quando o objeto da execução for obrigação de fazer, o devedor será citado para satisfazê-la no prazo que o juiz lhe assinar, se outro não estiver determinado no título executivo.

**Art. 739.** Se, no prazo fixado, o devedor não satisfizer a obrigação, é lícito ao credor requerer, nos próprios autos do processo, que ela seja executada à custa do devedor ou haver perdas e danos, caso em que ela se converterá em indenização.

*Parágrafo único.* O valor das perdas e danos será apurado em liquidação, seguindo-se a execução para cobrança de quantia certa.

**Art. 740.** Se o fato puder ser prestado por terceiro, é lícito ao juiz autorizar, a requerimento do exequente, sua realização à custa do executado.

*Parágrafo único.* O exequente adiantará as quantias previstas na proposta que, ouvidas as partes, o juiz houver aprovado.

**Art. 741.** Prestado o fato, o juiz ouvirá as partes no prazo de dez dias e, não havendo impugnação, dará por cumprida a obrigação; em caso contrário, decidirá a impugnação.

**Art. 742.** Se o terceiro contratado não prestar o fato no prazo ou se o praticar de modo incompleto ou defeituoso, poderá o credor requerer ao juiz, no prazo de dez dias, que o autorize a concluí-lo ou a repará-lo por conta do contratante.

*Parágrafo único.* Ouvido o contratante no prazo de cinco dias, o juiz mandará avaliar o custo das despesas necessárias e condenará o contratante a pagá-lo.

**Art. 743.** Se o credor quiser executar ou mandar executar, sob sua direção e vigilância, as obras e os trabalhos necessários à prestação do fato, terá preferência, em igualdade de condições de oferta, ao terceiro.

*Parágrafo único.* O direito de preferência deverá ser exercido no prazo de cinco dias, após aprovada a proposta do terceiro.

**Art. 744.** Na obrigação de fazer, quando se convencionar que o devedor a satisfaça pessoalmente, o credor poderá requerer ao juiz que lhe assine prazo para cumpri-la.

*Parágrafo único.* Havendo recusa ou mora do devedor, a obrigação pessoal do devedor será convertida em perdas e danos, caso em que se observará o procedimento de execução por quantia certa.

## Seção II
### Da obrigação de não fazer

**Art. 745.** Se o devedor praticou ato a cuja abstenção estava obrigado pela lei ou pelo contrato, o credor requererá ao juiz que assine prazo ao devedor para desfazê-lo.

**Art. 746.** Havendo recusa ou mora do devedor, o credor requererá ao juiz que mande desfazer o ato à custa do devedor, que responderá por perdas e danos.

*Parágrafo único.* Não sendo possível desfazer-se o ato, a obrigação resolve-se em perdas e danos, caso em que se observará o procedimento de execução por quantia certa.

## Seção III
### Disposições comuns

**Art. 747.** O cumprimento da sentença relativa a obrigação de fazer ou não fazer observará o disposto neste Capítulo, no que couber.

**Art. 748.** Na execução de obrigação de fazer ou não fazer fundada em título extrajudicial, ao despachar a inicial, o juiz fixará multa por dia de atraso no cumprimento da obrigação e a data a partir da qual será devida.

*Parágrafo único.* Se o valor da multa estiver previsto no título, o juiz-poderá reduzi-lo se excessivo.

## 10.2. Quadro comparativo dos dispositivos legais referentes à tutela dos direitos não pecuniários: CPC de 1973 x PL nº 166/10[733]

| Código de Processo Civil de 1973 (Lei 5.869/73 e legislação reformadora) | Projeto de Lei do Senado n.º 166/2010 |
|---|---|
| PROCESSO DE CONHECIMENTO | |
| **Art. 461, *caput*.** Na ação que tenha por objeto o cumprimento de obrigação de fazer ou não fazer, o juiz concederá a tutela específica da obrigação ou, se procedente o pedido, determinará providências que assegurem o resultado prático equivalente ao do adimplemento. | **Art. 479, *caput*.** Não ação **de** cumprimento de obrigação de fazer ou **de** não fazer, o juiz concederá a tutela específica da obrigação ou, se procedente o pedido, determinará providências que assegurem o resultado prático equivalente ao do adimplemento. |
| **Art. 461, §1º** A obrigação somente se converterá em perdas e danos se o autor o requerer ou se impossível a tutela específica ou a obtenção do resultado prático correspondente. | **Art. 480.** A obrigação somente se converterá em perdas e danos se o autor o requerer ou se impossível a tutela específica ou a obtenção do resultado prático correspondente. |
| **Art. 461, § 2º** A indenização por perdas e danos dar-se-á sem prejuízo da multa (art. 287). | **Art. 481.** A indenização por perdas e danos **se dará** sem prejuízo da multa **fixada periodicamente para compelir o réu ao cumprimento específico da obrigação.** |
| **Art. 461, § 3º** Sendo relevante o fundamento da demanda e havendo justificado receio de ineficácia do provimento final, é lícito ao juiz conceder a tutela liminarmente ou mediante justificação prévia, citado o réu. A medida liminar poderá ser revogada ou modificada, a qualquer tempo, em decisão fundamentada. | **Art. 479, § 4º Sempre que possível, o juiz concederá a tutela de urgência ou da evidência.** |
| **Art. 461, § 4º** O juiz poderá, na hipótese do parágrafo anterior ou na sentença, impor multa diária ao réu, independentemente de pedido do autor, se for suficiente ou compatível com a obrigação, fixando-lhe prazo razoável para o cumprimento do preceito. | **Art. 503, *caput*. A multa periódica imposta ao devedor independe de pedido do credor e poderá se dar em liminar, na sentença ou na execução, desde que seja** suficiente e compatível com a obrigação **e que se determine** prazo razoável para o cumprimento do preceito. |
| **Art. 461, § 5º** Para a efetivação da tutela específica ou a obtenção do resultado prático equivalente, poderá o juiz, de ofício ou a requerimento, determinar as medidas necessárias, tais como a imposição de multa por tempo de atraso, busca e apreensão, remoção de pessoas e coisas, desfazimento de obras e impedimento de atividade nociva, se necessário com requisição de força policial. | **Art. 502. A execução da sentença proferida em ação que tenha por objeto o cumprimento de obrigação independe de nova citação e será feita segundo as regras deste Capítulo, observando-se, no que couber e** conforme a natureza da obrigação, o disposto no Livro III deste Código.<br><br>**Parágrafo único. Para atender ao disposto no *caput*, o juiz poderá determinar, entre outras medidas,** a imposição de multa por tempo de atraso, **a** busca e apreensão, a remoção de pessoas e coisas, o desfazimento de obras, **a intervenção judicial em atividade empresarial ou similar e o** impedimento de atividade nociva. |
| — Sem dispositivo correspondente — | **Art. 503, § 1º A multa fixada liminarmente ou na sentença se aplica na execução provisória, devendo ser depositada em juízo, permitido o seu levantamento após o trânsito em julgado ou na pendência de agravo contra decisão denegatória de seguimento de recurso especial ou extraordinário.** |
| — Sem dispositivo correspondente — | **Art. 503, § 2º O requerimento de execução da multa abrange aquelas que se vencerem ao longo do processo, enquanto não cumprida pelo réu a decisão que a cominou.** |

---

[733] Legenda:  sublinhado = redação do CPC/1973 modificada PLS 166/2010
**negrito** = inovações do PLS 166/210 em relação ao CPC/1973

| | |
|---|---|
| **Art. 461, § 6º** O juiz poderá, de ofício, modificar o valor ou a periodicidade da multa, caso verifique que se tornou insuficiente ou excessiva. | **Art. 503, § 3º** O juiz poderá, de ofício **ou a requerimento,** modificar o valor ou a periodicidade da multa **vincenda ou excluí-la,** caso verifique que: **I** – se tornou insuficiente ou excessiva; |
| — Sem dispositivo correspondente — | **Art. 503, § 3º, II** – o obrigado demonstrou cumprimento parcial superveniente da obrigação ou justa causa para o descumprimento. |
| — Sem dispositivo correspondente — | **Art. 503, § 4º § 4º A** multa periódica incidirá enquanto não for cumprida a decisão que a tiver cominado. |
| — Sem dispositivo correspondente — | **Art. 503, § 5º** O valor da multa será devido ao autor até o montante equivalente ao valor da obrigação, destinando-se o excedente à unidade da Federação onde se situa o juízo no qual tramita o processo ou à União, sendo inscrito como dívida ativa. |
| — Sem dispositivo correspondente — | **Art. 503, § 6º** Sendo o valor da obrigação inestimável, deverá o juiz estabelecer o montante que será devido ao autor, incidindo a regra do § 5º no que diz respeito à parte excedente. |
| — Sem dispositivo correspondente — | **Art. 503, § 7º** O disposto no § 5º é inaplicável quando o devedor for a Fazenda Pública, hipótese em que a multa será integralmente devida ao credor. |
| — Sem dispositivo correspondente — | **Art. 503, § 8º** Sempre que o descumprimento da obrigação pelo réu puder prejudicar diretamente a saúde, a liberdade ou a vida, poderá o juiz conceder, em decisão fundamentada, providência de caráter mandamental, cujo descumprimento será considerado crime de desobediência. |
| **Art. 461-A, *caput*.** Na ação que tenha por objeto a entrega de coisa, o juiz, ao conceder a tutela específica, fixará o prazo para o cumprimento da obrigação. | **Art. 479, §1º** Será também específica a tutela quando se tratar de obrigação de entregar coisa, hipótese em que, ao deferida, o juiz fixará o prazo para o respectivo cumprimento. |
| — Sem dispositivo correspondente — | **Art. 479, § 2º** A ação não será julgada procedente se a parte que a propôs não cumprir a sua prestação, nem a oferecer nos casos e nas formas legais, salvo se ainda não exigível. |
| **Art. 461-A, § 1º** Tratando-se de entrega de coisa determinada pelo gênero e quantidade, o credor a individualizará na petição inicial, se lhe couber a escolha; cabendo ao devedor escolher, este a entregará individualizada, no prazo fixado pelo juiz. | **Art. 479, § 3º** Tratando-se de entrega de coisa determinada pelo gênero **e pela** quantidade, o credor a individualizará na petição inicial, se lhe couber a escolha; cabendo ao devedor escolher, este a entregará individualizada, no prazo fixado pelo juiz. |
| **Art. 461-A, § 2º** Não cumprida a obrigação no prazo estabelecido, expedir-se-á em favor do credor mandado de busca e apreensão ou de imissão na posse, conforme se tratar de coisa móvel ou imóvel. | **Art. 504, *caput*.** Não cumprida a obrigação **de entregar coisa** no prazo estabelecido **na sentença, será expedida** em favor do credor mandado de busca e apreensão ou de imissão na posse, conforme se tratar de coisa móvel ou imóvel. |
| **Art. 461-A, § 3º** Aplica-se à ação prevista neste artigo o disposto nos §§ 1º a 6º do art. 461. | **Art. 504, parágrafo único.** Aplicam-se à ação prevista neste artigo, **no que couber, as disposições sobre o** cumprimento de obrigação de fazer e não fazer. |
| | PROCESSO DE EXECUÇÃO |
| **Art. 621, *caput*.** O devedor de obrigação de entrega de coisa certa, constante de título executivo extrajudicial, será citado para, dentro de 10 (dez) dias, satisfazer a obrigação ou, seguro o juízo (art. 737, II), apresentar embargos. | **Art. 730, *caput*.** O devedor de obrigação de entrega de coisa certa, constante de título executivo extrajudicial, será citado para, dentro de **três dias**, satisfazer a obrigação. |

Tutela Específica dos Direitos

| | |
|---|---|
| **Art. 621, parágrafo único.** O juiz, ao despachar a inicial, poderá fixar multa por dia de atraso no cumprimento da obrigação, ficando o respectivo valor sujeito a alteração, caso se revele insuficiente ou excessivo. | **Art. 730,** § 1º Ao despachar a inicial, **o juiz** poderá fixar multa por dia de atraso no cumprimento da obrigação, ficando o respectivo valor sujeito a alteração, caso se revele insuficiente ou excessivo. |
| — Sem dispositivo correspondente — | **Art. 730, § 2º Do mandado de citação constará a ordem para imissão na posse ou busca e apreensão, conforme se tratar de imóvel ou de móvel, cujo cumprimento se dará de imediato, se o devedor não realizar a prestação no prazo que lhe foi designado.** |
| **Art. 624.** Se o executado entregar a coisa, lavrar-se-á o respectivo termo e dar-se-á por finda a execução, salvo se esta tiver de prosseguir para o pagamento de frutos ou ressarcimento de prejuízos. | **Art. 731.** Se o executado entregar a coisa, **será lavrado** o respectivo termo e dar-se-á por finda a execução, salvo se esta tiver de prosseguir para o pagamento de frutos ou **o** ressarcimento de prejuízos. |
| **Art. 626.** Alienada a coisa quando já litigiosa, expedir-se-á mandado contra o terceiro adquirente, que somente será ouvido depois de depositá-la. | **Art. 732.** Alienada a coisa quando já litigiosa, **será expedido** mandado contra o terceiro adquirente, que somente será ouvido **após** depositá-la. |
| **Art. 627.** O credor tem direito a receber, além de perdas e danos, o valor da coisa, quando esta não lhe for entregue, se deteriorou, não for encontrada ou não for reclamada do poder de terceiro adquirente.<br><br>§ 1º Não constando do título o valor da coisa, ou sendo impossível a sua avaliação, o exeqüente far-lhe-á a estimativa, sujeitando-se ao arbitramento judicial.<br><br>§ 2º Serão apurados em liquidação o valor da coisa e os prejuízos. | **Art. 733.** O credor tem direito a receber, além de perdas e danos, o valor da coisa, quando esta **se deteriorar, não lhe for entregue**, não for encontrada ou não for reclamada do poder de terceiro adquirente.<br><br>§ 1º Não constando do título o valor da coisa ou sendo impossível a sua avaliação, o exequente far-lhe-á a estimativa, sujeitando-se ao arbitramento judicial.<br><br>§ 2º Serão apurados em liquidação o valor da coisa e os prejuízos. |
| **Art. 628.** Havendo benfeitorias indenizáveis feitas na coisa pelo devedor ou por terceiros, de cujo poder ela houver sido tirada, a liquidação prévia é obrigatória. Se houver saldo em favor do devedor, o credor o depositará ao requerer a entrega da coisa; se houver saldo em favor do credor, este poderá cobrá-lo nos autos do mesmo processo. | **Art. 734.** Havendo benfeitorias indenizáveis feitas na coisa pelo devedor ou por terceiros de cujo poder ela houver sido tirada, a liquidação prévia é obrigatória.<br><br>**Parágrafo único.** Se houver saldo em favor do devedor **ou de terceiros**, o credor o depositará ao requerer a entrega da coisa; se houver saldo em favor do credor, este poderá cobrá-lo nos autos do mesmo processo. |
| **Art. 629.** Quando a execução recair sobre coisas determinadas pelo gênero e quantidade, o devedor será citado para entregá-las individualizadas, se lhe couber a escolha; mas se essa couber ao credor, este a indicará na petição inicial. | **Art. 735.** Quando a execução recair sobre coisas determinadas pelo gênero e **pela** quantidade, o devedor será citado para entregá-las individualizadas, se lhe couber a escolha, mas, se **esta** couber ao credor, este a indicará na petição inicial. |
| **Art. 630.** Qualquer das partes poderá, em 48 (quarenta e oito) horas, impugnar a escolha feita pela outra, e o juiz decidirá de plano, ou, se necessário, ouvindo perito de sua nomeação. | **Art. 736.** Qualquer das partes poderá, em quarenta e oito horas, impugnar a escolha feita pela outra, e o juiz decidirá de plano ou, se necessário, ouvindo perito de sua nomeação. |
| **Art. 631.** Aplicar-se-á à execução para entrega de coisa incerta o estatuído na seção anterior. | **Art. 737.** Aplicar-se-á à execução para entrega de coisa incerta, **no que couber,** o estatuído na Seção I **deste Capítulo.** |
| **Art. 632.** Quando o objeto da execução for obrigação de fazer, o devedor será citado para satisfazê-la no prazo que o juiz lhe assinar, se outro não estiver determinado no título executivo. | **Art. 738.** Quando o objeto da execução for obrigação de fazer, o devedor será citado para satisfazê-la no prazo que o juiz lhe assinar, se outro não estiver determinado no título executivo. |

| | |
|---|---|
| **Art. 633**. Se, no prazo fixado, o devedor não satisfizer a obrigação, é lícito ao credor, nos próprios autos do processo, requerer que ela seja executada à custa do devedor, ou haver perdas e danos; caso em que ela se converte em indenização.<br><br>**Parágrafo único**. O valor das perdas e danos será apurado em liquidação, seguindo-se a execução para cobrança de quantia certa. | **Art. 739**. Se, no prazo fixado, o devedor não satisfizer a obrigação, é lícito ao credor **requerer**, nos próprios autos do processo, que ela seja executada à custa do devedor ou haver perdas e danos, caso em que ela se **converterá** em indenização.<br><br>**Parágrafo único**. O valor das perdas e danos será apurado em liquidação, seguindo-se a execução para cobrança de quantia certa. |
| **Art. 634**. Se o fato puder ser prestado por terceiro, é lícito ao juiz, a requerimento do exeqüente, decidir que aquele o realize à custa do executado.<br><br>**Parágrafo único**. O exeqüente adiantará as quantias previstas na proposta que, ouvidas as partes, o juiz houver aprovado | **Art. 740**. Se o fato puder ser prestado por terceiro, é lícito ao juiz **autorizar,** a requerimento do exequente, **sua realização** à custa do executado.<br><br>**Parágrafo único**. O exequente adiantará as quantias previstas na proposta que, ouvidas as partes, o juiz houver aprovado. |
| **Art. 635**. Prestado o fato, o juiz ouvirá as partes no prazo de 10 (dez) dias; não havendo impugnação, dará por cumprida a obrigação; em caso contrário, decidirá a impugnação. | **Art. 741**. Prestado o fato, o juiz ouvirá as partes no prazo de dez dias **e,** não havendo impugnação, dará por cumprida a obrigação; em caso contrário, decidirá a impugnação. |
| **Art. 636**. Se o contratante não prestar o fato no prazo, ou se o praticar de modo incompleto ou defeituoso, poderá o credor requerer ao juiz, no prazo de 10 (dez) dias, que o autorize a concluí-lo, ou a repará-lo, por conta do contratante.<br><br>**Parágrafo único**. Ouvido o contratante no prazo de 5 (cinco) dias, o juiz mandará avaliar o custo das despesas necessárias e condenará o contratante a pagá-lo. | **Art. 742**. Se **o terceiro contratado** não prestar o fato no prazo ou se o praticar de modo incompleto ou defeituoso, poderá o credor requerer ao juiz, no prazo de dez dias, que o autorize a concluí-lo ou a repará-lo por conta do contratante.<br><br>**Parágrafo único**. Ouvido o contratante no prazo de cinco dias, o juiz mandará avaliar o custo das despesas necessárias e condenará o contratante a pagá-lo. |
| **Art. 637**. Se o credor quiser executar, ou mandar executar, sob sua direção e vigilância, as obras e trabalhos necessários à prestação do fato, terá preferência, em igualdade de condições de oferta, ao terceiro.<br><br>**Parágrafo único**. O direito de preferência será exercido no prazo de 5 (cinco) dias, contados da apresentação da proposta pelo terceiro (art. 634, parágrafo único). | **Art. 743**. Se o credor quiser executar ou mandar executar, sob sua direção e vigilância, as obras e **os** trabalhos necessários à prestação do fato, terá preferência, em igualdade de condições de oferta, ao terceiro.<br><br>**Parágrafo único**. O direito de preferência **deverá ser** exercido no prazo de cinco dias, **após aprovada a** proposta **do** terceiro. |
| **Art. 638**. Nas obrigações de fazer, quando for convencionado que o devedor a faça pessoalmente, o credor poderá requerer ao juiz que lhe assine prazo para cumpri-la.<br><br>**Parágrafo único**. Havendo recusa ou mora do devedor, a obrigação pessoal do devedor converter-se-á em perdas e danos, aplicando-se outrossim o disposto no art. 633. | **Art. 744**. **Na obrigação** de fazer, quando **se convencionar** que o devedor a **satisfaça** pessoalmente, o credor poderá requerer ao juiz que lhe assine prazo para cumpri-la.<br><br>**Parágrafo único**. Havendo recusa ou mora do devedor, a obrigação pessoal do devedor **será convertida** em perdas e danos, **caso em que se observará o procedimento de execução por quantia certa.** |
| **Art. 642**. Se o devedor praticou o ato, a cuja abstenção estava obrigado pela lei ou pelo contrato, o credor requererá ao juiz que lhe assine prazo para desfazê-lo. | **Art. 745**. Se o devedor praticou ato a cuja abstenção estava obrigado pela lei ou pelo contrato, o credor requererá ao juiz que assine prazo **ao devedor** para desfazê-lo. |
| **Art. 643**. Havendo recusa ou mora do devedor, o credor requererá ao juiz que mande desfazer o ato à sua custa, respondendo o devedor por perdas e danos.<br><br>**Parágrafo único**. Não sendo possível desfazer-se o ato, a obrigação resolve-se em perdas e danos. | **Art. 746**. Havendo recusa ou mora do devedor, o credor requererá ao juiz que mande desfazer o ato à custa **do** devedor, **que responderá** por perdas e danos.<br><br>**Parágrafo único**. Não sendo possível desfazer-se o ato, a obrigação resolve-se em perdas e danos, **caso em que se observará o procedimento de execução por quantia certa.** |
| **Art. 644**. A sentença relativa a obrigação de fazer ou não fazer cumpre-se de acordo com o art. 461, observando-se, subsidiariamente, o disposto neste Capítulo. | **Art. 747**. **O cumprimento da** sentença relativa a obrigação de fazer ou não fazer **observará** o disposto neste Capítulo, **no que couber.** |

Tutela Específica dos Direitos

| Art. 645. Na execução de obrigação de fazer ou não fazer, fundada em título extrajudicial, o juiz, ao despachar a inicial, fixará multa por dia de atraso no cumprimento da obrigação e a data a partir da qual será devida. | Art. 748. Na execução de obrigação de fazer ou não fazer fundada em título extrajudicial, ao despachar a inicial, o juiz fixará multa por dia de atraso no cumprimento da obrigação e a data a partir da qual será devida. |
|---|---|
| Parágrafo único. Se o valor da multa estiver previsto no título, o juiz poderá reduzi-lo se excessivo. | Parágrafo único. Se o valor da multa estiver previsto no título, o juiz poderá reduzi-lo se excessivo. |

## 10.3. Preservação das principais normas relativas à tutela dos direitos não pecuniários

O projeto do *Novo Código de Processo Civil* (Projeto de Lei do Senado nº 166/2010) reconheceu a eficiência da tutela dispensada pelo Código de 1973, e legislação reformadora, aos direitos não pecuniários. Mais do que isso, referido projeto mantém a essência e a sistematicidade das normas destinadas à tutela desses direitos, se não vejamos:

- A tutela prioritária buscada pelo legislador em relação aos direitos não pecuniários permanece sendo a obtenção de resultado idêntico ou prático equivalente ao da obrigação descumprida (CPC, arts. 461 e 461-A *x* PLS 166/2010, art. 479, *caput* e §1º);
- Sempre que possível, o juiz antecipará a tutela (CPC, art. 461, § 3º *x* PL 166/2010, Art. 479, § 4º);
- A obrigação somente se converterá em perdas em danos se o autor requerer ou se impossível a obtenção da tutela específica do direito (CPC, art. 461, § 1º *x* PLS 166/2010, art. 480);
- A indenização por perdas e danos não exclui a multa coercitiva para compelir o réu ao cumprimento da obrigação (CPC, art. 461, § 2º *x* PLS 166/2010, art. 481);
- De ofício ou mediante requerimento da parte, o juiz determinará as medidas necessárias, coercitivas ou sub-rogatórias, em busca do cumprimento específico da obrigação (CPC, art. 461 § 5º *x* PLS 166/2010, art. 502);
- O rol das medidas enumeradas pelo legislador é exemplificativo (CPC, art. 461 § 5º *x* PLS 166/2010, art. 502);
- A aplicação da multa coercitiva independe de pedido da parte; deverá ser fixada em valor *suficiente* e *compatível;* e exige a determinação de um *prazo razoável* antes que passe a incidir (CPC, art. 461, § 4º *x* PLS 166/2010, art. 503, *caput*);
- O juiz poderá modificar a periodicidade e o valor da multa caso verifique que se tornou insuficiente ou excessiva (CPC, art. 461, § 6º *x* PLS 166/2010, art. 503, § 3º);

O projeto, declaradamente, mantém tudo que o "de bom" considerou existir no sistema anterior. Conforme constou da *exposição de motivos* redigida pela comissão de juristas composta para a sua elaboração: "Razão alguma há para que não se conserve ou aproveite o que há de bom no sistema que se pretende reformar".[734]

## 10.4. Apontamentos acerca das inovações relativas à tutela dos direitos não pecuniários

Conforme já referido, o projeto do Novo Código de Processo Civil brasileiro[735] manteve a redação da maioria dos dispositivos legais referentes à tutela dos direitos não pecuniários, a exceção de pontuais inovações – passemos à análise das mais relevantes:

O projeto mantém o salutar fracionamento dos dispositivos legais relacionados à tutela dos direitos não pecuniários, separando aqueles relacionados ao *cumprimento de sentença* (Livro II, Título II) daqueles que dizem respeito ao *processo de execução* de título extrajudicial (Livro III, Título II). Contudo, causa desnecessária confusão ao dividir os dispositivos que tratam do *cumprimento das obrigações de fazer, de não fazer e de entregar coisa* em dois títulos distintos (Título I, "Do Procedimento Comum", arts. 479 a 482 e Título II, "Da Sentença e da Coisa Julgada", arts. 502 a 504), ambos pertencentes ao mesmo Livro II (Processo de conhecimento). Ora, se todos estes dispositivos tratam do *cumprimento das obrigações não pecuniárias* (fazer, não fazer e entregar coisa), porque segregá-los em dois títulos distintos? Ao que nos parece, esta subdivisão em nada contribui para a simplificação do Código, assim como à própria coesão do sistema.

Positivando o que já vinha sendo admitido pela doutrina e jurisprudência, o projeto é expresso no sentido de que a multa poderá ser excluída quando o obrigado demonstrar "o cumprimento parcial superveniente da obrigação ou justa causa para o descumprimento.[736]

O projeto também encerra certa polêmica ao, expressamente, possibilitar a execução provisória da *multa coercitiva*, fixada liminarmente ou em sentença.[737]

---

[734] Disponível em: http://www.senado.gov.br/atividade/materia/detalhes.asp?p_cod_mate=97249.

[735] Projeto de Lei do Senado n.º 166/2010.

[736] Art. 503, § 3°: O juiz poderá, de ofício ou a requerimento, modificar o valor ou a periodicidade da multa vincenda ou excluí-la, caso verifique que: I – se tornou insuficiente ou excessiva; II – o obrigado demonstrou o cumprimento parcial superveniente da obrigação ou justa causa para o descumprimento.

[737] Projeto de Lei do Senado n.º 166/2010, art. 503, § 1°: A multa fixada liminarmente ou na sentença se aplica na execução provisória, devendo ser depositada em juízo, permitido o seu levantamento

Tutela Específica dos Direitos

Alinhando-se ao nosso entendimento (*vide* item 7.1.5, Parte III do presente livro), o projeto do Novo Código de Processo Civil prevê a destinação parcial da multa em favor do Estado. Os §§ 5º, 6º e 7º do art. 503 disciplinam o regime da destinação da multa.[738] Embora concordemos com o fracionamento da multa em benefício do autor e do Estado, discordamos da solução proposta ao prever que o "valor da multa será devido ao autor até o montante equivalente ao valor da obrigação". Isso porque o juiz será forçado a arbitrar o valor da multa na hipótese de obrigação inestimável, gerando, no mínimo, três inconvenientes: (1) retardamento do feito pela criação de mais uma decisão obrigatória; (2) necessidade do juiz bem sopesar as variáveis do paradoxo "quantificar uma obrigação inestimável"; (3) descontentamento das partes em relação ao valor arbitrado, com a consequente interposição de agravo, que será "de instrumento" por tratar-se de execução. Melhor solução seria adotar-se a regra objetiva do direito lusitano:[739] metade para o autor, metade para o Estado. A adoção de uma regra objetiva evita a insurgência das partes mediante a interposição de mais um recurso.

Vê-se, ainda, que o projeto do Novo Código, no § 1º do art. 503,[740] desvincula a exigibilidade da multa à procedência final do pedido. A um, pois não condiciona o "levantamento" da multa depositada em execução provisória ao resultado final de "procedência", condiciona, apenas, ao "trânsito em julgado". A dois, pois permite o "levantamento" da multa depositada "na pendência de agravo contra a decisão denegatória de seguimento de recurso especial ou extraordinário". Portanto, em alinho ao nosso entendimento (*vide* item 7.1.6, Parte III do presente livro), os juristas integrantes da comissão elaboradora do novo código[741] parecem ter optado por dissociar a exigibilidade da multa do resultado final do pro-

---

após o trânsito em julgado ou na pendência de agravo contra a decisão denegatória de seguimento de recurso especial ou extraordinário.

[738] Projeto de Lei do Senado nº 166/2010, art. 503. A multa periódica imposta ao devedor independe de pedido do credor e poderá se dar em liminar, na sentença ou na execução, desde que seja suficiente e compatível com a obrigação e que se determine prazo razoável para o cumprimento do preceito. [...] § 5º O valor da multa será devido ao autor até o montante equivalente ao valor da obrigação, destinando-se o excedente à unidade da Federação onde se situa o juízo no qual tramita o processo ou à União, sendo inscrito como dívida ativa. § 6º Sendo o valor da obrigação inestimável, deverá o juiz estabelecer o montante que será devido ao autor, incidindo a regra do § 5º no que diz respeito à parte excedente. § 7º O disposto no § 5º é inaplicável quando o devedor for a Fazenda Pública, hipótese em que a multa será integralmente devida ao credor.

[739] Art. 829-A do Código Civil português.

[740] Projeto de Lei do Senado n.º 166/2010, art. 503, § 1º: A multa fixada liminarmente ou na sentença se aplica na execução provisória, devendo ser depositada em juízo, permitido o seu levantamento após o trânsito em julgado ou na pendência de agravo contra a decisão denegatória de seguimento de recurso especial ou extraordinário.

[741] Luiz Fux (Presidente) Teresa Arruda Alvim Wambier (Relatora), Adroaldo Furtado Fabrício, Humberto Theodoro Júnior, Paulo César Pinheiro Carneiro, José Roberto dos Santos Bedaque Almei-

cesso. Não fosse sim, teriam esclarecido, a exemplo da Lei da Ação Civil Pública (Lei 7.347/84, art. 12, § 2º),[742] que o "levantamento" da multa estaria condicionado ao "trânsito em julgado da decisão favorável ao autor".

O projeto do Novo Código admite expressamente a configuração do crime de desobediência sempre que o descumprimento da obrigação "puder prejudicar diretamente a saúde, a liberdade ou a vida".[743]

Por derradeiro, o projeto mantém a opção pela não exaustividade das medidas legalmente nomeadas para a obtenção da tutela específica. Valeu-se, para tanto, da expressão "entre outras medidas" no parágrafo único do art. 502.[744] O referido dispositivo legal acrescenta, ainda, mais uma medida de execução direta, que deverá ser empregada com a excepcionalidade que o seu rigorismo requer: *a intervenção judicial em atividade empresarial ou similar.*

---

da, José Miguel Garcia Medina, Bruno Dantas, Jansen Fialho de Almeida, Benedito Cerezzo Pereira Filho, Marcus Vinicius Furtado Coelho e Elpídio Donizetti Nunes.

[742] Art. 12. Poderá o juiz conceder mandado liminar, com ou sem justificação prévia, em decisão sujeita a agravo. § 1º [...] § 2º A multa cominada liminarmente só será exigível do réu após *o trânsito em julgado da decisão favorável ao autor,* mas será devida desde o dia em que se houver configurado o descumprimento.

[743] Projeto de Lei do Senado n.º 166/2010, art. 503, §8: "Sempre que o descumprimento da obrigação pelo réu puder prejudicar diretamente a saúde, a liberdade ou a vida, poderá o juiz conceder, em decisão fundamentada, providência de caráter mandamental, cujo descumprimento será considerado crime de desobediência."

[744] Art. 502, parágrafo único: Para atender ao disposto no *caput,* o juiz poderá determinar, entre outras medidas, a imposição de multa por tempo de atraso, a busca e apreensão, a remoção de pessoas e coisas, o desfazimento de obras, a intervenção judicial em atividade empresarial ou similar e o adimplemento de atividade nociva.

Tutela Específica dos Direitos

# Síntese conclusiva

Não parece adequado realizar uma repetição detalhada das diversas conclusões obtidas ao longo do trabalho. A sumariedade metodológica exigida impõe referir topicamente as conclusões de maior relevância, a saber:

1. Os direitos que impõem determinado dever ou obrigação de *fazer*, *não fazer* ou de *entregar coisa*, até o advento da atual redação dos artigos 461 e 461-A do CPC[745] (tutela específica dos direitos), não haviam recebido uma proteção jurisdicional adequada.

2. Os valores exaltados pelo pensamento liberal refletiram-se nitidamente sobre o ordenamento jurídico pátrio, o que também se verificou em relação aos demais países adeptos do sistema romano-germânico.

3. O Estado Liberal elegeu o princípio de legalidade como seu principal fundamento. O poder de julgar restringia-se a declarar aquilo que já havia sido dito pela lei.

4. Os valores de matriz liberal-burguesa bem se ajustavam ao conceito de jurisdição desenvolvido por Chiovenda, segundo o qual a jurisdição exerce a função primordial de fazer atuar a *vontade concreta da lei*.

5. O princípio da intangibilidade da vontade humana destacou-se como principal fator responsável pela inexistência histórica no ordenamento pátrio de mecanismo coercitivo apto a atuar sobre a vontade do réu desobediente.

6. Segundo os ideais liberais, o único caminho indicado para a solução do litígio era a via indenizatória. Consequentemente, a *tutela* prestado pelo Estado através do processo jamais resultaria no cumprimento *in natura* da obrigação (*tutela específica*), com a reprodução judicial do seu resultado, tal como previsto pelo direito material.

---

[745] Art. 479 do Projeto de Lei do Senado nº 166/2010.

7. Partindo da premissa liberal de que o princípio da igualdade formal era essencial para a liberdade e o desenvolvimento da sociedade, não foram criadas formas de *tutela diferenciadas* em razão das características das pessoas e da natureza da obrigação.

8. O uso indiscriminado do processo de conhecimento como procedimento geral revela a total indiferença do processo à natureza do direito posto em causa.

9. O Estado Social surgiu preocupado em atender às necessidades de grupos sociais até então carentes de tutela, através das leis diversificadas em razão das necessidades de cada grupo e de procedimentos adaptados às particularidades do direito material posto em causa.

10. No Estado Social, ao processo cabe também a missão de dar guarida aos valores constitucionais. Em atenção aos referidos valores, viu-se o surgimento de procedimentos voltados à defesa do consumidor em juízo (Lei 8.079/90); às causas de pequeno valor (Lei n° 9.099/95) e à defesa dos direitos de natureza coletiva (Lei 7.347/85).

11. Determinados direitos constitucionais vêm sendo remodelados diante dos novos valores integrados à realidade sociocultural, o que vem a ser o caso do direito à inafastabilidade do Poder Judiciário (CF, art. 5°, XXXV), hoje entendido como *direito fundamental à prestação jurisdicional efetiva e adequada*.

12. O surgimento dos chamados *direitos de participação na organização e no procedimento* está intimamente ligado aos influxos da perspectiva jurídico-objetiva dos direitos fundamentais. Parte-se da constatação de que a satisfação dos direitos fundamentais – assim como de todo e qualquer direito – depende da eficácia da organização e do procedimento.

13. Destaca-se, cada vez mais, o dever do legislador de criar procedimentos – e do juiz de dar-lhes correta aplicação – de maneira a assegurar a melhor tutela possível ao direito posto em causa.

14. Sobressai o aspecto *prestacional* da garantia da inafastabilidade do Poder Judiciário (CF, art. 5°, XXXV), no sentido de assegurar aos jurisdicionados não apenas acesso ao Judiciário, mas uma prestação jurisdicional que lhes assegure a tutela mais efetiva e adequada possível, segundo a natureza do direito em causa.

15. Prestar jurisdição passou a representar muito mais do que declarar o direito. É dotar o processo de procedimentos e mecanismos capazes de satisfazer o direito no mundo real (efetividade), entregando ao titular do direito reconhecido em sentença exatamente aquilo que lhe fora prometido pelo direito material.

16. A inclusão da locução "ameaça a direito" no inciso XXXV do art. 5º da CF tornou incontroversa a necessidade de prestar-se jurisdição preventiva, capaz de impedir a violação do direito.

17. O *direito fundamental à prestação jurisdicional efetiva e adequada* deve ser entendido como o direito de todo e qualquer cidadão que vai a juízo ao preestabelecimento de um procedimento capaz de tutelar, da forma efetiva e adequada possível, o direito material posto em causa. De outro lado, ao Estado Legislador cabe o dever de criar procedimentos e mecanismos processuais aptos a assegurar tutela efetiva e adequada dos direitos.

18. O reconhecimento do *direito fundamental à prestação jurisdicional efetiva e adequada* na Constituição Federal de 1988 não autoriza concluir que o juiz estará livre para *criar* o procedimento para o caso concreto, sempre que lhe parecer insuficiente a proteção normativa conferida pelo legislador.

19. Sob o ponto de vista dogmático, o direito fundamental à efetividade e adequação da prestação jurisdicional "nasce" limitado (restrição imanente) pela impossibilidade de o juiz criar procedimento. Demais disso, mesmo que admitida a possibilidade *prima facie* da criação judicial do procedimento, haverá inegável conflito com os princípios, também fundamentais, da democracia, da legalidade e do devido processo legal.

20. Sob o ponto de vista pragmático, correr-se-á o risco de, em um futuro não muito distante, cada juiz ter o seu próprio código, causando surpresas indesejáveis às partes da relação processual.

21. O direito fundamental à prestação jurisdicional efetiva e adequada impõe ao juiz o dever de: (a) utilizar a melhor técnica processual possível, (b) interpretar as normas processuais conforme a Constituição; (c) preferir a interpretação mais compatível com a máxima da efetividade da prestação jurisdicional, (d) criar a norma adequada ao caso concreto na excepcional hipótese de omissão legislativa.

22. Em concretização ao direito fundamental à efetividade e adequação da prestação jurisdicional, busca-se, através do processo, a reprodução do resultado *in natura* da obrigação.

23. No processo civil clássico, os efeitos da sentença condenatória se faziam sentir somente em processo de execução subsequente, após o trânsito em julgado do processo de conhecimento, circunstância que bem evidenciava a insuficiência da tutela prestada com base no binômio conhecimento-execução.

24. A via única de solução por perdas e danos resulta em flagrante injustiça ao titular do direito material, relegando ao total desamparo si-

tuações externas ao âmbito pecuniário (deveres e obrigações de fazer, não fazer e de entregar coisa).

25. A ausência de mecanismos processuais aptos a conferir efetividade à sentença condenatória, aliados à complexidade e à morosidade do processo autônomo de execução, evidenciava a necessidade de criar-se um procedimento apto a dar uma resposta judicial satisfatória, diversa da simples indenização pelos danos sofridos.

26. A ausência de *executividade* das modalidades de eficácia reconhecidas até determinado momento histórico eram inadequadas a oferecer uma proteção mínima exigível em relação ao descumprimento dos deveres de *fazer, não fazer* e *entregar coisa*.

27. A estrutura tradicional (conhecimento + execução) mostrava-se incapaz de oferecer uma proteção preventiva – anterior à prática do ilícito. Ali não estavam previstas medidas capazes de agir anteriormente à prática do ilícito – carência eficazmente suprida com a chegada da tutela *ex* art. 461 do CPC.[746]

28. A impossibilidade de antecipação da totalidade ou de parte dos efeitos pretendidos na sentença tem origem no Estado Liberal e decorre da vontade de limitar-se a possibilidade do arbítrio estatal, proibindo-se a emissão de provimentos enquanto não houver a aparente certeza do direito.

29. Tal realidade encontrava-se na contramão de uma prestação jurisdicional efetiva e adequada, prometida pela Constituição e idealizada pelo ideal de instrumentalidade do processo.

30. A chegada de *tutelas jurisdicionais diferenciadas* no ordenamento brasileiro ilustrou a moderna visão do processo como um *instrumento de resultados*. Impôs-se aos operadores do direito o desafio de munir o processo de técnicas que atenuassem a *crise de eficiência* do sistema. Fomos então brindados com a tutela *ex* art. 461 do CPC[747] (via geral de tutela específica);

31. A previsão de mecanismos de *coerção e sub-rogação,* com vistas à reprodução do resultado específico desejado pelo Direito e reconhecido judicialmente, consagraram o reconhecimento de duas novas modalidades de eficácia: a mandamental e a executiva. Tais modalidades têm em comum a capacidade de prescindir de processo de execução subsequente, atuando concretamente no plano dos fatos tão logo *eficaz* o provimento.

32. A eficácia mandamental traduz-se pela emissão de ordem direta ao jurisdicionado a fim de que venha observar determinada conduta,

---

[746] Art. 479 do Projeto de Lei do Senado n° 166/2010.
[747] Idem.

eventualmente reforçada com a imposição da multa de que trata o § 1° do art. 461 do CPC.[748]

33. A eficácia executiva *lato sensu* apresenta-se como mecanismo apto a gerar o resultado específico desejado através de medidas de execução direta (sub-rogatórias), que prescindam da vontade do demandado para a sua efetivação.

34. A tutela atualmente oferecida aos direitos de natureza não pecuniária (direitos de exigir um fazer, não fazer ou a entrega de coisa) revela ideal de processo sincrético, capaz de satisfazer o direito material reconhecido em sentença ou em decisão interlocutória em meio a um único expediente.

35. Ao cumprimento dos deveres e obrigações de *fazer*, *não fazer* e de *entregar coisa*, reconhecidos por sentença, reserva-se o procedimento previsto pelos arts. 461 e 461-A do CPC.[749] O cumprimento de direitos de mesma natureza (não pecuniários), mas que todavia estejam reconhecidos em título extrajudicial, ocorrerá mediante processo autônomo de execução, segundo os artigos 621 a 645 do CPC.[750]

36. Como *tutela específica* entende-se a técnica processual que visa proporcionar ao titular de um direito, dentro do possível, exatamente aquela fruição que a ele caberia acaso não tivesse ocorrido a violação do seu direito.

37. O objeto de tutela é – e sempre será – um *direito*, jamais uma *obrigação*. O provimento judicial, seja uma sentença ou decisão interlocutória, quando procedente, reconhece a existência de um *direito* em favor do autor. Este direito, uma vez reconhecido judicialmente, é que impõe ao réu determinado *dever* ou *obrigação* de fazer, não fazer ou de entregar coisa. Daí porque, como não poderia ser diferente, o artigo 461 do CPC[751] trata da *tutela de direitos* e não da *tutela de obrigações*.

38. A expressão "obrigação", na forma utilizada pelo art. 461, assume conotação ampla a abranger a imposição de deveres legais e obrigacionais, relativos ou absolutos.

39. A tutela específica dos direitos não pecuniários inovou, ao permitir provimentos de natureza mandamental, inclusive com atuação anterior à prática do ilícito (tutela preventiva), somada à possibilidade de antecipação dos efeitos pretendidos na sentença (tutela antecipada).

---

[748] Art. 503, *caput*, do Projeto de Lei do Senado n° 166/2010.

[749] Art. 479 do Projeto de Lei do Senado n° 166/2010.

[750] Arts. 730 a 748 do Projeto de Lei do Senado n° 166/2010.

[751] Art. 479 do Projeto de Lei do Senado n° 166/2010.

40. Os mecanismos processuais colocados à disposição do juiz no processo de execução de título extrajudicial eram ineficientes. Tal inaptidão melhor se evidencia ao comparar-se tais ferramentas ao amplo instrumental colocado à disposição do julgador para a efetivação da tutela específica dos direitos não pecuniários (fazer, não fazer e entrega de coisa).

41. Em relação à efetivação dos deveres e obrigações *infungíveis*, revela-se inadequada a adoção de medidas de caráter sub-rogatório. Em relação a tais prestações, adequada se apresenta a veiculação de ordem direta ao obrigado (eficácia mandamental), reforçada pela utilização de *mecanismos coercitivos*, a exemplo da multa do § 4º do art. 461.[752]

42. A *tutela específica stricto sensu é* aquela que proporciona ao autor resultado *idêntico* ao adimplemento espontâneo do dever a que está obrigado o réu, por lei ou contrato, na forma e no tempo previstos pelo direito material. O *resultado prático equivalente* significa a obtenção de resultado semelhante – e não diverso – ao adimplemento.

43. As multas previstas nos artigos 14 e 601 do CPC[753] apresentam-se como modalidades legais de sanções punitivas e demonstram valioso esforço legislativo em busca de soluções e mecanismos que estimulem o respeito às decisões judiciais. Todavia, a eficácia de todo e qualquer *mecanismo sancionatório pecuniário,* seja ele *punitivo* (CPC, arts. 14 e 601)[754] ou *coercitivo* (CPC, art. 461, § 4º),[755] esbarrará em óbice intransponível representado pela *insuficiência patrimonial do destinatário da ordem.*

44. A necessidade de atribuir-se maior respeitabilidade às decisões judiciais apresenta-se hoje como diretriz fundamental em prol da efetividade da prestação jurisdicional, aí também incluído o interesse do titular do direito material reconhecido judicialmente, maior prejudicado frente à inoperância dos provimentos mandamentais.

45. A multa do § 4º do art. 461[756] é um instituto de natureza processual coercitiva, servindo como mecanismo de coerção sobre o obrigado em busca do resultado prático imposto em sentença ou em decisão interlocutória.

46. A *multa coercitiva* poderá ser cumulada com eventuais perdas e danos, sem depender de requerimento da parte interessada.

47. Caso se revele ineficaz a multa inicialmente fixada, caberá ao juiz (i) modificar-lhe o seu *valor* e *periodicidade,* (ii) optar por medida diversa,

---

[752] Art. 503 do Projeto de Lei do Senado nº 166/2010.

[753] Arts. 66, § 1º e 700, parágrafo único, do Projeto de Lei do Senado nº 166/2010.

[754] Idem.

[755] Arts. 503, *caput*, do Projeto de Lei do Senado nº 166/2010.

[756] Idem.

(iii) ou convertê-la em indenização, caso for impossível atingir-se o resultado específico da obrigação.

48. O montante devido a título de multa deverá ser exigido conforme o rito estabelecido para o cumprimento das sentenças que imponham obrigação de pagar quantia, nos moldes dos arts. 475-J[757] e seguintes do CPC.

49. A *multa coercitiva* se tornará exigível assim que se tornar *eficaz* a decisão que a cominou, quer se trate de sentença ou decisão interlocutória.

50. A *multa coercitiva* não é fixada *em favor do autor*, o que torna evidente o equívoco de considerá-lo seu beneficiário da mesma. A solução da controvérsia a respeito de quem seja o beneficiário da multa reclama uma abordagem *funcional* deste mecanismos de coerção processual, resultando na conclusão de que o seu valor deverá ser revertido em favor dos cofres públicos.

51. Na hipótese do julgamento final de improcedência do pedido, o valor eventualmente adiantado a título de multa não deverá ser repetido em favor do demandado.

52. A sistemática disposta no art. 461[758] não autoriza a prisão do réu por ordem do juiz civil por manifesta inconstitucionalidade.

53. A impossibilidade de aprisionamento do desobediente não inibe a possível advertência pelo juiz da causa sobre a configuração de crime de desobediência, com a consequente remessa dos autos ao Ministério Público, como técnica de *coerção* teoricamente eficaz em prol de obtenção do resultado específico da obrigação.

54. Ressente-se da existência de tipo penal específico, voltado a garantir a respeitabilidade das ordens judiciais, dotado de pena elevada e compatível com a gravidade de conduta, de modo a escapar da condição de "crime de menor potencial ofensivo" (pena mínima superior a um ano).

55. O arrolamento das medidas de execução forçada no § 5º do art. 461[759] é feita de forma meramente exemplificativa.

56. Não há hierarquia para a utilização das medidas nomeadas pelo § 5º, obedecendo apenas ao critério da melhor *adequação* ao caso concreto.

57. À luz da responsabilidade constitucional atribuída ao julgador (CF, XXXV e LXXVIII), deverá o magistrado lançar mão da técnica que

---

[757] Arts. 495 e seguintes do Projeto de Lei do Senado nº 166/2010.

[758] Art. 479 do Projeto de Lei do Senado nº 166/2010.

[759] Art. 502, parágrafo único, do Projeto de Lei do Senado nº 166/2010.

Tutela Específica dos Direitos

se revelar mais adequada e efetiva à reprodução do resultado específico desejado pela ordem jurídica.

58. Ao juiz caberá decidir pela via mais adequada à prestação de tutela específica, circunstância que não implica *ofensa* ao princípio da congruência, tampouco aos limites objetivos do processo (CPC, art. 128 e 462).[760]

59. A opção, pelo legislador processual, da utilização de conceitos jurídicos indeterminados na redação dos artigos 461 e 461-A do CPC[761] não traduz atividade discricionária por parte do julgador. A opção por determinada medida exige juízo de adequação e proporcionalidade e será controlável através de recurso.

60. A tutela específica dos deveres não poderá ceder espaço à injusta e ultrapassada indenização por perdas e danos (tutela ressarcitória pelo equivalente pecuniário).

61. A conversão em perdas e danos ocorrerá somente nas hipóteses de (i) *impossibilidade*, objetiva ou subjetiva, de reprodução do resultado específico desejado, ou (ii) por *opção* do autor.

62. Mostra-se inadequada a conversão em perdas e danos quando em litígio direitos coletivos ou indisponíveis.

---

[760] Arts. 110 e 475 do Projeto de Lei do Senado n° 166/2010.

[761] Arts. 479 a 504 do Projeto de Lei do Senado n° 166/2010.

# Referências bibliográficas

ABREU, Leonardo Santana de. Recentes reformas do Código de Processo Civil: a classificação da eficácia das ações e sentenças na perspectiva reformista. *Revista Jurídica*, Porto Alegre, n. 363, p. 87-109, jan. 2008.

ALEXY, Robert. *Teoria dos direitos fundamentais*. Tradução de: Virgílio Afonso da Silva. São Paulo: Malheiros, 2002.

ALVARO DE OLIVEIRA, Carlos Alberto. O processo civil na perspectiva dos direitos fundamentais. In: C.A. Alvaro de Oliveira (org.). *Processo e constituição*. Rio de Janeiro: Forense, 2004.

——. MITIDIERO, Daniel. *Curso de processo civil*: teoria geral do processo civil e parte geral do direito processual civil: volume 1. São Paulo: Atlas, 2010.

——. Direito material, processo e tutela jurisdicional. In *Polêmica sobre a ação: a tutela jurisdicional na perspectiva das relações entre direito e processo*. Fábio Cardoso Machado *et al*. Porto Alegre: Livraria do Advogado, 2006.

——. *Do formalismo no processo civil*. 2 ed. São Paulo: Saraiva, 2003.

——. *Do formalismo no processo civil*: proposta de um formalismo-valorativo. São Paulo: Saraiva, 2010.

——. O Formalismo-Valorativo no Confronto com o Formalismo Excessivo. In: DIDIER JR., Fredie (org.). *Leituras Complementares de Processo Civil. 5.* ed., rev. e ampl. Salvador: Jus Podivm, 2007.

——. *Teoria e prática da tutela jurisdicional*. Rio de Janeiro: Forense, 2008.

ALVIM, Arruda. *Direito processual civil*. São Paulo: Revista dos Tribunais, 2002. Coleção Estudos e Pareceres, v.II.

——. *Manual de direito processual civil*. 8. ed. São Paulo: Revista dos Tribunais, 2003. v. 1: parte geral.

——. Obrigações de fazer e não fazer – Direito Material e Processo. *Revista de Processo*. São Paulo: Revista dos Tribunais, nº 99, p. 27-39, jul./set., 2000.

——. Anotações sobre alguns aspectos das modificações sofridas pelo processo hodierno entre nós. *Revista de Processo*. São Paulo: Revista dos Tribunais, nº 97, p. 51-106, jan./mar. 2000.

ALVIM, Eduardo Arruda. *Antecipação de tutela*. Curitiba: Juruá, 2008.

ALVIM, José Eduardo Carreira. *Tutela específica das obrigações de fazer, não fazer e entregar coisa*. 3. ed. Rio de Janeiro: Forense, 2003.

——. *Teoria geral do processo*. Rio de Janeiro: Forense, 2006.

———. Tutela específica das obrigações de entregar coisa e a problemática da tradição no código civil. *Revista Dialética de Direito Processual*. São Paulo, n° 17, 2004.

———. *Código de processo civil reformado*. 5. ed. Rio de Janeiro: Forense, 2003.

AMARAL, Guilherme Rizzo. *As astreintes e o processo civil brasileiro*: multa do art. 461 do CPC e outras. Porto Alegre: Livraria do Advogado, 2004.

———. Técnicas de tutela e o cumprimento da sentença no Projeto de Lei 3.253/04: uma análise crítica da reforma do processo civil brasileiro. In: *Visões críticas do processo civil brasileiro: uma homenagem ao Prof. Dr. José Maria Rosa Tesheiner*. Guilherme Rizzo Amaral, Márcio Louzada Carpena (coord.). Porto Alegre: Livraria do Advogado, 2005.

———. *Cumprimento e execução de sentença sob a ótica do formaismo-valorativo*. Porto Alegre: Livraria do advogado, 2008.

ANDRADE, José Carlos Vieira de. *Os direitos fundamentais na constituição portuguesa de 1976*. 3. ed. Coimbra: Almedina, 1987.

ARENHART, Sérgio Cruz. *A tutela inibitória da vida privada*. São Paulo: RT, 2000.

———. A prisão civil como meio coercitivo. Gênesis. *Revista de Direito Processual Civil*, v. 41, p. 177-200, 2007.

ARMELIN, Donaldo. *Tutela jurisdicional diferenciada*: O processo civil contemporâneo. Curitiba: Juruá, 1994.

ASSIS, Araken de. *Manual do processo de execução*. 11. ed. São Paulo: RT, 2007.

———. O *contempt of court* no direito brasileiro. *Revista Jurídica*. Porto Alegre, n. 318, p. 07-23, abr. 2004.

———. *Cumprimento de sentença*. Rio de Janeiro: Forense, 2006

———. Duração razoável do processo e reformas da lei processual civil. In *Constituição, Jurisdição e Processo: estudos em homenagem aos 55 anos da revista jurídica*. Carlos Alberto Molinaro, Mariângela Guerreiro Milhoranza, Sérgio Gilberto Porto (coords.). Porto Alegre: Notadez, 2007.

ÁVILA, Humberto. *Teoria dos princípios: da definição à aplicação dos princípios jurídicos*. 7. ed. São Paulo: Malheiros, 2008.

———. O que é devido processo legal. *Revista de Processo*. São Paulo: Revista dos Tribunais, n° 163, 2008.

BAPTISTA DA SILVA, Ovídio A. Ação para cumprimento das obrigações de fazer e não fazer. In: *Da sentença liminar à nulidade da sentença*. Rio de Janeiro: Forense, 2002.

———. GOMES, Luis Fábio. *Teoria geral do processo civil*. São Paulo: Revista dos Tribunais, 1997.

———. *Comentários ao código de processo civil*. São Paulo: Revista dos Tribunais, 2000. v.1: processo de conhecimento, arts. 1 a 100.

———. *Jurisdição, direito material e processo*. Rio de Janeiro: Forense, 2008.

———. *Eficácias da sentença e coisa julgada*. 2. ed. Porto Alegre: Fabris, 1988.

———. *Do processo cautelar*. 2. ed., Rio de Janeiro: Forense, 1999.

———. *Jurisdição e execução na tradição romano-germânica*. São Paulo: Revista dos Tribunais, 1997.

BARBOSA GARCIA, Gustavo Filipe. Execução imediata da tutela específica. *Revista dos Tribunais*. n. 803, p. 29-42, set. 2002.

BEDAQUE, José Roberto dos Santos. *Tutela cautelar e tutela antecipada*. São Paulo: Malheiros, 1998.

———. *Direito e processo*. 4. ed. São Paulo: Malheiros, 2006.

——. *Efetividade do processo e técnica processual*. São Paulo: Malheiros, 2006.

BEVILAQUA, Clóvis. *Teoria geral do direito civil*. 2. ed. Rio de Janeiro: Livraria Francisco Alves, 1980.

BONAVIDES, Paulo. *Curso de direito constitucional*. 22. ed. São Paulo: Malheiros, 2008.

——. *Ciência Política*. São Paulo: Malheiros, 1996.

BONÍCIO, Marcelo José Magalhães. Reflexões sobre a nova tutela relativa às obrigações de entregar coisa certa ou incerta. *Revista dos Tribunais*, n. 811, ano 92, p. 78-86, mai. 2003.

BUENO, Cassio Scarpinella. *Curso sistemático de direito processual civil*. São Paulo: Saraiva, 2007. v. 1: teoria geral do direito processual civil.

CALVÃO DA SILVA, João. *Cumprimento e sanção pecuniária compulsória*. 2. ed. Coimbra: Coimbra, 1997.

CAMPOS, Frederico. Tutela específica das obrigações de fazer ou não fazer. *Revista síntese de direito civil e processual civil*, n. 20, p. 153-159, nov./dez. 2002.

CANOTILHO, José Joaquim Gomes. *Estudos sobre direitos fundamentais*. Coimbra: Coimbra, 2004.

——. *Direito constitucional e teoria da constituição*. 7. ed. Coimbra: Almedina. 2006.

CAPELLETTI, Mauro. GARTH, Bryant. *Acesso à justiça*. Traduzido por Ellen Gracie Northfleet. Porto Alegre, Fabris, 1988.

——. Repudiando Montesquieu? A expansão e a legitimidade da "justiça constitucional". Traduzido por Fernando de Sá. *Revista do Tribunal Federal da 4ª Região*, Porto Alegre, n. 40, p. 15/49.

CARNELUTTI. *Sistema del diritto processuale civile*. Padova: Cedam, 1936, v. 1.

CARPENA, Márcio Louzada. *Do processo cautelar moderno*. Rio de Janeiro: Forense. 2003.

CARVALHO, Fabiano. Execução da multa (*astreintes*) prevista no art. 461 do CPC. *Revista de Processo*, São Paulo. n. 114, ano 29, p. 208-222, mar./abr. 2004.

CESAR, Alexandre. *Acesso à justiça e cidadania*. Cuiabá: UFMT, 2002.

CINTRA, Antônio Carlos de Araújo. GRINOVER, Ada Pellegrini. DINAMARCO, Cândido Rangel. *Teoria geral do processo*. 22. ed. São Paulo: Malheiros, 2006.

CHIOVENDA, Giuseppe. *Instituições de direito processual civil*. São Paulo: Saraiva, 1965, v.1; 1969, v.2.

——. *Princípios de derecho procesal civil*. Tradução de José Casais y Santalo. Madrid: Réus, 1925, v. 2.

——. Dell'azione nascente dal contrato preliminare. In *Saggi di diritto processuale civile*. Roma: Societá Editrice Foro Italiano, 1930.

COSTA, Paula Bajer Fernandes Martins da. Sobre a importância do Poder Judiciário na configuração do sistema de separação de poderes instaurado no Brasil após a Constituição de 1988. *Revista de Direito Constitucional e Internacional*, v.8, n.30, p.240-258, jan./ mar., 2000.

CRUZ E TUCCI, José Rogério. Garantia do processo sem dilações indevidas. In *Garantias constitucionais do processo civil*. José Rogério Cruz e Tucci (coord.). São Paulo: Revista dos Tribunais, 1999.

DELGADO, José Augusto. Reforma do poder judiciário: art. 5º, LXXVIII, da CF. In: *Reforma do Judiciário: Primeiros ensaios críticos sobre a EC n. 45/2004*. Teresa Arruda Alvim Wambier (coord.). São Paulo: Revista dos Tribunais, 2005.

———. A supremacia dos princípios nas garantias processuais do cidadão. In: *Estado de direito e direitos fundamentais: homenagem ao Jurista Mário Moacyr Porto*. Agassiz de Almeida Filho e Danielle da Rocha Cruz (coords.). Rio de Janeiro: Forense, 2005.

DENTI, Vittorio. *Diritti della pesona e tecniche di tutela giudiziale*. L'informazione e i diritti della persona. Napoli: Jovene, 1983.

DINAMARCO, Cândido Rangel. *A reforma do código do processo civil*. 2. ed. São Paulo: Malheiros, 1995.

———. *A reforma da reforma*. 3. ed. São Paulo: Malheiros, 2002.

———. *A instrumentalidade do processo*. 13. ed. São Paulo: Malheiros, 2008.

———. *Nova era do processo civil*. São Paulo: Malheiros, 2004.

———. *Instituições de direito processual civil*. 5. ed. São Paulo: Malheiros, 2005, v.1.

DWORKIN, Ronald. *Taking rights seriously*. Cambridge: Harvard University Press, 1978.

FABRÍCIO, Adroaldo Furtado. *Comentários ao Código de Processo Civil*. 8. ed. Rio de Janeiro: Forense, 2001, v. III.

———. *Ensaios de direito processual*. Rio de Janeiro: Forense, 2003.

FIGUEIRA JR, Joel Dias. Ações sincréticas e embargos de retenção por benfeitorias no atual sistema e no 13º Anteprojeto de Reforma do Código de Processo Civil – Enfoque às demandas possessórias. *Revista de Processo*. São Paulo: RT, n. 98, p. 07-27, abr./jun. 2000.

———. Comentários à novíssima reforma do CPC: Lei 10.444, de 07 de maio de 2002. Rio de Janeiro: Forense, 2002.

FLACH, Daisson. Processo e realização constitucional: a construção do "devido processo". In: *Visões críticas do processo civil brasileiro*: uma homenagem ao Prof. Dr. José Maria Rosa Tesheiner. Porto Alegre: Livraria do Advogado, 2005.

———. *A verossimilhança no processo civil e sua aplicação prática*. São Paulo: Revista dos Tribunais, 2009.

FREITAS, Juarez. *Discricionariedade administrativa e o direito fundamental à boa administração pública*. São Paulo: Malheiros, 2007.

———. *A interpretação sistemática do direito*. 4. ed. São Paulo: Malheiros, 2004.

FRIGNANI, Aldo. *L'injunction nella common Law e l'inibitória nel dititto italiano*. Milano: Giuffrè, 1974.

———. *Inibitória (azione)*. Enciclopédia Giuridica Treccani, v. 17. Padova: Cedan, 1987.

GICK, Ricardo Azambuja. *Tutela específica das obrigações de fazer e não fazer: artigo 461 do Código de Processo Civil*. Dissertação (Mestrado) – Faculdade de Direito da Pontifícia Universidade Católica do Rio Grande do Sul, Porto Alegre, 2001.

GODOY, José Carlos de. *Astreintes*. *Revista dos Tribunais*, n. 742, ano 86, p. 133-138, ago. 1997.

GOMES, Orlando. *Obrigações*. 8. ed. Rio de Janeiro: Forense, 1992.

———. *Introdução ao direito civil*. 5. ed. Rio de Janeiro: Forense, 1977, v.1.

GOMES JÚNIOR, Luiz Manoel. Execução de multa – art. 461, § 4º do CPC – e a sentença de improcedência do pedido. In: *Processo de execução e assuntos afins*. Sérgio Shimura e Teresa Arruda Alvim Wambier (coords). São Paulo: RT, 2001, v. 2.

GRAU, Eros. *A ordem econômica na constituição de 1988*: interpretação e crítica. 10 ed. São Paulo: Malheiros, 2005.

———. *Ensaio e discurso sobre a interpretação*: aplicação do direito. 2 ed. São Paulo: Malheiros, 2003.

GRINOVER, Ada Pellegrini. Paixão e morte do *contempt of court* brasileiro (art. 14 do Código de processo civil). In: *O processo: estudos e pareceres*. São Paulo: Pefil, 2005.

——. Ética, abuso do processo e resistência às ordens judiciárias: o *contempt of court*. *Revista de Processo*, São Paulo, n. 102, p. 219-227, abr./jun. 2001.

——. Tutela jurisdicional nas obrigações de fazer e não fazer. *Revista de Processo*, São Paulo. n. 79, p. 65–76, jul./set. 1955.

GUERRA, Marcelo Lima. *Execução indireta*. São Paulo: RT, 1998.

JESUS, Damásio E. de. *Curso de direito penal*. São Paulo: Saraiva, 1998. v. I.

KELSEN, Hans. *Teoria geral do direito e do Estado*. Traduzido por Luis Carlos Borges. São Paulo: Martins Fontes, 1990.

LIEBMAN, Enrico Tullio. *Processo de Execução*. São Paulo: Saraiva, 1986.

LOCKE, John. *Segundo tratado sobre o governo civil e outros escritos*. Petrópolis: Vozes, 1994.

LOPES, Miguel Maria de Serpa. *Curso de direito civil*. Rio de Janeiro: Freitas Bastos, 1995. v. II: Obrigações em geral.

LUHMANN, Niklas. *Legitimação pelo procedimento*. Traduzido por Maria da Conceição Corte-Real. Brasília: Universidade de Brasília, 1980.

MACHADO, Antonio Cláudio Costa. *A reforma do processo civil interpretada*. São Paulo: Saraiva, 1995.

MACHADO, Fábio Cardoso. *A reforma do Poder Judiciário*. MACHADO, Rafael Bicca. (coord.). São Paulo: Quartier Latin, 2006.

MARINONI, Luiz Guilherme. *Tutela inibitória: individual e coletiva*. 3. ed. São Paulo: RT, 2003.

——; MITIDIERO, Daniel. *Código de processo civil comentado artigo por artigo*. São Paulo: Revista dos Tribunais, 2008.

——. *Antecipação de tutela*. 9. ed. São Paulo: Revista dos Tribunais, 2006.

——. ARENHART, Sérgio Cruz. *Curso de processo civil*. 6. ed. São Paulo: Revista dos Tribunais, 2007. v.2: processo de conhecimento.

——. *Teoria geral do processo*. 2. ed. São Paulo: Revista dos Tribunais, 2007. v.1: Curso de processo civil.

——. *Tutela específica*: (arts. 461, CPC e art. 84 CDC). São Paulo: Editora Revista dos Tribunais, 2000.

——. *Técnica processual e tutela dos direitos*. 2. ed. São Paulo: Revista dos Tribunais, 2008.

——. O direito à efetividade da tutela jurisdicional na perspectiva da teoria dos direitos fundamentais. *Revista de direito processual civil*. Curitiba: Gênesis, n. 28, abr./jun. 2003.

MAXIMILIANO, Carlos. *Hermenêutica e aplicação do direito*. 18. ed. Rio de Janeiro: Editora Revista Forense, 1998.

MEDEIROS, João Paulo Fontoura de. *Teoria geral do processo*. Curitiba: Juruá, 2005.

MEDINA, José Miguel Garcia. *Execução Civil. Princípios fundamentais*. São Paulo: RT, 2002.

MELLO, Celso Antônio Bandeira de. *Curso de direito administrativo*. 16. ed. São Paulo: Malheiros, 2004.

MITIDIERO, Daniel. *Introdução do estudo do processo civil: primeiras linhas de um paradigma emergente*. Daniel Francisco Mitidiero, Hermes Zaneti Júnior (coords.). Porto Alegre: Fabris, 2004.

——. *Processo civil e estado constitucional.* Porto Alegre: Livraria do Advogado, 2007.

——. *Colaboração no processo civil: pressupostos sociais, lógicos e éticos.* São Paulo: Revista dos Tribunais, 2009 – (Coleção temas atuais de direito processual civil; v. 14).

——. *Elementos para uma teoria contemporânea do processo civil brasileiro.* Porto Alegre: Livraria do Advogado, 2005.

——. *Comentários ao código de processo civil:* arts. 154 a 269. Tomo II. São Paulo: Memória Jurídica, 2004.

——. O processualismo e a formação do Código Buzaid. *Revista de Processo,* São Paulo, n. 183, p. 165, mai. 2010.

MONTESQUIEU, Barão de Charles-Louis de Secondat. *Do espírito das leis.* Tradução de Fernando Henrique Cardoso e Leôncio Martins Rodrigues. São Paulo: Abril Cultural, 1974.

MOREIRA, José Carlos Barbosa. Tutela sancionatória e tutela preventiva. In: *Temas de direito processual.* 2. ed. São Paulo: Saraiva, 1988.

——. *O novo processo civil brasileiro,* 19. ed. Rio de Janeiro: Forense, 2008.

——. Tendências na execução de sentença e ordens judiciais. In: *Temas de direito processual* (Quarta série), São Paulo: Saraiva, 1989.

——. Notas sobre o problema da "efetividade" do processo. In: *Temas de direito processual.* São Paulo: Saraiva, 1984.

——. O futuro da justiça: alguns mitos. In: *Temas de Direito Processual.* Oitava série. São Paulo: Saraiva, 2004.

——. A tutela específica do credor nas obrigações negativas. In: *Temas de direito processual.* 2ª série. São Paulo: Saraiva, 1984.

——. Efetividade do processo e técnica processual. *Revista Forense,* Rio de Janeiro. vol. 329, ano 91, p. 97-103, jan./fev./mar. 1995.

NEVES, Celso. *Estrutura fundamental do processo civil: tutela jurídica processual, ação, processo e procedimento.* Rio de Janeiro: Forense, 1995.

NERY JÚNIOR, Nelson. *Princípios do processo civil na Constituição Federal.* 8. ed. São Paulo: Editora Revista dos Tribunais, 2004.

——. *Código de processo civil comentado e legislação extravagante.* Nelson Nery Júnior, Rosa Maria de Andrade Nery (coords.). São Paulo: Revista dos Tribunais, 2008.

——; NERY, Rosa Maria Andrade. *Código de processo civil comentado e legislação processual civil extravagante em vigor.* 4. ed. São Paulo: RT, 1999

PACHECO, Silva. *Tratado das ações de despejo.* 5. ed. São Paulo: Revista dos Tribunais, 1982.

PALHARINI JÚNIOR, Sidney. Celeridade processual – Garantia constitucional pré-existente à EC n. 45 – Alcance da "nova" norma (art. 5º, LXXVIII, da CF). In: *Reforma do Judiciário: Primeiros ensaios críticos sobre a EC n 45/2004.* Teresa Arruda Alvim Wambier (coord.). São Paulo: Revista dos Tribunais, 2005.

PASSOS, J. J. Calmon de. *Inovações no código de processo civil.* Rio de Janeiro: Forense, 1995.

PEREIRA, Jane Reis Gonçalves. *Interpretação constitucional e direitos fundamentais:* uma contribuição ao estudo das restrições aos direitos fundamentais na perspectiva da teoria dos princípios. Rio de Janeiro: Renovar, 2006.

PEREZ LUÑO, Antonio-Enrique. *Derechos humanos, estado de derecho y constituición.* 5. ed. Madrid: Tecnos, 1995.

PESSOA ALVES, Francisco Glauber. A efetividade como axiologia: premissa obrigatória para um processo célere. In: *Processo e Constituição: estudos em homenagem ao professor José Carlos Barbosa Moreira.* Luiz Fux, Nelson Nery Jr. e Teresa Arruda Alvim Wambier (coords.). São Paulo: Revista dos Tribunais, 2006.

PIOVESAN, Flávia. *Direitos humanos e o direito constitucional internacional.* Rio de Janeiro: Max Limonad, 1996.

PONTES DE MIRANDA. *Tratado das ações.* São Paulo: RT, 1976, tomo VI.

POP, Carlyle. *Execução de obrigação de fazer.* Curitiba: Juruá, 1995.

PORTO, Sérgio Gilberto. *Comentários ao código de processo civil.* Ovídio A. Baptista da Silva (coord.). São Paulo: Revista dos Tribunais, 2000. v.6: do processo de conhecimento, arts. 444 a 495.

——. A crise de eficiência do processo – A necessária adequação processual à natureza do direito posto em causa, como pressuposto da efetividade. In: *Processo e Constituição: estudos em homenagem ao professor José Carlos Barbosa Moreira.* Luiz Fux, Nelson Nery Jr. e Teresa Arruda Alvim Wambier (coords.) São Paulo: Revista dos Tribunais, 2006.

PROTO PISANI, Andrea. *La tutela giurisdizionale dei diritti della personalitá*: strumenti e tecniche di tutela. Foro Italiano, 1990.

RIBEIRO, Leonardo Ferres da Silva. Prestação jurisdicional efetiva: uma garantia constitucional. In: *Processo e Constituição: estudos em homenagem ao professor José Carlos Barbosa Moreira.* Luiz Fux, Nelson Nery Jr. e Teresa Arruda Alvim Wambier (coords.). São Paulo: Revista dos Tribunais, 2006.

RIBEIRO, Pedro Barbosa. *Curso de direito processual civil.* São Paulo: IOB Thompson, 2005.

ROBERTO, Rosas. *Direito processual constitucional: princípios constitucionais do processo civil.* 3. ed. São Paulo: Revista dos Tribunais, 1999.

ROCHA, Cesar Asfor. *A luta pela efetividade da jurisdição.* São Paulo: Revista dos Tribunais, 2007.

RODRIGUES NETTO, Nelson. *Tutela jurisdicional específica*: mandamental e executiva *lato sensu.* Rio de Janeiro: Forense, 2002.

SANTOS, Antônio Jeová da Silva. *A tutela antecipada e execução específica.* Campinas: Copola Livros, 1995.

SANTOS, Ernani Fidélis dos. *Manual de direito processual civil.* v.1: processo de conhecimento. 12. ed. São Paulo: Saraiva, 2007.

——. *Novos perfis do processo civil brasileiro.* Belo Horizonte: Del Rey, 1996.

SANTOS, Moacyr Amaral. *Ações Cominatórias no Direito Brasileiro.* São Paulo: M. Limonad, 1973, 2v.

SARLET, Ingo Wolfgang. *A eficácia dos direitos fundamentais.* 9. ed. Porto Alegre: Livraria do Advogado, 2008.

SARMENTO, Daniel. Colisões entre direitos fundamentais e interesses públicos. In *Jurisdição e direitos fundamentais*: anuário 2004/2005. Ingo Wolfgang Sarlet (coord.). Porto Alegre: Escola Superior da Magistratura: Livraria do Advogado, 2006. v. I, Tomo I e II.

SCONAMIGLIO, Renato. Il risarcimento del danno in forma specifica. *Rivista Trimestrale di Diritto e Procedura Civile*, 1957.

SOUZA, Gelson Amaro de. Admissibilidade da tutela específica nas relações contratuais e a antecipação de tutela – art. 461 do CPC. *Revista Jurídica*, Porto Alegre, n. 295, p. 21-44, mai. 2002.

SPADONI, Joaquim Felipe. *Ação inibitória:* a ação preventiva prevista pelo art. 461 do CPC. São Paulo: Revista dos Tribunais, 2002.

TALAMINI, Eduardo. *Tutela relativa aos deveres de fazer e de não fazer:* e a sua extensão aos deveres de entregar coisa (CPC arts. 461 e 461-A, CDC, art. 84). 2. ed. São Paulo: Revista dos Tribunais, 2003.

——. As tutelas típicas relativas aos deveres de fazer e de não fazer e a via geral do art. 461 do CPC. *Revista de Processo,* São Paulo, ano 25, n° 97, p. 173-181, jan./mar. de 2000.

TEIXEIRA, Sálvio de Figueiredo. O aprimoramento do processo civil como garantia da cidadania. In: *Estado de direito e direitos fundamentais: homenagem ao Jurista Mário Moacyr Porto.* Agassiz de Almeida Filho e Danielle da Rocha Cruz (coords.). Rio de Janeiro: Forense, 2005.

TESHEINER, José Maria Rosa. Processo e Constituição – Algumas reflexões. In: *Constituição, jurisdição e processo: estudos em homenagem aos 55 anos da Revista Jurídica.* Carlos Alberto Molinaro, Mariângela Guerreiro Milhoranza e Sérgio Gilberto Porto (coords.). Porto Alegre: Notadez, 2007.

THEODORO Jr., Humberto. Tutela específica das obrigações de fazer e não fazer. *GÊNE-SIS – Revista de Direito Processual Civil,* Curitiba, n° 22, p. 742-763, out./dez. de 2001.

——. *Processo cautelar.* São Paulo: Leud, 1976.

TORRES, Jasson Ayres Torres. *O acesso à justiça e soluções alternativas.* Porto Alegre: Livraria do Advogado, 2005.

VENOSA, Sílvio de Salvo. *Lei do inquilinato comentada: doutrina e prática.* 5. ed. São Paulo: Atlas, 2001.

WALD, Arnaldo. Eficiência judiciária e segurança jurídica: a racionalização da legislação brasileira e reforma do Poder Judiciário. In: *A reforma do Poder Judiciário.* São Paulo: Quartier Latin, 2006.

WAMBIER, Luiz Rodrigues. *Breves comentários à 2ª fase da reforma do código de processo civil.* Luiz Rodrigues Wambier, Teresa Arruda Alvim Wambier, José Miguel Garcia Medina (coords.). 2. ed. São Paulo: Revista dos Tribunais, 2002.

——. *Breves comentários à nova sistemática processual civil:* emenda constitucional n° 45/2004 (reforma do judiciário); Lei 10.444/2002; Lei 10.358/2001 e Lei 10.352/2001. Luiz Rodrigues Wambier, Teresa Arruda Alvim Wambier, José Miguel Garcia Medina (coords.). São Paulo: Revista dos Tribunais, 2005.

——. *Breves comentários à nova sistemática processual civil, 2:* Leis 11.382/2006, 11.417/2006, 11.418/2006, 11.341/2006, 11.419/2006, 11.441/2007, 11.448/2007. Luiz Rodrigues Wambier, Teresa Arruda Alvim Wambier, José Miguel Garcia Medina (coords.). São Paulo: Revista dos Tribunais, 2007.

——. *Breves comentários à nova sistemática processual civil, 3:* Leis 11.187/2005, 11.232/2005, 11.276/2006, 11.277/2006. Luiz Rodrigues Wambier, Teresa Arruda Alvim Wambier, José Miguel Garcia Medina (coords.). São Paulo: Revista dos Tribunais, 2006.

——. WAMBIER, Teresa Arruda Alvim. Anotações sobre a efetividade do processo. *Revista dos Tribunais,* São Paulo, ano. 92, v. 814, p. 63-70, ago. 2003.

WAMBIER, Teresa Arruda Alvim. *Processo de execução e assuntos afins.* São Paulo: Editora Revista dos Tribunais, 1998.

—— (coord.). *Aspectos polêmicos da antecipação de tutela.* São Paulo: Revista dos Tribunais, 1997.

——. Impossibilidade de decretação de pena de prisão como medida de apoio, com base no art. 461, para ensejar o cumprimento da obrigação *in natura. Revista de Processo,* São Paulo, n° 112, ano 28, p. 196-212, out./dez. 2003.

WATANABE, Kazuo. Tutela antecipatória e tutela específica das obrigações de fazer e não fazer. In: *Reforma do código de processo civil*. Sálvio de Figueiredo Teixeira (coord.). São Paulo: Saraiva, 1996.

———. *Da cognição no processo civil*. São Paulo: Revista dos Tribunais, 1987.

ZANETI Jr., Hermes. Processo com stitucional: relações entre Processo e Constituição. In: *Introdução do estudo do processo civil: primeiras linhas de um paradigma emergente*. Daniel Francisco Mitidiero, Hermes Zaneti Júnior (coords.). Porto Alegre: Fabris, 2004.

ZAVASCKI, Teori Albino. *Antecipação de tutela*. 5. ed. São Paulo: Saraiva, 2007.

———. *Título executivo e liquidação*. 2. ed. São Paulo: RT, 2001.

———. *Comentários ao Código de Processo Civil*. São Paulo: Revista dos Tribunais, 2000, v.8.

ZARIF, Cláudio Cintra. Da necessidade de repensar o processo para que ele seja realmente efetivo. In: *Processo e Constituição: estudos em homenagem ao professor José Carlos Barbosa Moreira*. Luiz Fux, Nelson Nery Jr., Teresa Arruda Alvim Wambier (coord.). São Paulo: Revista dos Tribunais, 2006.

***Impressão:***
Evangraf
Rua Waldomiro Schapke, 77 - POA/RS
Fone: (51) 3336.2466 - (51) 3336.0422
E-mail: evangraf.adm@terra.com.br